〔英〕John Derry Chinnery 著

王家平　张素丽 译

鲁迅的生命和创作

中国国际广播出版社

陈源、陈小滢、秦乃瑞三人合影

秦乃瑞和鲁迅雕塑

目　录

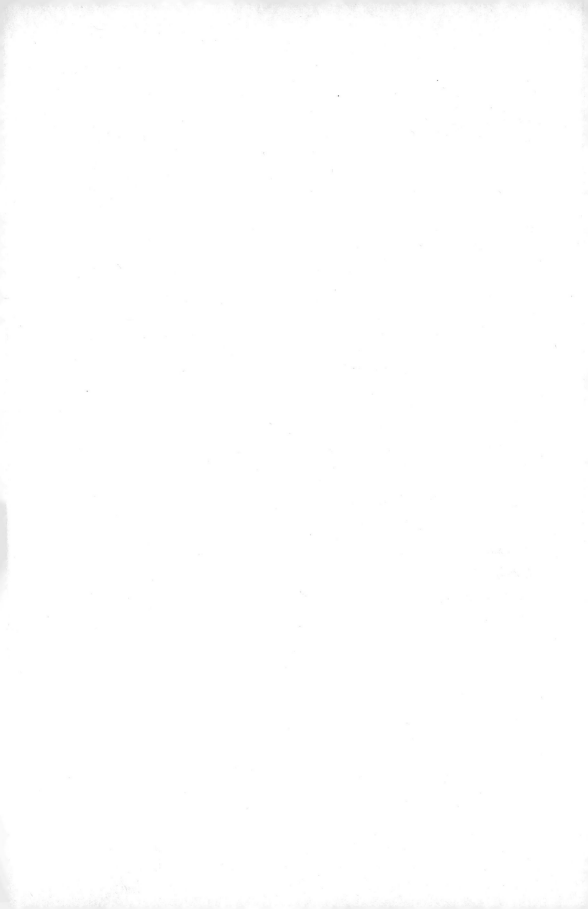

译者前言

坦率地说，刚接受出版社的邀请，翻译英国学者秦乃瑞英文著作《鲁迅的生命和创作》① 时，我对这部未刊稿②是怀着几重好奇心理的。

其一，这部由汉学家秦乃瑞撰写的鲁迅评传真的值得在中国出版么？几十年来国内已经出版了数百部鲁迅的传记，不少传记都是缺乏新意的重复之作。一个高鼻子、白皮肤的"老外"对中国文化和历史的掌握能够达到学术常规标准吗？一个并非以汉语为母语的"老外"对鲁迅精神和创作本体能够理解到位并有独到的阐发吗？完成书稿的翻译工作之后，我可以比较负责任地说，秦乃瑞的这部鲁迅评传绝不是堆砌传主生平史料的泛泛之作，不是毫无己见、人云亦云的平庸之作，它没有采取许多汉学著作常有的那种隔岸观火的旁观叙述角度，也少见不少汉学著作分析中国的人与事时的那种隔靴搔痒的评价方式；这是一部由谙熟中国传统和现代社会生活，热爱中国和中国文化，以五十余年时间深入体察鲁迅思想和文本世界，且精通汉语的 80 多岁的汉学家撰写的鲁迅评传。

其二，从文化交流的层面上看，鲁迅思想及其创作作为现代中国文化精品传播到英国和世界上其他国家，引起了"老外们"的关注、喜爱，其中一批汉学家甚至以鲁迅思想和创作为研究对象，用所在国度语言撰写出高质量的学术论文和著作。虽然我们不能据此断言中国现代文学已经在世界上取得

---

① 本书稿原名 The life and works of Lu Xun（1881—1936）: pioneer of modern Chinese fiction and combative essayist. 此书对鲁迅的生命历程和创作状况作了较为系统的研究，是一部关于鲁迅思想和文学的评传。

② 本书稿为秦乃瑞 2010 年去世时留下的遗稿，至今还未在任何出版社刊行，只有书稿的第一章被分为"鲁迅的孩童时代 1"和"鲁迅的孩童时代 2"两篇文章，发表在苏格兰期刊"Sine"2002 年 10 月号和 2003 年 2 月号上。"Sine"，苏格兰语，中国之意，为苏格兰—中国友好协会的刊物，通常每年出刊两次。

了巨大深远的影响，但鲁迅精神遗产在国外获得较为广泛的传播已是基本的事实。① 中国自"鸦片战争"败于西方列强以来，与西方的交流呈现为强势的西方文化汹涌而入、本土文化退守边缘的文化贸易"逆差"态势。第一次世界大战之后，西方学术界有识之士开始反省和批判"欧洲中心论"的霸权话语，开始以平等的态度研究以中国文化为代表的东方文化。在这样的语境下，鲁迅精神遗产近百年来在世界上得到广泛的传播，这一事件标志着中西文化交流开始步入互有引进、互为镜像的新时代。英国汉学家秦乃瑞研究中国现代伟大作家鲁迅的思想和创作，可谓是中国现代文化"出口"到西方，引发西方人士的学术兴趣而带来的文化产品。现在，我们又准备把"老外"秦乃瑞用地道的英文撰写的鲁迅评传翻译成汉语著作，可谓是文化贸易过程中的"出口转内销"。这不能不说是文化交流史上的一段佳话。

其三，著者秦乃瑞的特殊身份也让人对本书产生特殊的期待。秦乃瑞是鲁迅平生最重要的论战对手之一陈源的女婿，读者可能想知道，秦乃瑞在这部鲁迅评传中会怎么评判鲁迅和陈源的论战？陈源对鲁迅的看法会影响秦乃瑞对鲁迅思想和作品的评价吗？秦乃瑞会怎样评价他那位曾经被鲁迅批评过的岳父陈源？秦乃瑞会怎样评价他那位曾经获得过鲁迅好评的岳母、作家凌叔华？

本着"知人论世"的原则，为帮助读者了解本书著者秦乃瑞，进而帮助读者更好地阅读这部鲁迅评传，译者对秦乃瑞的生平、学术作了一定的研究。下文将就秦乃瑞与中国人和中国文化的接触以及他所受的汉学教育，他所从事的汉语和中国文化教学、研究工作，他毕生为苏格兰人民与中国人民的友好事业所作的贡献，尤其就他半个多世纪所从事的鲁迅研究工作等问题作一些评介。

秦乃瑞，英文全名为 John Derry Chinnery，1924 年 6 月 30 日出生在英格兰的埃塞克斯郡，他的童年是在赫特福德郡的马奇哈德姆村度过的。② 幼时的

---

① 王家平的专著《域外鲁迅百年传播史：1909—2008》（北京大学出版社 2009 年 2 月出版）用50 万字的篇幅较系统地展示了这方面的状况。

② Frances Wood, John Chinnery obituary, The Guardian, November 23, 2010.

他住在靠煤油灯和蜡烛照明，带有用泥土垒成的室外厕所的房子里。① 据秦乃瑞的妻子陈小滢介绍，② 在英格兰乡村长大的秦乃瑞特别喜欢各种鸟儿的鸣叫，经过长期的倾听，他练就了能够辨识 100 多种鸟儿叫声的本领。秦乃瑞曾经把中国当代作家查振科书写中国乡村生活的散文翻译成英文在英国杂志刊行，他告诉查振科，他本人"也是乡间长大的，做过很多农活，比如为牛羊割草，等等，对乡村生活至今依然怀着深深眷恋"。③ 秦乃瑞对乡村生活的热爱促使他 1957 年在北京大学留学期间专门前往绍兴乡下，探访鲁迅童年时代曾经流连忘返的外祖母的故家，并在这部鲁迅评传中对《社戏》等描写中国乡村生活的作品作了体贴细致的解读。

1942 年，秦乃瑞进入伦敦大学亚非学院学习汉语。秦乃瑞学习汉语，具有一定的偶然性。2008 年接受 BBC（英国广播公司）记者采访时，秦乃瑞回顾了自己 60 多年前进入汉语专业学习时的情形：

> 第二次世界大战的时候，英国政府觉得需要有更多人懂东方的语言，包括中文、日文、波斯文和土耳其文，就弄了奖学金来吸引年轻人。当时我参加了考试，不过我对中东的文化没有那么大兴趣。另外，那时也有口试，他们让我模仿他们说的话，听了认为我控制中文的四声比较准确，所以就选上中文了。我先学了一年半，后来参军，在军队里又继续学。④

伦敦大学亚非学院的汉语教学有着辉煌的历史。中国现代杰出作家老舍 1924—1929 年曾经受聘担任该学院的汉语讲师。能够说一口流利中国话的著

① Obituary: Dr John Chinnery, Sinologist, The Scotsman, October 28，2010.

② 2013 年 9 月 18 日，译者王家平对秦乃瑞妻子陈小滢女士作了两个半小时的采访，后来还有过三四次的电话采访。本译者前言中凡是"据陈小滢说"之类的内容，皆来自译者对陈小滢的采访，不再具体做注，在此对陈小滢女士深表谢忱。

③ 查振科：《东方的眷恋——记念秦乃瑞先生》，《安庆日报》，2012 年 4 月 14 日和 5 月 3 日。秦乃瑞曾经把查振科书写中国乡村生活的散文翻译成英文在英国杂志刊行。

④ 鸿冈：《跨文化情侣：采访采来的老伴儿——跨文化情侣问答（5）》，BBC 英伦网，2008 年 3 月 20 日（http：//www.bbc.co.uk/china/lifeintheuk/story/2008/03/080318_culturegap_couples5.shtml）。

名汉学家、中国末代皇帝溥仪的英语教师庄士敦（Reginald Johnston, 1874—1938）在 1931 年至 1937 年也担任过该学院的汉语教授职务。20 世纪 40 年代在伦敦大学学习汉语时，秦乃瑞没赶上当老舍和庄士敦的学生，但他幸运地成为正好在那里任教的中国作家萧乾的弟子。陈小滢回忆道："说起来很有意思的是，我的爱人秦乃瑞当时在英国是萧乾的学生，名字也是萧乾起的，但萧乾起的是金乃瑞，老秦认为金这个姓不像汉族人的姓，所以自己改称了秦这个字。"①

　　1943 年年底，秦乃瑞应征入伍，他前往印度的新德里、加尔各答和阿萨姆邦履职。在那里，秦乃瑞遇见了一批在印度工作的中国人。据陈小滢介绍，秦乃瑞与中国地下党员毕朔望②成为朋友，后者教他继续学习汉语。1945 年年底，秦乃瑞被召回伦敦大学亚非学院开设汉语课程。从 1947 年年初起，他在该学院开始了为期一年半的汉语研究生学业。1948 年他以第一等级的优异成绩获得硕士学位，成为伦敦大学亚非学院的汉语讲师。③ 1948 年 12 月，秦乃瑞与海尔伽·莱瑟尔（Helga Leyser）结婚。

　　二战结束后秦乃瑞加入了英国共产党，④ 并在 1949 年成为英中友好协会（BCFA）的创建人之一。吴芳思博士⑤在秦乃瑞的讣告中说，秦乃瑞"是第二次世界大战之后那些最早对共产主义中国表示友好的英国人中的一位"。⑥ 英国虽是民主国家，但秦乃瑞的英共成员身份对他的职业生涯产生了影响。据陈小滢介绍，英格兰的利兹大学本已准备聘请秦乃瑞担任中文系主任，但是英国的某种政治势力对此项任命进行了干预，秦乃瑞未能去利兹大学赴任，这是他后来前往苏格兰的大学任教的原因之一，在苏格兰，政治对学术的干

---

① 陈小滢等编著：《乐山纪念册：1939—1946》，第 235—236 页，商务印书馆，2012 年 11 月出版。
② 毕朔望（1918—1999），江苏扬州人，翻译家、作家。曾当过埃德加·斯诺的助手，抗战初期成为中共长江局对外宣传小组最年轻的成员，后来赴印度、缅甸从事地下工作。
③ Obituary: Dr John Chinnery, Sinologist, The Scotsman, October 28, 2010.
④ Communist Party of Great Britain (CPGB) 1920 年 7 月成立。在二战中，英国共产党积极参加反法西斯斗争。1956 年受苏共"二十大"批判斯大林事件的影响，英共发生分裂。
⑤ Frances Wood，中文名吴芳思，大英图书馆中文部主任，著名汉学家，她是在学术界影响较大的《马可·波罗到过中国吗》（Did Marco Polo go to China? Lodon: Secker & Warburg, 1996）一书的作者。
⑥ Frances Wood, John Chinnery obituary, The Guardian, November 23, 2010.

预要微弱一些。

1950 年 1 月，英国成为首个承认中华人民共和国的西方国家。1954 年上半年，周恩来在日内瓦和平会议上向西方人士发出了来华访问的邀请，这就给秦乃瑞带来了机遇。1954 年下半年共有三批英国人士访华，第二批访华的是英国文化代表团，其中不乏英国著名的知识分子，如哲学家艾耶尔（A. J. Ayer），画家斯坦利·斯宾塞（Stanley Spencer），建筑师休·卡森（Hugh Casson）等。由于秦乃瑞具有良好的汉语表达能力，30 岁的他担任了这个英国文化界访华代表团的翻译兼导游，休·卡森爵士的回忆录是这样描述秦乃瑞的："汉学家，代表团的翻译和导游，黑色的头发，热情而有些羞涩。"① 代表团一些成员彼此不欣赏，尤其是斯宾塞的喋喋不休习惯，以及他的一系列古怪行为让代表团其他成员不爽。即使是在周恩来接见英国代表团这样庄重的场合，斯宾塞也穿着睡衣式的奇装异服，他向周恩来声称中国让他想起了自己的故乡——英格兰的库克汉姆村。② 这次访华虽然为时不长，但这是秦乃瑞第一次访问他所喜爱的中国，"它坚定了他进一步学习这个国家的文化和语言的信念"。③ 秦乃瑞陪同画家斯宾塞继续在中国呆了一段时间，他曾经去北京郊区十三陵观赏后者的画作。说到斯宾塞，秦乃瑞回忆说"他是一个喜怒无常的人，有一回他要求宾馆服务生给他送一个煮鸡蛋，后者给了他 3 个，他便勃然大怒"。④

1957 年，秦乃瑞获得了宝贵的一年假期，他带着妻子海尔伽和 3 个孩子来到中国。秦乃瑞在北京大学中文系旁听中国现代文学课程，他的妻子海尔伽成为北京外语学院的英语教师。这期间海尔伽曾去京郊十三陵水库劳动，秦乃瑞从北京城里骑车近 50 公里去看望妻子，并参与了在水库工地上搬运石头的劳动。⑤ 据陈小滢介绍，秦乃瑞在北大中文系进修时遇上了"反右"运动，他旁听了老舍在北大的演讲。秦乃瑞第一次去鲁迅的故乡绍兴旅行，

① 转引自 Frances Wood, John Chinnery obituary, The Guardian, November 23, 2010.
② 同上。
③ Obituary：Dr John Chinnery, Sinologist, The Scotsman, October 28, 2010.
④ 转引自 Phil Davison, John Chinnery, Sinologist, Herald Scotland, November 4, 2010.
⑤ Frances Wood, John Chinnery obituary, The Guardian, November 23, 2010.

探访了鲁迅故居和鲁迅母亲乡下的娘家农村，他对绍兴人把白开水称作"白茶"感到惊讶。秦乃瑞在这部鲁迅评传中插入了他在鲁迅外祖母村庄的寻访见闻：

> 1958 年，笔者亲自乘船来到鲁迅儿时看戏的地方，就是靠近安福庄的一个小村，它离鲁迅母亲在安桥头的老家大约两公里。我到达那里时，不再有任何的戏曲演出，然而在鲁迅年轻的时代，当地人通常在寺庙前搭建伸进河里的戏台。这个寺庙虽然很小但是风景如画，它供奉的是生活在 11 世纪的那位智慧而廉洁的清官包公。小庙坐落在河流的拐弯处，它几乎完全被河水所环绕。流经寺庙的河段大约有 100 米宽，因此它有足够的空间为戏台前的大量船只提供停泊之处。这个地方每到包公诞辰的日子就非常的繁忙。

1958 年，秦乃瑞回到伦敦大学亚非学院继续教授汉语课程。他当时课堂上一位叫约翰·基廷斯的学生（知名的中国问题专家）回忆说，他们的课堂里常常回荡着秦乃瑞富有感染力的笑声，这位汉语老师敏锐而友善，他的教学方法收效很好；课堂上秦乃瑞不直接批评学生，他常用汉语"差不多"来评价学生的学习，这表明了他能够宽厚对待学生，因此学生给他起了个"差不多先生"的外号。[①]

1965 年，秦乃瑞成为爱丁堡大学中文系首任系主任。他给学生开设汉语口语和写作课程，亲自编写汉语教程。后来秦乃瑞回顾这段历史时说，他们当时已意识到中国将在世界舞台上扮演更重要的角色，设立爱丁堡大学中文系就是为了应对这个时代到来所做的准备。[②] 如今距秦乃瑞创设爱丁堡大学中文系已有近 50 年，中国的确在世界上舞台上开始扮演重要角色，秦乃瑞的远见卓识得到了证明。

20 世纪 60 年代中苏分裂导致英中友好协会解散。据秦乃瑞说，英中友好

---

① 转引自 Frances Wood, John Chinnery obituary, The Guardian, November 23, 2010.

② John Chinnery, The teaching of Chinese in Scotland, Sine, No. 1, 1989.

协会的"领导层深受英国共产党的影响，当中国政府期待英共站在自己一边对抗苏联时，英共拒绝了"。[1] 英共的决定导致了英中友好协会的分裂，那些不赞同英共立场的人建立了替代机构——盎格鲁—中国理解委员会（SACU）。秦乃瑞回忆说，原英中友好协会那些来自苏格兰的人士对盎格鲁—中国理解委员会名称中 Anglo 一词颇受刺激，[2] 于是他们于 1966 年 5 月在爱丁堡成立了苏格兰—中国友好协会（SCA），秦乃瑞当选为协会的副主席，后来成为第二任协会的主席直至 1991 年卸任。秦乃瑞借助苏格兰—中国友好协会这个平台，经常给苏格兰人做中国文化方面的讲座，引导他们养成准确的中国观，他还为中国移民融入当地社会提供帮助。"他是一位相当具有远见的人，他努力打破藩篱，帮助苏格兰人超越对中国文化'普遍的无知'状态，让中国移民家庭在落户的土地上获得家园的感觉"。[3]

1972 年 8 月底，以秦乃瑞为团长的苏格兰—中国友好协会成员来广州访问，秦乃瑞在次日就因心脏病而倒下了。在中国医护人员的精心医治下，秦乃瑞在两个月后得以康复出院。后来秦乃瑞撰文叙述了他住院期间的日常生活，他透露说当医院里的电视重复播放革命现代京剧和老电影时观众就只有稀稀落落的几个人，而当电视上展播新的影视作品时，就会招来大批的观众，秦乃瑞间接地批评了样板戏给人带来的"审美疲惫"。更有意思的是秦乃瑞描述了中国人观看朝鲜电影《卖花姑娘》万人空巷的盛况，他对当时中国民众的欣赏心理进行了敏锐的分析："自从'文化大革命'以来，中国观众似乎对悲剧电影产生了饥饿感。绝大多数革命现代京剧传达的都是积极正面的信息，不鼓励人们为过去的生活而哭泣。"[4] 一个身患重症的外国人，却如此深切地关心着中国民众的日常生活和精神状态，相比之下，"文革"时代的中国人彼此隔阂、猜忌，这不能不让人感慨万分。苏格兰—中国友好协会在 1973 年、

---

[1] John Chinnery, A Note on the Early History of the Scotland-China Association, Sine, November 1996.

[2] 古罗马时期，英国的原住民都是塞尔特人（又译作凯尔特人），5 世纪初来自欧洲的盎格鲁—萨克森人入侵英国，塞尔特人被杀，或被驱赶到苏格兰和威尔士地区，因此苏格兰人颇不喜欢 Anglo 一词。

[3] Phil Davison, John Chinnery, Sinologist, Herald Scotland, November 4, 2010.

[4] John Chinnery, Coronary in Canton, Sine, Spring 1973.

1975 年和 1977 年又组团到中国访问，[①] 作为该协会主席的秦乃瑞是这几次访华代表团的团长。1973 年的访问主要考察中国的工会工作，秦乃瑞撰写了考察报告，[②] 他还对正在中国开展的"批林批孔"运动作了报道，并评述了鲁迅对封建礼教尤其是封建节烈观所持的批评立场。[③] 1975 年秦乃瑞发表了介绍中国木刻画的文章，他就鲁迅对中国传统木刻画的整理和鲁迅对中国现代木刻画的大力倡导给予了高度评价。[④]

1975 年，秦乃瑞获得资助来香港中文大学做访问研究。据陈小滢回忆，秦乃瑞曾经在香港的一些高校做过关于笛福《鲁滨逊漂流记》在中国译介传播的学术讲座。当时，香港作家刘以鬯对秦乃瑞产生了兴趣，他得知"秦乃瑞博士是研究鲁迅的学者"，"对鲁迅作品有精深细密的认识"。1975 年 11 月刘以鬯与秦乃瑞夫妇有过聚会，并留下了记录他对秦乃瑞的观察和他们谈话内容的文字：

> 秦乃瑞博士是位英国学者。平易近人，不露傲态。一口流利的国语，流利得令人惊诧，每一个字都咬得正确，比我们四个中国人的国语讲得更好。他研究中国新文学。他研究鲁迅。他喜欢看中国地方戏。他的太太说：
>
> "明天要到大会堂去听评弹表演。"
>
> "评弹的说唱，都用苏州话，"我说。
>
> "他（指秦乃瑞博士）对这种说唱艺术极感兴趣。"秦太太说。[⑤]
>
> ……
>
> 话题转到诺贝尔文学奖。今年，根据报上的记载，法国几十位汉学家向瑞典皇家学院提名巴金与茅盾为本届文学奖候选人。这件事，使爱好中国新文学的人都感到兴奋。秦乃瑞博士也爱好中国新文学，只是比

---

① John Chinnery, A Note on the Early History of the Scotland-China Association, Sine, November.

② John Chinnery, Trade Unions Re-emphasised, Sine, Volume 2, No. 3, 1974.

③ John Chinnery, Confucianism in Modern China, Sine, Volume 3, No. 1, 1974.

④ John Chinnery, Chinese Graphic Art, Sine, Volume 3, No. 3, 1975.

⑤ 刘以鬯：《从陈西滢谈起》，《看树看林》，第 180 页，香港书画屋图书公司，1982 年 4 月初版。

较冷静。我们谈论这件事时，他肯定巴金与茅盾都不会得奖。

（我们谈论巴金与茅盾是否有可能获奖时，本届的诺贝尔文学奖尚未揭晓。后来，电讯告诉我们：荣获诺贝尔文学奖的，是意大利诗人 EU-GENIO MONTALE。① 这件事，证明秦乃瑞博士目光锐利。）②

1979 年，秦乃瑞又来到中国访问，据陈小滢说，这次访华期间秦乃瑞再次前往鲁迅的故乡绍兴考察。1985 年，苏格兰的爱丁堡与中国的西安结为友好城市，秦乃瑞应邀来西安参加友好城市签字仪式，他在会上用汉语致贺词，在与会者中引起一片赞叹。③

1986 年 10 月，英国女王和丈夫菲利普亲王（爱丁堡公爵是他的封号）来到西安访问，在接见来自英国的交换生时，菲利普亲王竟然说："如果你们在这里呆太久，也会变得细缝眼的。"④ 英国记者撰文披露了这一不当言论，国际舆论大哗，纷纷指出菲利普亲王已经涉嫌种族歧视。据陈小滢回忆，向英国记者披露菲利普亲王上述错误言论的正是听过秦乃瑞汉语课程的学生，得知了菲利普亲王的错误言论后，秦乃瑞的第一反应是："他又闯祸了！"秦乃瑞对于一切歧视中国人的言论都坚决反对。1986 年 11 月，爱丁堡举办了"中国周"活动，秦乃瑞及其家人热心参与活动，他撰文报道当地 5000 居民在一周里踊跃参观中国文物展品，欣赏中国电影和音乐，品尝中国美食的情形，还批评当地新闻媒体对"中国周"缺乏足够的关注度。⑤

1989 年年底，秦乃瑞从爱丁堡大学中文系教授和系主任岗位退休，他从此有了更多时间用来关注、研究中国，撰写关于中国文学艺术的著作，并有了更多机会来华旅行和居住。在北京家中，秦乃瑞吃着陈小滢做的中国菜，跟当地的老年人一样生活着。当 BBC 记者问他们夫妇彼此用得最多的一个词

① 埃乌杰尼奥·蒙塔莱（1896—1981），意大利诗人，1975 年获得诺贝尔文学奖。

② 刘以鬯：《从陈西滢谈起》，《看树看林》，第 187 页，香港书画屋图书公司，1982 年 4 月初版。

③ Obituary：Dr John Chinnery, Sinologist, The Scotsman, October 28, 2010.

④ As Prince Philip turns 90, relive some of his most hilarious gaffes, By Daily Mail reporter, 10 June 2011.

⑤ John Chinnery, Edinburgh China Week, Sine, No. 3, 1987.

汇是什么时，陈小滢是"当心点！"秦乃瑞是"好吃！"① 他们就像千千万万普通的中国老年夫妻一样，用简单、朴实的言语，表达着对彼此深深的关爱。

1999 年 5 月 7 日，北约悍然轰炸中国驻南斯拉夫大使馆，造成人员伤亡和馆舍严重毁坏。北约的野蛮行径引起世界上正义人士的抗议，秦乃瑞接受了新华社记者采访，"对北约袭击中国使馆的霸道行径表示极大的愤慨。这位长期致力于英中友好往来的学者还说：北约辩称轰炸中国使馆是美国情报失误所致，试问为什么美国情报部门单单在中国使馆的位置上产生'失误'，而对美国、英国和德国等国驻贝尔格莱德使馆的位置却一清二楚呢？这显然是说不过去的"。②

20 世纪 90 年代末，秦乃瑞、陈小滢夫妇联合英国汉学家吴芳思博士等 5 位文化界人士，向英国文物遗产委员会提交报告，倡议给老舍在伦敦的故居命名，经过严格审核，老舍在伦敦长期租住的房子被英国文化部命名为"名人故居"。2003 年 11 月 25 日，老舍故居揭幕仪式在伦敦举行，中国记者在现场采访了秦乃瑞：

> 原爱丁堡大学中文系主任秦乃瑞已是一头白发，也特意赶来。他回忆道，60 年代他在随一个作家代表团访华时认识了老舍，他们一见如故，谈得很投机。老舍说："我们是同行。"他冷不丁模仿老舍的口气说出一句字正腔圆的北京话，让人感到是那样地亲切。③

1999 年 10 月 1 日，秦乃瑞、陈小滢作为嘉宾参加了中华人民共和国成立 50 周年国庆典礼。2009 年秦乃瑞发表的重要论文研究了英国作家笛福的"鲁滨逊"系列作品④在中国的译介、传播，重点分析、批判了笛福对中国的殖民

---

① 鸿冈：《跨文化情侣：采访采来的老伴儿——跨文化情侣问答 (5)》，BBC 英伦网，2008 年 3 月 20 日 (http://www.bbc.co.uk/china/lifeintheuk/story/2008/03/080318_culturegap_couples5.shtml)。

② 江亚平：《英国议员和学者谴责北约袭击我使馆》，1999 年 5 月 13 日《人民日报》网络版，http://www.people.com.cn/item/kangyi/199905/13/051319.html。

③ 施晓慧：《在伦敦老舍故居前》，《人民日报》，2004 年 1 月 9 日。

④ 笛福的《鲁滨逊漂流记续集》(The Farther Adventures of Robinson Crusoe) 写主人公来到中国的南京、北京和蒙古地区等地探险，该书充满了对中国社会和文化的贬低和歧视。

主义偏见，他在这篇论文的结尾写道："笛福对 18 世纪早期的中国进行了书写，显然，他的种种偏见有着其宗教、政治和经济的根源，但是如果他能够更加聪明一些去阅读那个时代已经可以找到的关于中国的书籍，那么他对中国的描述就不会显得那么无知！"[①] 在去世前一年，秦乃瑞用 1 万多字的篇幅来剖析 18 世纪以来欧洲中心论影响下人们对中国的偏见，这足见他对中国及其文化的挚爱和维护。

秦乃瑞对中国和中国文化的亲近和热爱，一方面与他年轻时代开始学习汉语，中年时代开始研究鲁迅和中国现代文学，晚年研究中国传统文化和继续研究鲁迅的经历有关，另一方面也跟他与中国现代著名文学家陈源、凌叔华的女儿陈小滢的缔结良缘有关。

陈小滢（1931— ）于 20 世纪 40 年代后期随母亲凌叔华去英国，与在那里工作的父亲陈源团聚。据陈小滢回忆，父亲陈源担心她忘记汉语，就让高中刚毕业的她去伦敦大学旁听秦乃瑞的课程，秦乃瑞在课上主要讲解《红楼梦》，那时陈小滢觉得自己与坐在大学讲台上的秦老师颇有距离。1964 年，陈小滢听说秦乃瑞在指导伦敦大学汉语班的学生排练京剧折子戏《打面缸》，[②]于是就以 BBC 记者的身份前去采访，从此与秦乃瑞成为朋友。

1970 年，已经结束了第一段婚姻的秦乃瑞与陈小滢结婚，后来 BBC 记者把这段姻缘称之为"采访采来的老伴儿"。[③] 1971 年他们的儿子出生，孩子的英文名字叫 Colin Chinnery，中文名字为秦思源，"一为纪念已故的爷爷陈源，二寓饮水思源，常念祖国之意"。[④] 秦乃瑞和陈小滢都希望儿子能够接受良好的中国语言、文化教育，于是在 1979 年陈小滢告别 BBC 工作岗位，带着 8 岁的儿子回到北京上学和练习武术。在三年半时间里，陈小滢在北京大学担任

---

① John Chinnery, Robinson Crusoe in China, Sine, January 2009.

② 《打面缸》叙述了这样的故事：卖笑女周腊梅要求县官判她从良，县令把她判给差役张才为妻。县令与另两位官吏各怀鬼胎，趁张才外出公干去调戏新娘。张才改变行程回家，三位无耻昏庸的官吏东躲西藏，出尽洋相。最终小两口逐走无耻之徒，共庆燕尔新婚。该剧语言直率粗朴，谐趣环生，令人捧腹。

③ 鸿冈：《跨文化情侣：采访采来的老伴儿——跨文化情侣问答（5）》，BBC 英伦网，2008 年 3 月 20 日（http://www.bbc.co.uk/china/lifeintheuk/story/2008/03/080318_culturegap_couples5.shtml）。

④ 查振科：《东方的眷恋——记念秦乃瑞先生》，《安庆日报》，2012 年 4 月 14 日和 5 月 3 日。

英语口语教师；而秦乃瑞则是中国和英国两头跑，继续阅读和研究鲁迅的作品，在接触了评剧艺术家新凤霞之后，他开始进入评剧艺术研究领域，后来刊行了一批相关的著作和论文。秦乃瑞本人热爱中国和中国文化，更理解妻子对中国和中国文化的牵挂，陈小滢回忆起丈夫对她的体贴时说道："我和他的几十年婚姻中，他对我对于祖国的眷念与情感非常理解，多年来陪伴我不断回到祖国。"①

据陈小滢介绍，从 20 世纪 50 年代起秦乃瑞就开始与陈源有所交往，他们两人性格接近，相处得比较融洽，两人曾经一起唱第一次世界大战时期的英国军歌。陈源于 1970 年 3 月病逝于伦敦，秦乃瑞尽心尽力地为岳父的丧事奔走。秦乃瑞在英国著名的《泰晤士报》上发表悼念陈源的文章，他认为"陈源教授在中国现代知识分子历史和中英文化关系史上都占据了特殊的地位"。秦乃瑞在悼文中说，英国著名作家威尔斯在其畅销全球的著作《世界历史概要》前言的鸣谢名单中出现了陈源，因为陈源为威尔斯提供了亚洲历史方面的资料。悼文回顾了陈源在英国留学刻苦研读西方典籍，在北京大学任教和主持《现代评论》杂志的情况，认为陈源"不顾左派和右派的反对，提倡理性主义和自由主义。不幸的是，在随后那些年中国民族的危机状态下，他倡导的这些观念和他对英国民主的信仰，并不能满足众多中国人的需求"。秦乃瑞深刻地指出："尽管陈源拥护现代自由主义思想，但是他也保持了中国传统知识分子的品质。"秦乃瑞在悼文的结尾对陈源的价值作了定位："在中国，陈源将作为现代散文作家而留存在人们的记忆里。在英国，陈源的去世使我们失去了与中国现代历史重要时期本已所存不多的联系。而对于那些与他有着私交的人而言，他们失去了一位善良、慷慨和宽厚的朋友。"②

秦乃瑞与陈源有着较为密切的关系，但是他在研究鲁迅与陈源的论战时并没有偏袒老丈人，阅读这部鲁迅评传的相关章节，读者会发现秦乃瑞坚持了学者应有的中立立场。

20 世纪 20 年代中期，鲁迅与陈源围绕着"女师大事件"展开笔战。到

---

① 陈小滢等：《乐山纪念册：1939—1946》，第 6 页，商务印书馆，2012 年 11 月出版。

② J. D. C.，Professor Chen Yuan Modern Chinese prose, The Times, April 14, 1970.

90 年代秦乃瑞开始写作这部鲁迅评传时，学术界对鲁、陈论争已有大体的定评，秦乃瑞也基本认可这些观点，他在这本鲁迅评传中写道："1926 年，疲于'笔战'劳顿的陈西滢最后放下了写作笔杆。在这个意义上，鲁迅是这场论战的胜利者。"但是他认为"这样的说法实在把鲁迅、陈西滢论战的格局简单化了"。从书中的具体论述来看，秦乃瑞觉得与其简单地评判论战双方的输赢，毋宁去分析论战的成因和文化意蕴。

秦乃瑞从鲁迅、陈源所属不同文人集团的视角来分析他们论战的成因。鲁迅属于留学日本，以浙江省籍人士为主，曾经在北大国文系任教的文人集团，也就是陈源在论战中常说的"某籍"和"某系"；而陈源则属于留学欧美，以江苏省籍人士为主的"现代评论派"文人集团。1925 年女师大校长杨荫榆（江苏人士）开除 6 名学生，马裕藻、沈尹默、周树人、李泰棻、钱玄同、沈兼士、周作人 7 位教育界人士发表抗议杨荫榆的宣言，他们中除了李泰棻（河北省人士、史地专业教师）外，其余 6 位都是任教于北大国文系和女师大国文系的浙江籍教师。秦乃瑞注意到，"女师大校长和陈西滢均来自江苏无锡，这一点可能并非完全巧合"，因此他认为，"陈西滢和鲁迅的论战背后有某种地域宗派因素在起作用"。秦乃瑞还以 20 世纪 60 年代他与陈源的谈话作为佐证："当被问及此事，陈西滢解释说那些来自浙江的同乡跟他们来自江苏的朋友同事常在不同的场所聚会。"

秦乃瑞在这部鲁迅评传中讲述鲁迅在教育部任职生活时，对江、浙两省知识分子的"隔阂"问题有过具体分析，他写道：

1912 年 8 月初，鲁迅加入了新近成立的中国通俗教育研究会。他虽然勉强答应加入这个研究会，但是在 7 月 30 日的日记里写道："虽称中国，实乃吴人所为，那有好事！"鲁迅一般更喜欢自己的浙江同乡，他认为来自江苏的知识分子更具有向中国统治者和西方列强屈服的倾向。在20 年代与诸如胡适（他来自安徽省）和陈源这些对手的论争中，鲁迅的这种心理倾向得到更鲜明的展示。

秦乃瑞引进地域视角分析鲁迅、陈源的冲突，自然有一定的道理，[①] 但是当时文化界发生的论战应该不止是地域因素在起作用，在与鲁迅论战中坚决站在陈源一边的恰恰是来自浙江的徐志摩；更需要指出的是当时很多江、浙籍的知识分子并未卷入到鲁迅与陈源的论战中。

鲁迅与陈源之间发生论战，还有着更为内在的思想观念方面的原因。秦乃瑞在这部鲁迅评传中也谈到了这一点，他认为，鲁迅与陈源冲突"更深层的原因很可能是，他们一派拥有英、美教育背景，一派拥有日、法教育背景"。他提到了这两派人生活上的差异："鲁迅及其留学日本的友人多穿中式传统长袍，陈西滢等留学英美的学者们则多着西装。"比起生活趣味上的差别，这两派人在价值观念上的差异更值得关注。秦乃瑞指出：

> 鲁迅一向对曾经在英美留学的中国知识分子持保留意见。这些人缺乏对中国人民所受苦难的切实关心，且对当权者流露出某种妥协意态，这两点让鲁迅很是反感。英美归国派不断赞美着西方的政治体制，同时西方政府和商人在殖民地与租界地对中国人民进行着政治和经济上的掠夺，鲁迅看到了英美归国知识分子的伪善性，这也使得鲁迅对他们更加反感。

诚然，在不同国度接受教育，以及由此形成的不同价值观念，使得20世纪20年代的中国知识界形成不同的派别；但也不能把留学背景完全视作鲁迅与陈源两派知识分子冲突的绝对制约因素。至少在"女师大事件"和"三·一八惨案"等问题上，从欧洲大学获得博士学位的林语堂就坚决站在鲁迅、周作人这一边。

鲁迅与陈源的论战不仅仅是两个人之间的意气之争，事实上他们的论战具有丰厚的文化意蕴，它显示了"五四"以后新文化运动内部的分裂态势。秦乃瑞认为，胡适和李大钊之间的"问题与主义"之争，引起了原先曾经同

---

① 事实上，比鲁迅、陈源发生"冲突"更早的，还有同盟会内部浙江人章太炎与江苏人吴稚晖的冲突。章太炎与吴稚晖的对立，是鲁迅反感吴稚晖的重要原因。而吴稚晖是陈源的表舅，正是他资助陈源去英国留学，这或许也是鲁迅不喜欢陈源的一个原因。

属新文化阵营的知识分子之间的重大分歧，鲁迅和陈源的论战，"实则折射了过去共处同一战线的年轻知识分子出现了内部分裂"。凌叔华曾试图在老师周作人和恋人陈源之间进行调解，胡适则写信给冲突双方，提醒老友们莫忘前几年合作提倡新文化的时光；但是他们的调停努力并没有什么收效。新文化界知识分子的分化已成必然趋势，这难免让人留恋早年间各派知识分子鼎力合作、共同推动新文化运动的美好时日。

秦乃瑞在这部鲁迅评传中，也试图呈现一个复杂多元的陈源形象。他详细地介绍陈源早年在英国刻苦学习、博览群书，以及对英国社会深入研究的情形，也指出陈源对英国并非一味推崇，陈源认为英国"口头标榜基督慈悲，但在对中国的侵略活动上，它和其他西方列强一样应该遭到强烈谴责。在这一问题上，陈西滢与鲁迅的观念并无根本不同。他也不赞成各路军阀为贪图眼前好处，不顾中国的长远利益而甘受外国列强的操纵。陈西滢与鲁迅的观念分歧在于，他希望中国采用理性折中而非暴力革命的方式进行改革"。秦乃瑞对鲁迅与陈源价值观上的异同所作的上述比较，是能够经得起推敲的。秦乃瑞也介绍了陈源对鲁迅文学创作比较客观的评价：

> 尽管陈西滢强烈反对鲁迅在女师大事件中的立场，尤其是不赞同鲁迅对学生参与政治抗争运动的支持，但他对鲁迅的文学成就却极为赞赏。在一篇题为《新文学运动以来的十部著作》的文章中，陈写道："阿 Q 不仅是一个 type，而且是一个活泼泼的人。他是与李逵，鲁智深，刘姥姥同样生动，同样有趣的人物，将来大约会同样的不朽的。"不过，陈西滢对鲁迅的其他小说不很欣赏，认为那些小说中的角色都比较流于表面。

秦乃瑞指出了 20 世纪 80 年代以前的学术界对陈源评价上的简单化倾向和 80 年代之后对陈源评价回归正常化的趋向："中华人民共和国成立后的早些年间，陈西滢一直被视作一位反动作家，说他是中国革命的敌人。这主要基于他和鲁迅之间的那场论战。尤其是在 1980 年代之前，鲁迅被毛泽东及其追随者们奉作英雄人物对待。随着'文革'极'左'政治势力的倒台，对陈西滢的批判和谴责之声方才有所改变。大多数批评家应该能认同这样的看法，即陈西滢从来不是一个无爱国之心的人。陈西滢的著述今天已在中国大陆重新印刷出版。"

秦乃瑞在书中也提到鲁迅、周作人兄弟对凌叔华的欣赏："凌叔华不仅是周作人的学生，而且她的小说创作才华颇受鲁迅欣赏。"鲁迅在《中国新文学大系》"小说二集序"里对凌叔华的小说作了这样独到的分析：

> ……她恰和冯沅君的大胆，敢言不同，大抵很谨慎的，适可而止的描写了旧家庭中的婉顺的女性。即使间有出轨之作，那是为了偶受着文酒之风的吹拂，终于也回复了她的故道了。这是好的，——使我们看见和冯沅君、黎锦明、川岛、汪静之所描写的绝不相同的人物，也就是世态的一角，高门巨族的精魂。①

秦乃瑞在这部鲁迅评传的"尾声"中，叙述了周作人、许广平和凌叔华三位与鲁迅程度不同地有着关联的现代文化人在鲁迅去世后的生活和命运的变化。秦乃瑞披露了凌叔华一件鲜为人知的轶事，即她与日本侵略中国的重要人物，当过日本满铁总裁、外交大臣的松冈洋右的密切交往情况（具体内容见这部评传的"尾声"）。凌叔华与丈夫陈源发生过感情变异，② 这与人世间其他普通男女感情的分分合合并没有太大区别，读者应该予以理解；值得注意的是秦乃瑞在书中披露的凌叔华在民族大义问题上显示出来的幼稚和失误。

与多数有责任感的中国作家一样，凌叔华也具有抗日爱国思想。1937年10月凌叔华参加了武汉大学战时服务团，她随服务团去医院慰问抗击日寇的伤兵，事后还写了通讯《慰劳汉阳伤兵》发表。1938年3月，凌叔华与丈夫陈源一道加入了爱国文艺组织"中华全国文艺界抗敌协会"。1938年4月，凌叔华与胡风等文艺界96位知名人士联合发布《"中华全国文艺界抗敌协会"

---

① 《鲁迅全集》，第6卷，第258页，人民文学出版社，2005年11月出版。

② 陈小滢回顾父母的婚姻时说道："虽然父母这么多年来，还算是生活在同一屋檐下，但隔了这么多年看，我觉得他们俩是不幸的。如果父亲当年跟别人结婚，也许挺幸福的，如果他们生活在现在这个时代，可能离婚就会各自解脱。但是那个时代，女人离婚在别人眼里毕竟还是件丢脸的事，所以他们最终走不到那一步。"（陈小滢口述，黎青青整理：《她苦苦寻找的世界——忆我的母亲凌叔华》，《文史博览》2011年第4期）

发起旨趣》。1939 年年底，凌叔华的母亲去世，她带着 8 岁的女儿陈小滢回到北平奔丧，在日军占领的北平生活了两年，任教于燕京大学，1942 年她回到大后方四川乐山。1942 年至 1943 年，凌叔华的中篇小说《中国儿女》分期在桂林的《文学创作》杂志连载。小说以北平青年建国和他年幼的妹妹宛英的视角表现沦陷区人民的生活，书写了日本侵略者的残暴、汉奸败类的丑恶行径，以及广大民众不屈服日寇的反抗意志和爱国情怀，作家在建国和宛英兄妹身上写出了中华民族的浩然正气。小说的独特之处是写了一个人性还未泯灭的日本宪兵头目广田，他发现宛英长得非常像自己的女儿，对女儿的思念促使他释放了宛英的母亲。凌叔华对这位另类日本军人的描写在当时引起了争议，其实，她所写的这种战争中残存的微弱人性，还是有着一定的真实性的，这样的人物刻画也使小说具有一定的人性深度。

陈源在抗战时期撰写过一些抨击日寇罪行的文章，凌叔华对此曾经有过评价："抗战时，他在重庆为《中央日报》撰写骂日本的文章，这些社论很受人注意。陈先生善于用犀利的字句批评时势，所以他很过瘾，但可把我害惨了。因为当时我回北平替母亲办丧事，我三番两次嘱他以笔名发表，他就是不听，结果害我在北平一年时间，日本北平特务、宪兵等，不时来探我回北平的真实目的，还要我写信给陈先生叫他来北平……反正惹了不少麻烦！"① 凌叔华这番带有抱怨性质的表述虽然境界不够崇高，但是也还属于在基本人性范围内的言论。事实上，旷日持久的战争对于普通人的生活来说是非常严峻的，人们在战时流露出一些悲观、哀怨情绪也情有可原。陈小滢曾经分析过母亲凌叔华抗战时期的某种特殊心理："1939 年，母亲说外祖母去世要回去奔丧，她一个人独自带着我离开重庆，辗转从香港、上海、天津，回到已被日本人占据的北平。可是我没有任何参加葬礼的记忆，我猜测母亲对重庆的生活厌倦了，以这个借口'逃回'了北平。"② 在战争时代含辛茹苦，未必就比慷慨激昂地赴死容易，因此，凌叔华对大后方艰难生活的"厌倦"、"躲逃"，的确缺乏她的小说《中国儿女》主人公那种英雄主义气概，但也还符合

① 张昌华：《西滢闲话》，《民国风景》，第 139 页，东方出版社，2009 年 1 月出版。
② 陈小滢口述，黎青青整理：《她苦苦寻找的世界——忆我的母亲凌叔华》，《文史博览》2011 年第 4 期。

一般的人性。

让人觉得不可思议的是秦乃瑞在这部鲁迅评传的"尾声"部分提到的凌叔华与日本法西斯重要政客松冈洋右的密切交往。秦乃瑞引述了凌叔华与松冈洋右的通信之后，对岳母凌叔华作了十分中肯的批评："凌叔华的文学天赋是毋庸置疑的，但她的政治或道德识见相形之下却有些不相匹配。"在译者采访陈小滢时，她对丈夫秦乃瑞给予她母亲凌叔华的这一评价也表示认同。秦乃瑞、陈小滢夫妇在面对自己长辈的失误时，不回避、不文饰，这样的态度令人感佩。凌叔华晚年长期侨居海外，对祖国充满眷恋，从 20 世纪 60 年代起她多次回北京探访故园，1989 年身患癌症的她在女婿秦乃瑞陪同下回到北京，在祖国度过了生命的最后一段旅程。终其一生，凌叔华虽然有过较为重大的失误，但仍不失为眷恋故园的"中国儿女"。

秦乃瑞晚年接受 BBC 记者采访时，透露了自己在中国文学史长河中特别喜好的作家作品："中国文学，古代的我最喜欢唐朝的诗，还有小说《红楼梦》。现代的我特别研究的是鲁迅，所以也就最欣赏他的作品。别的作家还有老舍、茅盾，当代的就是王蒙。"[1] 秦乃瑞围绕鲁迅撰写了多篇学术论文，并在晚年抱病写出了这部鲁迅评传。1955 年，秦乃瑞以题为《现代中国的文学改革问题》的论文通过答辩，获得伦敦大学的博士学位，论文对鲁迅的文学思想和创作有所论述。[2] 1960 年和 1982 年，秦乃瑞发表了两篇专门论述鲁迅的学术论文，[3] 中国学者的专著对秦乃瑞这两篇学术论文做过较详细的评述：

> 1960 年，约翰·钦纳里发表了高质量的论文《西洋文学对鲁迅〈狂人日记〉的影响》，论文就俄国作家果戈理和德国思想家尼采对鲁迅创作

---

① 鸿冈：《跨文化情侣：采访采来的老伴儿——跨文化情侣问答 (5)》，BBC 英伦网，2008 年 3 月 20 日 (http://www.bbc.co.uk/china/lifeintheuk/story/2008/03/080318 _ culturegap _ couples5.shtml)。

② John D. Chinnery, Problems of literary reform in modern China, Thesis (Ph. D.): University of London, 1955.

③ J. D. Chinnery, The Influence of Western Literature on Lu Xun's Diary of a Madman, Bulletin of the School of Oriental and African Studies vol 23, part 2 (1960). John Chinnery, Lu Xun and Contemporary Chinese Literature, China Quarterly 91 (1982).

的影响，就西方现代思想、医学和心理学知识对鲁迅创作的影响作了实证性的分析。论文认为，"鲁迅较之同时代的任何中国作家，更密切的接触到当代欧洲思想之发展"，而鲁迅当时所接触的欧洲思想界正经历着理性主义的退场和非理性主义的崛起，尼采就是在这样的思想背景下进入鲁迅视野的。论文认为，尼采对鲁迅的影响非常复杂，鲁迅读了尼采的作品后，更加深了个人主义的思想；鲁迅像尼采一样对群众在历史进程中扮演的作用缺乏足够的估计，但他不像尼采那样"惧怕并憎恨群众"；"鲁迅要保护那些弱小无助的人，尼采却是鄙视弱者而钦佩征服者掠夺者的"。总之，对于鲁迅来说，"尼采的著作终不失为一个思想的金矿"，他能够从中借用一些思想观念而又能够超越尼采的局限。

钦纳里在论文的结尾部分总结道，西方思想文化原料"对帮助鲁迅形成其《狂人日记》小说的内容和形式都有相当的重要性，可是鲁迅对这些原料都作了必要的处理转化"。鲁迅之所以能够实现对西方思想文化原料的转化，是因为他背靠的某种中国传统文化起了作用。论文简要分析了鲁迅笔下的狂人与先秦楚国狂人接舆、魏晋名士尤其是嵇康的精神同族关系，为鲁迅的创作找到了传统文化的资源。总之，这篇论文的主题是探讨鲁迅所受西方思想文化的影响，却没有把鲁迅描述成被动吸收异域文化养分的人，而是揭示了本土文化资源对于鲁迅汲取外来影响的化合作用，的确是一种睿智的见解。[1]

1982 年，约翰·钦纳里发表《鲁迅与中国当代文学》，该论文设计的论域是鲁迅创作的现实主义传统对中国当代作家的影响和启示。论文认为，鲁迅作为现实主义作家有三方面的贡献：一是对社会观察和分析的客观态度；二是揭示农民等小生产者的精神痼疾；三是把日常生活材料改造为意义深远的形象。论文主要的篇幅用来分析苏叔阳、高晓声等当代中国作家的文学创作与鲁迅传统的关联，认为苏叔阳、高晓声等作家以不同的方式继承、发扬了鲁迅的现实主义文学传统，具体表现为：这

---

① 王家平：《鲁迅域外百年传播史：1909—2008》，第 208—209 页，北京大学出版社，2009 年 2 月出版。

些作家都关心普通人，并把他们作为作品的主人公；他们都注意写人的日常生活，远离 50 年代以来的浮夸风和样板作品对生活的表现方式。①

1989 年退休以后，秦乃瑞把余生 20 多年的主要精力用在了鲁迅评传的写作上，以病老之躯完成了 30 万言的书稿（译成汉字），这是一部用流畅、平实的语言向英语世界的人们展示鲁迅生活、思想和创作的坚实之作。据陈小滢介绍，秦乃瑞注意到很多中国人都知道莎士比亚、萧伯纳等英国伟大作家，但是却很少有英国人知道鲁迅等伟大的中国作家，他们仅仅知道中国有孔子。秦乃瑞想让英语国家的人们在孔子之外还有机会去了解鲁迅，想让英语世界的人们像中国人了解莎士比亚一样去了解鲁迅。这就是秦乃瑞晚年抱病大力向英语世界的读者推广鲁迅及其创作的目的。

秦乃瑞一生挚爱中国，努力挖掘中国文化的价值，积极传播鲁迅的精神遗产。但他对中国的感情是理性的，对中国社会和文化的问题没有采取视而不见或文过饰非的态度。2008 年在接受 BBC 记者采访时，他就直言不讳地说："我觉得中国现在经济发展的结果，是社会比较不稳定，大家都在想钱，想发财。……中国现在好像是模仿了英国的，或是美国的，搞得好像太快。"②爱之深，责之切，这正是秦乃瑞对鲁迅批判精神的弘扬。在 21 世纪初，秦乃瑞对中国社会经济至上而忽视精神追求之价值取向的批评，的确抓住了中国目前社会的病根，与 20 世纪初鲁迅的观点一脉相承。当时留学日本的青年鲁迅在《文化偏至论》中批判 19 世纪后期以降，人类社会"诸凡事务，无不质化，灵明日已亏蚀，旨趣流于平庸，人惟客观之物质世界是趋，而主观之内面精神，乃舍置不之一省。"③

20 多年前秦乃瑞撰文对那个时期中国社会的某些重大事件发表评述，他从中国民众积极参与社会事务中看出了他们"对社会正义的渴望"；秦乃瑞还发现，一些中国人曾经充满变革社会的理想和激情，但随着年岁趋老，他们

① 王家平：《鲁迅域外百年传播史：1909—2008》，第 211 页，北京大学出版社，2009 年 2 月出版。
② 鸿冈：《跨文化情侣：采访采来的老伴儿——跨文化情侣问答 (5)》，BBC 英伦网，2008 年 3 月 20 日 (http://www.bbc.co.uk/china/lifeintheuk/story/2008/03/080318_culturegap_couples5.shtml)。
③ 《鲁迅全集》，第 1 卷，第 54 页，人民文学出版社，2005 年 11 月出版。

的理想和激情不再，甚至成为社会变革的阻碍力量；秦乃瑞为这些丧失了"青春活力"的中国人而颇感痛心。[①]秦乃瑞的这番善意批评在当今的中国仍然有着重大的现实意义，他殷切地希望中国人民不管历经多少苦难，永远都不失却生命的活力。他的期望与鲁迅在创作中期待"老中国儿女"浴火重生的理想，同样闪烁着人性的光芒。

秦乃瑞于 2010 年 10 月 12 日在英国去世，终年 86 岁。秦乃瑞的骨灰一半撒在他生长的英国乡村大地上，另一半由他的夫人陈小滢带到中国，将来会撒到中国大地上。从国籍层面上说，英国的那个美丽的乡村是秦乃瑞的故乡；从文化层面上说，中国也是秦乃瑞的第二故乡。现代诗人艾青在《我爱这土地》的诗作中想象自己是一只鸟儿，为大地歌唱至死，死后连羽毛也烂在土地里面。这种对生养自己的大地和文化故乡至死不渝、铭心刻骨的爱，也在秦乃瑞身上得到了彰显。

秦乃瑞一生的主要著述有如下：

（一）著作和译著

1. 秦乃瑞著：《现代中国的文学改革问题》，伦敦大学博士学位论文，1955 年，345 页。

2. 秦乃瑞、陈小滢翻译，施拉姆·斯图尔特编辑：《毛泽东未审稿：1956—1971 年的谈话和书信》，伦敦，企鹅图书公司，1974 年出版。

3. 秦乃瑞著：《英汉俚谚合璧》，北京：新世界出版社，1984 年出版。

4. 秦乃瑞等合著：《东方的智慧：印度教、佛教、儒教、道教和神道教》，伦敦，邓肯·贝尔德出版社，1996 年出版。

5. 秦乃瑞译：《新凤霞回忆录》，牛津大学出版社，2001 年出版。

6. 秦乃瑞著：《中国的瑰宝：巨龙之国的辉煌》，伦敦，邓肯·贝尔德出版社，2008 年出版。

7. 秦乃瑞著：《中国古代文明》（插图本古代世界历史丛书），纽约：罗森出版社公司，2012 年出版。

---

① John Chinnery, *Some Observations on the Crisis in China*, Sine, September 1989.

8. 秦乃瑞著：《The life and works of Lu Xun（1881—1936）：pioneer of modern Chinese fiction and combative essayist》（遗稿）。

9. 秦乃瑞著：《The Pingju theatre of north China》（遗稿）。

（二）代表性论文

1.《西洋文学对鲁迅〈狂人日记〉的影响》，（伦敦大学）《亚非学院公报》，第 23 卷，第 2 部分，1960 年。

2.《现代中国的儒学》，《中国》，1974 年，第 3 卷，第 1 期。

3.《中国的木刻艺术》，《中国》，1975 年，第 3 卷，第 3 期。

4.《鲁迅与中国当代文学》，《中国季刊》第 91 期，1982 年。

5.《孔子与现代化》，《中国》，1997 年，春季。

6.《鲁迅的童年时代 1》，《中国》，2002 年，10 月。

7.《鲁迅的童年时代 2》，《中国》，2003 年，2 月。

8.《鲁滨逊·克鲁索在中国》，《中国》，2009 年，1 月。

（王家平执笔）

引言

　　尽管鲁迅的声名在西方并不显赫，然而众多的中国人认为他是最伟大的现代作家。鲁迅创作了一批广受推崇的短篇小说，而且作为杂文作家，他不屈不挠地与他那个时代中国社会普遍存在着的残暴势力展开了决斗。在鲁迅的葬礼上，一面镌写着"民族魂"的锦旗披在了他的灵柩上。从那之后，中国社会发生了巨大的变化，鲁迅却一直拥有着中国人对他最崇高的敬意。在中国的学校里，鲁迅的众多作品一直是教科书重要的组成部分；一个受过初步教育的中国人，几乎不可能没有听闻过他的声名。

　　鲁迅出生在 1881 年，那是中国最后一个封建朝代清王朝垂死挣扎的年代。在当时，外国列强控制着中国，并占领了中国一些重要的区域。鲁迅曾经积极投身于推翻满清帝制的共和运动。在后来由进步知识分子发起的新文化运动中，鲁迅扮演了更重要的角色。这场新文化运动给中国 20 世纪 20 年代的知识生活和文化生活带来了影响广泛的变迁，这其中就包含了中国现代文学的诞生。学术界后来用"中国的文艺复兴"来描绘新文化运动带来的诸多巨变。不过，新文化运动仅仅对受过良好教育的那部分人产生了影响，这部分人只是中国庞大人口中的一个小小的组成部分。

　　鲁迅并没有迷醉于新文化运动的初步成功。除了借助于众多短篇小说，鲁迅更是直接运用他数百篇的杂文，向奴役着绝大多数中国民众的保守顽固势力发起持续不断的批判。到 1936 年 9 月离开人世①为止，鲁迅一直都保持着这种批判的姿态。

　　鲁迅，为一笔名，他原姓周。鲁迅出生在一个拥有田地的士大夫家族，这个大家族坐落在浙江省东部的绍兴古城，它拥有好几个带有众多房屋的台

---

　　① 本书原著这一表述有误，鲁迅去世的日子不在 1936 年 9 月，而是 1936 年 10 月 19 日——译注。

门。在鲁迅少年时代，他的家族经历了两次重大的打击：一是他曾经高居官位的祖父因科场舞弊而被捕入狱；二是他父亲的去世。在连续遭遇重大变故之后，这个衰败的家庭不再有能力支付鲁迅的读书费用。后来鲁迅回望这段家庭变故时，并没有把它当做是自己成长的障碍。他曾经写道，"有谁从小康人家坠入困顿的么？我以为在这途路中，大概可以看见世人的真面目"。①

1898 年 5 月鲁迅离开故乡绍兴前往南京，进入新式的江南水师学堂读书，这所学校由一位洋务派督抚创办。② 不久，鲁迅就发现江南水师学堂是令人沉闷压抑的地方，他于同年 10 月转到同样建在南京的江南陆师学堂附设的矿路学堂求学，在那里，他学到了基本的自然科学知识，并开始追踪世界现代自然科学和人文学科的主要潮流。

在这一阶段，鲁迅从西方获得了文学的灵感。当时，矿路学堂的创办者③正热衷于选派学生赴日本继续他们的学业，鲁迅因此获得了东渡扶桑留学的机会。1902 年鲁迅来到东京，在一年时间里他学到了足够的日语知识，这使得他能够开始阅读外国文学作品。鲁迅在南京求学期间，已经阅读了一些现代科学著作，了解了达尔文进化论的知识。在东京，鲁迅从日译西方文本中获得了更丰富的世界现代自然科学和文学新知识。他新的文学偶像有法国的伏尔泰、卢梭，英国的拜伦、雪莱，俄国的果戈理，以及匈牙利的裴多菲，这些文学英才曾经鼓舞着他们各自所在国度的人民反抗一切阻挡他们前进的旧思想和旧习俗。鲁迅的最终抱负是沿着上述文学偶像开辟的文学之路，唤醒在冷漠中沉睡已久的中国同胞。

修完了在东京的日语预科课程之后，鲁迅把学习医学当做上大学深造的第一志愿，他认为故乡绍兴那些庸医对于他父亲的病死难辞其咎。而且鲁迅还得悉，西方现代医学的引进在日本现代化进程中发挥了重大的作用。于是，

① 鲁迅：《呐喊·自序》，《鲁迅全集》第 1 卷，第 437 页，人民文学出版社，2005 年 11 月出版。本书原著作者没引用鲁迅作品原文，译文改引原文。本书所有鲁迅作品原文都引自人民文学出版社 2005 年版《鲁迅全集》，以下注释只注出《鲁迅全集》卷数和页码——译注。

② 江南水师学堂 1890 年由两江总督刘坤一（1830—1902）创办——译注。

③ 即矿路学堂督办俞明震（1860—1918）——译注。

鲁迅进入日本北方的仙台医学专门学校求学，但是在一年之后鲁迅意识到，当时的中国最缺乏的不是医生，而是把中国人民从冷漠的沉睡中唤醒，鼓舞他们反抗封建主义意识形态，反抗一切压迫者的"精神界之战士"。鲁迅放弃了仙台医专的学业，回到东京投身于文学事业。

鲁迅并没有提出任何可以用来解决中国社会问题的政治理论，而且他对于那些关于人类永恒未来的信念更是不抱什么幻想。对于其他与此相关的各种理论，鲁迅认为它们首先必须满足人们的三项基本权利，即："我们目下的当务之急，是：一要生存，二要温饱，三要发展。"他进一步指出："苟有阻碍这前途者，无论是古是今，是人是鬼，是《三坟》、《五典》，百宋千元，天球河图，金人玉佛，祖传丸散，秘制膏丹，全都踏倒他。"① 当然，鲁迅没有低估中国现代化尝试中所要面对的诸多困难。1923 年在给北京女子高等师范学校所做的演讲中，鲁迅以预言家式的语调总结道：

> 可惜中国太难改变了，即使搬动一张桌子，改装一个火炉，几乎也要血；而且即使有了血，也未必一定能搬动，能改装。不是很大的鞭子打在背上，中国自己是不肯动弹的。我想这鞭子总要来，好坏是别一问题，然而总要打到的。但是从那里来，怎么地来，我也是不能确切地知道。②

鲁迅有着异乎寻常的文学创作才能。鉴于他的创作质量之高，作品数量之巨，有人把他称作天才。鲁迅本人不赞同这样的观点，他说："哪里有天才，我只是把别人喝咖啡的工夫用在了工作上罢了。"在他的一篇杂文中，鲁迅论证了当时的中国还缺乏天才产生的环境。③

让鲁迅获得最大声誉的是他的短篇小说创作，他主要的两部短篇小说集

---

① 《忽然想到（五至六）》，《鲁迅全集》第 3 卷，第 47 页。本书原著作者没引用鲁迅作品原文，译文改引原文——译注。

② 鲁迅：《娜拉走后怎样》，《鲁迅全集》第 1 卷，第 171 页（凡是本书原著就有的注释，就直接译出，不标原注）。

③ 鲁迅说："不但产生天才难，单是有培养天才的泥土也难。"（《未有天才之前》，《鲁迅全集》第 1 卷，第 177 页）——译注。

乃是以他在故乡童年和少年时代自身和他人的生活经历为基础而写成。他偶尔也写作诗歌，主要是旧体诗词的写作。但他从来没有创作过篇幅更长的中长篇小说作品，后来因为这一点有人质疑他的创作时，鲁迅回应说，自然会有其他作家去写这类作品，他已经在写作杂文中获得了满足，他把这类文章称作"杂感"。杂文作品占据了《鲁迅全集》四分之三的份额。鲁迅对中国语言的精湛掌控，他的剃刀般锐利的智慧，使得他的杂文对他那个时代读者的阅读能力构成了某种挑战。鲁迅的作品至今仍然值得阅读，吸引读者的不仅有这些作品的文学价值，还有它们对 20 世纪上半叶中国社会、文学和政治的深刻洞见。

鲁迅同时还是一名重要的学者，他在中国历史和文学等领域显示了深厚的学术功底。他的首次出版于 1925 年的《中国小说史略》，[①] 乃是第一部由中国学者撰写的系统地研究中国古代小说史的专著。20 世纪 20 年代早期，鲁迅曾经在北京大学兼任讲师，《中国小说史略》就是在他的授课讲义基础上写成的专著。

在鲁迅生命的最后 10 年里，他与左翼政治力量意气相投，中国左翼作家联盟就是在他的帮助下得以成立的，但是他从来没有加入过任何政党。留学日本期间，鲁迅是中国革命者反抗满清运动的见证人，虽然他认可这些人的革命目的，但是并不赞同他们为达此目的而采取的所有手段。有一回，他甚至拒绝了这些革命者委派给他的刺杀任务。对于政治领导人，鲁迅一直持有某种健全的怀疑态度。据他的弟弟周作人回忆，他们在日本留学时，有一回鲁迅曾经调侃说："假如陶焕卿推翻满清成功后成了皇上，我们应该仔细我们的皮。"[②] 陶焕卿，即陶成章，他是反清组织光复会的领袖，曾经得到鲁迅、周作人的支持。

---

① 本书原著这一表述有误，鲁迅的《中国小说史略》上册于 1923 年 12 月首次由北京新潮社出版，下册首次于 1924 年 6 月由北京新潮社出版，1925 年 9 月该书被合为一册由北京北新书局再版——译注。

② 周作人一方面肯定陶成章是革命勇士，但又认为此人"看去仿佛有点可怕，似乎是明太祖一流人物"，他转引了鲁迅对陶成章的评价："假如焕卿一旦造反成功，做了皇帝，我们这班老朋友恐怕都不能幸免。"（引自周作人自编文集《知堂回想录》，上册，第 305 页，河北教育出版社，2002 年 1 月出版）——译注。

鲁迅决意保持其独立自主的姿态，他以自己独特的方式支持着进步事业。后来他结交了好几位共产党人朋友，虽然他赞同这些朋友的某些政见，但他还是与共产党领导下的那些文学社团的宗派主义成员发生了冲突，这些人认定所有的文学都应该纳入到社会主义现实主义的潮流中去，鲁迅认为这样的主张是相当荒唐的。

鲁迅的私人生活并不十分复杂，但是母亲为他包办的妻子使他承受了巨大的痛苦。当鲁迅还在日本留学时，母亲以病重的理由把他召回家里。回到绍兴后，鲁迅发现母亲身体十分健康，母亲召回他的真正理由是，她认为儿子已经到了应该结婚的时候。对于婚事，鲁迅并没有过多地考虑，他并没有为此做过什么准备。鲁迅是孝顺的儿子，原先曾向母亲为他包办的未婚妻提出不裹脚和进学校上学这两个条件；但遗憾的是，在婚礼上他发现自己提出的两个条件这位新娘都不符合。鲁迅当时是否与母亲包办的妻子圆房，这一切都值得怀疑。后来事实证明，鲁迅的母亲原先并不认识这位新娘朱安，她是由一位婶母①推荐过来的。朱安与鲁迅断断续续一起生活到 1926 年，在这一年，鲁迅携手他先前的女学生许广平一起前往南方，他从新的爱人那里获得了幸福，还与她生养了一个儿子。后来，鲁迅与许广平的通信集得以出版，这些信件提供了两人一起生活和工作的重要信息。

尽管鲁迅拥有着积极的生活态度，他有时也会陷入低落的情绪之中，这种情绪有时会在他的作品中显露出来。好友的死亡同样给他带去痛苦，他们中的一些人成为政治迫害的牺牲品。他的健康状态并不理想，最终他患上了致命的肺结核病，不过，他一直工作着直至死神的到来。

鲁迅的生活和创作成为中国学者研究的重点课题，在日本学术界这一论题也受到比较充分的重视。已经出版了许多部鲁迅的年谱，其中的一些年谱同其他关于鲁迅创作的研究资料一样编写得非常详细。但是由于毛泽东曾经高度称赞鲁迅是文化战线上的斗士楷模，因此在中华人民共和国成立之后的 30 年里，虽然出版了成千上万的有关鲁迅的著作和论文，却少有严肃地研究鲁迅及其创作的学术成果。在中国共产党致力于反抗旧秩序的斗争中，毛泽

---

① 指鲁迅祖父的堂弟周玉田的妻子，朱安是鲁迅这位叔祖母的内侄女——译注。

东的确把鲁迅视作同盟者。但是在 1957 年当毛泽东被问及假如鲁迅还活着会怎样时，他回答说："（鲁迅）要么是关在牢里还要写作，要么他识大体不做声。"①

1980 年以来，中国学术界出版了大量关于鲁迅生活和创作的研究成果。大部分的学者都承认鲁迅是中国现代作家中的一位巨人，但是他们不再对鲁迅顶礼膜拜，当他们觉得自己论据充分时，也会提出批评性的观点。

近年来，学术界甚至出现了一种贬低和否认鲁迅对于中国文学具有贡献的倾向；伴随而来的是，一些学人努力恢复和提升那些鲁迅曾经批评过的作家和其他领域人物的声誉。2001 年，鲁迅的儿子周海婴在回应上述批评鲁迅的倾向时说道："金无足赤，人无完人。鲁迅也是可以批评的，但必须读通他的作品，研究他所处的社会背景和恶劣环境。他的文风不得不犀利，语言不能不苛刻……评价鲁迅不能脱离当时历史大环境，不能用现代人的思维来要求他……"② 周海婴所说的中国当代读者因不了解历史背景而误解鲁迅的问题的确存在，而且对于不了解中国 20 世纪历史的外国读者来说，这个问题会更加重要和突出。因此之故，我在写作这本书时很注意展示鲁迅生活各个阶段的社会政治背景，而这些与他的创作有着密切关系。

这是一本介绍鲁迅生活和创作的书，与这位作家迄今受到外国读者的实际关注相比，他本应该获得更广泛的欣赏。当然，本书并不把完整地、包罗万象地展示鲁迅的方方面面当做自己的追求。譬如，本书就没有去详尽讨论诸如鲁迅的作品在中国小说史上的地位，或者他对中国版画艺术的研究之类的问题，当然，本书也不研究鲁迅大量重要的翻译作品。已经有大量的英语版鲁迅作品的翻译和出版，但是要找到它们并不容易。鲁迅作品最全面的英译本是由杨宪益、戴乃迭翻译，由北京的外文出版社 1957 年首次出版的《鲁

---

① 2003 年，陈明远编选的《假如鲁迅还活着》一书出版，它收录了几十位作家对中国现代政治和文化的论述，该书有对此处所引的毛泽东鲁迅观的背景和含义的详细评述——原注。本书原著作者没有给毛泽东这一鲁迅观注明更具体的出处，其实它来自周海婴的《鲁迅与我七十年》，第 371 页，南海出版社，2001 年 9 月出版——译注。

② 引自张昌华：《也谈周海婴》，《青瓷碎片》，第 131—132 页，中国文联出版公司，2005 年 1 月出版。

迅选集》4卷本;① 另外的一些鲁迅作品英译本将开列在本书附录的文献中。但事实上在中国之外，鲁迅作品的许多译本并不容易找到。因为这个缘故，我将在本书中比常规的传记著作更多地选摘鲁迅作品的文字，以便于读者获得更近距离地倾听鲁迅本人声音的机会，而不是像通常论著所做的那样对鲁迅的作品作概括性介绍。②

---

① 本书原著这一表述不够准确，由外文出版社出版的英文版《鲁迅选集》的4卷本分别于1956年、1957年、1959年和1961年出版——译注。

② 以下四段关于本书原著引文注释、关于中文姓名和发音、关于鲁迅姓名译法的介绍，始专门为外国读者写的，对于中国读者来说没有必要译出，因此略去不译——译注。

鲁迅的家世和孩童时代

绍兴周氏家族

鲁迅是作家周树人的笔名，他于 1881 年 9 月 25 日出生在中国东部地区浙江省的绍兴城。他最初名叫周樟寿，当他 17 岁离开故乡去南京求学时改名为周树人。同时，鲁迅还有周豫山的字，但因豫山在绍兴方言中听起来有些像雨伞而被学友们取笑，他后来把自己的字改为豫才。鲁，是他母亲的姓氏，鲁迅后来成为他最经常使用的笔名，也是大多数中国和外国读者所熟悉的名字。鲁迅，这两个字的涵义是"愚鲁而迅速"，[①] 它们并不是很适合用来描述鲁迅的创作成就。

周家在绍兴居住了数百年，这是一个富裕而书香浓郁的望族。绍兴周氏家族的第一代祖先来自外地，他来自何处、何时到达没有定论。鲁迅的祖父认为他们家族第一位先祖来绍兴定居时间是在明朝年间（16 世纪早期）。根据周氏家族的另外一个传说，12 世纪（南宋时期）金兵大举进攻中原，周氏家族为躲避战乱从北方的河南省逃到绍兴定居。不管周氏祖先来自何处，历经几百年的发展，它在绍兴成为一个人丁兴旺的家族。在 18 世纪（乾隆年间），绍兴周氏家族达到了它繁盛的顶端。当时，这个大家族拥有 3000 多英亩（一万余亩）耕地，以及十多所当铺，当铺在当时的中国是一种相当赚钱的商行；而且家族成员中的好几位在仕途上十分顺利，成为成功的官员。此时，周氏

---

① 本书原著没有注释，这一说法见许寿裳《亡友鲁迅印象记》，第 48 页，人民文学出版社，1977 年 12 月出版——译注。

家族分为 14 房，占据了好几个台门。[①] 在 19 世纪中期的太平天国运动中，绍兴饱受战乱之苦，周氏家族开始衰败。不过，当鲁迅 1881 年出生时，周氏家族的各房还占据着靠近绍兴市区中心的 3 个巨大的台门。

绍兴位于浙江省省会杭州的东南方向，地处以盛产稻米著称的滨海平原上。绍兴城被无数的湖泊、河流以及人工运河环绕着，它的城区也曾经纵横交织着很多人工运河，其中一条就从鲁迅家族台门前的几米处流过。横跨人工运河的是众多造型优雅的石桥，这一点与苏州十分相似。在 18 世纪末，法国旅行家格鲁贤[②]曾经把绍兴比作威尼斯，即使是相当长的旅程，这两个城市的人都会乘坐船只上路。近些年来，为了追求速度，绍兴的一些河道被填埋，取而代之的是陆路交通。不过在鲁迅的时代，这些河道已经有好几个世纪一直维持着不变。

绍兴城从古至今最著名的产品莫过于用稻米酿成的黄酒了，通常情况下，大批装载着众多黄酒坛的船只从商家门口的码头出发运往中国其他地方。

中国远古时代的越国曾经在当今的绍兴附近建立起自己的首都，不过绍兴经济的繁盛局面到了唐代尤其是宋代（960—1280）才形成，在这个阶段，中国的东部区域已经稳固地奠定了其在整个国家经济生活中的核心地位。在南宋时期，如今的浙江省省会杭州成为宋王朝的首都，而绍兴距离它西北方向的杭州还不到 50 英里。绍兴周边良田、河流和湖泊里丰饶的物产，为生活在这块土地上的人们提供了富庶的生活，因此这些土地的主人能够把一生投入到仕途或者文学艺术中，通常情形下这些人过着亦官亦文的生活。绍兴是人才辈出之地，很多杰出的政治家就出自这里，它也以盛产师爷而著称于中国，在整个中国的各个政府部门中都曾经活跃着绍兴师爷的身影。

周氏家族的兴旺来自家族土地的丰产，家族成员在科举考试和仕途上的成功更给他们带来巨大的声望。在中国传统社会，许多富裕的家庭都渴望他

---

① 鲁迅的祖父周福清在其所写的《恒训》中说周氏家族"累世耕读，至乾隆年，分老七房、小七房（辋山公生七子），合有田万余亩，当铺十余所，称大大族焉"。引自周建人《鲁迅故家的败落》，第 5 页，福建教育出版社，2001 年 8 月出版——译注。

② Abbe Grosier，通译为格鲁贤，18 世纪法国来华传教士，1788 年他撰写的《中国通志》出版，对中国和各省的历史、地理作了介绍——译注。

们的家族成员能够成为高官，为了达到这一目标，他们鼓励儿孙们致力于学业，目的是通过秀才、举人和进士的层层科举考试，最终成功地获得官位。鲁迅家族的好几位先辈就中了举人，在腐败的清朝，他的一些先辈按照当时的惯例捐钱购买了功名，获得进入仕途的资格。鲁迅的祖父周福清通过了浙江乡试中举，在京城的方略馆谋到了充当编纂平定太平天国战争历史职员的誊录职务，后来又辞去职务，于1871年会试中考中了进士，随后在殿试中也顺利通过了考试。

周福清随后被光绪皇帝钦点为翰林院庶吉士，这在周氏家族历史上是最高等级的功名。一旦科举考试的应试者榜上题名，官府派出的传令官——报子一路鸣锣来到应试者的家中报喜。报子的人数能够反映出应试者考取功名的等级，被钦点为翰林的应试者，前往他家报喜队伍中会有6位鸣锣的报子。在绍兴周氏家族历史上，只有一位应试者的报喜队伍超过了这个规格，他就是周氏家族梁房的一个成员，[①] 当他在京城通过了会试并在殿试中被皇帝钦点为状元后，官府派出最高规格的八面大锣报喜队伍前往他的家族报喜。

报子们敲着六面大锣来到鲁迅祖父居住的台门外，齐声高叫："快请老太太用金簪来拆封！"老太太无疑就是鲁迅的曾祖母，她是周氏家族年长的成员。她走到外面接下报子递给她的报帖，只见报帖上写着：

> 捷报贵府老爷周福清，辛未科会试，中式第一百九十九名，殿试第三甲第十五名，朝考第一等第四十一名，钦点翰林院庶吉士。[②]

被皇帝钦点为翰林的周福清是这位老太太唯一的儿子，她理应为儿子的成功而高兴。然而，在报子离开了周家后，老太太开始抽泣和号哭，并且声

---

① 本书原著这一表述有误。据周建人《祖父点翰林的往事》说："中状元的是八面大锣，梁家台门中状元的时候，就是用八面大锣来报喜的；用六面大锣的是翰林。"（引自周建人《鲁迅故家的败落》，第28页，福建教育出版社，2001年8月出版）本书原著把这位绍兴梁姓家族的状元误以为是周氏家族梁房成员了——译注。

② 本书原著没有引文注释，译著引文来自周建人《鲁迅故家的败落》，第29页，福建教育出版社，2001年8月出版——译注。

称："灾祸将会降临到周家！"① 她觉得儿子的高升来得太突然，而且身居这样高位的官员很容易遭到别人的攻击。她的这番见解太具有预言性了，20 年后她的儿子周福清因为科场舞弊案而被逮捕并被投入监狱，不过好在当灾祸降临时，老太太已经去世。

周氏家族的 3 个台门分别是老台门、新台门和过桥台门，最后一个台门因人们必须跨越一条横卧在狭窄运河的桥才能到达而得名。鲁迅的家庭居住在新台门里，他家作为周氏家族智房的一个分支被命名为兴房。周家新台门有大门和仪门，门里有三进院落。这些院落是周家主要的建筑，它们包括了供喜庆祝福用的大厅，以及墙上挂着周家大多数祖先画像的大堂。兴房住的是第三进 4 间两层的房子，这 4 间房包括一间小堂前，用来悬挂兴房祖先的画像。在这些房屋后面，有一片很大的、由低矮的围墙围着的空地，被周家人称作"百草园"。到鲁迅生活在新台门的时代，百草园已是个荒芜的院落，它成了各种植物、鸟类和昆虫的栖息地，它成为周氏家族孩子们尤其是鲁迅嬉戏玩耍于其间的乐园。

周氏家族的每位成员分别按照他或者她在家族中所处的位置，严格地遵守传统的仪礼制度，这一切确保了家族整体上旺盛的生命力。这种仪礼主要运用于周氏家族共同的祖先去世纪念日和各房祖先去世纪念日上，也用在诸如春天时节家族成员祭扫祖先坟墓的清明节等其他重要的日子上。家族的各房轮流主持祖先的祭祀，他们的职责包括举行纪念仪式、宴请家族成员。当鲁迅为 12 岁的少年时，正好轮到他家主持家族祭奠，通常是每 9 年轮到他家主祭一次。主祭活动首要的任务是从家族公共的祭田里收取租金，用在诸如制作新的祖先画像、提供清明节祭扫祖坟的悼文等方面的开销上，然后是春季和秋季在宗族祠堂举行祭祀仪式，以及在家族重要的祖先去世日举行纪念活动，余下的钱款可以留给主祭的家庭作为经济上的补偿。鲁迅后来曾经抵

---

① 本书原著这段文字参考了周作人的相关记述，但是有一定的出入。周作人的《知堂回想录》写道："当介孚公中进士，京报抵绍，提锣狂敲……站在大厅桌上敲锣报喜之际，这位九老太太却在里面放声大哭。人家问她说，这是喜事，为什么这样哭？她说，'拆家者，拆家者！'拆家者是句土话，意思是说这回要拆家败业。她平常就是这种意见，做官如不能赚钱便要赔钱。"［引自周作人自编文集《知堂回想录》（上），第 10 页，河北教育出版社，2002 年 1 月出版］——译注。

制儒家思想和祭礼，但是在青少年时代他还是审慎地履行着他的祭祀职责。在 1896 年父亲去世之后，鲁迅作为长子长孙，在家族的祭祀活动中扮演了重要的角色。

在十来岁之前，鲁迅一直过着受到精心呵护的生活。不过，周氏家族已经开始衰败，这跟家族很多男性成员的生活方式有关，这些人已是入不敷出，他们对于日益减少的家族财富没有任何积极的贡献，却还要穷奢极欲；同时，更与周氏家族在随后几年所受的接踵而来的打击有关。最大的打击是鲁迅的祖父周福清的被逮捕。1893 年，周福清为了帮助绍兴几位考生（也包括他自己的那位多次在考试中名落孙山的儿子即鲁迅的父亲）在浙江省的举人考试中获得照顾，他去行贿主考官。在那个年代这样的事情已不鲜见，它们大多都没有被揭露出来。事实上，那个时代的人们为不同层级的科举功名行贿制定了一个民间的价目标准：县里的秀才选拔考试——400 大洋，省里的举人选拔考试——2000 大洋。

在周福清的行贿事件中，他在一个打开的信封里放进了送给受贿人（主考官）的贿金，由于负责传递信件的送信人愚蠢地当场打开了放有贿金的信封，并且当着其他官员的面向主考官要收据，[①] 因此行贿事件被公之于众，鲁迅的祖父必定要受到法律的惩罚。按照清朝法律，高官科举舞弊的不端行为被当做是严重的犯罪，周福清的事件被立即上报到朝廷，皇帝给他定了"斩监候"的准死刑。幸运的是，对周福清的这一判决一直没有得到执行，在省会杭州的监狱坐了几年牢后，周福清获得了释放。1900 年义和团叛乱被平定而时局获得稳定，皇帝举行全国大赦，周福清因此而受益出了监狱。

鲁迅祖父科场舞弊犯罪的后果之一是他的儿子、鲁迅的父亲周凤仪被官府剥夺了秀才的功名，这意味着他不再有资格去参加 1894 年在省会举办的举人考试。这对于周凤仪是一个巨大的打击，从此他不再有机会被任命为官员。不过，无论如何他的健康状况都太糟糕了，他此次不可能再去追逐科举功名了。

---

① 本书原著这一表述不够准确，周作人对此事的描述是这样的："介孚公便到苏州等候主考到来，见过一面，随即差遣'跟班'将信送去。那时恰巧副主考正在正主考船上谈天，主考知趣得信不立即拆看，那跟班乃是乡下人，等得急了，便在外边叫喊，说银信为什么不给回条。"（引自周作人自编文集《鲁迅的青年时代》，第 12 页，河北教育出版社，2002 年 1 月出版）——译注。

鲁迅的孩童时代

在鲁迅生活的那个时代，中国的孩子甚至也包括西方的孩子，都是自己去寻找游戏方式。尤其是在那些高门巨族的上层家庭里，孩子们更是被封闭在深宅大院高高的围墙内。好在儿时的鲁迅每年定期跟随母亲做客乡间外祖母的家，他能够与农村孩子交往，加入到他们的游玩活动中去，这有助于打破高墙对他的封锁。

小鲁迅最早与外界接触是当他仅仅只有 1 岁的时候，由家人带着去沿街几户之隔的佛寺里拜和尚为师。由于鲁迅是周家的长子长孙，他父亲担心这个已经显示出今后将比较有出息的孩子，会成为善妒的鬼神精怪攻击的目标而早早夭亡。在中国，和尚是不能步入仕途的，因此被看做是第二等级的公民，拜认和尚为师父，是远离鬼怪迫害危险的有效措施。小鲁迅获得了和尚师父赠予的"长庚"法号，后来他偶尔也用来作为笔名；他还获得了一件百衲衣（它乃是用各种破布拼凑而成），以及一件称作"牛绳"的东西，它上面挂着一些零星小件，如镜子、银饰和历书。只有在特殊的场合小鲁迅才穿上这些衣物和饰品，它们起到辟邪的作用。

在鲁迅两三岁的时候，为了防治天花，他的父母为他接种了牛痘疫苗。如果不是因为在当时的中国种牛痘还是非常罕见的事，此事本可以不提。由于被视为重要的事件，鲁迅的父母为孩子种牛痘举行了隆重的仪式，在他家堂屋中摆上了一张方桌，系上了红桌帏布，还点了香烛。鲁迅还记得，为补偿他接种牛痘的受苦经历，父亲送给他一个万花筒作为奖赏，这个礼物成为他儿时最喜欢的玩具。

鲁迅的父亲周凤仪（1861—1896）是一位好学的书生，由于他父亲1893年的科场舞弊案发，他的科举生涯被毁。他从来没有接受过职业方面的训练，只靠收取出租土地的收益而生活。他对孩子们相当严厉却也不乏温情，对孩子们的成长和学业给予了相当多的关注。鲁迅的母亲鲁瑞（1858—1943）来自位于绍兴城东郊 20 英里（约 32 公里）的安桥头村，她的父亲是位举人

（省级科考功名的拥有者）。她有着刚毅的性格，在清末反对缠足运动兴起后，她是周氏家族中率先松开裹脚布的第一人，她喜欢阅读小说和弹词。鲁迅终生与母亲亲近，当他还是孩子时，他总能从母亲那里得到帮助和建议。1919年绍兴周家祖屋被迫出售后，鲁迅带着他的母亲一道前往北京生活。

在鲁迅之后，他的母亲生育了3个儿子，鲁迅的大弟弟出生在1885年1月16日，他比鲁迅小3岁多，名叫櫆寿；后来在鲁迅改名为树人不久，大弟弟相应地改名为作人。周作人一直追随着大哥，在他的学业和职业选择上都深受大哥的影响，一直到40来岁时，周氏兄弟在许多方面都精诚合作，但是后来他们的人生道路发生了分化。

鲁迅的第二个弟弟周建人出生在1891年，[①] 他最小的弟弟生于1893年，还没活过婴儿期就夭折了。[②] 鲁迅没有妹妹。[③] 与大哥鲁迅不同，周建人后来成为科学家和教育专家，再后来，他还成为浙江省的省长。

早期的私塾生活

鲁迅所受的正式教育从6岁（按中国传统计算岁数的说法是7岁）就开始了，这一年，他进入周氏家族的家塾念书。他的老师是周玉田，一位远房的叔叔，[④] 他曾经通过了县考获得秀才的功名。鲁迅的祖父周福清认为，当孩子们学习阅读和写作时，应该同时获得一些基本的中国历史知识，因此他让孩子们开始阅读用简单的古汉语写的《鉴略》，取代当时一般的孩子阅读的

---

① 本书原著这一表述有误，周建人是1888年11月12日出生的（见《鲁迅年谱》增订本第一卷，第15页，人民文学出版社，2000年9月出版）——译注。

② 本书原著这一表述有误，鲁迅最小的弟弟椿寿生于1893年7月25日，1898年12月20日夭折，年仅6岁（见《鲁迅年谱》增订本第一卷，第30页、第61页，人民文学出版社，2000年9月出版）——译注。

③ 本书原著这一表述有误，鲁迅有一妹妹，叫瑞姑，出生时间不确定，生于1887年和1888年之间，1888年11月左右因天花夭折（见《鲁迅年谱》增订本第一卷，第15页，人民文学出版社，2000年9月出版）——译注。

④ 本书原著这一表述有误，周玉田是鲁迅祖父周福清的堂弟，鲁迅应该称呼他为叔祖而不是叔叔（见《鲁迅年谱》增订本第一卷，第13页，人民文学出版社，2000年9月出版）——译注。

《百家姓》和《三字经》。但是，从其他各个方面来说，家塾有着非常传统的那种严峻苛刻的氛围。书桌上除了《鉴略》、练习写字的描红格和对字作文练习本之外，不允许有任何其他书籍。本该有一些可以激发孩子们想象力的插图本读物，在周氏家塾却付之阙如，鲁迅后来抱怨过他的这种完全单调乏味的早期学校生活。

两年后，8周岁的鲁迅继续在家塾读书，一位长辈亲戚送给他《二十四孝图》印本，这是14世纪的儒教徒编撰的宣扬孝男孝女之孝行的图书，其中的许多故事显得比较牵强附会。例如，其中卧冰求鲤的故事写一个男人躺在冰冻的水塘上用身体的温热融化冰层，希冀抓住鱼儿给饥饿的父母吃的事迹。[①] 事实上，用尖锄凿开冰层去抓鱼比卧冰求鲤要容易得多；不过，如果是这样就不足以证明主人公极度的孝行。另外一个叫戏彩娱亲的故事说的是，一位70岁的老人身穿彩衣，跌倒在地作婴儿啼哭状以博取年迈父母高兴的事迹。由于《二十四孝图》是图文并茂的书，它应当能够刺激小鲁迅的想象力；后来鲁迅评述说，当年他"请人讲完二十四个故事之后，才知道'孝'有如此之难"。[②]

鲁迅继续在家塾里求学，他背诵了包括《论语》在内的、当时中国的学生都在学习的书籍。由于他超常的禀赋，很快引起了家塾老师周玉田的注意，鲁迅与老师往来密切。周玉田叔叔[③]收藏了大量带图的书籍，它们激发了这位学童强烈的好奇心。周玉田的藏书中有一本三国时期的陆玑撰写的《毛诗草木鸟兽虫鱼疏》，以及一本由清代学者撰写的《花镜》，后者是一本画有大量植物和花卉的书籍。童年的鲁迅培养起了对植物学强烈的兴趣，后来他亲自在实践中找到和培植了一些不寻常的植物。周玉田还告诉小鲁迅有一部《山海经》，书中绘有许多怪物，这使他十分渴望见到这本奇书。

保姆阿长也激发着小鲁迅的想象力。起初，鲁迅并不怎么佩服阿长，因

---

① 本书原著这一表述不够准确，应该是故事的主人公卧冰为生病的继母寻找鲤鱼，而不是为饥饿的父母双亲求鲤——译注。

② 本书原著未直接引用鲁迅原话，译著引用鲁迅《朝花夕拾·二十四孝图》的原话，引自《鲁迅全集》，第2卷，第261页——译注。

③ 本书原著这一表述有误，周玉田是鲁迅祖父周福清的堂弟，鲁迅应该称呼他为叔祖而不是叔叔（见《鲁迅年谱》增订本第一卷，第13页，人民文学出版社，2000年9月出版）——译注。

为她在孩子能够做什么、不能做什么方面有很僵化的思想。阿长的偏见基本上都是出于迷信，比如她认为进了死过人的房间就要倒霉，人是绝不可以从晒着内裤和裤子的竹竿底下走过去。阿长还总是喜欢讲闲话，向别人说些什么事。晚上睡觉时，阿长把她与小鲁迅共用的床铺占去百分之九十。然而，她会讲很多关于"长毛"的故事。"长毛"，是指太平天国起义军领袖洪秀全的那些追随者，在19世纪中期他们曾经占领了中国南部和东部的广大地区，1864年他们最终在忠于清政府的湘军等武装力量的镇压下失败了。

按照阿长的说法，当"长毛"攻入绍兴城后，周氏家族全体成员都逃到海边去了，只留下一个看门人和一个做饭的老妈子照看家产。当一个"长毛"进入周家后，老妈子向他诉说自己是如何的饥饿。"长毛"告诉她："那么，这东西就给你吃罢！"他将一个圆圆的东西扔向老妈子，那东西还带着一条辫子，这正是那看门人的断头！

阿长接着对小鲁迅说："像你似的小孩子，长毛也要掳的，掳去做小长毛。还有好看的姑娘，也要掳。"鲁迅说："那么，你是不要紧的。"阿长严肃地说："哪里的话？我们也要被掳去。城外有兵来攻的时候，长毛就叫我们脱下裤子，一排一排地站在城墙上，外面的大炮就放不出来；再要放，就炸了！"①

听完阿长讲的这些故事后，小鲁迅对她产生了新的敬意，觉得她身上肯定具有某种巨大的神力！小鲁迅对阿长产生更充分的敬意是在她给他带来《山海经》之后，这本书给他带来了巨大的惊讶和快乐。大约在离开周家休假一个月后阿长回来了，②她递给了小鲁迅一个包裹，里面装的是《山海经》。在这本奇异的书里，有九头的蛇、人面的野兽，以及没有头而"以乳为目，以脐为口"的刑天。阿长带来的这本《山海经》印制比较粗糙，图像极其简单，几乎完全是用直线连接而成，但是在小鲁迅心目中，这是一本他最心爱的宝书。从孩提时代开始收藏的这类书，它们激发了鲁迅毕生对图画艺术和

① 本书原著没有作注，这段对话其实是引自鲁迅的散文《阿长与〈山海经〉》——译注。

② 本书原著这一表述有误。鲁迅在《阿长与〈山海经〉》中写道："过了十多天，或者一个月罢，我还记得，是她告假回家以后的四五天，她穿着新的蓝布衫回来了……"（《鲁迅全集》，第2卷，第254页）可见，应该是在阿长离家四五天之后——译注。

小说的兴趣，它们对鲁迅创作的作品具有重要的影响。当他还是孩子的时候，鲁迅花费大量时间用来描摹《山海经》这类书籍的插图，据此，鲁迅后来培养出了相当突出的美术家的技艺。鲁迅还抄写过 17 世纪编撰的巨著《康熙字典》中的 45000 个文字。

与母亲乘着船儿去乡下的外婆家，小鲁迅不仅结识了旅途中所见的庄稼，而且也与诸如鸡、猪和水牛等驯养的动物有了近距离的接触。在周家新台门后部，有一个很宽阔的院子，鲁迅称之为百草园，幼小的他经常在那里玩耍，他也把这个园子当做了天堂：

> 不必说碧绿的菜畦，光滑的石井栏，高大的皂荚树，紫红的桑葚；也不必说鸣蝉在树叶里长吟，肥胖的黄蜂伏在菜花上，轻捷的叫天子（云雀）忽然从草间直窜向云霄里去了。单是周围的短短的泥墙根一带，就有无限趣味。油蛉在这里低唱，蟋蟀们在这里弹琴。翻开断砖来，有时会遇见蜈蚣；还有斑蝥，倘若用手指按住它的脊梁，便会啪的一声，从后窍喷出一阵烟雾。何首乌藤和木莲藤缠络着，木莲有莲房一般的果实，何首乌有拥肿的根。有人说，何首乌根是有像人形的，吃了便可以成仙，我于是常常拔它起来，牵连不断地拔起来，也曾因此弄坏了泥墙，却从来没有见过有一块根像人样。如果不怕刺，还可以摘到覆盆子，像小珊瑚珠攒成的小球，又酸又甜，色味都比桑葚要好得远。[①]

到 1892 年，鲁迅 11 岁了，他进入离他家相当近的三味书屋读书。小鲁迅一度以为送他进三味书屋读书，是对他在百草园中拔何首乌毁坏了泥墙的一种惩罚。三味书屋是绍兴城里最好的私塾，鲁迅去上学，只需从他家大门走过几个台门，穿过一条横跨狭窄运河的小桥，登上几级台阶，就来到三味书屋的所在地寿家。私塾的教室在寿家屋内，布置着一些稀稀落落的家具，在寿镜吾先生讲课桌后的墙上，悬挂着一块匾，上面写着"三味书屋"四个字。三味书屋名字取自古代的格言："'书有三味'，经如米饭，史如肴馔，子

---

① 鲁迅：《朝花夕拾·从百草园到三味书屋》，《鲁迅全集》，第 2 卷，第 287 页。

如调味之料。"① 在字匾下面是一幅画，那上面画着一只伏在古树下的很肥大的梅花鹿。由于教室内没有设孔子的牌位，每天早晨学生到教室后，就对着那匾和梅花鹿磕头行礼。除了寿先生的讲课桌，教室内还有另外几件家具，以及排列在两边的 20 几名学生的课桌。

私塾由鲁迅的老师寿镜吾先生命名，鲁迅后来把寿先生描述为"极方正，质朴，博学的人"，② 他在绍兴城里是一位广受尊敬的学者。寿先生不是特别严格，但他用高标准要求他的学生。鲁迅开始在三味书屋上学不久，他向寿先生提了一个问题，在他心目中，寿先生是非常博学的，一定能够解答他的疑问：

> 不知从那里听来的，东方朔也很渊博，他认识一种虫，名曰"怪哉"，冤气所化，用酒一浇，就消释了。我很想详细地知道这故事，但阿长是不知道的，因为她毕竟不渊博。现在得到机会了，可以问先生。
>
> "先生，'怪哉'这虫，是怎么一回事？……"我上了生书，将要退下来的时候，赶忙问。
>
> "不知道！"他似乎很不高兴，脸上还有怒色了。
>
> 我才知道做学生是不应该问这些事的，只要读书，因为他是渊博的宿儒，决不至于不知道，所谓不知道者，乃是不愿意说。年纪比我大的人，往往如此，我遇见过好几回了。③

在三味书屋，学生除了学习、背诵经书，练习写字之外，他们还有一些简单的作文课程。寿先生喜欢带学生做对联，最简单的方式是只出两个单音节的字，然后让学生给出对子。有一回，寿先生家一位年轻的女佣从教室门口经过，老先生即兴给出了上对"佳人"，在这个语境中，"佳人"的意思是

---

① 本书原著没有直接注明格言的出处，周作人对"三味书屋"的"三味"有解释，本译著这段文字引自周作人自编文集《鲁迅小说里的人物》，第 257 页，河北教育出版社，2002 年 1 月出版——译注。

② 本书原著没有作注，它来自鲁迅的《朝花夕拾·从百草园到三味书屋》，《鲁迅全集》，第 2 卷，第 289 页——译注。

③ 鲁迅：《朝花夕拾·从百草园到三味书屋》，《鲁迅全集》，第 2 卷，第 289—290 页。

美丽的女子。鲁迅立即对以"恶魔"。寿先生叹息了一阵后说："你的下对与我的'佳人'对得非常工整，但是你的对子太古怪了！你为什么要对'恶魔'呢？"听完寿先生的分析，所有的学生大笑不止。

在另外一次课上，戴着一副巨大的圆形眼镜的寿先生给了学生3个字的上对"双头蛇"，那位轮到做下对的学生想不出好的对子，于是悄悄求助于鲁迅，鲁迅对他耳语道："四眼狗。"这位同学大声重复了鲁迅的对子。寿先生勃然大怒，用戒尺打了这位学生两下，并把他逐出教室。这位满脸冤屈的学生不知道自己到底做错了什么，他突然大哭起来，说是豫才（也即鲁迅）告诉他这个答案的。寿先生意识到"四眼狗"是暗指他的大圆眼镜，于是开始斥责鲁迅，并让他对出一个新的对子，以示对他的惩罚。鲁迅轻松地对出了寿先生给他出的四字上对，这次对对子事件就此结束。

在汉语中，对对子远比这里用英文举的几个例子要难得多，在意思和声调上，下对所用的文字都必须和上对的文字完全匹配。练习对对子的目的是为掌握中国古典诗歌的写作艺术奠定基础，中国古典诗歌通常每个诗行有五个音节或者七个音节。

在三味书屋后面，有一个小花园，里面生长着多种树木，孩子们在树上可以找到各种昆虫。当寿先生在课堂上全神贯注于自己的朗诵时，学生们会不时地溜进花园。当然，同时溜出去的学生多了是不行的。如果寿先生发现多位学生不在了，就会在教室里嚷起来："人都到哪里去了？"随即，学生们就一个接一个溜回教室，尽量不被老先生看到。寿先生很少用他的戒尺惩罚学生，他通常在学生淘气时会瞪他们几眼，然后喊道："读书！"学生们就放开声音大声朗读，每个人读的课文不尽相同，一时间教室里人声鼎沸。

用纸张和糨糊制作盔甲，套在手指上玩游戏，是鲁迅和他的同学们的快乐时光。他们通常在课桌下玩这种游戏，但当寿先生陶醉于他自己的朗诵时，学生们也把盔甲拿到桌上玩起来。在这样的时段中，鲁迅把大量的时间用来影写小说印本上的绣像，他用的是一种荆川纸。鲁迅慢慢地积累了大批这样的影写画，后来他把其中的一些卖给了一位有钱的同学了，这位同学的父亲开着一家出售葬礼用纸钱的商店。后来，鲁迅撰文回顾这段求学日子时写道

"书没有读成，画的成绩却不少了"。[1]

在鲁迅的作品中，他偶尔还提到另外一些在他的儿童时代与他有过接触的人，其中的衍太太就是一位不合常规的人物。鲁迅在他 1926 年写的散文《琐记》中是这样写衍太太的：

> 衍太太现在是早经做了祖母，也许竟做了曾祖母了；那时却还年青，只有一个儿子比我大三四岁。她对自己的儿子虽然狠，对别家的孩子却好的，无论闹出什么乱子来，也决不去告诉各人的父母，因此我们就最愿意在她家里或她家的四近玩。
>
> 举一个例说罢，冬天，水缸里结了薄冰的时候，我们大清早起一看见，便吃冰。有一回给沈四太太看到了，大声说道："莫吃呀，要肚子疼的呢！"这声音又给我母亲听到了，跑出来我们都挨了一顿骂，并且有大半天不准玩。我们推论祸首，认定是沈四太太，于是提起她就不用尊称了，给她另外起了一个绰号，叫作"肚子疼"。
>
> 衍太太却决不如此。假如她看见我们吃冰，一定和蔼地笑着说，"好，再吃一块。我记着，看谁吃的多。"
>
> 但我对于她也有不满足的地方。一回是很早的时候了，我还很小，偶然走进她家去，她正在和她的男人看书。我走近去，她便将书塞在我的眼前道，"你看，你知道这是什么？"我看那书上画着房屋，有两个人光着身子仿佛在打架，但又不很像。正迟疑间，他们便大笑起来了。这使我很不高兴，似乎受了一个极大的侮辱，不到那里去大约有十多天。一回是我已经十多岁了，和几个孩子比赛打旋子，看谁旋得多。她就从旁计着数，说道，"好，八十二个了！再旋一个，八十三！好，八十四……"但正在旋着的阿祥，忽然跌倒了，阿祥的婶母也恰恰走进来。她便接着说道，"你看，不是跌了么？不听我的话。我叫你不要旋，不要旋……。"[2]

---

[1] 鲁迅：《朝花夕拾·从百草园到三味书屋》，《鲁迅全集》，第 2 卷，第 291 页。
[2] 鲁迅：《琐记》，《鲁迅全集》，第 2 卷，第 301—302 页。

后来，当鲁迅更大一些，大约是十六七岁的时候，他与衍太太闲聊，说起自己对许多看的书和吃的东西都有购买的欲望，只是没有钱。衍太太告诉鲁迅去家里母亲珍藏首饰的地方找一找，并怂恿鲁迅说，如果真想买自己想要的东西，可以拿一些母亲的首饰去卖掉换钱。鲁迅说他当时也曾经想过去衍太太所提到的地方找找珠宝，但是他终于还是没有采取行动。但正是衍太太本人开始在周氏家族中散布流言，说鲁迅真的已经偷了母亲的首饰去变卖了，这使他有着更充足的理由避开衍太太。衍太太流言事件强化了鲁迅的多疑性格，到后来他的这种性格越发显得突出，对于那些非亲密的朋友或非同道中人，他会怀疑他们的动机。1926 年，鲁迅在《琐记》中写道，衍太太放出流言时，他还太年轻，面对流言他真的觉得自己是有罪的，仿佛他已经做了错事；倘若是现在再给他机会，他就会写出文字，去揭露出流言家的"狐狸尾巴"来。[1]

街头迎神赛会和社戏

在绍兴，某些时段出现的公众娱乐活动，给小城单调的生活带来了令人愉快的变化。其中应该提到的有特定时候在大街上举行的迎神游行，周建人曾经这样描述所谓的"迎神赛会"场景：

> 在迎会这一天，先有人挨家分神祃，到午后，各户各铺都要在门口设香烛等待。
>
> 听到开道的锣声，大家知道要来了，便都走出门外。头牌过后，便是塘报，只见一个孩子骑马而来。过了许久，一个汗流浃背的胖大汉用双手托着一支长竹竿，上面挂着绣花的绸大纛，高两三丈，叫高照。这胖大汉在高兴的时候，把竹竿放在头顶、肩膀或拳头上，表演给大家看。这叫做嬉高照。高照四周有纤绳，一些人拉纤执叉随护。他身后有华丽

---

① 鲁迅：《琐记》，《鲁迅全集》，第 2 卷，第 302 页。

的黄伞，颜色倒不一定是黄色的。接着是大敲棚，就是音乐队，奏乐的人是在木棚里边走边奏乐的。这个木棚像眠床，上面有顶，四周有帘幔和流苏，棚的四角有人掮着走。

接着是高跷，我以后再没有看到像家乡这样精彩的高跷了。他脚下踩的木棒特别高，在他们疲倦的时候，总是坐在人家的屋檐上休息。听说他们都是上高匠（泥水匠的一种，专门登高盖楼房、屋顶的）他们的表演又是这样逼真，边走边演（不唱），演活捉张三呀、滚凳呀，有时，还要跳几跳，叫做斩马脚。又有送夜头一场，就是一人拿着桄筛，上面放着烛台、酒、饭碗，有两个无常鬼在后面跟随。无常鬼有两种，一种是活无常，一种是死有份（即死无常）。大家对活无常最感兴趣了，他穿着白色宽大的衣服，头上戴着一顶高帽子，脸色雪白，八字眉，脚上穿草鞋，手里拿芭蕉扇。他还有老婆，大家叫她活无常嫂嫂，身上也穿白色衣服，脸上涂脂抹粉，她身边还有一个儿子，名字叫阿领，穿着打扮容貌长相和活无常一模一样，他这一家在街心慢慢走着来，两旁看的人就欢笑了。

接着是抬阁，有人抬着，上面是少年男女，身穿华丽的古装，打扮成戏曲故事里的人物，如夜读，抬阁里就有一顶小半桌，一少年戴书生帽，在灯光下看书。有的扮成武将等等。这些人都是胥吏和商家的子女，世家子弟是不参加的。

出巡的神一般是东岳、城隍、张老相公（即潮神菩萨），随后是护炉队，好多穿着吏服的人手提香炉，焚烧着檀香，神像坐在显轿里来了，两旁有人随行，用大鹅毛扇为神招风。①

鲁迅小时候自然听说过别人对迎神赛会的描述，他一直盼望着能够亲眼目睹赛会的场面，但令他失望的是，每次赛会的行列经过周家门外大街时，赛会几乎都已经接近尾声，队伍也已是稀稀落落了。迎神赛会是绍兴一年中极其重要的时刻，小鲁迅特别艳羡那些有幸能够亲自参加赛会的人们。在儿

---

① 周建人：《鲁迅故家的败落》，第40—41页，福建教育出版社，2001年8月出版。

时，他终于非常幸运地得到去远离绍兴城的一个大村庄看迎神赛会的机会了，这就是在距绍兴城 20 多英里水路①的东关举办的五猖庙的赛会。然而，鲁迅对这次赛会几乎没什么记忆，他记住的是去看赛会之前父亲罚他背书的一些不愉快的断片：

因为东关离城远，大清早大家就起来。昨夜预定好的三道明瓦窗的大船，已经泊在河埠头，船椅，饭菜，茶炊，点心盒子，都在陆续搬下去了。我笑着跳着，催他们要搬得快。忽然，工人的脸色很谨肃了，我知道有些蹊跷，四面一看，父亲就站在我背后。

"去拿你的书来。"他慢慢地说。

这所谓"书"，是指我开蒙时候所读的《鉴略》。因为我再没有第二本了。我们那里上学的岁数是多拣单数的，所以这使我记住我其时是七岁。

我忐忑着，拿了书来了。他使我同坐在堂中央的桌子前，教我一句一句地读下去。我担着心，一句一句地读下去。

两句一行，大约读了二三十行罢，他说：

"给我读熟。背不出，就不准去看会。"

他说完，便站起来，走进房里去了。

我似乎从头上浇了一盆冷水。但是，有什么法子呢？自然是读着，读着，强记着，——而且要背出来。

粤自盘古，生于太荒，

首出御世，肇开混茫。

就是这样的书，我现在只记得前四句，别的都忘却了；那时所强记的二三十行，自然也一齐忘却在里面了。记得那时听人说，读《鉴略》比读《千字文》，《百家姓》有用得多，因为可以知道从古到今的大概。知道从古到今的大概，那当然是很好的，然而我一字也不懂。"粤自盘

<hr>

① 本书原著写作 20 多英里，查鲁迅的《五猖会》一文，绍兴城距东关为六十里水路，见《鲁迅全集》，第 2 卷，第 270 页。

古"就是"粤自盘古"，读下去，记住它，"粤自盘古"呵！"生于太荒"呵！……

应用的物件已经搬完，家中由忙乱转成静肃了。朝阳照着西墙，天气很清朗。母亲，工人，长妈妈即阿长，都无法营救，只默默地静候着我读熟，而且背出来。在百静中，我似乎头里要伸出许多铁钳，将什么"生于太荒"之流夹住；也听到自己急急诵读的声音发着抖，仿佛深秋的蟋蟀，在夜中鸣叫似的。

他们都等候着；太阳也升得更高了。

我忽然似乎已经很有把握，便即站了起来，拿书走进父亲的书房，一气背将下去，梦似的就背完了。

"不错。去罢。"父亲点着头，说。

大家同时活动起来，脸上都露出笑容，向河埠走去。工人将我高高地抱起，仿佛在祝贺我的成功一般，快步走在最前头。

我却并没有他们那么高兴。开船以后，水路中的风景，盒子里的点心，以及到了东关的五猖会的热闹，对于我似乎都没有什么大意思。

直到现在，别的完全忘却，不留一点痕迹了，只有背诵《鉴略》这一段，却还分明如昨日事。

我至今一想起，还诧异我的父亲何以要在那时候叫我来背书。①

鲁迅毕生热爱通俗文化，尤其是对那些同样具备了人类令人称道的优点和难以避免的缺点的神灵和鬼怪，他更是怀有持久的热爱。他迷恋着一些民间戏曲中的人物，这些人物比迎神赛会上的神灵更容易在民间艺术中见到。在周氏家族老台门外有一片很大的空地，这片地面上原先有周家的一支——和房的房屋，很早之前一场大火把这些房子烧光了。在每年7月后半段，② 周

---

① 鲁迅：《朝花夕拾·五猖会》，《鲁迅全集》，第2卷，第271—273页。
② 本书原著用 July 这个西洋历法中的7月来翻译中国农历七月半，时间上不够准确，中国农历七月半，一般是西历的8月或者9月——译注。

46

氏家族会雇戏班子来演戏。在每年 8 月 15 日的盂兰盆节（倒悬节）上，①鲁迅就能在周家老台门的空地上看到目连戏。这种戏的全称是"目连救母戏"，目连一词系缩写，它因一位佛教英雄而得名。目连戏讲述了一个源于佛教重要经籍的故事，它说的是目连深入地狱拯救他的母亲的事迹，据说他的母亲因把别人捐赠给佛教僧人的钱据为己有而被打入地狱。②

对于佛教信徒来说，目连戏的演出加上盂兰盆节上供奉的祭品和祈祷，可以增添他们所看重的功德，正如目连母亲最终的命运所显示的那样，这种功德能够帮助有罪的灵魂获得拯救。目连救母的故事把佛教和儒家两种思想因素糅为一体，通过表现目连冒死深入地狱拯救母亲的强大意志，目连戏在主人公身上展示了鲜明的儒家孝子特征。

目连戏也在一年的其他时段演出，比如有时是用它来驱赶害虫。据说，如果人们以向蝗虫表示敬意的名义演出目连戏，大批的蝗虫就会聚集过来观看演出，在观看演出获得愉悦之后，它们就会飞到其他区域制造危害。目连戏不仅演给人们看，也演给神灵和鬼怪们看。因此，有必要采取措施确保神鬼们来观看演出。演出开始，从当地招募来的孩子们脸上涂上了色彩，手上拿着钢叉，一道骑上马匹，奔驰到野外许多埋葬穷人的坟堆中。他们环绕坟墓 3 圈，下马大声喊叫，然后一遍又一遍地把钢叉投向坟堆，以此来召集鬼魂去观看目连戏。随后，孩子们翻身上马，骑回市内。回到戏台后，他们又大叫几声，将钢叉一投，钉在戏台地板上。③鲁迅说，他在少年时代曾经有一次充当了这样的一位志愿者，这应该是有相当大的可能性的，因为他还比较小的时候就学会了骑马。但是，按照周建人几十年之后的说法，演戏时少年人骑的马并不是真的马，只是想象中的马，那些演戏的少年乃是由一位成年男子带队前往野外的坟堆，这位成年男子手拿着钢叉，打扮得像地狱中的蓝

① 本书原著把盂兰盆节（倒悬节）日期说成是 8 月 15 日，不正确，应该是农历 7 月 15 日——译注。

② 本书原著这一表述不够准确。目连的母亲家中富裕然而吝啬贪婪，儿子目连却极有慈悲心肠。其母趁儿子外出时，天天宰杀牲畜，大肆烹嚼，无视儿子的慈心，且从不修善。她死后被打入阴曹地府，受尽苦刑的惩处——译注。

③ 本书原著这段描述系根据鲁迅的《女吊》相关描写而来，见《鲁迅全集》，第 6 卷，第 639 页——译注。

脸国王一样。

目连戏通常一演就是好几天，它包含了许多表现其他神灵和鬼怪生活的次要情节。其中的一些人物给鲁迅留下了深刻的印象，他最喜欢的鬼叫女吊，这是一位受了冤屈而上吊自杀的女鬼，她下定决心要为自己的冤屈而复仇。鲁迅也喜欢另外一位叫活无常的鬼，把它描述成"鬼而人，理而情，可怖而可爱的无常"；他也欣赏目连戏中描绘活无常的方法，认为这种方法融合了活无常的"哭或笑，口头的硬语与谐谈"。[①]

鲁迅后来观看中国戏曲的经历并不总像他少年时代看目连戏这般愉快。中国戏曲最初起源时是一种在室外空间举行的娱乐方式，在室内演出的话，它的音乐会显得太喧闹，它的戏院也会显得太拥挤而缺乏舒适感。但是鲁迅对自己孩提时代在绍兴地区观看乡村戏曲的经历记忆犹新。母亲有时会带鲁迅回到她乡下的娘家省亲，加上1893年鲁迅在祖父科场案发后为免受祖父祸事的牵连，避难于乡下外祖母家达6个月之久，这些时候他就有机会与乡下的孩子们结为朋友。其中有一个夜晚，他们借了一艘船，开往附近的一个村庄观看戏曲表演，戏台就搭在靠近河流的一个寺庙里。鲁迅后来描述了当时他们这群孩子的冒险经历：

> 他们换了四回手，渐望见依稀的赵庄，而且似乎听到歌吹了，还有几点火，料想便是戏台，但或者也许是渔火。
>
> 那声音大概是横笛，宛转，悠扬，使我的心也沉静，然而又自失起来，觉得要和他弥散在含着豆麦蕴藻之香的夜气里。
>
> 那火接近了，果然是渔火；我才记得先前望见的也不是赵庄。那是正对船头的一丛松柏林，我去年也曾经去游玩过，还看见破的石马倒在地下，一个石羊蹲在草里呢。过了那林，船便弯进了叉港，于是赵庄便真在眼前了。
>
> 最惹眼的是屹立在庄外临河的空地上的一座戏台，模胡在远处的月夜中，和空间几乎分不出界限，我疑心画上见过的仙境，就在这里出现

---

① 鲁迅：《无常》，《鲁迅全集》，第2卷，第281页。

了。这时船走得更快，不多时，在台上显出人物来，红红绿绿的动，近台的河里一望乌黑的是看戏的人家的船篷。

"近台没有什么空了，我们远远的看罢。"阿发说。

这时船慢了，不久就到，果然近不得台旁，大家只能下了篙，比那正对戏台的神棚还要远。其实我们这白篷的航船，本也不愿意和乌篷的船在一处，而况并没有空地呢……

在停船的匆忙中，看见台上有一个黑的长胡子的背上插着四张旗，捏着长枪，和一群赤膊的人正打仗。双喜说，那就是有名的铁头老生，能连翻八十四个筋斗，他日里亲自数过的。

我们便都挤在船头上看打仗，但那铁头老生却又并不翻筋斗，只有几个赤膊的人翻，翻了一阵，都进去了，接着走出一个小旦来，咿咿呀呀的唱。双喜说，"晚上看客少，铁头老生也懈了，谁肯显本领给白地看呢？"我相信这话对，因为其时台下已经不很有人，乡下人为了明天的工作，熬不得夜，早都睡觉去了，疏疏朗朗的站着的不过是几十个本村和邻村的闲汉。乌篷船里的那些土财主的家眷固然在，然而他们也不在乎看戏，多半是专到戏台下来吃糕饼水果和瓜子的。所以简直可以算白地。①

另外一些演员出现在戏台上，包括一个穿着红衣服的小丑，他被绑在台柱子上，被一个花白胡子的老头用马鞭抽打起来，这是鲁迅与小伙伴们最喜欢的情节。但是当老旦出来没完没了地唱着，鲁迅与他的小伙伴们便决定离开。这并非是他们冒险活动的结束，在回家的路上，他们有了饿感，于是从其中一位孩子亲戚的田里偷了不少罗汉豆，② 在小船的炉灶上煮熟并津津有味地品尝起来。

1958 年，笔者亲自乘船来到鲁迅儿时看戏的地方，就是靠近安福庄的一个小村，它离鲁迅母亲在安桥头的老家大约两公里。我到达那里时，不再有

---

① 鲁迅：《社戏》，《鲁迅全集》，第 1 卷，第 592—593 页。

② 本书原著这一表述不准确，查鲁迅《社戏》，这群孩子首先摘的是阿发自己家里的罗汉豆，后来才到六一公公的地里拿了一些，而六一公公是所有孩子的亲戚，并不只是某一孩子的亲戚——译注。

任何的戏曲演出，然而在鲁迅年轻的时代，当地人通常在寺庙前搭建伸进河里的戏台。这个寺庙虽然很小但是风景如画，它供奉的是生活在11世纪的那位智慧而廉洁的清官包公。小庙坐落在河流的拐弯处，它几乎完全被河水所环绕。流经寺庙的河段大约有100米宽，因此它有足够的空间为戏台前的大量船只提供停泊之处。这个地方每到包公诞辰的日子就非常地繁忙。

绍兴的孩子们喜爱野炊，这些食物是放在用砖头和石块临时搭建的炉灶上烹制的。鲁迅小时还喜欢打扮自己，幼小的他乐于去外祖母家做客，与他的表姐妹一起玩耍。有时，小鲁迅在早晨表姐妹们还未起床时就去把她们叫醒。另有一回，小鲁迅悄悄地走到她们身后，把花朵插到她们的头发中去，甚至穿上她们质地很好的丝绸衣服，试图证明他比表姐妹们更为漂亮。有时，小鲁迅与表姐妹们玩举办婚礼的过家家游戏。表姐妹们对他的行为感到难为情，但他本人却并不在乎。

鲁迅与乡村孩子章运水的友谊

1893年，轮到鲁迅的家庭负责周氏家族智房祭祀祖先，鲁迅的父亲需要有人来帮助他处理具体的事务，于是叫来家里的定期短工（忙月）章福庆，鲁迅称之为庆叔，庆叔在周家主办祭祀期间从郊区来到绍兴城。庆叔建议带他的儿子运水一起来，得到鲁迅父亲的允诺，这样当庆叔忙时，就由运水来看管周家祭祀用的器具。运水是鲁迅小说《故乡》主人公之一的闰土的原型。

不久，运水来到周家，他很害羞。但是运水和鲁迅相处得很好，他们很快就成了朋友。由于运水来自海边的乡村，他知道很多鲁迅的朋友们从未听说过的事情，诸如会跳的鱼、獾猪，以及脾气凶猛、皮毛光滑、爱吃西瓜的被称作猹的小动物。更重要的是运水知道怎样抓捕鸟儿。在周家祭祀期间，鲁迅与运水形影不离；而庆叔则忙着其他的工作。按照周作人的说法，是庆叔而不是运水尽力教鲁迅捕鸟的方法。

一个月之后，运水必须得跟随父亲回自己的家。他不愿意离开周家，躲进厨房哭了起来，鲁迅也急得大哭。由于庆叔需要运水帮助他在地里干活，此后他很少让运水来绍兴城周家。鲁迅后来也偶尔与运水相遇，但直到他们人到中年相遇时中间有一个 20 年的交往间断期。1919 年他们相见了，鲁迅这次是回绍兴卖掉祖居和其他物件，并准备带母亲跟他到北京一起生活。此时，运水已成为一位充满忧患的农民，他有了自己的孩子；而鲁迅当年去日本留学，现在已是教育部的官员。他们成了陌路人，难以跨越的社会鸿沟已把他们分离开来。鲁迅也期待着能与运水有一个愉快的相逢，但正如《故乡》所描写的那样，当这对少年时代的好朋友见面时，运水竟然用"老爷"称呼鲁迅！

1893 年，鲁迅无忧无虑的孩提时代结束了，周家严峻的现实处境开始强烈地影响到了他的生活。

在 1893 年的夏季，祖父周福清被捕并被判刑，周家人暂时选择躲避到乡村亲戚家。在那个时代，被判死刑的人有可能连累他的家人，尤其是他的儿子和长孙。幸运的是，这一厄运最终并没有落到鲁迅身上，但是他与父母、大弟弟周作人，在他母亲的一位叔叔的房子里[1]度过了整整 6 个月的逃难生活。按照周建人的说法，之所以选择这所房子避难，是因为这位亲戚家女孩子少，鲁迅时年 12 周岁，已经到了不适合与亲戚家的女孩子厮混的年龄。[2]

鲁迅并没有全然荒废这段在舅舅家的逃难生活。除了有机会走出绍兴城里周家台门狭窄的生活圈子亲自经历乡村生活外，他还获得了更多接触各种书籍的机会。舅舅家还住着一位亲戚，他除了吸鸦片和看小说就整日无所事事，每当他读完一本小说就往厅堂里一扔，逐渐地摞成了凌乱的书堆，鲁迅正好在这些书堆中大饱眼福。

父亲的死亡

1893 年祖父科场案发被捕，父亲因此病倒，母亲成了周家的顶梁柱，她

---

① 本书原著这一表述有误，他们当时是在鲁迅母亲的一位兄弟的房子里避难——译注。

② 参阅周建人《鲁迅故家的败落》，第 83 页，福建教育出版社，2001 年 8 月出版。

会寻求长子鲁迅的帮助；差不多也是在那一年，鲁迅开始做一些跑腿的差事，帮助母亲治疗父亲的疾病。这个家庭除了留下仅仅足够养活全家人的田地外，几乎把全部田地都出售了，他们只好典当家里的物品来购买医生为父亲治病开出的昂贵药品：

> 我有四年多，曾经常常，——几乎是每天，出入于质铺和药店里，年纪可是忘却了，总之是药店的柜台正和我一样高，质铺的是比我高一倍，我从一倍高的柜台外送上衣服或首饰去，在侮蔑里接了钱，再到一样高的柜台上给我久病的父亲去买药。回家之后，又须忙别的事了，因为开方的医生是最有名的，以此所用的药引也奇特：冬天的芦根，经霜三年的甘蔗，蟋蟀要原对的，结子的平地木，……多不是容易办到的东西。然而我的父亲终于日重一日的亡故了。①

周建人后来回忆道，在这段时间内，他从来没有体验过鲁迅在当铺受到蔑视而承受的痛苦。少年时代的鲁迅不愿意给别人带去不必要的悲哀，尤其是不愿意让他的母亲和弟弟们感受到悲哀。然而，他本人是永远难以忘却这些痛苦的。他也对于那些无知而自以为是的医生表达了愤怒，正是这些医生为鲁迅的父亲开列了毫无用处却价格高昂的药品。少年时代的这些经历，对于鲁迅后来强健的社会正义意识的形成具有深刻的影响。这些阅历也可以解释鲁迅 1902 年留学日本后为什么会首先选择医学作为自己的专业，当时他已经听说过正是与西方医学的接触促使日本走上了革新的道路。

鲁迅结束了半年避居乡村的生活回到绍兴城，此时，他父亲的健康状况进一步恶化。在 1894 年的某一天，他父亲突然大口大口地吐起血来，虽然此后他的病痛一度有所减缓，但到 1896 年他终于还是死了，终年 37 岁。鲁迅父亲的病因还不是那么确定，但他患的应是被称作水肿的疾病。鲁迅后来撰文回顾了他父亲的疾病、死亡以及两位绍兴的"名医"对父亲之死所起的作用：

---

① 鲁迅：《呐喊·自序》，《鲁迅全集》，第 1 卷，第 437 页。

陈莲河的诊金也是一元四角。但前回的名医的脸是圆而胖的，他却长而胖了：这一点颇不同，还有用药也不同，前回的名医是一个人还可以办的，这一回却是一个人有些办不妥帖了，因为他一张药方上，总兼有一种特别的丸散和一种奇特的药引。

芦根和经霜三年的甘蔗，他就从来没有用过。最平常的是"蟋蟀一对"，旁注小字道："要原配，即本在一窠中者。"似乎昆虫也要贞节，续弦或再醮，连做药资格也丧失了。但这差使在我并不为难，走进百草园，十对也容易得，将它们用线一缚，活活地掷入沸汤中完事。然而还有"平地木十株"呢，这可谁也不知道是什么东西了，问药店，问乡下人，问卖草药的，问老年人，问读书人，问木匠，都只是摇摇头，临末才记起了那远房的叔祖，爱种一点花木的老人，跑去一问，他果然知道，是生在山中树下的一种小树，能结红子如小珊瑚珠的，普通都称为"老弗大"。

"踏破铁鞋无觅处，得来全不费工夫。"药引寻到了，然而还有一种特别的丸药：败鼓皮丸。这"败鼓皮丸"就是用打破的旧鼓皮做成；水肿一名鼓胀，一用打破的鼓皮自然就可以克伏他。清朝的刚毅因为憎恨"洋鬼子"，预备打他们，练了些兵称作"虎神营"，取虎能食羊，神能伏鬼的意思，也就是这道理。可惜这一种神药，全城中只有一家出售的，离我家就有五里，但这却不像平地木那样，必须暗中摸索了，陈莲河先生开方之后，就恳切详细地给我们说明。

"我有一种丹，"有一回陈莲河先生说，"点在舌上，我想一定可以见效。因为舌乃心之灵苗……。价钱也并不贵，只要两块钱一盒……。"

我父亲沉思了一会，摇摇头。

"我这样用药还会不大见效，"有一回陈莲河先生又说，"我想，可以请人看一看，可有什么冤愆……。医能医病，不能医命，对不对？自然，这也许是前世的事……。"

我的父亲沉思了一会，摇摇头。

……

自然，单吃了一百多天的"败鼓皮丸"有什么用呢？依然打不破水肿，父亲终于躺在床上喘气了。还请一回陈莲河先生，这回是特拔，大洋十元。他仍旧泰然的开了一张方，但已停止败鼓皮丸不用，药引也不很神妙了，所以只消半天，药就煎好，灌下去，却从口角上回了出来。

从此我便不再和陈莲河先生周旋，只在街上有时看见他坐在三名轿夫的快轿里飞一般抬过；听说他现在还康健，一面行医，一面还做中医什么学报，正在和只长于外科的西医奋斗哩。

中西的思想确乎有一点不同。听说中国的孝子们，一到将要"罪孽深重祸延父母"的时候，就买几斤人参，煎汤灌下去，希望父母多喘几天气，即使半天也好。我的一位教医学的先生却教给我医生的职务道：可医的应该给他医治，不可医的应该给他死得没有痛苦。——但这先生自然是西医。

父亲的喘气颇长久，连我也听得很吃力，然而谁也不能帮助他。我有时竟至于电光一闪似的想道："还是快一点喘完了罢……。"立刻觉得这思想就不该，就是犯了罪；但同时又觉得这思想实在是正当的，我很爱我的父亲。便是现在，也还是这样想。

早晨，住在一门里的衍太太进来了。她是一个精通礼节的妇人，说我们不应该空等着。于是给他换衣服；又将纸锭和一种什么《高王经》烧成灰，用纸包了给他捏在拳头里……。

"叫呀，你父亲要断气了。快叫呀！"衍太太说。

"父亲！父亲！"我就叫起来。

"大声！他听不见。还不快叫？！"

"父亲！！！父亲！！！"

他已经平静下去的脸，忽然紧张了，将眼微微一睁，仿佛有一些苦痛。

"叫呀！快叫呀！"她催促说。

"父亲！！！"

"什么呢？……不要嚷……。……不……。"他低低地说，又较急地喘着气，好一会，这才复了原状，平静下去了。

"父亲！！！"我还叫他，一直到他咽了气。

我现在还听到那时的自己的这声音，每听到时，就觉得这却是我对于父亲的最大的错处。①

父亲的死给整个家庭，尤其是给未成年的鲁迅以第二次重大的打击。到父亲生病时，鲁迅的家庭只剩下 60 英亩地维持全家人的生活，② 典当家里的物品成为仅有的可以用来筹资购买药品的手段。鲁迅的家庭和周氏家族兴房通过出售田地和典当物品以维持生活的命运，同样在周氏家族其他支系重复着。到此时，周氏家族衰落的进度加快了。其实，鲁迅的祖父周福清以前就撰文描绘了这个家族的衰落，他把周氏家族的衰落追溯到了清朝的嘉庆和道光时期（1796—1851）。周福清把家族衰落之因归结为普遍的奢侈生活态度，到他这一代家族成员，奢侈之风更加突出，只有极少数的家族成员从事着生产性的职业，多数人靠出售田地和典当物品为生，因此整个周氏家族已经濒临破产的境地。

到鲁迅的孩提时代，周氏家族出了更多的"朽木"，这些鸦片吸食者、赌棍和各种败家子，以及许多在科举考试中甚至连秀才也考不中、雄心一再受挫的失败者充斥着周家各台门。在某些情形下，这一切带给家族子弟的是沮丧、精神病，甚至自杀。

当鲁迅还相当幼小时，他不可能意识到他的家族所面临的困境，他早期所受的是完全传统的、浸淫着儒家伦理的教育，在这种价值体系内，家族等级和仪式占据着显著的位置。但是随着年龄的增长，鲁迅所经历的生活教会他去质疑那些曾经影响着他祖先的价值观念，这导致他开辟出了一条迥然不同的人生道路。1922 年，鲁迅回忆往事时写道："有谁从小康人家而坠入困顿的么，我以为在这途路中，大概可以看见世人的真面目。"③ 鲁迅在此展示了

---

① 鲁迅：《朝花夕拾·父亲的病》，《鲁迅全集》，第 2 卷，第 296—299 页。

② 本书原著这一表述有误，它高估了鲁迅家的田亩。用中国传统方式计算，60 英亩相当于 364.2 亩地，其实当时鲁迅家只剩 20 来亩地了。鲁迅在《自叙传略》中说："听人说，在我幼小时候，家里还有四五十亩水田，并不很愁生计。"周作人在《鲁迅的故家·晒谷》中说，"大概在前清光绪癸巳（一八九三）年时智兴房还有稻田四五十亩"，到父亲周伯宜病重时，"除公共的祭田外，兴房只剩下稻田二十亩"。——译注。

③ 鲁迅：《呐喊·自序》，《鲁迅全集》，第 1 卷，第 437 页。

今后他作为个人和作为作家的基本发展线索。

　　父亲去世时，鲁迅还没满 15 岁，他是这个家庭的长子，因此也就成为这个家庭的户主。在除夕夜，就得由他来主持新年的庆祝仪式，在悬挂着兴房祖先图像的大堂里，他到安放着他亡父图像前面的供桌上点燃香烛，带领家族成员来到祖先坟墓前宣读祷词。后来有一天，鲁迅被家族长辈召去参加会议，讨论重新分配周氏家族财产的计划，因为家族长辈们认为，鲁迅这一支人丁这么少，不应该占有他们目前这么多的家产份额。家族长辈们认为，由于鲁迅是晚辈，他应该接受他们的家产重新分配计划，但是鲁迅非常坚定地认为，虽然他祖父没有参加眼前的会议，但老人仍然还活在人世，因此没有人能够在获得老人的许可之前替他作出决定。

在南京、东京和仙台的求学生活
（1898—1906）

鲁迅离开家乡

不久之后，鲁迅中断了在三味书屋的学业，不过他此后继续对寿镜吾先生执弟子礼，每次回绍兴探亲他需要去拜访寿先生。他时常沉迷于叔叔①图书室的藏书或者其他任何人处借来的书中，不久他获得了一些报纸和杂志，它们刊载有各种类型话题的信息。通过阅读报刊，鲁迅得知外国列强的军事力量的存在和它们在中国瓜分势力范围的计划。19 世纪中叶，中国陆续与外国列强签署了众多丧权辱国的不平等条约。1894 年中国又被日本打败，伴随而来的是 1895 年签订的灾难性的《马关条约》，中国被迫割让台湾和辽东半岛给日本，这一切强烈地刺激了有识之士变革社会的欲求。一些政府官员也一直致力于建立现代军事工业，目的是实现陆军和海军的现代化。

为了实现这些目标，有必要建立能够在数学、科学和工程方面对年轻人进行培训的新式学校。因此，在 19 世纪末一批军事学校和机械制造厂纷纷建立起来。不过，这些变革和发展只是在地方上零星地展开；中央政权仍然由腐败而老朽的清王朝控制着，它不支持根本的社会变革。清政府特别固守传统的意识形态，顽固地认为不管从西方输入什么技术，都应该以中国的学问尤其是儒家学说为主体，认为儒家学说是教育体制的根基。

---

① 本书原著这一表述有误，鲁迅常去借书的是祖父周福清的堂弟周玉田，鲁迅应该称呼他为叔祖而不是叔叔——译注。

正是国家和家庭的双重困境，促使鲁迅决定不去走做官或者经商的传统人生之路，他选择离开绍兴前往南京水师学堂读书，正好他的一位叔祖①在这所学校担任监督职务，且求学于此校也能够满足他的通过学习实用本领为国家效力的愿望。作出这一选择的另外一个原因是，南京水师学堂这类学校是免费的。鲁迅的决定未能得到他家族大多数成员的认可，他的母亲对此也颇感不安。在绍兴，嘲笑外国人是当时的流行风尚，任何模仿外国生活方式或者在西式学堂读书的人，都会被看做是卖国贼。一篇当时写就的辩论文章狠狠抨击了外国人，它引用了《孟子》著名的句子"吾闻用夏变夷者，未闻变于夷者也"。

鲁迅给仍然在杭州的监狱服刑的祖父写信，汇报他想去南京水师学堂求学的计划，获得了老人的许可（在那个时代，他的祖父是相当开明进步的人士）。尽管母亲对他的选择感到不安，尽管家族成员对他的选择表示反对，鲁迅还是于 1898 年 5 月前往南京，并顺利通过了入学考试。

在正式进入南京水师学堂之前，鲁迅住在叔祖周椒生的家里。尽管周椒生本人在南京水师学堂担任监督职务，他还是认为周氏家族子弟受训成为水兵是有失尊严的事情，为了躲避家族成员的批评，他决定给侄孙鲁迅另外起一个名字。从那时起，鲁迅便拥有了正式的名字周树人，树人的意思是"培养有才能的人"。当大弟弟也来南京水师学堂上学后，鲁迅为他取名为作人；后来，鲁迅还亲自建议另外一个弟弟取名为建人。这两个名字与鲁迅本人的名字有着相似的含义。

鲁迅只在南京水师学堂呆了几个月，他很快发觉这不是一所严肃的具有现代体制的学校。比如，这所学校曾经有过一个供学生游泳的水池，但由于两个学生不幸溺水身亡，校方填平了水池，并在水池原址建起了一所关帝庙。庙旁还建有用来焚字纸的炉子，这样的举动被鲁迅看做是一种迷信。水师学堂中让鲁迅欣赏的设施是桅杆，它高高矗立着，学生爬到它的顶部就能够看

---

① 指周椒生（1845—1917），他是鲁迅祖父的堂弟，时任南京水师学堂汉文教师兼管轮堂监督——译注。

到象山，① 而且爬杆并不危险，因为在桅杆下张了大网以防学生从杆上掉下。鲁迅发现水师学堂开设的课程妨碍着学生成为水手，他不久就转学到新近成立的矿路学堂，这所学校也在南京，它是陆师学堂的附设学校。

在南京矿路学堂

南京矿路学堂是由管辖江苏和浙江两省的两江总督刘坤一创设的学校。当时，刘坤一接到下属报告，说在距南京城约30英里的青龙山发现了煤矿。刘坤一随即向清廷上奏，提出了创办一所特殊的学校，为开采煤矿培养人才的计划。他的奏章获得批准，因为当时的慈禧太后希望给人留下她是支持促使中国强大之实业的好印象，虽然她刚刚镇压了维新变法运动，并诛杀了运动的6位领导者。

鲁迅在矿路学堂所学的课程远比在水师学堂的课程有趣得多。虽然矿路学堂创设的目的主要是为了开矿培养人才，但是学校的课程包括了一些新设的课程，诸如地质学、化学、冶金学、数学、测量学和制图学。当时中国的洋务派学习外国军事时以日本为榜样，即在海军事务方面以英国为仿效的对象，而在陆军事务方面以德国为仿效的对象。因此，鲁迅必须放弃他在水师学堂学到的一点英语，转而开始学习德语。塞翁失马，焉知非福，后来这被证明是对鲁迅大有好处的事。鲁迅在日本弃医从文后，德语为他提供了阅读外国文学的好处，在那个时代，译成德语的文学作品大大超过了译成英语的文学作品。鲁迅几乎完全是通过汉语、德语和日语译本，去阅读外国文学作品的。

南京矿路学堂没有什么中国本土的科学技术书籍，几乎所有的课程用的都是当时刚从上海的官方翻译局翻译成中文的外国教科书。这些外国教科书

---

① 本书原著这一表述有误，鲁迅《琐记》说："人如果爬到顶，便可以近看狮子山，远看莫愁湖。"（《鲁迅全集》，第2卷，第304页）——译注。

包括赫歇尔①的天文学著作、赖耶尔②和丹纳③的地质学著作。由于这些教科书印本极为罕见，教师只好把教科书的内容抄到黑板上，这样可以方便学生抄在他们的笔记本上。鲁迅在矿路学堂所抄录的部分笔记本保存下来了，它们书写得极为工整清晰，旁边还有不少他的注释。这些教科书的初译本在翻译技术术语（比如各种类型的煤炭）时，通常只依据英语读音译成相应的汉字。鲁迅给这些翻译加上恰当的汉语译名，有时他还为西方现代矿冶方法注上中国本土的冶炼方法。鲁迅还在制图学上特别下工夫，这与他儿时就培养起来的热爱和描摹古书中的绣像爱好有密切关系。鲁迅的绘图技能在矿路学堂得以充分施展，他这位学堂里岁数最小的学生能够比其他同学更快地完成作业。

虽然鲁迅在矿路学堂学习时的课程不包括生物学和药物学，但他还是设法获得了一些关于生物化学和生理学专业的书籍，他把书中的理论与绍兴那些医生治疗他父亲疾病的诊断理论进行了比较。他认识到绍兴的那些医生不是无知之徒就是骗子，他的家人成了这些庸医错误治疗方法的牺牲品。鲁迅听说日本的明治维新很大程度上发端于西方医学科学的引进，这使得他后来到日本留学后决定学习医学专业。

鲁迅是一名非常勤奋的学生，他在学业上比他的同学们更为出色。因为学业优异，他至少获得过 10 枚银质奖章，而且他也是唯一获得金质奖章的学生。因为金质奖章含有半盎司④的黄金，鲁迅变卖了它，用换来的钱去买各种所喜欢的书籍，且用剩下的钱买点心给朋友们吃。

1900 年 1 月末，鲁迅回到绍兴跟家人一起过春节。就像每次探亲回家一样，他拜访了三味书屋的老师寿镜吾先生，他同样还去一些亲戚家做礼节性

---

① 弗里德里希·威廉·赫歇尔（Friedrich Wilhelm Herschel，1738—1822），18—19 世纪英国伟大的天文学家，天王星的发现者，著有《天文学散论》（Essays in Astronomy）等书——译注。

② 查理士·赖耶尔（Charles Lyell，1797—1875），又译作莱伊尔，19 世纪英国著名的地质学家，所著《地质浅说》（Principles of Geology），为鲁迅在矿路学堂时最喜欢的书籍之一，今译《地质学原理》——译注。

③ 丹纳（James Dwight Dana，1813—1895），19 世纪美国著名地质学家，所著《金石识别》（System of Mineralogy），为鲁迅在矿路学堂时最喜欢的书籍之一，今译《系统矿物学》——译注。

④ 盎司，英制重量单位，为一磅的十六分之一，约等于 28.3495 克——译注。

的拜访，且去了家族的墓地凭吊。依据周建人的回忆，鲁迅当时还与周作人、周建人以及章运水一道观看了油画展，这些油画上绘着康德、黑格尔等外国著名人物。周建人没有交代具体是什么人主办了这次油画展。周氏兄弟还陪同运水一道去测字，鲁迅认为运水此举是荒谬可笑的。①

1900 年是义和团兴起的一年，虽然义和团的势力范围主要在中国北方，南京和绍兴都没有直接受到它的影响，但是各种谣言四处传播，人们开始惴惴不安起来。其中的一些谣言正是来自北京的清廷，清廷起初是纵容义和团骚乱的。当时的人们普遍相信义和团勇士们具有刀枪不入等神奇的魔力。鲁迅从南京写信给绍兴的家人，让他们不要相信这些谣言。在南京，人们也处在惊恐之中，许多市民开始准备逃离城市，但不久之后事态的发展证明人们没有必要弃城而逃。

鲁迅在南京矿路学堂的学业使他有所受益，在那里，他学到了不算完整的现代科学基本知识；但是学堂本身遇到了一些麻烦。学堂陷入困境的原因有二：一是它没找到一个能够管理好煤矿的人；二是人们普遍认为原先雇佣的那位负责采矿工作的工程师薪水太高了，他因此被解雇，由一位技能更低的工程师取代了他的职位。到末了，就连煤炭到底是在哪里也不甚了然起来。煤矿的运行状况变得相当糟糕，所采得的煤炭仅够提供两台从矿里往外抽水的机器运转使用。虽然附近存在可开采的煤层，但是煤矿一直处于亏本经营状态。

鲁迅在南京矿路学堂求学期间，学堂来了一位总办，他就是名叫俞明震的绅士。与其他绝大多数同行不一样，俞明震是一位维新派（新党）人物，他是当时维新派著名的《时务报》的热心读者。他会亲自为学堂汉语课程出题目，这些题目与汉语课上通常的论题十分的不同。有一回，俞明震出了《华盛顿论》的题目，负责上汉语课程的教员不明白这个论题的意思，就问学生："华盛顿是什么东西呀？"

南京矿路学堂新总办俞明震的一项革新措施是设立阅览室，阅览室订购了维新派的报纸《时务报》，以及由一个留学日本的中国学生团体创办的《译

---

① 见周建人《鲁迅故家的败落》，第 146—147 页，福建教育出版社，2001 年 8 月出版——译注。

学汇编》，① 《译学汇编》刊登的主要是关于中国和世界政治、法律方面的文章。此时，前一段时间中国有限度地派遣学生出国学习的举措终于结出了果实，其著名的代表人物是学者严复（1853—1921），② 他1879年毕业于英国格林威治海军学院，成为把西方自然科学和社会科学译介到中国来的杰出翻译家。鲁迅在南京读书时，购买了严复翻译的托马斯 H. 赫胥黎的《天演论》，此书为赫胥黎的专著《进化论与伦理学》前两章的译本，于1896年出版。鲁迅一打开此书，就被它开头的文字所俘获，这段文字描绘赫胥黎从他在英国南部乡村的书房往外看去，遥想当年尤利乌斯·恺撒到达不列颠时③这片乡间景色该是怎样的一种样貌，赫胥黎推定这里只是一片由大自然创造出来的荒野。鲁迅继续往下读，诸如"自然选择"、"生存竞争"等新的概念，以及一连串的西方哲学家和科学家的姓名接踵而至。

初次与达尔文进化论的邂逅，给鲁迅留下了极为深刻的印象，虽然他当时对赫胥黎著作的具体语境所知甚少，更别说当时他根本不可能知道，把达尔文的理论运用到社会演进领域是不科学的。鲁迅所阅读的这个达尔文主义的译本，对他终生的创作都产生了根本的影响。假期回绍兴时，鲁迅把《天演论》译本带给了周作人看，此书对周氏兄弟都具有重要的影响。对鲁迅而言，进化论指明了一条人类永远进步的道路，它直接颠覆了儒家关于人类的黄金时代存在于过去的观念。

1902年1月，鲁迅从南京矿路学堂毕业，他获得了第一等第三名的优异成绩。他立即决定去日本继续他的学业，正如他后来写道：

---

① 本书原著这一表述有误，应该是《译书汇编》，这一失误可能是鲁迅在散文《琐记》中误把《译书汇编》写作《译学汇编》而造成，《鲁迅全集》对鲁迅的这一误写有注释纠正（见《鲁迅全集》，第2卷，第311页）——译注。

② 本书原著这一表述有误，严复生于清咸丰三年十二月十日，即西历1854年1月8日，本书原著用的是西历，应该把严复的生年写作1854年——译注。

③ 本书原著此处时间表述有误，应该是在恺撒到达英格兰之前。查严复翻译《天演论》这段文字是："乃悬想二千年前，当罗马大将凯撒未到时，此间有何景物。"（中国青年出版社2009年3月版，第1页）赫胥黎原著的文字是：It may be safely assumed that, two thousand years ago, befor Caesar set foot in southern Britain…（引自中国青年出版社版《天演论》附带的英文书"Evolution and Ethics"第1页）——译注。

毕业，自然大家都盼望的，但一到毕业，却又有些爽然若失。爬了几次桅，不消说不配做半个水兵；听了几年讲，下了几回矿洞，就能掘出金银铜铁锡来么？实在连自己也茫无把握，没有做《工欲善其事必先利其器论》的那么容易。爬上天空二十丈和钻下地面二十丈，结果还是一无所能，学问是"上穷碧落下黄泉，两处茫茫皆不见"了。所余的还只有一条路：到外国去。[①]

1902 年 2 月，鲁迅回到绍兴老家，为他即将在日本的学习作准备。在那个时代，选派留学生赴国外学习的制度仿效的是中国传统科举制度的程序：每位获得赴外留学资格的学生，必须由他籍贯所在地的地方长官为他做担保。就南京矿路学堂那些赴国外留学的学生而言，他们的担保人正是两江总督、学堂的承办人刘坤一。

在东京学习日语

派遣学生留学日本的举措乃是由保守的维新派张之洞发起的，张之洞以他的格言"中学为体，西学为用"而闻名于世，这一格言成为他 1898 年向清廷建议派遣学生留学日本奏章的基本思想。张之洞的著作《劝学篇》辟有一章用来论证海外留学的必要性：

> 日本，小国耳，何兴之暴也？伊藤、山县、榎本、陆奥诸人皆二十年前出洋之学生也，愤其国为西洋所胁，率其徒百馀人分诣德、法、英诸国，或学政治、工商，或学水陆兵法，学成而归，用为将相，政事一变，雄视东方。[②]

---

① 鲁迅：《琐记》，《鲁迅全集》，第 2 卷，第 307 页。
② 本书原著从英文著作转引张之洞的观点，现从张之洞《劝学篇》征引原文，见张之洞著《劝学篇》，第 72 页，广西师范大学出版社，2008 年 10 月出版——译注。

张之洞主张向日本而不是向西方国家多派留学生，因为日本与中国相距较近，向日本派遣留学生能为官府省下不少费用，这能使更多的学生获得赴外求学的机会。这同样便于中国官府监管海外学生。加之日语与汉语十分相似，中国学生学习日语比学习西方语言会更加容易。此外，日本人已经在西方浩如烟海的书籍中甄别和翻译出最重要的部分，这就为中国学生避开了亲自甄别和翻译西方文献的诸多麻烦。张之洞声称，向日本而非向西方派遣留学生，将获得"事半功倍"的收益。

刘坤一是张之洞支持者中的关键人物，在义和团运动结束之后，刘坤一和张之洞都被慈禧太后任命为总理各国事务衙门的官员，被委以商讨改革事务的重任。他们给清廷呈交了几个联合奏章，提出了革新主张。刘坤一是派遣留日学生计划的坚定倡导者，他也邀请日本教师来中国的学校任教。他多次主持与日本官员的会谈，此时那些日本官员正渴望与中国合作。义和团运动之后，中国官员也更专注于同日本的交往。在那个年代，大部分来华任教的西方国家教师都来自基督教教会，或者隶属于教会学校，而教会学校当时被许多中国人看做是西方控制中国的工具。与日本的往来并不会出现上述宗教方面的麻烦。在中日两国怀有交往兴趣的官员和教师的共同努力下，起初赴日留学还只是一股涓涓细流，到了 1901 年之后派遣留日学生被认为是安全的举措，这股涓涓细流就变成了滚滚洪流。虽然各种统计数字有所不同，但是可以确定的是在 1902 年至 1914 年间，大体上有 3 万多名中国学生正在日本或者曾经在日本学习。

1902 年 3 月下旬，鲁迅先是去矿路学堂附近的南京水师学堂与弟弟周作人道别，接着赴堂叔祖周椒生为他举行的饯行宴。几天之后，鲁迅与他的几位同学跟着监护他们的矿路学堂总办俞明震一道，登上了从上海前往横滨的日本船只。

到达东京后，鲁迅首先被安排到弘文学院，他将在这所学校学习两年日语，为他今后选择的大学专业学习作准备。弘文学院由日本贵族院议员嘉纳治五郎创办，嘉纳先生把毕生最重要的时光都献给了教育事业，他先前曾经访问过中国。除了日语课程外，弘文学院还开设基础科学、历史、地理、数学、体育课程，学生也可以选修一些诸如教育学、物理学、化学和音乐等更加专业性的短期课程。鲁迅的班级大约有 12 名学生，这个班被命名为江南班。

在到达日本最初的几个星期里，鲁迅基本上处于独来独往状态。那儿有一家中国留学生会馆，鲁迅进去找一些读物来翻阅，那里有不少最近的出版物，其中一些放在门房里出售。白日里如果有闲暇时间，鲁迅会坐在会馆里阅读报刊。到了晚上，那里举办跳舞课程，吵闹声中他不可能继续学习和阅读下去。鲁迅住在学生公寓里，与 5 位中国学生共住一间房子。不久，鲁迅开始与一些留学生有了接触，他们同他一样反对清政权、支持基本的社会和政治改革。

支持共和主义

此时，中国留日学生在政治上分作两派，展开了论争。一派追随 1898 年维新运动的两位领袖康有为和梁启超，他们坚持在中国建立君主立宪制的理念；另外一些留学生对康、梁的君主立宪运动不抱希望，他们主张推翻专制政权，建立民主共和国。第二部分人在留日学生中人数不断增加，他们把希望寄托在孙中山博士领导的共和主义运动上。在留日中国学生中，立宪主义同样也拥有很多追随者，他们很多人正在被重要的政论家梁启超那些富有感召力的文章所吸引着。

到达东京不久，鲁迅参加了一个聚会，会议由孙中山的一位年轻的支持者吴稚晖主持。吴稚晖在会上用他浓重的无锡口音表达了对清政权的憎恨，但他的一番言辞相当毁坏他的自我形象。吴稚晖说，当他在东京咒骂老太婆（指慈禧太后）时，老太婆毫无疑问也在北京咒骂他吴稚晖。鲁迅不赞同吴稚晖的观点，认为他的言辞是轻浮的，对于共和主义事业毫无益处。

当时在日本的共和主义者中最受人们崇拜的是经学大师章太炎（1868—1936），[①] 他正在策划纪念明代最后一个皇帝崇祯 1644 年自杀于景山 240 年的

---

① 本书原著关于章太炎生于 1868 年的说法不准确。章太炎生于清同治七年十一月三十日，按照西历，这一天是 1869 年 1 月 12 日——译注。

庆典。庆典活动遭到了清政府的查禁，但是章太炎继续声援共和主义运动。1903 年章太炎因发表反清文章而被判处在上海监狱坐牢两年。[①] 1906 年章太炎成为具有重大影响的共和派刊物《民报》的创办人之一，并担任它的主编。1908 年鲁迅参加了章太炎在东京的国学讲习会，听后者讲解中国古代字典《说文解字》。章太炎所作的中国古典哲学研究也对鲁迅的文学创作产生了影响。

1902 年，鲁迅与同样也是由两江总督担保来日的绍兴籍留学生许寿裳结下了他这辈子最为持久的友谊。许寿裳是 1902 年 9 月到达东京的，他也进入鲁迅在读的弘文学院求学。这两位同乡很快就发现彼此对中国的时局有着非常相近的看法。他们的共识是，在清政权的统治下中国的政治和道德都经历了衰退，他们认为应该作出努力以逆转中国的这种衰退。

鲁迅与许寿裳经常在一起探讨普遍的人性，分析中国国民性中鲜明的弱点。中国国民之间盛行着相互的欺骗和怀疑，有鉴于此，他们认为中国的国民最应该具有的素质是诚实与仁爱。当然他们也认识到，在中国国民仍然处在被奴役状态的境地时，他们是不可能实现前述的道德转型的。为了促进中国国民性的提高，必须从根本上清除清朝的统治，而要达到此目的的唯一途径便是开展革命。鲁迅与许寿裳是如此全神贯注地谈论这些重要问题，以至于忘记了时光的流逝。

中国学子在东京的中国留学生会馆举办了新年聚会，在会上很多反对清朝统治的学生发表了演讲，鲁迅和许寿裳都参加了这次聚会。发表演讲的人中有邹容，他是著名的文集《革命军》的作者，这是一本在团结中国知识分子投入到共和主义事业方面作出了最大贡献之一的图书。

鲁迅与许寿裳经常一起光顾书店，在那儿，他们通常很快就花光了身上的零用钱。1903 年 3 月，他们甚至与另外一些中国留学生一道注册加入了弘文学院办的柔道班。鲁迅与许寿裳的友谊与日俱增。1936 年鲁迅去世后，许寿裳回忆道：从 1902 年相识起，除了在不同的地方学习和工作之外，他们在大约 20 年里保持着差不多是朝夕相见、亲如兄弟的深厚友谊；1928 年后鲁迅

---

① 本书原著这一表述有误，章太炎当时被判处 3 年监禁——译注。

在上海定居，① 而许寿裳为谋生而辗转于中国各地，虽然他们相见甚少，但彼此之间从来没有完全失去交流。

虽然鲁迅与许寿裳是亲密友人，但是他们两人在性格上却是相当的不同。许寿裳给人以谦逊、某种程度上是谨慎克制的印象，他不是一个健谈的人，有时他几乎是笨嘴拙舌的人。鲁迅欣赏许寿裳的诚实与正直，虽然后来他在某些私下场合说过，许寿裳的这种好性格会被人利用。两人的穿着风格也相当迥异，在日本留学时，许寿裳穿的是更加正式的西装，而鲁迅穿的是更随意的学生制服。回到中国后，许寿裳仍然保持着原有的着装风格，而鲁迅喜爱穿中国传统的长衫。假设他们一起共享一块面包，许寿裳吃的是面包屑，而鲁迅喜欢吃的是面包皮。

许寿裳从来没想过要成为作家。不过，当他民国初年在北京与鲁迅、周作人兄弟共住绍兴会馆时，有一次他忽然心血来潮说要试试写点文学作品。对此，鲁迅感到快慰，并给予他不少鼓励。许寿裳带着蛋糕、咖啡进入自己的卧室，端坐在稿纸前用功起来。周氏兄弟都很谨慎地不去打扰许寿裳的写作，可是等了许久他们进去看朋友的写作进展，发现蛋糕已经差不多吃完，稿纸上却空无一字，且许寿裳在书桌上安然地沉入梦乡了。创作伟大的作品当然不是许寿裳的长处，但是无疑地他还是对中国的教育和文化作出了贡献。在鲁迅去世后，许寿裳写了不少关于他这位老朋友的文章。他曾经在中国不少地方担任大学校长和行政官员，1948 年，他生命中最后的一项工作是为促进台湾翻译事业而努力，突然他被一个不明身份的凶手害死在家里。许寿裳的遗文已于 2003 年结集出版，这套两卷本的文集总计有 1000 多个页码。②

鲁迅东京时期结交且维持了长久友谊的另外一位朋友叫陈仪，此人当时是在东京学习军事的留学生，后来他成为国民党军队的将军。后来回到中国后鲁迅与陈仪继续保持接触，在 1930 年，陈仪还帮助鲁迅从杭州的监狱里救出了鲁迅以前教过的一位学生。

1902 年，鲁迅与他的上述两位朋友一样在情感和理智上都献身于民族革

---

① 本书原著这一表述有误，鲁迅定居上海是从 1927 年开始——译注。
② 《许寿裳文集》上、下册，百家出版社，2003 年 5 月出版，共有 1110 页——译注。

命运动，他坚守这一立场直至生命的终点。同中国之外的世界的接触坚定了鲁迅的观点，即：绝大多数中国同胞对于中国所面临的危险几乎毫无觉察，他们还在徒劳地为陈旧的体制做着修修补补的工作。他认识到，如果古老的封建中国不能从安睡中醒来，有志者应该做的不仅仅是把它叫醒，而且还应该绝不留情地与它进行漫长而艰难的战斗。他已经做好了投身于这一战斗的准备，并且甘愿为了这一事业而献身。许多年之后的 1931 年，鲁迅赠给挚友许寿裳一张照片，在照片背后他抄录了一首 1902 年他写于日本的诗歌，这首《自题小像》诗表明了鲁迅当年的志向：

> 灵台无计逃神矢，
> 风雨如磐暗故园。
> 寄意寒星荃不察，
> 我以我血荐轩辕。[1]

　　这是鲁迅最早发表的诗歌之一。在鲁迅的文学创作中，他的诗歌并没有被看做是重要的组成部分，但是他其实是一位重要的诗人。除了少数诗篇外，鲁迅都用相当文人气的风格写诗，即使是到了 20 世纪 20 年代白话文已经成为主要的文学创作工具之时，他仍然坚持用这种风格写诗。鲁迅拥有深刻而广泛的古典语言功底，不过他绝不让他的诗作像他的前辈诗人之作品那样缀满历史、文学和哲学的典故。前面所引的这首短诗包含了一些来自《诗经》、道家哲人庄子和古代中国诗人屈原作品的字词。随着鲁迅对西方文学和文化熟悉程度的增加，他更多地使用外国历史和文化典故。刚才这首诗第一行中的"神矢"可能借用了古罗马神话丘比特或拜伦的诗作《莱拉》的典故，《莱拉》的主人公同样也被魔箭击倒，鲁迅写《自题小像》诗歌时已经可能阅读过拜伦这首诗的译作。鲁迅这首诗到底是借用了谁的箭？这一问题成了中国鲁迅研究专家们争论不休的话题。

　　1903 年 3 月底，为抗议弘文学院未经告示就强加给学生压迫性的管理条

---

[1]　鲁迅：《自题小像》，《鲁迅全集》，第 7 卷，第 447 页。

例，鲁迅与 50 多名学生从弘文学院退学。这些管理条例包括增加学生的学费和医疗卫生费用。在学生们罢课的压力下，弘文学院院方致信中国留学生总监，修改了他们刚颁布的新条例的内容，并同意调整课程体系。

到达日本不久，鲁迅就注意到了他的中国留学生同学处置辫子问题的各种招数。在清朝统治下，男人的头发必须留起来并梳成一条辫子。在日本，所有的学生都穿制服，当然就得戴帽。虽然身居日本，中国留学生都在中国官员的监控之下生活，监控留学生这条措施是 1898 年由张之洞提出来的。因为受着监督，中国留学生不敢剪掉辫子，一些学生把辫子盘到头顶，这就把他们的帽子顶得高高的，鲁迅称之为高高的富士山。另外一些学生则解散他们的辫子，盘得平平的像圆面包，把他们的帽子挤得鼓鼓囊囊的。鲁迅认为辫子是满清征服中国的象征，因此他决定不采用前述两种中国留学生处理辫子的办法。

1903 年 3 月，鲁迅以朋友许寿裳为榜样剪掉了辫子，他成为弘文学院江南班上第一位剪辫子的学生。在剪辫子行动中，许寿裳比鲁迅显得更为勇敢，鲁迅一度犹豫着是否要剪掉辫子，他觉得因剪辫子而丢掉官费留学资格是不值得的。但是当清政府派来的监督因为与一位女学生有私奸而被一帮中国学生剪掉了辫子，并且很失体面地被送回中国本土之时，鲁迅觉得剪辫子的风险已消失，他效仿朋友许寿裳而剪掉了辫子。[①] 剪完辫子后，鲁迅去见挚友，许寿裳说："壁垒一新！"鲁迅抚摸着自己的头，两人相视而笑了。

自然，剪掉辫子后的鲁迅遭到了一些保守的留学生同学的嘲笑，他们甚至散布流言，说鲁迅将被剥夺官费留学资格并送回国内去。他还受到了清政府留学生监督官姚文甫的申斥，但是最终什么事也没有发生。对鲁迅而言，剪掉辫子是他在政治和个人生活上的重大胜利。

剪掉辫子后鲁迅第一次回绍兴探亲，他穿着洋服的打扮和他没有辫子的头在绍兴的居民甚至是自己的家族成员中引起了轰动，周建人对大哥从日本回家探亲那天的情形记忆犹新：

---

① 本书原著这一表述有误，鲁迅剪辫子是在留学生监督姚某因做丑事被抓剪掉辫子且被送回国内之前，许寿裳回忆说"鲁迅剪辫是江南班中的第一个，大约还在姚某偷偷回国之先"（《亡友鲁迅印象记·剪辫》，第 2 页，人民文学出版社，1977 年 12 月出版）——译注。

大哥到家的那天，我正好在家里，我只看见一个外国人，从黄门熟门熟路地进来，短头发，一身旅行装束，脚穿高帮皮鞋，裤脚扣紧，背着背包，拎着行李，精神饱满，生机勃勃，我仔细一看，原来是我大哥呀！

他见过祖父、祖母、潘庶祖母、母亲，家里的人倒也不说什么，没觉得这短头发有什么不好，可是台门里一听见大哥回来了，第一件要紧的事，便是来围观他的头发，好像看稀奇的动物，那眼神真有形容不出的味道。等他们走后，大哥说，在上海，倒还不感觉什么。人家分不清他是中国人还是日本人，可是他想到，在杭州、绍兴恐怕大家不习惯，所以就花了二元钱买了一条假辫子。

第二天，他便穿上衣衫，戴上假辫。这样该好了吧，但还是不行。台门里知道我大哥回来的人更多了，无论台门里的族人或出去碰到的路人，便都首先研究这辫子，发现它是假的，就一声冷笑；听说伯文叔还准备去告官呢！我大哥并不怕，戴了假辫子去看望过寿老先生和别人。

假辫子既然要给人看出假辫，那就不如显出真面目来得直接爽快。我大哥索性废了假辫子，穿着西装，和我一起到大街去，他照例要上街买些纸和笔。

这可不得了了，一路走去，一路便是笑骂的声音："这冒失鬼"、"假洋鬼子"。我听了也很气愤，然而寡不敌众，只好当作不听见。

于是，他不穿西服，改穿大衫，又和我一起到大街去。一路上，人们骂得更凶了："这人一定犯了法！"

"说不定给人捉奸捉住，本夫剪了他的辫子呢！"

"这缺德鬼！"

我大哥试来试去，都找不出一个好办法，以后就索性在家里，不出去了。①

在鲁迅返回日本前，他基本呆在家里与两位弟弟倾心交谈，他的两位弟弟正热切地希望知道日本的生活情形和中国留学生在日本的生活情况。鲁迅

① 周建人：《鲁迅故家的败落》，第180—181页，福建教育出版社，2001年8月出版。

告诉他们，一些生活在日本的中国革命党人正在酝酿推翻清王朝的计划。这一切对于他的两位弟弟都是十分新鲜的。鲁迅还告诉他们，许多外国人一讲起中国，就用吸鸦片的瘾君子、拖着猪尾巴一样辫子的男人和裹小脚的女人来描述我们这个国家。鲁迅说，要靠清政府来革除这种落后状态是不可能了，中国要获得进步，就必须推翻清王朝，建立民主共和国。

来自浙江省的中国留学生创办了期刊《浙江潮》，1903 年，许寿裳取代原先那位不受欢迎的君主制度拥护者成为刊物新主编，他向鲁迅约稿，鲁迅迅速撰写了题为《斯巴达之魂》的文章响应。在《斯巴达之魂》中，鲁迅叙述了发生在公元前 5 世纪希波战争中的德尔摩比勒战役，① 在这场战役中，斯巴达国王黎河尼佗②率领几百人的斯巴达战士在一个山隘英勇抵御波斯国王泽耳士③率领的 10 万波斯军队的进攻。鲁迅撰写这篇文章（这是一篇翻译兼创作的作品），目的是为了鼓舞中国政府和民众抵抗那些企图征服中国的外国侵略者的士气。

1903 年，对中国最迫近的巨大威胁来自俄国沙皇，他当时正觊觎中国东北地区（满洲）的矿产财富。鲁迅的《斯巴达之魂》发表在《浙江潮》的第 4 期，④ 当时有一封致中国政府的公开信就发表在《浙江潮》第 5 期上，⑤ 这封公开信在引用了德尔摩比勒战役史实后发问："夫以区区半岛之希腊，犹有义不辱国之士，可以吾数百万里之帝国而无之乎？"⑥

《浙江潮》第 5 期还刊载了鲁迅翻译的第一篇短篇小说《哀尘》，它的原作出自维克多·雨果妻子之手，⑦ 作品叙述作者的丈夫 1841 年目击了一位年

---

① The battle of Thermopylae，鲁迅译作德尔摩比勒战役，现通译为温泉关战役——译注。

② Leonidas，鲁迅译作黎河尼佗，现通译为李奥尼达——译注。

③ Xerxes，鲁迅译作泽耳士，现通译为薛西斯一世或者泽克西斯一世——译注。

④ 本书原著这一表述有误，《斯巴达之魂》发表在 1903 年 6 月和 11 月《浙江潮》第 5 期、第 11 期——译注。

⑤ 本书原著这一表述有误，它所提到的公开信是发表在《浙江潮》第 4 期，鲁迅的《斯巴达之魂》就是因看了公开信里提到的斯巴达勇士抵御波斯侵略者的故事而创作的——译注。

⑥ 本书原著没有直接引用公开信的原文，本译文引自《留学界纪事·（二）拒俄事件》，载《浙江潮》第 4 期——译注。

⑦ 本书原著这一表述与学术界的共识有差异。学界的共识是：《哀尘》（现通译《芳悌的来历》）是雨果作品集《随见录》中的一篇作品，后来雨果把这篇作品的故事写入《悲惨世界》的第 5 卷中——译注。

轻女子被一位纨绔子弟虐待的故事。在译作的附言里，鲁迅表达了对作品女主人公的深切同情，指出她不论怎么样挣扎也摆脱不了社会设置的陷阱，他认为亚洲和欧洲的人们正遭受着同样的痛苦。

1903年7月，鲁迅回绍兴度假一个月，他曾写信给东京的留学生同学，请他帮助购买最新版的外国文学作品日语译文集，并请求把书寄到绍兴来。

回到日本后，鲁迅开始翻译儒勒·凡尔纳的科学幻想小说《月界旅行》，他为译作写了前言，解释他通过小说这一特殊媒介传播科学知识的愿望。鲁迅的翻译是以当时通行的日译本为底本的。几年后，鲁迅继续翻译凡尔纳的《地底旅行》，他同样根据的是日语译本，不过这是一个删节本。

在这个创作和翻译的丰产期里，鲁迅继续写作，1903年他推出了题为《中国地质略论》的文章，该文发表在《浙江潮》第6期上。[①] 鲁迅撰写该文的目的是促使清政府从地方政府手中收回外国人在中国的矿产特许权，在当时，浙江的这个领域是由省政府发批文，具体由小说家刘鹗协助政府办理外国人在浙江开采矿产的事务，刘鹗是政府官员，还是小说《老残游记》的作者。鲁迅的文章对中国的地质矿产资源作了宏观的介绍，并呼吁政府把开采矿产资源的权力从外国人手里收回交给国人。显然从这篇文章看，鲁迅当年在南京矿路学堂求学绝不是虚度光阴。

鲁迅接着写出了另外一篇科普文章《说镭》，这是中国第一篇介绍这个问题的文章，它发表在1903年10月份《浙江潮》的第8期。在文中，鲁迅简明地阐述了当时关于镭之属性的基本知识，概述了镭的最早发现者居里夫人的贡献。他还对诸如林达跟（伦琴）、勃克雷（贝克勒尔）、卢索夫（卢瑟福）等其他科学家的工作进行了介绍。这篇文章显示了鲁迅在当时具有的广泛兴趣，以及他把自己获得的最新科学知识介绍给广大公众，以促进中国知识界的启蒙运动之愿望。《浙江潮》相当小的读者圈限制了鲁迅文章的普及。当然，杂志上以文言文写的这些文章对当时的读者来说还不会构成阅读上的困难；但是对于现在的读者来说，他们读起来就比较困难了。

1903年是鲁迅取得相当丰富收获的一年，他已经掌握的日语使他能够更

---

① 本书原著这一表述有误，《中国地质略论》是发表在《浙江潮》第8期上——译注。

广泛地阅读文献，使他能够拓宽和深化自己的科学、政治和哲学知识体系，而且使他有充足的时间用来深入写作关于西方文化和科学的论文。他购买了大量西方作家之作品的日译本，比如拜伦的诗选、尼采的传记和古希腊罗马神话集。而且鲁迅还热情地投入到反对满清统治的革命运动中去，尽自己最大的可能去帮助这场革命运动。1903 年，鲁迅崇拜的英雄章太炎在上海因《苏报》案而被判入狱两年，[①] 章太炎编辑并刊行了邹容著名的《革命军》一书。到后来，鲁迅撰文回忆了自己当年非常崇拜章太炎狱中所写诗篇的情形。

鲁迅似乎有着无穷的精力忙于知识学习和政治活动，但他几乎没有用来消遣的时间。他鄙视身边的一些留学生同学，他们把到国外留学仅仅当做是回国谋取轻松自在职业的手段。鲁迅曾经借助他翻译的儒勒·凡尔纳作品里的一位主人公的口，说出了以下愤激的话："你如此懦弱，是个支那学校请安装烟科学生的胚子！"[②] 鲁迅在这段时间内养成了吸烟的嗜好，这是以损害自己的身体健康为代价的嗜好，由于他把自己绝大多数的钱财花在购书上，只好去买廉价的日本香烟来抽。

1904 年 2 月 10 日，日俄战争爆发，最后以俄国海军舰队在 1905 年全军覆没的耻辱结局而告终。在陆地上，日俄战争是在中国东北的领土上进行的。起初，在日本留学的中国学生普遍同情于日本，因为他们对俄国妄图蚕食中国东北领土的野心保持着高度的警觉，因此大部分中国留学生不加鉴别地对日本怀有支持态度，他们觉得日本人毕竟也是东方人，在某种程度上与中国人有血缘关系，而俄国人则是与欧洲列强有血缘关系，此时欧洲列强已经凭借一系列不平等条约侵害了中国的国家主权。与此相对照，鲁迅对日本人的用意并不乐观，日本人对中国的不良态度在 1894 年的中日战争和随后的《马关条约》中得到充分显现。

---

①　本书原著这一表述有误，当时章太炎被判入狱 3 年——译注。

②　本书原著未具体注明引文出处，应该是出自鲁迅所译凡尔纳小说《地底旅行》，主人公亚萋士在攀登高高的谯楼途中因恐高而想放弃时，他的叔父列曼用所引这句话怒斥他。从英文版看，作品中的原话是："'Are you, after all, a coward, sir?' said my uncle in a pitiless tone." 鲁迅在翻译过程中显然是加入了自己对中国学生的批评——译注。

鲁迅曾经听日本人说过，为了保卫他们国家的安全，他们要控制中国东北的意愿是十分合理的。鲁迅和他的大多数朋友在东京都遭遇过日本人敌视中国的态度。当在大街上有日本人跟鲁迅搭话时，他经常假装不懂汉语，他觉得日本人与他搭话的唯一目的是练习说汉语的能力，而他们学习汉语的目的则是有朝一日到中国去干见不得人的丑事。

鲁迅不赞成在上海的蔡元培和其他共和党人发行报纸，攻击俄国并为日本辩护的行为，他与朋友们一道给蔡元培这位绍兴同乡写信，敦促他以更加客观的态度去研究世界的形势，千万不要凭借想象就把日本视作与中国有亲属关系的国家，而落入支持日本的陷阱中去。蔡元培接受了鲁迅及其他朋友的忠告，改变了他们的报纸过分偏袒日本的立场，蔡元培的这一举措维护了他自身的荣誉。

走上学医之路

1904 年 4 月，鲁迅完成了在弘文学院的学业，按照规定他应该升入东京帝国大学工科所属的采矿冶金科学习，但是他决定去位于遥远的日本东北地区的仙台医学专门学校学习医学："我的梦很美满，预备卒业回来，救治像我父亲似的被误的病人的疾苦，战争时候便去当军医，一面又促进了国人对于维新的信仰。"[1] 鲁迅一直遭受坏牙病痛的折磨，这也是他选择医学专业的一个更加私人化的动机。

在去仙台医学专门学校读书之前，鲁迅得悉了祖父介孚公在绍兴老家病逝的消息，他立即回到家里参加了祖父的葬礼。[2] 在祖父生病期间，周建人日夜服侍着他，享受着与老人快活的谈话，祖父讲述了很多年前他为官时期的

---

① 鲁迅：《呐喊·自序》，《鲁迅全集》，第 1 卷，第 438 页。

② 本书原著这一表述有误，鲁迅当时并没有归国参加祖父的葬礼。周作人在《知堂回想录·祖父之丧》中说："他（指祖父——引注）的长子早死了，照例要长孙'承重'，但是鲁迅也在日本，于是叫我顶替；我迫于大义，自不得不勉为其难。"（见周作人自编文集《知堂回想录》上册，第 149 页，河北人民出版社，2002 年 1 月出版）——译注。

一些逸闻趣事。在周建人就要完成照顾祖父任务之际，从南京匆匆赶回的周作人接过了照顾老人的任务。① 就像他的几个孙子一样，周介孚每天都写日记，直到生命的最后一日他变得太虚弱以至于写不动了。在祖父去世后，周建人发现了老人亲手书写的一幅挽联：

　　　　死若有知，地下相逢多骨肉。
　　　　生原无补，世间何时立纲常。

　　鲁迅为家人在葬礼举行前未发现祖父这副挽联而感到遗憾；否则，他会把挽联挂到灵堂上的。② 鲁迅对祖父的这副挽联是这样解释的：上联写出了祖父对自己有生之年未能更多地留意家人而感到后悔；下联表达的是传统道德在活着的人之中的颓败。③

　　回到日本后，鲁迅很高兴地获悉他去仙台读书的申请得到了中国在日留学生监督的支持，仙台医学专门学校也热情地接受了他，鲁迅是第一位申请来这所学校读书的中国学生。后来，鲁迅在他的回忆文章里描述了他到达仙台并受到欢迎的情形：

　　　　仙台是一个市镇，并不大；冬天冷得利害；还没有中国的学生。
　　　　大概是物以希为贵罢。北京的白菜运往浙江，便用红头绳系住菜根，倒挂在水果店头，尊为"胶菜"；福建野生着的芦荟，一到北京就请进温

---

　　①　本书原著这一表述有误，周作人是祖父去世后不久回到家的，周建人回忆说：祖父呼吸停止了，"正当我们忙乱的时候，二哥撞回家来了，于是，本来落在我头上的事，便全部落在他头上"（《鲁迅故家的败落》，第196页，福建教育出版社，2001年8月出版）。——译注。

　　②　本书原著这一表述有误，这里所提到应该是周建人的感觉。周建人回忆说："后来，大哥回国来时，我拿出这幅挽联来给他看，我说：'可惜我早没有看到，不然的话，在丧事中可以在灵堂里挂一挂。'"（《鲁迅故家的败落》，第197页）——译注。

　　③　本书原著这一表述与事实有较大出入。周建人回忆鲁迅解释这幅挽联时写道："大哥说：上联'死若有知，地下相逢多骨肉'，这是说，曾祖父苓年公、祖母孙夫人、父亲伯宜公，都已先他而去了，这都是他的骨肉。那么，他的意思是在说，活着的人和他并不亲热。下联'生原无补，世间何时立纲常'……他认为人世间的纲常已紊乱了，活着也没有什么用处。"（《鲁迅故家的败落》，第197页）——译注。

室，且美其名曰"龙舌兰"。我到仙台也颇受了这样的优待，不但学校不收学费，几个职员还为我的食宿操心。我先是住在监狱旁边一个客店里的，初冬已经颇冷，蚊子却还多，后来用被盖了全身，用衣服包了头脸，只留两个鼻孔出气。在这呼吸不息的地方，蚊子竟无从插嘴，居然睡安稳了。饭食也不坏。但一位先生却以为这客店也包办囚人的饭食，我住在那里不相宜，几次三番，几次三番地说。我虽然觉得客店兼办囚人的饭食和我不相干，然而好意难却，也只得别寻相宜的住处了。于是搬到别一家，离监狱也很远，可惜每天总要喝难以下咽的芋梗汤。①

虽然鲁迅的生活条件相当不完善，但是他很快就被仙台医专开设的课程所吸引，并且与其中一位名叫藤野严九郎的解剖学教授开始了一段友谊。藤野教授是一位古怪的人物，班上一些日本学生经常在背后取笑他，他很少关注自身的穿着打扮，经常忘记戴领结就到教室里去（在那个时代，很多日本人戴着洁白的西服领结出门）。藤野先生给予了鲁迅以特殊的关照，他亲自检查鲁迅的听课笔记，每周用红墨水修正和增补这位中国弟子的听课笔记。

在第一学年的考试中，鲁迅获得了总评60分以上的成绩，在全年级100多名学生中他的成绩位列中游。藤野先生很高兴，他对鲁迅说："我因为听说中国人是很敬重鬼的，所以很担心，怕你不肯解剖尸体。现在总算放心了，没有这回事。"他还问了一个让鲁迅感到窘困的问题，他打听中国女人的小脚是怎么裹的，足骨是变成怎样的畸形。②

虽然与藤野教授在一起有这种尴尬的时候，但是鲁迅对他产生了深深的敬意，后来鲁迅写到他时说道："……在我所认为我师之中，他是最使我感激，给我鼓励的一个。"③

每年寒假和暑假，鲁迅都回到东京与他的朋友们呆在一起，参加各种正在如火如荼进行着的政治运动。1905年8月，他参加了东京上万人的欢迎共和运动领袖孙中山的大聚会，孙中山在会上发表演说，他批评了君主立宪派

① 鲁迅：《藤野先生》，《鲁迅全集》，第2卷，第313—314页。
② 鲁迅：《藤野先生》，《鲁迅全集》，第2卷，第316页。
③ 鲁迅：《藤野先生》，《鲁迅全集》，第2卷，第318页。

关于中国不适合建立共和政体的观点，他认为这种观点是对中国民众的侮辱。

1905 年冬天，鲁迅乘车前往东京度假，曾经在水户下车去拜谒中国爱国志士朱舜水的坟墓，在清廷统治中国后，朱舜水发誓不再返回他的故国，最终他老死于建有他坟墓的水户。鲁迅尊崇朱舜水的精神，他来水户就是要表达对这位先贤的敬意。鲁迅到达水户时已经很晚，当务之急是找一家旅店过夜。他很快找到了一家旅店，店主把他当做日本学生，准备给他开一间极平常的房间，鲁迅根本没在意就开始登记入住。店主看出鲁迅是来自中国的留学生，就不断地道歉，把他安排到旅店最好的房间去住。鲁迅担心这间屋子住宿费很昂贵而想推辞，但是在店主的一再坚持下，他也不好拒绝而入住了。上床后，鲁迅盘算着如果自己支付不起住店费用，他将给好友许寿裳打电话请求经费上的帮助。他刚要入睡，忽然听到外面有人大声叫喊着火了。他急忙从床上跳起。是邻居家着火了。旅店只好腾空，店主把他带到另外一家旅店住下，坚决不肯收鲁迅支付给他的费用。在第二家旅店住下后，万万没料到外面又有人大嚷着火了。这次着火的房子离旅店有一定的距离，鲁迅平安地度过了那夜余下的时光。次日，鲁迅首先去朱舜水的墓地表达了自己的崇敬，然后继续踏上他前往东京的旅途。①

鲁迅到达东京后，正好赶上了中国留学生掀起的反对日本政府颁布"清国留学生取缔规则"运动，抗议日本支持清政府查禁中国学生在日从事反清运动。日本政府颁布的这些"规则"即将在 1906 年元旦生效，它们禁止中国留学生举行政治聚会和创办政治组织，允许随意审查留学生的书籍和通信，并命令留学生要遵守清政府的法律。在 1905 年 12 月初开始的抗议运动初期，有 8000 多名留学生举行罢课，学生领袖陈天华留下字条要求他的留学生同学们抗争到底，然后自己投海溺死以示抗议。著名的妇女革命家秋瑾呼吁全体中国留学生都回到国内去抗议，在集会上她取出一把匕首插在桌上，大声宣布："如有人回到祖国投降满虏，卖国求荣，欺压汉人，吃我一刀!"②

---

① 这一段描述乃是根据许寿裳的《〈民元前的鲁迅先生〉序》的相关回忆而写，见许寿裳：《挚友的怀念——许寿裳忆鲁迅》，第 101—102 页，河北教育出版社，2000 年 12 月出版——译注。

② 本书原著没有注明秋瑾这句话的出处，它出自徐双韵的《记秋瑾》，见《辛亥革命回忆录》，第 4 册，第 210 页，文史资料出版社，1963 年 1 月第 1 版，1981 年 8 月第 2 次印刷——译注。

鲁迅不支持如此过激的举措，他主张用更加建设性的方式继续抗争，目的是为了能够让日本政府撤销"清国留学生取缔规则"。到末了还是有一批留学生归国抗议，但好在并没有太多学生一起回去，共有 19 位学生运动领袖受到了处分。后来，秋瑾因被指控参与了刺杀安徽巡抚的行动而被清政府判了死刑。

鲁迅的弃医从文

（1906—1909）

与许多日本人友善地对待鲁迅的态度形成对照的是，他的一些日本同学的帝国主义立场，这种立场当时正得到军队和政界领导人的大力倡导，持这种立场的日本人把中国看做是"东亚病夫"。这反映在一些日本同学对待鲁迅的态度上。1905 年 9 月的某一天，所在年级的几位学生会干事来到鲁迅房间，要求查阅他的听课笔记本。鲁迅给他们看了笔记本，当他们刚离开不久，邮递员就给鲁迅送来了一封很厚的信，信中的第一行文字就是"你改悔罢！"这是托尔斯泰在日俄战争爆发后写给俄国沙皇和日本天皇的信件的第一行字，在信中托尔斯泰敦促两国皇帝停止战争。许多日本人把托尔斯泰的这行文字看做是对他们天皇的冒犯。

这封日本同学的来信指控鲁迅在解剖学的考试中事先获得了考题，他们断定是藤野教授在鲁迅的听课笔记中给做了记号。他们还在黑板上写了一条通知，宣布将要举行全体人员参加的会议，通知末尾写着"请全数到会勿漏为要"，而且在"漏"字旁边加了一个圈。鲁迅把这件事报告给了藤野教授，一些与鲁迅熟悉的日本同学也站出来支持他，最后谣言就自然消亡了。

鲁迅认为这整个事件是当时日本盛行的帝国主义狂热的产物，他们认定中国人是低能儿，那些指控他考试作弊的日本同学相信，没有外力的相助，他一个中国人是不可能考到 60 分以上的分数的。

后来，鲁迅决定终止他的医学课程，回到东京继续学习，并投身于文学事业。虽然考试事件中那些日本同学对鲁迅的歧视行动并不是他放弃医学专业的主要原因，但是它肯定对鲁迅的选择产生了影响。促使鲁迅最终下定决心离开仙台医学专门学校的是那些关于日俄战争的幻灯片,这些幻灯片是在细菌学课程之后的休息时间播放的。当时日俄战争的陆上战斗大部分都在中国的领土上展开,而幻灯片中出现的景象就是来自中国东北部地区。日俄两个列强国家正在为瓜分中国东北和朝鲜的领土而处于交战状态,日本军队占领了旅顺港,并且在沈阳附近打败了俄国军队。鲁迅写道:

> 但我接着便有参观枪毙中国人的命运了。第二年添教霉菌学,细菌的形状是全用电影来显示的,一段落已完而还没有到下课的时候,便影几片时事的片子,自然都是日本战胜俄国的情形。但偏有中国人夹在里边;给俄国人做侦探,被日本军捕获,要枪毙了,围着看的也是一群中国人;在讲堂里的还有一个我。
>
> "万岁!"他们都拍掌欢呼起来。
>
> 这种欢呼,是每看一片都有的,但在我,这一声却特别听得刺耳。此后回到中国来,我看见那些闲看枪毙犯人的人们,他们也何尝不酒醉似的喝采,——呜呼,无法可想!但在那时那地,我的意见却变化了。
>
> 到第二学年的终结,我便去寻藤野先生,告诉他我将不学医学,并且离开这仙台。他的脸色仿佛有些悲哀,似乎想说话,但竟没有说。①

幻灯片事件发生在 1906 年 1 月,鲁迅后来指出,幻灯片上的中国看客们看上去身体健康、精力旺盛,因此,需要救治的不是他们的身体而是他们的精神。出于这些考虑,鲁迅决定放弃医学专业,他从此走向了文学创作之路。

在鲁迅留日期间,中国知识分子注意到了欧洲的文学变革往往先于政治变革,文学作品直接影响着公众思想的趋向。1902 年,梁启超在东京创办《新小说》刊物,在创刊号上,他撰写了一篇题为《论小说与群治之关系》的文章,在文中他写道:"欲新一国之民,不可不先新一国之小说。故欲新道德,必新小说;欲新宗教,必新小说;欲新政治,必新小说;欲新风俗,必

---

① 鲁迅:《藤野先生》,《鲁迅全集》,第 2 卷,第 317 页。

新小说；欲新学艺，必新小说；乃至欲新人心，欲新人格，必新小说。何以故？小说有不可思议之力支配人道故。"①

梁启超这篇文章对儒家古老的"文以载道"箴言进行了新的解释，文学要承载的不再是孔子之道，而是现今的改良和革命之道，至少文学要传达社会变革和经济现代化的"道"。鲁迅未必赞同梁启超的政治观，但是当他开始接触欧洲现代文学后，他赞同文学在中国的现代化中起着重大的作用这样的文学观。虽然这样的文学观后来并非一成不变，但是它的确在整个 20 世纪中国占据了统治地位。这样的文学观也成为鲁迅作出弃医从文抉择的另外一个刺激因素。

获得官方从仙台医专的退学许可后，鲁迅便去拜访藤野教授，目的是向他告别，藤野教授送给鲁迅一张照片，且在照片上写下"惜别"的文字。鲁迅很珍视藤野教授的这张照片，许多年之后，他还把老师的照片挂在北京居室的墙上，照片上的藤野先生激励他不断地进行着抗争。鲁迅还把留有藤野先生批注的听课笔记装订成 6 卷，把它们当做藤野先生帮助和鼓励他学习的纪念物品。

回到东京后，鲁迅很快找到了住所，并去见他的好友许寿裳，许寿裳问了他放弃医学专业的原因。许寿裳后来回忆道："鲁迅踌躇一下，终于说，'我决计要学文艺了。中国的书呆子，坏呆子，岂是医学所能治疗的么？'我们相对一苦笑。"②

鲁迅的包办婚姻③

1906 年夏末，鲁迅被母亲召回绍兴。母亲声称自己病得很重，需要

① 梁启超：《论小说与群治之关系》，《饮冰室合集》，第 2 册，《饮冰室文集》之十，第 17 页，中华书局，1989 年 3 月出版——译注。

② 许寿裳：《怀亡友鲁迅》，《我所认识的鲁迅》，第 7 页，人民文学出版社，1978 年 6 月第 3 版。

③ 本书原著目录这一节用"鲁迅的包办婚姻"标题，但正文中用"鲁迅的不幸婚姻"标题，译著选用目录的标题——译注。

长子回来照顾。鲁迅回到绍兴的家中，发现母亲身体相当地好，母亲装病仅仅是把鲁迅召回来结婚的一个计策。鲁迅觉得自己难以反对这桩婚事，25 岁的他比那个时代男人正常的婚龄（18 岁）推迟了 7 年。母亲以前曾经与鲁迅商讨过婚事，他提出过自己接受这桩婚事的两个条件：一、他的妻子必须识字；二、她不能再裹着脚。周建人对大哥的婚事作了如下的描述：

　　婚礼照例是在新台门大厅里举行的，二哥说要回来，但还没有回来，除了三个台门里的本家，很少有什么客人来，也不演戏，一点也不热闹。也许由于我大哥的意见，我母亲一切从简，只是在仪式上，还是照旧，由老台门熊三公公来祝寿，还是拜堂，我大哥装了辫子，真是活受罪。结婚以后，我大哥发现新娘子既不识字，也没有放足，他以前写来的信，统统都是白写，新娘名叫朱安，是玉田叔祖母的内侄女，媒人又是谦婶，她们婆媳和我母亲都是极要好的，总认为媒妁之言靠不住，自己人总是靠得住的，既然答应这样一个极起码的要求，也一定会去做的，而且也不难做到的，谁知会全盘地落空呢？

　　我大哥的失望是很难形容的，这也难怪，俗话说：生意做勿着，一遭；老婆套不着，一世。这是一生一世的事呢！当然，老公嫁不著也是一世不着，是一样的，也许更痛苦。

　　……

　　我母亲和她的兄弟姐妹感情都很好，也很喜欢她的侄女、甥女们，她们对她也是既亲热又孝敬，但是，竟没有一个选作长媳，这真是奇怪的事情。母亲极爱我的大哥，也了解我大哥，为什么不给他找一个好媳妇呢，为什么要使他终身不幸呢？又为什么要使我的表姊，特别是琴表姊，如此不幸呢？那只有一种解释，那就是，她相信谦婶的话，认为朱安一定胜过她所有的侄女、甥女。

　　我大哥对婚姻虽然失望，但他没有丝毫责备母亲，对她的态度还是和以前一样，既亲切又尊重，有什么事情总愿意和母亲说说。但他那种压抑忧郁的神情，使我母亲感到极大的苦恼，木已成舟，她要改悔或者挽回，都是不可能了。①

婚礼于 1906 年 8 月举行，为了满足家族成员的意愿，鲁迅戴上了假辫子走完结婚仪式；次日，他还礼节性地拜访了新娘的娘家。但是在结婚次日的晚上，鲁迅搬到母亲的居室住。没过几天，他就回到了日本仙台，在那里他还要继续几个月的学业。② 鲁迅与朱安虽结婚，但可能没有同房，很明显的是他们后来没有生育孩子。鲁迅的新娘继续住在周家台门里成为她婆婆的陪伴，承受着周建人在上文提到的那些不幸婚姻妻子普遍拥有的深深绝望。假如鲁迅充分考虑这桩婚事的不利局面，拒绝同一位不符合他基本要求的女性结婚，这样做或许对他本人和对他的妻子都会更好。

不幸的是，作为周家的顶梁柱，作为他母亲的孝子，鲁迅所要担负的责任太重大了，他甘愿牺牲自己的幸福以换取母亲的快乐。鲁迅可能在脑海深处考虑到了，如果他取消与朱安的婚约，将会给她深深的伤害，她将永远背负着社会对于被夫家抛弃的妻子之种种污辱和歧视。鲁迅还耽缅于一种奇怪的念头，即：无论如何他都不会活得长寿的，自己死了，朱安与他的夫妻关系就可以解脱了。

鲁迅在日本时，包办婚姻的悲剧性影响还没有全面显现出来，不过这种影响必然会到来的。在当时的中国，夫妻双方不和谐的婚姻相当地普遍，婚后出现的困难有两种解决方式，一是离婚，二是用各种形式（公开的或者偷偷摸摸的）一夫多妻制来调节。在鲁迅那里，婚姻过程中出现的困难因为他的沉默而进一步得到强化，作为周家的长子和维持整个大家庭生活的顶梁柱，他难以走到解除夫妻关系的这一步。他希望自己的婚姻能够变得正常起来，但是他的妻子没有受过什么教育，也缺乏与他进行任何种类沟通的能力，这一切都使得他不能过上正常的家庭生活。

1909 年，鲁迅最终回到了中国，他尽量在家庭之外打发光阴，先是在杭

① 周建人：《鲁迅故家的败落》，第 218—219 页，福建教育出版社，2001 年 8 月出版。

② 本书原著这一表述有误，鲁迅已于 1906 年 3 月离开仙台医学专门学校，回到东京，住进"伏见馆"公寓，鲁迅从绍兴完婚回到日本后，他继续住在东京从事文学事业（参阅《鲁迅年谱》，第 1 卷，第 174—179 页，人民文学出版社，2000 年 9 月增订版）——译注。

州接着在南京和北京工作和生活，在绍兴工作和生活只是一段短暂的插曲。鲁迅一定意识到了独身生活方式给他本人带来的生理压力，不过这种生活方式给他的人际关系和生活观念带来的影响是更加难以感知也更为重大的。

尽管在婚姻中体验了种种挫败，鲁迅从来不让自己这方面的消极情绪败坏自己与母亲的关系，败坏自己的整个生活。无论鲁迅离开北京多久，他都会定期给母亲写信，跟她讲述各种最新的消息，表达对她的健康和生活的关心。在30年代，鲁迅的身体健康急剧恶化，母亲对此非常担忧，但鲁迅小心翼翼地与母亲交流以免惊吓着老人。直到1936年去世前夕，鲁迅还不断地写信跟母亲进行交流。

与此同时，鲁迅的大弟弟周作人完成了他在南京水师学堂的学业，他也像鲁迅一样申请去国外继续深造。周作人与他的班级全体同学一道被南京水师学堂举荐给了北京练兵处，他前往北京参加留学选拔考试，顺利地通过了北京练兵处的测试。但是由于周作人的近视，他与另外两名同学没能通过体检。[①] 北京练兵处接着推荐他去日本学习建筑专业。[②] 因此在鲁迅1906年夏末回绍兴完婚后，周作人就与他一道前往日本留学。鲁迅的母亲感到十分欣慰，因为她的丈夫曾经有着把两个儿子送到国外留学的遗愿，当然他可能更希望儿子们去欧美而不是去日本留学。[③]

鲁迅最小的弟弟周建人未能效仿两个哥哥去南京新式学堂读书，虽然他也曾经有过这样的打算，甚至有一次他已经收拾好行李准备去南京了，但最终还是在家人劝说下留在家里了。家人认为，为稳妥起见三兄弟中应留下一

---

① 本书原著这一表述有误，当时没通过体检的是周作人和另外一名同学，而不是3人体检不合格。周作人在《知堂回想录·六十二　吴一斋》中回忆说："问题是在于体格检查，在这关上我们里边就有两个通不过，因为都是眼睛近视。一个是我，一个是驾驶堂里的吴秉成。"（引自周作人自编文集《知堂回想录》，上册，第192页，河北人民出版社，2002年1月出版）——译注。

② 本书原著这一表述有误，应该是两江总督委派周作人去日本学建筑。根据周作人《知堂回想录·六十二　吴一斋》载，周作人和吴一斋因近视未能通过北京练兵处的体检，就回到南京水师学堂，不久两江总督周玉山来学堂视察，委派周作人和吴一斋去日本学建筑。（引自周作人自编文集《知堂回想录》，上册，第193页，河北人民出版社，2002年1月出版）——译注。

③ 本书原著这一表述有误，据周建人回忆，鲁迅1902年将要去日本留学，母亲"不由得想起父亲生前说过的，要送儿子出国，一个到东洋，一个到西洋"（《鲁迅故家的败落》，第165页，福建教育出版社，2000年8月出版）——译注。

人，以应对家里出现的各种意外事件。因此，周建人未去成南京，而是留在绍兴家里，他去县里的学堂上学。幸运的是，县学堂新近换了一位校长，他是一位具有现代理想的教育家，为学堂增设了包括英文课程在内的一些新课程。因此虽然周建人没去成南京读书，他仍然享受了新兴的西式教育带来的知识成果，这种教育模式当时在中国正逐渐推广开去。

不幸的是，周建人没能赶上毕业考试，本来如果他通过了这次考试就可以升入新近设立的绍兴府中学堂的。仅仅是因为家里的闹钟走慢了他才迟到了。当他匆匆忙忙赶到考场时大门已经关闭，他未能进入考场。因此，从那一刻起，周建人开始在家自学，他阅读了很多书籍，这些书籍是大哥鲁迅从日本寄给他的或者尽力推荐给他的。最后，周建人在当地找到了一份工作，他做了一所新近由佛教团体创办的中学的校长，[①] 成为周家三兄弟中第一位挣工资的人。

"新生活"

办完婚事后，鲁迅带着弟弟周作人回到了东京，他们住在本乡区的伏见馆，这栋公寓住了不少来自中国的留学生。周作人去中华留学生会馆组织的讲习班学习日语课程，鲁迅则继续他自南京求学时代开始的德语学习。鲁迅对那些同住在伏见馆的中国留学生的行为举止颇为不悦，其中一些人显得低俗而粗暴。鲁迅怀疑他们来日本就是来享受的，他们学习一些课程也无非是为了今后回国后能够找到一份挣大钱的职业而已。因此，鲁迅决定带着弟弟周作人搬到另外一处少受中国留学生同胞打扰的公寓去生活。

鲁迅他们新搬的公寓叫做中越馆，这是一个由多房屋的家庭改造成的公寓，房主是一位老太太。住在中越馆的鲁迅除了继续学习德语外，还去由一位叫马理亚的犹太难民主讲的俄语班听课，不过这个俄语班维持的时间并不

---

① 本书原著这一表述有误，周建人当时担任的是小学校长，他自己的回忆录这样写道："我不想在家吃闲饭，只要有事情，总是愿意做的。于是我这个才从县学堂毕业，年龄刚过 17 足岁的人，便当了塔子桥僧立小学堂校长了。"（《鲁迅故家的败落》，第 212—213 页，福建教育出版社，2000 年 8 月出版）——译注。

长久。按照周作人的回忆，马理亚因为遭到性方面的不当指控而试图自杀，自杀未遂的马理亚休息了一段时间又能继续上俄语课了，但是这个俄语班的组织者不久就去长崎跟来自俄国的无政府主义者学习制造炸弹技术，于是鲁迅他们的俄语班就解散了。

第二度定居东京的鲁迅开始养成了日后终生都沿用的作息规律，他工作到很晚，起得也很晚，通常是早上 10 点起床。每天起床后，他首先抽几支烟，接着去洗澡和吃早饭，从此后到午餐时间他都用来阅读报纸。吃过中饭，他可能外出逛书店，或者去参加朋友的聚会。他把晚上和夜里的时间完全用在学习和工作上，直至凌晨才休息。

刚到日本之初，周作人除了学习日语外，他把不少时间都用在与鲁迅的朋友聚会，以及用在接触中国留学生和日本当地人上。1906 年夏季，鲁迅与朋友们热情地开始谋划他们的文学事业。首先，他们计划刊行一份新的杂志，大伙打算把这份杂志命名为《新生》。对此，鲁迅后来在他的回忆文章中写道："在东京的留学生很有学法政理化以至警察工业的，但没有人治文学和美术；可是在冷淡的空气中，也幸而寻到几个同志了，此外又邀集了必须的几个人，商量之后，第一步当然是出杂志，名目是取'新的生命'的意思，因为我们那时大抵带些复古的倾向，所以只谓之《新生》。"[1]

他们为这份新杂志第一期的面世作了精心的准备，它的封面设计也基本完成。此时，杂志撰稿人接连退出，接着退出的是出资人，只剩下鲁迅、周作人和另外一位同人，于是，他们只好放弃了出刊的计划。鲁迅无奈地恢复了原来的基本活动，阅读书报、收集资料和写作，偶尔参加一些共和主义的学生运动。

两位绍兴革命者的死亡

1907 年 7 月的一个早晨，鲁迅和他同公寓的人一起看报纸，他们看到了

---

① 鲁迅：《呐喊自序》，《鲁迅全集》，第 1 卷，第 439 页。

一封来自中国的电报，它的内容如下：

"安徽巡抚恩铭被 Jo Shiki Rin 刺杀，刺客就擒。"

一些留学生不知道这位 Jo Shiki Rin 是何人，但是来自绍兴的留学生立即就知道了：

> 这是徐锡麟，他留学回国之后，在做安徽候补道，办着巡警事务，正合于刺杀巡抚的地位。
>
> 大家接着就预测他将被极刑，家族将被连累。不久，秋瑾姑娘在绍兴被杀的消息也传来了，徐锡麟是被挖了心，给恩铭的亲兵炒食净尽。人心很愤怒。有几个人便秘密地开一个会，筹集川资；这时用得着日本浪人了，……①

最终并没有派出日本浪人，会议投票表决的结果是，大伙赞成给清政府拍电报，抗议他们的血腥罪行。

恩铭被刺杀之后不久，秋瑾被处以死刑，虽然她并没有卷入刺杀事件，这是一桩典型的连坐事件；而且作为曾经广受革命者们拍手推崇的英雄，涉案后的秋瑾没有得到这些鼓掌者多少帮助。鲁迅后来对秋瑾事件评述说，她是被别人"这劈劈拍拍的拍手拍死的"。② 秋瑾是一位共和主义者，同盟会刚成立不久她就加入了这个革命团体。在一年前③的中国留学生抗议日本颁布"清国留学生取缔规则"会议上，秋瑾的革命热情得到充分的展现，她当时把一把锋利的匕首插在桌上以示战斗到底的决心。秋瑾也是一名女权主义者，她英勇无畏地离开保守的丈夫，留下她的孩子，跑到北京和日本寻找良好的受教育机会。她还是中国第一份妇女期刊《中国女报》的创办人。在 1907 年被捕时，秋瑾是绍兴大通学堂的负责人，该学堂正在开展对年轻的革命者进行军事训练的工作。这一项工作应该就是秋瑾被清政府判处死刑的真正原因。

---

① 鲁迅：《范爱农》，《鲁迅全集》，第 2 卷，第 321 页。

② 本书原著没有给引文作注，这句引文来自鲁迅的《而已集·通信》，《鲁迅全集》，第 3 卷，第 465 页——译注。

③ 本书原著这一表述有误，应该是两年前，即 1905 年——译注。

范爱农：从敌到友

在 1907 年的东京，一位参加抗议清政府残害徐锡麟、秋瑾会议的中国留学生，命中注定要在鲁迅从日本回到绍兴后成为他的同事，他就是范爱农。鲁迅笔下的范爱农是"一个高大身材，长头发，眼球白多黑少的人，看人总像在渺视"[1] 别人的怪人。当鲁迅宣称他支持给北京的清政府发抗议电报后，范爱农用滞钝的声音反对道："杀的杀掉了，死的死掉了，还发什么屁电报呢。"[2] 鲁迅难以理解为什么这个家伙总是跟自己唱反调，他接着写道：

> 从此我总觉得这范爱农离奇，而且很可恶。天下可恶的人，当初以为是满人，这时才知道还在其次；第一倒是范爱农。中国不革命则已，要革命，首先就必须将范爱农除去。

> 然而这意见后来似乎逐渐淡薄，到底忘却了，我们从此也没有再见面。直到革命的前一年，我在故乡做教员，大概是春末时候罢，忽然在熟人的客座上看见了一个人，互相熟视了不过两三秒钟，我们便同时说：

> "哦哦，你是范爱农！"

> "哦哦，你是鲁迅！"

> 不知怎地我们便都笑了起来，是互相的嘲笑和悲哀。他眼睛还是那样，然而奇怪，只这几年，头上却有了白发了，但也许本来就有，我先前没有留心到。他穿着很旧的布马褂，破布鞋，显得很寒素。谈起自己的经历来，他说他后来没有了学费，不能再留学，便回来了。回到故乡之后，又受着轻蔑，排斥，迫害，几乎无地可容。现在是躲在乡下，教着几个小学生糊口。但因为有时觉得很气闷，所以也趁了航

---

① 鲁迅：《范爱农》，《鲁迅全集》，第 2 卷，第 322 页——译注。
② 鲁迅：《范爱农》，《鲁迅全集》，第 2 卷，第 321 页——译注。

船进城来。

　　他又告诉我现在爱喝酒，于是我们便喝酒。从此他每一进城，必定来访我，非常相熟了。我们醉后常谈些愚不可及的疯话，连母亲偶然听到了也发笑。一天我忽而记起在东京开同乡会时的旧事，便问他：

　　"那一天你专门反对我，而且故意似的，究竟是什么缘故呢？"

　　"你还不知道？我一向就讨厌你的，——不但我，我们。"

　　"你那时之前，早知道我是谁么？"

　　"怎么不知道。我们到横滨，来接的不就是子英和你么？你看不起我们，摇摇头，你自己还记得么？"

　　我略略一想，记得的，虽然是七八年前的事。那时是子英来约我的，说到横滨去接新来留学的同乡。汽船一到，看见一大堆，大概一共有十多人，一上岸便将行李放到税关上去候查检，关吏在衣箱中翻来翻去，忽然翻出一双绣花的弓鞋来，便放下公事，拿着子细地看。我很不满，心里想，这些鸟男人，怎么带这东西来呢。自己不注意，那时也许就摇了摇头。检验完毕，在客店小坐之后，即须上火车。不料这一群读书人又在客车上让起坐位来了，甲要乙坐在这位上，乙要丙去坐，揖让未终，火车已开，车身一摇，即刻跌倒了三四个。我那时也很不满，暗地里想：连火车上的坐位，他们也要分出尊卑来……。自己不注意，也许又摇了摇头。然而那群雍容揖让的人物中就有范爱农，却直到这一天才想到。岂但他呢，说起来也惭愧，这一群里，还有后来在安徽战死的陈伯平烈士，被害的马宗汉烈士；被囚在黑狱里，到革命后才见天日而身上永带着匪刑的伤痕的也还有一两人。而我都茫无所知，摇着头将他们一并运上东京了。徐伯荪虽然和他们同船来，却不在这车上，因为他在神户就和他的夫人坐车走了陆路了。

　　我想我那时摇头大约有两回，他们看见的不知道是那一回。让坐时喧闹，检查时幽静，一定是在税关上的那一回了，试问爱农，果然是的。

　　"我真不懂你们带这东西做什么？是谁的？"

　　"还不是我们师母的？"他瞪着他多白的眼。

"到东京就要假装大脚，又何必带这东西呢？"

"谁知道呢？你问她去。"①

在鲁迅所有的回忆性文章中，《范爱农》很可能是最能展示他的人情味和他的天性中自我批判那一面的作品了。这篇文章也展现了鲁迅深深地投入到了一项伟大的任务中，这项任务就是把中国从传统专制社会的封建主义意识形态中解放出来。在当时的日本，封建主义意识形态之类的观念仍然比较强大，但鲁迅当时对这些并不怎么留意，而且日本的这些传统思想正经受着来自欧洲之新制度的冲击。如果是在中国，鲁迅不会对他在东京火车站看到的那些新来留学生的举止而感到惊讶，但是在日本他担心这些人的举止会使中国蒙羞，这一切也提醒他，中国的确需要进行变革。

有一件事鲁迅没有叙述清楚。当范爱农说："我一向就讨厌你的，——不但我，我们。"那么这里所说的"我们"，指的仅是在火车上的人，还是他所提到的东京抗议集会上那些来自浙江的留学生？鲁迅在后来的文学论争中对相反观点的不宽容这一特色，或许在这个阶段就已经开始形成。

徐锡麟事件中某些有趣的方面，也让鲁迅性格中的某些方面显现出来。驱使徐锡麟从事共和事业的是自我牺牲精神，鲁迅对这种精神无疑是崇敬的。鲁迅是光复会的支持者，与徐锡麟相当熟悉。鲁迅也曾经用最美好的词汇来称赞光复会领袖陶焕卿（陶成章），后者曾经把许多重要的文件和诸如旗帜等装备寄存在鲁迅的公寓里。但是当鲁迅有一回即将被光复会委派回国内参加一起刺杀行动时，他犹豫并且最终谢绝了。鲁迅谢绝的理由是担心母亲在他参加行刺后的命运，很久之后，他告诉弟弟周作人说，他不能接受行刺的指令，他不是一个真正的革命者。事实上，鲁迅永远不会去做把自己与某一纪律严明的团体绑在一起，从而完全放弃个人独立性的事情。鲁迅的确甘愿把自己的生命献给中国大众，但是他坚决维护自己在应该如何行动方面的决定权，他百分之百地不信赖任何团体。他甚至对他的弟弟周作人说，假如光复会领袖陶焕卿今后成功地推翻了清王朝，自己做

---

① 鲁迅：《范爱农》，《鲁迅全集》，第 2 卷，第 322—324 页。

了皇帝，大伙最好得看管好自己的皮肤。① 鲁迅对"最高领袖"的不信任，乃是基于他对中国历史的深刻认识，而且他对最高权力的这种判断也非常具有预示性。

鲁迅最早发表的文章

留学日本期间，鲁迅充分使用他那些以高昂费用购置的西方著作的日文译本，这些著作包括西方过去与现在的学者和作家写的书籍，他撰写了5篇系列文章，介绍西方当代科学、文化和文艺领域中最有影响的思想。第一篇文章名为《说镭》，它发表于更早一些的刊物上，本书前面部分对它已有简要的介绍。另外4篇文章都是1907年撰写，发表在1907年12月至1908年8月之间的《河南》杂志上，这份月刊是由在日本的河南留学生创办的。鲁迅的第二篇文章叫《人之历史》，刊载在1907年12月《河南》杂志的第一期上。该文简要地介绍了从古希腊到达尔文时代进化理论的发展史，尤其是对当时正颇为盛行的德国生物学家黑格尔②（1834—1919）的著作给予了特殊的关注。黑格尔是一名胚胎学家，他在人类整个进化过程与生命个体在子宫中的发育过程之间建立起了类同关系。后来，他因大力宣传试图把达尔文生物进化论运用到人类社会历史的社会达尔文主义而受到批评。

鲁迅的第三篇文章《摩罗诗力说》堪称为杰作，它在1908年2月和3月《河南》杂志的第2期和第3期发表。摩罗是印度的破坏和死亡之神，鲁迅把它对等于撒旦。但是，鲁迅的文章关注的不仅是旧秩序的毁灭问题，而且关注着"精神界之战士"的作用问题，他笔下的"精神界之战士"敢于进击创造，显示了人类对于未来的伟大抱负。在《摩罗诗力说》的开头，作者通过

---

① 周作人一方面肯定陶成章是革命勇士，但又认为此人"看去仿佛有点可怕，似乎是明太祖一流人物"，他转引了鲁迅对陶成章的评价："假如焕卿一旦造反成功，做了皇帝，我们这班老朋友恐怕都不能幸免。"（引自周作人自编文集《知堂回想录》，上册，第305页，河北教育出版社，2002年1月出版）——译注。

② 现通译为海克尔——译注。

征引尼采的《查拉图斯特拉如是说》而彰显这种精神意向：

> 求古源尽者将求方来之泉，将求新源。嗟我昆弟，新生之作，新泉之涌于渊深，其非远矣。①

在绝大多数情况下，鲁迅对其他作家的兴趣总与他本人的基本宗旨相关，即：推动中国知识分子的启蒙。在《摩罗诗力说》中，鲁迅首先介绍了希腊和印度等国远古时代的文学人物，主要把他们当做已经衰落的古代文明重要作家的代表。一个国家文明衰落的标志是，在现代阶段该国缺乏能够为国民发出声音的伟大作家。鲁迅虽然没有提出缺乏伟大作家是文明衰退之主要原因的观点，但他警告说，如果中国人不从古代文明的枷锁中挣脱出来，那么将面临巨大的危险。

鲁迅笔下的第一个摩罗诗人的原型就是拜伦，他写道：

> 摩罗之言，假自天竺，此云天魔，欧人谓之撒但，人本以目裴伦（G. Byron）。今则举一切诗人中，凡立意在反抗，指归在动作，而为世所不甚愉悦者悉入之，为传其言行思惟，流别影响，始宗主裴伦，终以摩迦（匈加利）文士。凡是群人，外状至异，各禀自国之特色，发为光华；而要其大归，则趣于一：大都不为顺世和乐之音，动吭一呼，闻者兴起，争天拒俗，而精神复深感后世人心，绵延至于无已。②

拜伦是对鲁迅的思想和创作产生了重要影响的诗人之一。在《摩罗诗力说》中，鲁迅用了好几页的篇幅来概述这位英国诗人早年在英格兰的生活，他后来在意大利的探险，以及他在希腊的悲剧性死亡。拜伦可谓是青年鲁迅心目中的第一位文学英雄，他是 19 世纪早期作家中的一个偶像，他的身上包含了鲁迅希望他祖国的作家所具有的各种理想素质：不管上流社会怎么苛待

---

① 鲁迅：《摩罗诗力说》，《鲁迅全集》，第 1 卷，第 65 页。
② 鲁迅：《摩罗诗力说》，《鲁迅全集》，第 1 卷，第 68 页。

他，拜伦都拒绝遵循传统习惯，坚定地为真理而斗争。拜伦还是一个行动者，他越过当时已经被并入奥匈帝国版图之意大利的防御工事来到希腊。对于希腊人不能团结起来，为摆脱土耳其人的控制并获得自由而奋斗，拜伦曾经给予过严厉的批评。但是，正当拜伦在积极发动希腊人抵抗土耳其的占领时，病魔夺走了他的生命。

鲁迅也批评了拜伦作品一些主人公面对社会难题时的消极反应，他们或者像查尔德·哈罗德那样排斥人类社会，或者像曼弗莱德那样寻求被世人忘却的机会。但是鲁迅认识到了在法国大革命之后，拜伦的生活和创作对于正在寻求解放的欧洲人民所起到的强大鼓舞作用。

在《摩罗诗力说》中，鲁迅也对诗人雪莱作了介绍，不仅称赞了他的诗歌作品，而且肯定了他对那个时代英国沉闷的社会直言不讳的批评。鲁迅并没有对拜伦和雪莱放荡不羁的生活方式表现出太多的关注，他相信这两位诗人的作品和他们的反叛姿态远比他们的弱点重要。

除了拜伦和雪莱之外，鲁迅对另外一些作家表示出了特殊的兴趣，这些作家的祖国已经或者正在遭受着外国的压迫或者内部的压迫，这些国家有俄罗斯、波兰、匈牙利和另外一些东欧的弱小国家。鲁迅从这些国家文学所传出来的声音中听出了反抗压迫和政治觉醒，他希望在新一代中国作家的创作中能够听到这种回声。

鲁迅在《摩罗诗力说》中继续探讨中国社会进步的阻碍力量，以及作家们可以克服这些阻碍的途径：

中国之治，理想在不撄，而意异于前说。有人撄人，或有人得撄者，为帝大禁，其意在保位，使子孙王千万世，无有底止，故性解（Genius）之出，必竭全力死之；有人撄我，或有能撄人者，为民大禁，其意在安生，宁蜷伏堕落而恶进取，故性解之出，亦必竭全力死之。柏拉图建神思之邦，谓诗人乱治，当放域外；虽国之美污，意之高下有不同，而术实出于一。盖诗人者，撄人心者也。凡人之心，无不有诗，如诗人作诗，诗不为诗人独有，凡一读其诗，心即会解者，即无不自有诗人之诗。无之何以能解？惟有而未能言，诗人为之语，则握拨一弹，心弦立应，其声激于灵府，令有情皆举其首，如睹晓日，益为之美伟强力高尚发扬，而污浊之平和，以之将破。①

鲁迅的这些文字表明了他对文学的某种信念，即他相信文学能够唤醒冷漠状态下的中国人，能够在中国人的思想中种下为自己更美好的未来而斗争的希望之种。那时，鲁迅虽然已经认识到统治者是出于维护自己的利益而维持事物不变，但他还没有从阶级利益的角度来看待这种斗争，他认为处于蒙昧状态的民众默许统治阶级对他们的奴役。中国国民精神上的病态折磨着整个国家。这些观点与鲁迅初到日本与许寿裳讨论国民性时的那些思想是一脉相承的，现在更强调的是由"精神界之战士"引导前行的道路。鲁迅的这些思想与尼采的观念具有某种共同性；当然，作为中国的革命者，鲁迅不可能完全接受尼采的超人哲学，这种哲学过分地崇拜强权，其中包含了不符合科学的社会学和生物学的内涵。

鲁迅和他的弟弟周作人撰文介绍了一批东欧作家的生活和创作情况，这些东欧作家中的不少人是初次被介绍到中国来，他们包括普希金、莱蒙托夫、果戈理、密支凯维奇、显克维奇、克拉辛斯基、斯洛伐茨基和裴多菲。他们并非都是狭义的诗人，但是鲁迅认为这些作家的创作反映了他们所在国度对独立自由潮流的新追求，东欧国家尤其是俄国有着与中国不同的社会政治问题。俄国当时还有大量的农民，他们名义上不属于农奴，他们与中国的农民一样仍然在遭受着地主的剥削。俄国在经济上和文化上都处在落后状态，但是它有着一个包括某些著名作家在内的非常活跃的知识分子阶层，他们的作品描写了中国读者不大熟悉的俄国社会生活。鲁迅清醒地意识到，俄国与中国社会都面临着一些相似的问题。鲁迅与周作人很快开始翻译俄国作家的小说，以及另外一些东欧作家的作品。他们也翻译了一些日本作家的小说，这些日本作家受到了源自欧洲和美国的现代文学潮流的影响，事实上，鲁迅对这些作家并没有太大的兴趣。

除了前面提到的作家之外，对鲁迅的创作产生了最大影响的作家是果戈

---

① 鲁迅：《摩罗诗力说》，《鲁迅全集》，第 1 卷，第 70 页。

理，他的《狂人日记》为鲁迅创作他最杰出的小说提供了一个起点和作品的标题。

鲁迅的下一篇文章叫《科学史教篇》，它发表在 1908 年 6 月的《河南》杂志第 5 期上。这篇文章概括了自古代以来的主要科学发现，以及它们对人类历史的重要价值。鲁迅重点突出了哥白尼、伽利略等人的科学发现对于冲破欧洲中世纪以来之蒙昧主义的重要性，他强调了理论科学和应用科学对于现代技术发展的关键作用。根据这些观点，鲁迅批评了当时中国的官员，他们认为只需训练出会使用现代武器的陆军和海军士兵，就足以把外国列强御之于中国的海岸线之外。鲁迅认为持这种观念的人对于中国所面临的问题只能做一些修修补补的工作，为了找到长久地解决中国问题的方案，必须采取更加激进的措施，包括大力提升科学研究的地位，即使是为了最功利的目的也必须这样做。鲁迅以法国科学家为例，竭力说明科学对于社会发展的重要性，在拿破仑与欧洲各国的战争中，当法国军队因缺乏诸如炸药等战争必需的给养而面临战败的危险时，是法国科学家们用科学一次又一次地帮助法军统帅们摆脱了战败的厄运。

在《科学史教篇》中，鲁迅很少提到给人留下深刻印象的中国科学发现史，这些发现可以追溯到文艺复兴时代之前；对于阿拉伯人在传播和储存古希腊、罗马科学知识方面的贡献，他也没有给予高度的评价。对于那些总把无论怎样的欧洲原创科学发现都当做是中国古已有之的人，鲁迅进行了嘲讽。他认为，中国和印度这些文明古国停止不断地缅怀自己古代的辉煌，开始面向未来的时代已经来到了。

鲁迅自 1898 年离开家乡赴南京求学，开始严密地关注世界科学研究的进展，因此撰写出了一批介绍世界科学发展的文章，《科学史教篇》是这些重要论文中的最后一篇。从此，鲁迅把主要精力放在社会批评和文学艺术领域。

《文化偏至论》发表在 1908 年 8 月《河南》杂志第 7 期上。在这篇文章开头，鲁迅用比较平淡的笔法总结了中国与世界其他国家尤其是与西方国家的关系史，接着他开始批判那些不顾中国的历史和传统而引进西方制度的人，他争辩道：

诚若为今立计，所当稽求既往，相度方来，掊物质而张灵明，任个人而排众数。人既发扬踔厉矣，则邦国亦以兴起。奚事抱枝拾叶，徒金铁国会立宪之云乎？①

鲁迅认为，与宗教教条的斗争结果是西方文明走向了偏至：

虽然，教权庞大，则覆之假手于帝王，比大权尽集一人，则又颠之以众庶。理若极于众庶矣，而众庶果足以极是非之端也耶？宴安逾法，则矫之以教宗，递教宗淫用其权威，则又掊之以质力。事若尽于物质矣，而物质果足尽人生之本也耶？平意思之，必不然矣。然而大势如是者，盖如前言，文明无不根旧迹而演来，亦以矫往事而生偏至，……②

鲁迅的这个观点非常危险地靠近了当时中国保守派的观点，他们认为东方的精神文明优越于西方的物质文明。当然，鲁迅并不支持保守派这样的观点。他在文章中讨论中国问题的出发点是，当时的一些中国人正往后回望欧洲的历史，抓住了过时的社会政治体制及其意识形态，中国人应该改变或者抛弃传统的"精神文明"。虽然鲁迅在文中提出这些纲要性的观点显得有些简单化，但他撰写此文的目的是警告那些不加批判地引进西方制度的人。鲁迅援引欧洲近代文明事例是为了表明，西方学者和思想家他们自己都开始承认他们文明的偏至性，这是他们认为应该在 19 世纪末发展出新思想的理由。在这篇文章中，鲁迅再次引用了尼采的文字：

特其为社会也，无确固之崇信；众庶之于知识也，无作始之性质。邦国如是，奚能淹留？吾见放于父母之邦矣！聊可望者，独苗裔耳。③

鲁迅选择尼采作为新思想的代表可能基于事后的认识，对此学界存在着争

---

① 鲁迅：《文化偏至论》，《鲁迅全集》，第 1 卷，第 47 页。
② 鲁迅：《文化偏至论》，《鲁迅全集》，第 1 卷，第 49—50 页。
③ 鲁迅：《文化偏至论》，《鲁迅全集》，第 1 卷，第 50 页。

议，但是他对尼采并未采取彻底认同的态度，尼采与鲁迅的思想观念有着差异。作为欣赏超人的必然结果，尼采鄙视群众，认为他们天生缺乏教养。这种观点在欧洲、尤其是在 19 世纪后期的德国中产阶级里很有普遍性。鲁迅虽然也不把群众看做潜在的积极的社会力量，这可能是因为太平天国运动和义和团运动给他留下了负面印象，但是他肯定了中国民间文化率真的道德根基，不认可尼采那种鄙视群众的立场。然而，鲁迅像尼采一样很少关注经济和社会因素，他把人的智慧和精神上的觉醒看做是中国未来的主要希望之所在。

鲁迅相信在他的有生之年，中国的精神复兴有赖于把个体从奴役人的社会体制中解放出来，或者按照他提出的"其首在立人"思路去做。鲁迅认为，个体的解放将会促使真正的人道社会的来到，正如他所描述的那样，中国将从一个"沙聚之邦""转为人国"。①

在鲁迅发表于 1908 年 12 月《河南》杂志第 8 期的文章《破恶声论》中，他回到了如何拯救中国命运的问题上来。在接近文章的开头部分，鲁迅列出了他所命名的"伪士"所持的 6 种"恶声"，不过这篇文章属于未完成之作，他只批判了其中的两种"恶声"，它们是：破除迷信和崇拜侵略。在鲁迅看来，"伪士"们毫不关心民众的愿望，甚至认为民众中流传的民间故事、神话传说是有害的迷信，"伪士"们主张取缔迎神赛会，而这恰恰是鲁迅儿时十分喜欢的活动。

"伪士"们对印度、波兰等饱受殖民和侵略的国家横加批评，认为它们落进虚弱和被侵害的命运是罪有应得的，鲁迅对这种"恶声"非常厌恶。在《破恶声论》一文中，鲁迅强化了他在《文化偏至论》中提出的反对不加区别地实行西化的观点。

在伍舍的生活

1908 年 8 月，鲁迅从他居住的留学生公寓中越馆迁居一处离东京帝国大

---

① 鲁迅：《文化偏至论》，《鲁迅全集》，第 1 卷，第 57 页。

学和《民报》社不远的公寓。据说这处公寓是日本著名作家夏目漱石的旧居，正好夏目漱石是鲁迅喜欢的作家。公寓最初是许寿裳租下的，他当时刚从东京高等师范学校毕业，正打算去章太炎的"国学讲习班"听课，同时正在努力提高德语，为即将去欧洲继续他的学业作准备。受许寿裳的邀请，鲁迅与他的弟弟周作人，以及另外两位中国留学生一道合租这处公寓，他们把公寓命名为"伍舍"。不仅"伍舍"的房间相当宽敞，而且它还有一个大花园，因此鲁迅得以重拾他的园艺兴趣，与许寿裳一起在花园里干活，种下不少新的植物。在这期间，鲁迅继续忙于写作和读书，他过着十分简朴的生活，穿的是普通的日本学生制服，吃的是粗茶淡饭，他继续每月领着中国政府发放的 33 块银元，为了增加收入他给一家出版社当校对员。鲁迅很少有时间去观光，只是偶尔一次去东京的公园欣赏著名的樱花，他把大量的时间用于去书店浏览书刊。

章太炎的"国学讲习班"就在共和派的《民报》社屋里开讲，那里也是章太炎的寓所。参加章太炎讲习班的除了"伍舍"的 5 名留学生，还有另外两人，[①] 他们是：钱玄同——鲁迅后来与他一起在新文化运动中密切合作，以及龚未生。章太炎的讲习班开在他本人那间相当狭窄的卧室里，每天早晨 8 点开讲，中午 12 点结束。章太炎在 4 个小时中毫无停顿地讲解中国古代著名的词典《说文解字》，他用的教材有《说文解字》，以及两本关于《说文解字》和另外一本中国古代词典《尔雅》的注疏本。他阐述每个字的起源，旁征博引各种证据来支持他的观点。他满怀热情地投入到讲课中，他的那些席地而坐的学生不间断地听着他的讲解。

据许寿裳的回忆，"鲁迅听讲，极少发言，只有一次，因为章太炎先生问及文学的定义如何，鲁迅答道：'文学和学说不同，学说所以启人思，文学所以增人感。'先生听了说：这样分法虽较胜于前人，然仍有不当。郭璞的《江赋》，木华的《海赋》，何尝能动人哀乐呢。鲁迅默然不服，退而和我说：先生诠释文学，范围过于宽泛，把有句读的和无句读的悉数归入文学。其实文

---

① 本书原著这一表述有误。"伍舍"成员鲁迅、周作人、许寿裳和钱钧夫 4 人参加章太炎的讲习班，朱谋宣并未参加；参加讲习班的共 8 人，除了前述 4 人，还有朱蓬仙、龚未生、钱玄同和朱遏先。参阅许寿裳《亡友鲁迅印象记》，第 24 页、第 26 页，人民文学出版社，1977 年 12 月出版——译注。

字与文学固当有分别的，《江赋》、《海赋》之类，辞藻虽奥博，而其文学价值就很难说"。①

鲁迅后来回忆说，他崇敬章太炎"并非因为他是学者，却为了他是有学问的革命家，所以直到现在，先生的音容笑貌，还在目前，而所讲的《说文解字》，却一句也记不得了"。②

或许章太炎对《说文解字》的兴趣与他的革命目的有关，现在把这两者联系起来，未免有些牵强附会，但是这样的关联性有助于解释鲁迅当时对章太炎产生兴趣的原因。听过章太炎讲课后，鲁迅给他的弟弟周建人寄去《教育今语杂志》，杂志上有大量章太炎和陶成章的文章，这份杂志用白话语言取代文言作为书写工具，在当时除了通俗小说之外文言还是最重要的书写工具。《教育今语杂志》上的文章"说的虽是'今语'，但字的写法都是用《说文》中的字，跟《康熙字典》的不同，这可能跟种族革命的思想有关"。③

《康熙字典》是清王朝康熙皇帝统治时期的 18 世纪早期编写的字典，即使这部字典中的 45000 个字完全来源于汉人，并且早在清朝征服中原之前就被使用好几百年了，当时的革命者仍然觉得（可能这是愚昧的），使用《说文解字》中的字比使用《康熙字典》里的字要更加爱国，《康熙字典》当时被看做清政权的作品。鲁迅写信给周建人，告诉弟弟说："《说文》一定要看"，周建人就去买了一本。④ 留学日本期间，鲁迅本人写的文章也常常使用这些古奥的字词。

在当时的日本，鲁迅并非是唯一借重文学的力量促进社会革新的人。正如前面所提及的那样，梁启超在 1902 年的《新小说》杂志上已经提出了类似的观点。梁启超把小说当做一种重要的文学样式，同时强调了文学具有使人恢复青春活力的功能，这就从本质上为中国的文学理论开辟了一个崭新的起

---

① 本书原著没有直接引用，其实这段文字完全引自许寿裳的《亡友鲁迅印象记》，第 25—26 页，人民文学出版社，1977 年 12 月出版——译注。

② 本书原著没有直接引用，其实这段文字完全引自鲁迅的《关于章太炎先生二三事》，《鲁迅全集》，第 6 卷，第 566 页——译注。

③ 本书原著没有直接引用，其实这段文字引自周建人的《鲁迅故家的败落》，第 234 页，福建人民出版社，2000 年 9 月出版——译注。

④ 周建人：《鲁迅故家的败落》，第 234 页，福建人民出版社，2000 年 9 月出版——译注。

点。梁启超不是共和主义者和革命家，他感兴趣的是如何借助小说去影响民众，而不是把小说直接当做刺激民众政治行动的工具。无论如何，梁启超把小说提升到社会革新重要的位置上，这在中国仍然是一种创新。在汉语中，"小说"这一术语的意义是"琐碎的言论"，直到明朝晚期的金圣叹才开始把小说和戏曲看做是值得严肃的学者去研究的对象。

鲁迅在夏目漱石旧居也就住了大约六七个月。在1909年春天，"伍舍"5名租住者中的两人从这里迁出，许寿裳也表态说他即将离开日本去欧洲旅行。无论如何，"伍舍"的租金对于两三名贫寒的学生来说还是太昂贵了，因此鲁迅和周作人兄弟俩只好搬出这套理想的公寓，迁往更加廉价的公寓居住。

《域外小说集》

在这段时间里，鲁迅不仅与他的弟弟周作人继续一起住留学生公寓，而且他们继续合作施行他们原先的文学计划。在南京水师学堂读书时，周作人按照学堂教学大纲的规定修习英语课程，鲁迅则在南京矿路学堂修习德语课程。1908年，周氏兄弟合作翻译关于匈牙利诗人裴多菲的专著中的一章。因为这本书是用英语写的，周作人担纲口译工作，再由鲁迅转译成文言文。这篇译文《裴彖飞诗论》的上半部分刊载在1908年12月出版的《河南》杂志最后一期上，[①] 在那之后，该刊就停办了，因此，译文的第二部分就再也没有印行过。

1908年到1909年，周氏兄弟开始合作实施另外一项更加具有雄心的计划：出版他们亲自翻译的外国现代和当代作家的短篇小说集，他们选译的标准是看作品的原创性和他们的社会和政治内容。他们所翻译的大多数作家是来自包括俄国在内的东欧国家，但是他们也选译了来自世界上其他国家包括日本的作品。

---

① 本书原著这一表述有误，《裴彖飞诗论》应该是发表在1908年8月《河南》杂志的第7期上，而不是1908年12月最后一期（第9期）上——译注。

当时，林琴南翻译的外国文学作品已经风靡全中国。林译小说多达165本，它们的广泛性给鲁迅留下了深刻的印象，林译小说给中国读者第一次接触世界文学部分杰作的机会，但是鲁迅和周作人对林译小说都不怎么满意，因为这些译作包含了许多误译。林琴南并不懂得外语，他靠合作者的帮助来译书，通常合译者是通晓法语、英语和汉语的人，并且有机会与林琴南坐在一起，当场进行小说的口译，而林琴南则把口译内容转换成他的富有表现力的古汉语。这样的翻译方式难以避免地导致误译，这很大程度上跟林琴南那些合译者参差不齐的素质有关。这就是鲁迅和他的弟弟周作人开始实施他们的翻译计划的原因之一。

在林琴南翻译的作家中有大仲马和小仲马父子、笛福、狄更斯、沃特·司各特和华盛顿·欧文。林琴南依赖他的合作者为他的翻译推荐作品，这些合作者中的绝大多数人是通过在商务交往中向外国人学会外语的，虽然他们中的一些人选择了一些不错的外国作品，但是其他人倾向于把当时碰巧可以获得的书推荐给了林琴南，这些作品并非都属于文学名著。林琴南翻译得最多的作家是莱特·哈葛德，借用鲁迅的话说，哈葛德的作品表现了白人冒险家在"非洲野蛮的故事"[①]（《所罗门王的宝藏》[②]），他的作品还表现了臭名昭彰的赌徒生活（《罗德尼·斯通》[③]）。哈葛德的这些小说在当时的英国非常流行，但是它们绝对不可能达到鲁迅所认可的名著标准。

周氏兄弟的译本第一册于1909年2月在东京出版了，它被命名为《域外小说集》，鲁迅亲自设计了封面，他的朋友陈师曾写了篆体的书名。《域外小说集》在东京印刷，分别由东京的一家书店出售和上海的一家丝绸商店代售，上海的这家丝绸商店是由鲁迅留学生中的同学蒋抑卮的家庭开设，蒋抑卮为周氏兄弟提供了启动翻译计划的资金帮助。

《域外小说集》第一册的作者有俄国的安特莱夫和迦尔洵，安特莱夫的两

---

① 鲁迅：《南腔北调集·祝中俄文字之交》，《鲁迅全集》，第4卷，第473页——译注。

② 《所罗门王的宝藏》，哈葛德1885年发表的小说，由曾宗巩口述，林纾翻译成《钟乳骷髅》，于1908年在商务印书馆出版——译注。

③ 本书原著这一表述有误，Rodney Stone（《罗德尼·斯通》）是另外一位英国作家柯南·道尔创作的小说，林纾并未翻译过这部小说——译注。

篇小说《谩》与《默》收进了这册译著。第二册于 1909 年 7 月下旬出版。两册《域外小说集》包括了 16 篇译作：英国、法国和德国作品各 1 篇，4 位俄国作家的 7 篇作品，1 位波兰作家的 3 篇作品，1 位捷克作家的两篇作品，以及 1 位芬兰作家的 1 篇作品。

周氏兄弟最初的计划是，从《域外小说集》两册书定期获取的出售所得，为更多的译作集提供出版经费。虽然日本杂志《日本与日本人》刊登了一篇篇幅不短的介绍周氏兄弟和他们的翻译计划的文章，但是《域外小说集》的上下册都分别仅仅出售了 20 本。简而言之，周氏兄弟的译书计划在收支上失败了，他们的译作在当时的文学界并未产生实质性的影响，更不用说对整个知识界产生什么影响了。雪上加霜的是，几年后存放《域外小说集》大量余书的那家上海的商店失火而被烧成了废墟。

但是无论如何，《域外小说集》是第一部相当精确地把欧洲当代文学译介到中国的翻译作品集，它在历史上留下了重要的影响。1920 年，《域外小说集》最终由周作人一个人署名重新出版，在初版基础上增加了多篇译作。在这个重印版中，原版中的某些《说文解字》风格的汉字被删除了。

辛亥革命

旧秩序的崩塌

1909 年 8 月，鲁迅从日本回到中国，除了后来短暂访问过英国占领下的香港之外，他呆在中国度过了他的余生。鲁迅和许寿裳一样希望去德国留学，但是他们都没能实现自己的愿望。许寿裳在鲁迅之前回国，在杭州谋得了教师职务。应母亲的要求鲁迅回到绍兴，母亲指望他为家庭提供一些收入。尤其是周作人即将与一位日本女子结婚，他在东京租了房子，迫切需要经济上的帮助，这一事件必将增加家庭的开支，这也是鲁迅急切回国的原因之一。

自鲁迅从国内来到日本，清王朝统治下的中国越发变得没有指望。在义和团运动尤其是 1903 年之后，革命者们纷纷在中国各地发动无数的暴动，这反映了反清势力的增长，虽然他们中的任何一股势力都不能带来决定性的突破。起初，各地的革命团体领导了诸多的暴动，这些团体有：由孙中山创立而主要在广州和惠州等华南地区开展活动的兴中会，由黄兴在湖南省长沙市创立而主要在华中地区活动的华兴会，以及在杭州、绍兴等华东地区活动的光复会。

1905 年，东京举行了一次具有历史性意义的会议，在会上孙中山把上述革命团体以及其他革命团体联合起来建立了同盟会。同盟会的创立成为革命事业的重大转折点，从那以后，孙中山成为革命运动的领导者，各革命团体的革命者开始注意协调行动。《民报》成为同盟会的机关刊物。起初，同盟会的主要成员是在日本留学的中国学生，后来同盟会势力扩展到全国，它的成员在各地开展了秘密的行动。

一回到上海，鲁迅首先要做的是为自己安了一条假辫，然而他只戴了一个多月，假辫不是在他走在路上掉落，就是被人拉下来，这使他显得比不戴假辫更加难堪，无须掩饰自己无疑应该更好。鲁迅后来回忆道："但这真实的代价真也不便宜，走出去时，在路上所受的待遇完全和先前两样了。我从前是只以为访友作客，才有待遇的，这时才明白路上也一样的一路有待遇。最好的是呆看，但大抵是冷笑，恶骂。小则说是偷了人家的女人，因为那时捉住奸夫，总是首先剪去他辫子的，我至今还不明白为什么；大则指为'里通外国'，就是现在之所谓'汉奸'。"[1] 人们对于鲁迅没有辫子的种种反应，印证了他关于中国大众奴性精神的观点。

鲁迅开始执教生涯

许寿裳凭借着他担任浙江两级师范学堂教务长的职务，为鲁迅作推荐人使他获得了第一份工作。1909 年 9 月，鲁迅担任了浙江两级师范学堂初级班的化学课和优级班生理学课的教师，他同时还兼做由日本教师担任的植物学课程的翻译。浙江两级师范学堂是当时浙江省的最高学府，它的组织架构甚至建筑格局基本上都是仿照许寿裳曾经求学过的日本东京高等师范学校而建设的，它的大多数教师也是归国的日本留学生。

鲁迅非常严肃地对待他的教学工作，有时，他会应学生的要求，增加学堂教学计划中没有的内容。他给学生讲述自己当年在日本仙台医学专门学校课上解剖尸体的经历，他给学堂各专业的学生开设关于人的生殖系统的公开讲座，这样的内容在清朝末年中国的学校仍然是触犯禁忌的。鲁迅所开设讲座的油印讲义大受学生欢迎，其中的一些后来还整理成论文发表在教育杂志上。

---

① 本书原著这段表述完全按照鲁迅《病后杂谈之余》的有关回忆来写，因此翻译时引用了鲁迅的原文，见《鲁迅全集》，第 6 卷，第 194 页——译注。

1909 年 12 月，沈钧儒辞去浙江两级师范学堂监督职务，离开杭州①去新近成立的浙江省谘议局就任副议长这一更高的职务，而前一年正是他任命许寿裳为学堂教务长的。沈钧儒留下的学堂监督职位由非常保守的儒家信徒夏震武担任，此人是浙江省教育总会的会长。准备到校就任监督前夏震武宣布，今后所有的教职员工和学生必须跟随他去拜谒孔圣人，师生遇见比自己级别高的人必须行传统的礼节。夏震武到校就任监督的那天早上，他带来 16 名教育总会的人员帮助他推行自己的整顿计划。在给学生的训词中，夏震武严厉地谴责共和主义分子和维新党人，认为他们剪发和穿异样服装，将使中国人变成野蛮人。他认为这些新派人物给学堂名誉带来了巨大损害，教育总会有责任对学堂进行调查并进行整顿。鲁迅和他的同事们要求夏震武提供何人损害学堂名誉的证据，否则他们将举行罢课活动。这大大激怒了夏震武，他怒斥教员对他无礼，宣布停课半天，他自己匆匆赶往主管教育的衙门，指控教员闹事。

这场冲突继续僵持着，好几天过去了夏震武毫无改变他强硬立场的迹象，学堂师生拒绝屈服于他的无理要求。最后在 1910 年 1 月 11 日，也就是夏震武担任学堂监督 3 个星期之后，在鲁迅和同事们不断向政府当局提出他们对夏震武不当行为的指控，且把罢课真正地付诸行动，甚至一度离开学堂以示抗议之后，当局为安抚人心撤销了夏震武的学堂监督职务。在冲突期间，鲁迅给夏震武起了"木瓜"的绰号，汉语中木瓜的字义与英语中的"蠢蛋"基本相当，它暗示着夏震武既顽固又昏庸。这个绰号与发生在浙江两级师范学堂的冲突紧紧联系在了一起，后来这场冲突以"木瓜战役"而著称于世。

夏震武下台后，浙江两级师范学堂的状况并未有什么好转，因为学堂继任监督曾是一名政府官员，他具有跟夏震武一样的性格。鲁迅决定离开这个不愉快的地方，因此在夏季学期结束后他辞去了学堂的教职。

1910 年 9 月份，他应邀就任绍兴府中学堂的教务长（监学）。到那里工作前夕，一场在学生与学校监督之间展开的学潮爆发了，学校监督因为怀疑一些学生在考试中作弊，决定举行一场特殊的甄别考试。学生们认为监督此举

① 本书原著表述有误，沈钧儒就在杭州就任浙江省谘议局副议长——译注。

105

实际上是为了清除学生中屡闹学潮的活跃分子，因此他们奔赴绍兴府教育主管衙门去抗议。绍兴教育主管衙门责令学生交出领导学潮的校友会这个组织机构的印章。一如在类似学潮中的习惯，鲁迅同情学生，提醒他们不要交出校友会的印章，因为一交上印章就等于解散了校友会。这场学潮一直轰轰烈烈地持续到秋天，此时鲁迅已经开始来绍兴府中学堂工作。

到了1910年年底，绍兴府中学堂的学潮基本结束了，但是杭州和绍兴两所学校的学潮，以及绍兴的其他一些事情加在一起，成为鲁迅沉重的负担，让他在精神上感到压抑和倦怠。由于学堂离家相当远，鲁迅经常呆在学堂过夜。1911年1月（农历1910年12月），鲁迅写信告诉许寿裳说他无法预知来年做些什么。学堂新的监督是鲁迅留学日本时的同学陈子英，鲁迅觉得自己应该为老友忠于职责，不愿意因遇见诸多困难就弃老友而去。但是陈子英易怒的性格，使得人们难于和他一起共事。尽管两人之间存在着诸多分歧，陈子英还是邀请鲁迅继续担任教务长职务，并兼任博物学教师。

鲁迅在绍兴府中学堂的职位应该是安稳的，但是面对迫近的革命危险，官府变得越来越敏感。因为光复会的频繁活动，绍兴被官府特别仔细地搜查了个底朝天，当时光复会已经并入同盟会，它发起了对安徽巡抚恩铭的刺杀行动。而鲁迅在日本留学时，也曾经是光复会的成员。

关于头发的争论

幸运的是，政府当局对校园里的革命活动管得比较粗线条，他们主要关注的是学生外表方面尤其是辫子的问题。对于鲁迅而言，这不是第一次面对头上的辫子问题了。早年在日本留学时代，鲁迅就剪掉了辫子，1909年回到家乡，他是绍兴城里唯一没有辫子的人。虽然没留辫子，鲁迅归国后还是找到了两份工作，这主要是因为举荐他的人也都曾经在日本留过学。

如今，政府当局把关注点集中在学生身上。1911年2月，校方威胁说要开除那些胆敢剪掉辫子的学生。学生们自然表示了抗议，并威胁说他们要举行抗议集会。鲁迅并不支持学生的行动，他的观点是，辫子问题对于清政府来说非常重要，对于学生而言只是次要问题，因剪掉辫子而被开除是不值得的。有些学生误解了鲁迅的立场，认为他是一个言行不一致的伪君子，因为他本人早就剪掉了辫子，现在却试图阻止学生们跟随他剪去辫子。校方支持了鲁迅的行动，因此学生们的抗议辫子风潮也就停止了，但是不久之后校方还是开除了 6 名绍兴师范学堂的学生。[①] 后来，校方的立场有了改变，他们对那些剪掉辫子而愿意重新蓄发的学生不再作开除处理。再往后，校方继续改变他们的立场，那些剪掉辫子的学生如果不在校外引起纠纷，他们就不会受到处分。

除了教课和做学堂的管理工作，鲁迅有时会带领一组学生去一些具有教育意义的地方远足和参观。其中的一次活动发生在 1910 年秋季，鲁迅带领学生去南京参观工业品展出，这次展出由南洋劝业会组织，目的是促进中国民族工业的发展，以应对日益增多的外国商品的挑战。会上展出了一些外国商品，但是大多数的展品都来自中国各地，比如江西的古代和现代瓷器，广东的玻璃制品。鲁迅认为，去参观那些有助于扩大学生眼界和兴趣的地方，远比做一次平常的旅行更加有益。鲁迅还带领学生去浙江省省会杭州，参观了西湖以及杭州其他丰富的历史遗迹。

鲁迅也组织学生去绍兴附近举行远足活动。例如，在 1911 年春天鲁迅带领学生参观治水英雄大禹的陵墓，他们还参观了 4 世纪大书法家王羲之在兰亭的故居。在这样的远足活动中，鲁迅经常随身带着诸如日本式的标本箱等装备采集植物标本，他对植物学仍然葆有相当强烈的兴趣。

1911 年，鲁迅在学校的教学和管理工作并不是太繁忙，他一直与他的那些光复会友人保持着接触，那些朋友通常是在深夜来拜访他。当时，革命运动正在中国尤其是浙江迅猛发展。1911 年 4 月，一个新的名叫越社的文学社团，由一位鲁迅所在学堂的教师在绍兴发起成立，它的成员希望扩大自身的活动范围。在越社发起人宋紫佩的回忆录中，提到周豫才（鲁迅）、陈子英、范爱农和李宗裕为越社的联合发起人。[②] 虽然名义上越社是一个文学社团，但

---

① 本书原著这一表述有误，此时鲁迅任教的学校是绍兴府中学堂——译注。
② 宋紫佩：《宋紫佩自述〈二十年来之回首〉》，鲁迅研究室编《鲁迅研究资料》第 10 辑——译注。

它的宗旨是促进共和主义运动，在这一点上，越社与它的上海总社南社采取了同样的步调。

辛亥革命在绍兴

1911 年暑假，鲁迅辞掉了绍兴府中学堂的教职。鲁迅在写给好友许寿裳的信中抱怨说，他再也无法继续在这所学堂不正常的环境中工作下去了。另一方面，鲁迅需要获得收入以养活自己和母亲等家人，因此，他再次写信给许寿裳，请求好友为他寻找工作机会，且声称无论在哪里找到工作他都愿意前往。鲁迅对在自己最喜欢的翻译和出版外国文学这些领域找到工作根本不抱希望。在当时不确定的政治环境下，出版家们不愿意在出版事业上进行新的冒险。与此同时，鲁迅继续做他一直在为之努力的两项任务，收集和整理《古小说钩沉》，甄选和编辑《会稽郡故书杂集》。

1911 年 10 月的武昌起义标志着辛亥革命的爆发，标志着自 1644 年以来一直统治着中国的清王朝真正的灭亡，它也表明延续了两千多年的中国封建帝王制度的结束，虽然立宪党人曾经希望保留这种制度，但这次革命证明这种政治制度已经失效。

关于辛亥革命，鲁迅后来回忆说自己"没有做过什么工作，只是高兴得很"。[1] 这场革命对鲁迅个人第一个影响是，绍兴府中学堂的学生坚决请求他和陈子英重新回到学校担任他们原来的职务。

鲁迅就自己对辛亥革命的贡献评价过谦，这样的评价并没有在另外一些人的回忆中得到印证。据他的弟弟周建人回忆，在 11 月 5 日，革命组织越社邀请鲁迅参加了在一个佛教寺庙举行的大会，鲁迅被选为大会的主席，并且"提议了几件事情，很快都通过了。一件就是组织武装演讲队，宣传革命的意义，使大家了解"。当时绍兴各种谣言纷起，当地的百姓需要得到保护。演讲

---

① 本书原著对这一说法没有作注，这段话引自许广平的《民元前的鲁迅先生》，《许广平文集》，第 2 卷，第 446 页，江苏文艺出版社，1998 年 1 月出版——译注。

队应该武装起来以抵御那些残败的清军士兵的反攻。鲁迅亲自从绍兴府中学堂学生中组织了一支队伍，他带领他们手持平时在学校训练用的毛瑟枪上街巡行。鲁迅本人手拿一把钢刀说："遇到万一，这把刀准能砍杀几个的。"①

鲁迅在回忆性散文《范爱农》中，叙述了辛亥革命对他的影响：

到冬初，我们的景况更拮据了，然而还喝酒，讲笑话。忽然是武昌起义，接着是绍兴光复。第二天爱农就上城来，戴着农夫常用的毡帽，那笑容是从来没有见过的。

"老迅，我们今天不喝酒了。我要去看看光复的绍兴。我们同去。"

我们便到街上去走了一通，满眼是白旗。然而貌虽如此，内骨子是依旧的，因为还是几个旧乡绅所组织的军政府，什么铁路股东是行政司长，钱店掌柜是军械司长……。这军政府也到底不长久，几个少年一嚷，王金发带兵从杭州进来了，但即使不嚷或者也会来。他进来以后，也就被许多闲汉和新进的革命党所包围，大做王都督。在衙门里的人物，穿布衣来的，不上十天也大概换上皮袍子了，天气还并不冷。

我被摆在师范学校校长的饭碗旁边，王都督给了我校款二百元。

爱农做监学，还是那件布袍子，但不大喝酒了，也很少有工夫谈闲天。他办事，兼教书，实在勤快得可以。

"情形还是不行，王金发他们。"一个去年听过我的讲义的少年来访问我，慷慨地说，"我们要办一种报来监督他们。不过发起人要借用先生的名字。还有一个是子英先生，一个是德清先生。为社会，我们知道你决不推却的。"

我答应他了。两天后便看见出报的传单，发起人诚然是三个。五天后便见报，开首便骂军政府和那里面的人员；此后是骂都督，都督的亲戚，同乡，姨太太……。

这样地骂了十多天，就有一种消息传到我的家里来，说都督因为你们诈取了他的钱，还骂他，要派人用手枪来打死你们了。

---

① 周建人：《绍兴光复前鲁迅的一小段事情》，《人民文学》1961年第7、8月合刊。

别人倒还不打紧，第一个着急的是我的母亲，叮嘱我不要再出去。但我还是照常走，并且说明，王金发是不来打死我们的，他虽然绿林大学出身，而杀人却不很轻易。况且我拿的是校款，这一点他还能明白的，不过说说罢了。

果然没有来杀。写信去要经费，又取了二百元。但仿佛有些怒意，同时传令道：再来要，没有了！

不过爱农得到了一种新消息，却使我很为难。原来所谓"诈取"者，并非指学校经费而言，是指另有送给报馆的一笔款。报纸上骂了几天之后，王金发便叫人送去了五百元。于是乎我们的少年们便开起会议来，第一个问题是：收不收？决议曰：收。第二个问题是：收了之后骂不骂？决议曰：骂。理由是：收钱之后，他是股东；股东不好，自然要骂。

我即刻到报馆去问这事的真假。都是真的。略说了几句不该收他钱的话，一个名为会计的便不高兴了，质问我道：

"报馆为什么不收股本？"

"这不是股本……。"

"不是股本是什么？"

我就不再说下去了，这一点世故是早已知道的，倘我再说出连累我们的话来，他就会面斥我太爱惜不值钱的生命，不肯为社会牺牲，或者明天在报上就可以看见我怎样怕死发抖的记载。

然而事情很凑巧，季茀写信来催我往南京了。爱农也很赞成，但颇凄凉，说：

"这里又是那样，住不得。你快去罢……。"[1]

上文提到的报纸就是《越铎日报》，在创刊号上鲁迅为它题写了发刊词《〈越铎〉出世辞》。鲁迅与报社成员因 500 元大洋而发生的争论，发生在 1912 年 2 月初。

起初，鲁迅希望王金发"革命"队伍的到来能够带来旧秩序的垮台，并

---

[1]　鲁迅：《朝花夕拾·范爱农》，《鲁迅全集》，第 2 卷，第 324—326 页。

迎来浙江尤其是绍兴的一个新时代。王金发是光复会的成员，曾经在日本学习体育专业，1907 年他成为秋瑾主持的绍兴大通学堂的体育教员。在秋瑾被清政府拘捕后，王金发逃到了上海。武昌起义爆发后，王金发带来一支革命军队开进浙江省并占领了省会杭州，接着又向绍兴进军。当 1911 年 11 月 9 日王金发进入绍兴时，欢迎他的群众喊出了"革命胜利万岁"和"中国万岁"的口号，而与此同时旧制度的拥护者们迅速剪掉辫子以示拥护革命。支持革命的社会力量还是比较匮乏，因此难以预先制订出全面进行政治和经济改革的计划，许多人仅仅把革命政权看做是对那个可恶清政权的取代。

1911 年 11 月末或 12 月初，鲁迅接受王金发的委任，成为山会初级师范学堂监督（校长），与此同时他邀请范爱农担任学堂的学监（教务长）一职。孙伏园当时是山会师范初级学堂的学生，后来是鲁迅文学事业的合作者，他回忆了自己初次见到学堂新监督的场面："鲁迅先生到校和全校学生相见的那一天，穿一件灰色棉袍，头上却戴一顶陆军帽。这陆军帽的来历，以后我一直也没有机会问鲁迅先生，现在推想起来，大概是仙台医学专门学校的制服罢。鲁迅先生的谈话简明有力，内容现在自然记不得了，但那时学生欢迎新校长的态度，完全和欢迎新国家的态度一样。"①

王金发希望鲁迅去调查山会初级师范学堂前任监督杜海生，找出他前几年不从刽子手的斧头下救出秋瑾的过错。王金发认为杜海生当时可以营救秋瑾却未去营救，但是鲁迅认为杜海生未必有营救秋瑾的能力，这样他就没去开展对杜海生的调查行动。因此王金发认为鲁迅在这件事上是失职的，这应该是王金发对鲁迅产生不满的另外一个因素。

鲁迅分析了王金发从一个革命者退化成地方军阀的原因：

> 可是自绅士以至于庶民，又用了祖传的捧法群起而捧之了。这个拜会，那个恭维，今天送衣料，明天送翅席，捧得他连自己也忘其所以，结果是渐渐变成老官僚一样，动手刮地皮。②

---

① 孙伏园：《鲁迅先生二三事·哭鲁迅先生》，鲁迅博物馆编《鲁迅回忆录》（专著上），第 70 页，北京出版社，1999 年 1 月出版——译注。

② 鲁迅：《这个与那个》，《鲁迅全集》，第 3 卷，第 151 页。

《越铎日报》事件以它的办公室遭到王金发士兵的打砸作结，没有人在这场冲突中被杀，但是报社一位工作人员的腿上被扎了一刺刀而受了伤。

在鲁迅辞去山会初级师范学堂监督后，绍兴孔教会会长接替了这一职务，范爱农被解除了学堂学监的职务，他到处不受欢迎，难以找到任何工作，只能在别人款待他时才喝得上酒。范爱农曾经对熟人说："也许明天就收到一个电报，拆开来一看，是鲁迅来叫我的。"[1] 鲁迅描述了范爱农的死亡：

> 一天，几个新的朋友约他坐船去看戏，回来已过夜半，又是大风雨，他醉着，却偏要到船舷上去小解。大家劝阻他，也不听，自己说是不会掉下去的。但他掉下去了，虽然能浮水，却从此不起来。[2]

鲁迅的第一篇小说《怀旧》

在 1911 年辛亥革命的前夜，鲁迅创作了他的第一篇小说，[3] 这也是他唯一一篇用文言文写的小说。这篇题为《怀旧》的作品叙述了一个小城中形形色色的居民对于即将到来的革命风潮的心理反应，这一切都是透过一位私塾学童的眼睛而得以展示的。小说中的主人公是在私塾教书的秃先生，他反对和畏惧革命，对于如何应对革命的到来他显得相当茫然无措。末了，他认为最好的应对方案是假装顺从革命，他奉劝一位富裕的朋友也应该以这样的态度来面对革命。

《怀旧》所写的正是王金发进入绍兴城后人们面对革命的各种反应。在当

---

① 鲁迅：《朝花夕拾·范爱农》，《鲁迅全集》，第 2 卷，第 328 页。

② 本书原著这段文字没有直接引用鲁迅原文，但是完全引自鲁迅的《范爱农》，见《鲁迅全集》，第 2 卷，第 328 页——译注。

③ 本书原著这一表述有误，它认为《怀旧》写在辛亥革命前夜，那就是 1911 年的秋天，不符合事实。鲁迅的文言小说《怀旧》表现的是辛亥革命风潮给小城居民心理上带来的恐慌，它创作于辛亥革命爆发之后的冬天。周作人说《怀旧》是鲁迅写于"辛亥（一九一一）年冬天在家里的时候"（引自周作人自编文集《鲁迅的青年时代》，第 121 页，河北人民出版社，2002 年 1 月出版）——译注。

时的绍兴，大量没受过教育的民众不理解革命意味着什么，而一小部分受够了专制旧制度压迫的年轻人则是迫不及待地希望革命早日爆发。《怀旧》包含了作者本人一定的自传因素，例如，私塾教师秃先生就是以鲁迅本人在三味书屋念书时的老师为基础而塑造的，但是，他不具备寿镜吾先生令人佩服的性格特征。

用文言文书写的《怀旧》发表在 1912 年 4 月份的《小说月报》上。① 鲁迅本人并不怎么重视它，是周作人留下了这篇稿子并把它寄给了《小说月报》。鲁迅并没有把《怀旧》收入他随后的小说集里，很多年后这篇小说才被收进了鲁迅的《集外集拾遗》里。原因可能在于，到那时鲁迅已经成为白话文学运动的翘楚，他反对用文言文创作文学尤其是小说。

鲁迅的第一篇小说《怀旧》虽然还用文言文写作，但是它已经与中国传统的小说相区别，而与他所喜欢的果戈理、显克微支等外国短篇小说作家的作品有着更多的相似性。中国传统小说重视的是故事的叙述，它们用一系列奇异而有趣的事件来娱乐读者；而现代欧洲小说家则把创作的重心放在对事件的解释上，虽然这种事件叙述中的解释有时是公开的，有时是隐含的。事实是，鲁迅这篇文言小说与他 1920 年代创作的那些小说并没有什么区别，鲁迅后来创作的那些小说和杂文中所表达的对中国社会的看法在《怀旧》中已经可以辨识出来。正如威廉姆 J·莱尔在他的鲁迅研究专著中所言：

> 当然，在《怀旧》中我们找到鲁迅思想的核心：中国的病态体现在它的死气沉沉、虚伪矫饰和机会主义的社会体制传统上，这些传统几百年来一直被秃先生似的知识官员精心地维护着。显然，秃先生和他的朋友耀宗都属于压迫者阵营，后者是权力的拥有者，前者则为权力提供意识形态的支持。②

《怀旧》表现的是辛亥革命前后的生活，它叙述了小说主要人物对传言中

---

① 本书原著这一表述有误，《怀旧》是发表在 1913 年 4 月《小说月报》第 4 卷第 1 号上——译注。

② 威廉姆 J·莱尔：《鲁迅的现实观》，第 155 页，伯克利、洛杉矶：加利福尼亚大学出版社，1976 年出版——译注。

就要到来的"叛军"的各种反应。小说塑造了秃先生这样一个学究的形象，他是一个完全生活在儒家典籍世界里的人。小说的叙述者以鲁迅本人的经验为基础，这是一个9岁的男孩，他生活在一个非常真实的世界里，但他也要努力满足他的私塾老师的各种要求，秃先生一直输灌给男孩古典诗歌做对子的基本规则。秃先生被认为是全城最有学问的人，但是在面对现实问题时他显得相当地愚蠢，这点与活泼的看门人王翁形成了对比，而且荒唐的是，秃先生对另外一个更加愚蠢的人物金耀宗十分地恭敬，金耀宗是富家子弟，算得上是一个真正智力迟钝的废物。

谣言传遍了全城，说是一支800人的叛军正在向居民所在的芜市开来。秃先生与金耀宗一起商量对策，他们认为应该摆宴席去犒劳叛军。秃先生躲过了诸多的灾难却毫发未损，他修炼成了一名特别善于自我保护的行家里手。秃先生和金耀宗决定，不张贴表示自己愿意效忠于新主人（叛军）的告示，因为他们从以往的经历中得知，叛军很少能够维持长久的强盛，如果官军打回来了看到他们张贴的归顺叛军的告示，那就会非常震怒的。

关于叛军的谣言逐渐被曲解成19世纪60年代太平天国军队占领芜城的往事，那时太平军被称作"长毛"。因此，当"长毛且至矣"的惊叫大作时，看门人王翁和保姆李媪给众人讲述了40多年前他们经历的"长毛"作乱的恐怖往事。虽然王翁和李媪这对底层百姓与秃先生、金耀宗这些"高明的人"一样无知，但是他们至少显示了那些"高明的人"所匮乏的某些人的基本素质。在小说的后部，新的消息传来说那些"叛军"实际上仅仅是一群路过的极端贫穷的难民。

直到1918年，鲁迅一直都没有动手创作其他小说。在这中间的几年里，鲁迅一直供职于新生的"中华民国"政府的教育部，他在历史探索和学术研究中消磨着自己的业余时光。鲁迅为何要在政府部门供职？挣钱至少是其中的一个原因，他毕竟是一家之主，在一定程度上他的母亲和弟弟们都有赖于他而生存。同时，鲁迅也需要找到逃离绍兴以摆脱不幸婚姻的机会。此外，鲁迅在求职方面经历了太多的挫败，因此他难以拒绝好友许寿裳为他在教育部谋得的职位。

在教育部任职

鲁迅成为政府公务员

1912 年 2 月 13 日，鲁迅辞去山会初级师范学堂监督职务，几天后他前往南京，在新成立不久的中华民国临时政府教育部担任部员。许寿裳已经在教育部工作了一些时日，他们一度白天同在一张桌子上办公，晚上则在同一屋檐下连床共话。在南京工作的短暂日子里，鲁迅与以前的同学和同事一道去南京城外寻找旧的"鞑靼营"，这里曾经是清朝旗人军队和他们的家属安家的地方。在清王朝统治时期，这样的"鞑靼营"在中国主要的城市外围随处可见。清王朝建立这些营地的目的有两个：首先是强化对全中国的控制；其次是防止满族完全被人数众多的汉族所同化。1911 年秋季清王朝覆灭后，这些"鞑靼营"迅速被丢弃和洗劫。鲁迅他们寻访的这个营地也已经被毁得瓦砾遍地，只留下了一些零零落落的残垣断壁。鲁迅记得当年他在南京矿路学堂读书时，有一次曾经骑马经过这个营地，当时它仍然属于满族旗人的领地，他为了避开满族人的辱骂，因飞奔速度太快而从马上跌落。

鲁迅在南京的工作时间还不到一个月，这是因当时中国政治局面的迅速变化造成的后果。1912 年 1 月初成立的中华民国临时政府选举孙中山为临时大总统，新成立的临时参议院开始履行制定新法律的使命，一支军队正向北方开进以扩大新兴共和国的疆域。与此同时，北京的满清贵族停止了对抗，1912 年 2 月 12 日小皇帝溥仪被迫退位。当时北京和中国北方地区的控制权落到了军阀政客袁世凯手中，由于袁世凯控制着中国军队的主要兵力，他的军队在华中地区打得虚弱的"中华民国"军队节节败退。孙中山为了避免中国陷入内战的大灾难就不能继续与袁世凯抵抗，于是只好辞去临时大总统职务。2月15日，南京临时参议院选举袁世凯在北京担任中华民国临时政府大总统。

虽然几乎没有人能够预见未来局势的发展，但袁世凯担任临时大总统等事件的确引发了此后十多年中国社会的混乱，当中国政府在北京维持着脆弱的存在时，真正的权力落在各地都督手中，他们成为事实上的军阀。各地军阀彼此建立短暂的同盟关系，受到西方列强和日本的支持，而这些外国势力则从它们的中国代理人那里获得各种经济上的特殊权利。起初，大多数外国列强都看好袁世凯，因为他看上去挺强大的。但是在袁世凯称帝的努力失败并于1916年死去后，其他军阀纷起，企图建立自己的盟主地位，他们都得到了某一列强或者权力集团的支持。各地军阀彼此之间的竞争引发了各种冲突，这是检测他们野心的唯一场合，直到20世纪20年代早期国民革命运动的兴起和中国两个主要政党的出现。即使在这之后的二十多年里，军阀仍然继续在中国政坛扮演着重要的角色。

一篇由西方人士撰写，发表在1913年4月12日英国《新政治家》第1期上未署名的文章，对"中华民国"成立之后第二年的中国政局进行了富于启发性的叙述：

近期中国最重要的新闻可能并不是新近成立的参议院在事实上已经达成一致意见，即它那些派系纷乱的议员们选举袁世凯为中华民国的大总统，而是袁世凯在获得参议院议员们的许可之前把紫禁城原摄政王的宫殿当作自己的住地。不管国民党——这个纸面上的多数党作出什么决定，或者不管持不同政见者怎样精心策划，要把袁世凯从他已经占据的权位上赶下台，这绝不是一件轻易能够实现的事情。参议院300位涣散的议员有着一位已经在上海被谋杀的领袖（议长），还有一位不敢轻易离开天津英国人保护区的总理，他们即将召开令人惴惴不安的会议。在刚修建不久的似洞穴般幽暗的议会会议厅里，这些身穿黑色外套的参议员会坐在一张小桌子前，他们就像参加一场伦敦大学的考试那样探索着整个世界，而袁世凯则作为严厉的主考官操纵着这场考试。这些最近当选为参议员的人能够逃脱断头台的惩罚么？

与此同时，人们不禁要问，中国发生了什么真正的变化？即使是那些不断出没于参议院议员住所的无所不知的新闻记者，也不知道该怎么回答这一问题。无论如何，除了人们剪掉了头上的那条猪尾巴（辫子），中国的现实生活根本没有什么改变。在北京，那些环绕着永远如画般美丽的黄色屋顶的树木再次失去了它们的绿叶，黄包车夫们正在街上大汗淋漓地来回奔跑着；在上海和天津，那些狡诈的中国买办们为了他们欧洲雇主的利润，我们有理由怀疑他们同样也为了自己的利润而做着令人觉得"不可思议"的进口生意；在广东，成千上万的工匠正在一排排没有尽头的、如同蚁群般密集的小房里捶打、编织和雕刻着各种产品，同时，人们正在最脏乱的寺庙那些令人惊惧的神像前点燃起了祈祷的香火。从中国的这端到那端，五、六千万个中国家庭的成员正不知疲倦地劳作在他们的稻田里。

据说中国的对外贸易正日益繁荣。地主、借债人和贸易商人一如既往地在中国的每一个地方搜刮着钱财。在每一个城市和乡村，督军和文官们延续着他们在满清王朝统治下榨取钱财的花样，只是榨取来的钱财不用再上交到北京，而是投入到每个省的各个领域中去，有时用在安抚正好驻扎在当地的军队身上，有时用在一些不能解释清楚的领域。法律、宗教、道德和经济关系，以及所有古老的习惯都没有什么改变。革命在什么地方发生了？

中国的政治形势陷进了僵局里。就目前来说，中国是在完全没有中央政府的状态下运行着。如果中国能够免于外国列强的侵略，就算是缺乏一个比现有的政府更好的政府，人们也没有理由怀疑这3亿名中国的稻米种植者和小商人能够无限地取得进步。暗杀和抢劫，官府的掠夺和压迫，城市的骚乱和乡村的起义，这些灾难不时地降临中国，只在茫茫人海中激起一阵短暂的沦漪……

不幸的是，中国未能获得独立生存的好运。欧洲和美国的货物、钱币和贸易滚滚而来，中国正处在危机之中。除非袁世凯和他的继任者建立一个足够强大的中央政府，中国将难以避免地遭受外国列强的控制，谁也无法预测中国的前程。真正的"黄祸"不是中国变得强大，而是她变得更加虚弱，虚弱的中国诱使外国资本家来这里进行毫无约束的开发和掠夺。如果西方列强能够让中国人独自处理自己的事务，那该多好！

上文提到的那位被谋杀的领袖就是宋教仁，这位孙中山的得力助手一直在倡导建立政党政府和强大的国会，认为有了它们就可以约束总统的权力。宋教仁正负责把同盟会和另外一些小政党联合起来组成国民党。在1913年3月20日，他被谋杀于上海火车站，当时他正准备去北京参加参议院的会议。人们普遍认为，袁世凯就是谋杀宋教仁的主谋。

虽然参议员无法限制总统的权力，处于焦虑下的袁世凯还是暗中不断地破坏着国民党的政治地位。最后，袁世凯背着参议院向一个外国银行联合财团贷款2500万英镑。按照法律，这样的事务应该获得参议院的批准才可以进行；由于袁世凯未获得许可，参议院以贷款不合法为理由提出了抗议。当时的政府总理、军阀段祺瑞派遣军队包围了参议院大楼，国民党多数派议员正在里面召开控告袁世凯的大会。袁世凯还通过罢免几个省的都督来实施他的报复。这一切引发了1913年所谓的"二次革命"运动。多个省份的都督宣告独立，他们的军队虽然对袁世凯的军队进行了抵抗，但是他们很快就在几个星期内被强大的袁军击垮，1913年的"二次革命"就这样失败了。

与此同时，鲁迅于1912年2月来到南京。不久，担任"中华民国"临时政府教育部总长的共和派著名政治家和学者蔡元培，被孙中山派往北京担任六人使节中的一员，迎接袁世凯到南京就任总统职务。但是正如上述引文所描述的那样，袁世凯绝无前往南京任职的打算，而是要把北京当做"中华民国"的首都。鲁迅到达南京后，当时蔡元培身在北京，代理部务的那位教育部副总长急于扩充自己的势力，他利用自己的职权罢免了鲁迅和其他一批他不喜欢的官员的职务。幸好蔡元培在结束了北京失败的使命之后及时赶回南京，制止了那位副总长的任免行动。

从南京前往北京

1912 年 3 月，鲁迅正式被确定从南京调往北京，去新成立的"中华民国"政府教育部任职。他和许寿裳一道先回到绍兴，为迁往北京任职作准备，5 月初，他们乘船一道北上来到天津。从那以后到 1926 年，鲁迅一直都在教育部供职。

许寿裳的回忆文章描述了他们北上旅途中的情形，对鲁迅性格中轻快活泼的一面作了深入的透视：

> 四月中，我和鲁迅同返绍兴，五月初，同由绍兴启程北上，还有蔡谷清和舍侄世璿同行。记得在上海登轮之前，鲁迅买了一部有正书局的《红楼梦》，以备船中翻阅。在分配舱位时，鲁迅忽发妙语说："我睡上铺，谷清是被乌龟背过的，我不愿意和他同房。"于是他和舍侄住一间。我和谷清住一间。至于"乌龟背过"，乃系引用谷清的自述，说从前在北京时，曾到八大胡同妓院吃花酒，打茶围，忽遇骤雨，院中积水，无法出门了，由妓院男子背负涉水而出。[①]

汉语中乌龟又称做王八，意思是妻子有外遇的人，或者指那些在某些方面不受人尊敬的男人。

在天津登岸后，鲁迅和许寿裳乘火车前往北京。这是鲁迅首次看到中国北方的平原，透过从天津开往北京列车的车窗，华北平原的景致给他留下了深刻的印象："弥望黄土，间有草木，无可观览。"[②]

到达北京后的第一夜，鲁迅与许寿裳投宿于一家小旅馆，从那里出发他们去拜访了住在绍兴会馆的许寿裳的长兄许铭伯。几百年来，北京的绍兴会

---

① 许寿裳：《许寿裳文集》，上卷，第 105 页，百家出版社，2003 年 5 月出版。

② 本书原著未注引文出处，这段文字引自鲁迅 1912 年 5 月 5 日的日记，见《鲁迅全集》，第 15 卷，第 1 页——译注。

馆为从绍兴来首都居住和访问的人们提供食宿服务。次日早晨，鲁迅和许寿裳也搬进了绍兴会馆。下午，鲁迅雇了一辆驴车去教育部报到。教育部位于北京中心城区西南角的宣武门的正北，而绍兴会馆则位于宣武门的南边。这两个地方都离琉璃厂街不远，琉璃厂是北京的艺术品和图书交易中心，那里变成了鲁迅最喜欢光顾的地方之一。

鲁迅被任命为教育部社会教育司第二科的科长。他的第一项公务是与他的同事一道去天津考察具有试验性质的西式话剧的演出情况，他们所观摩的剧名叫《江北水灾记》，[①] 表现的是当时正在中国南方和北方大地上肆虐的水灾给人们带来巨大危害的悲剧。次日晚上，他们去观摩了传统京剧的演出情况。

回到北京后，鲁迅参与了关于天坛和先农坛是否适合改建为公园的考察活动。当时，几个政府机构就这两处曾经是专门用来举办皇家庆典的祭坛如何使用问题展开了争论。农林部希望把天坛改建成林艺试验场，把先农坛改建为畜牧试验场；北京拱卫军（卫戍部队）主张在先农坛设立军械库；而京师议事会则想把这两个地方置于自己的掌控之下，进而把它们辟为公园。教育部支持把这两个地方改建为公园的计划。1915 年 6 月，争论终于有了结果，先农坛被改建成了公园，并于 6 月 17 日向公众开放。[②]

对鲁迅而言，这样的外出参观机会是相当稀少的。教育部的运行与清王朝时候的衙门非常相近，也就是说，它的工作人员的才能是不可能得到充分利用的。因此鲁迅把大量的时间用于阅读书籍和做学术调查上，这就是他未来五六年里沉迷的领域。

多种学术兴趣

作为小说家和杂文家的鲁迅最为著名，但其实他在中国传统学术研究领

---

① 本书原著译名 The Floods of North Jiangsu，意思是《江苏北部水灾记》，不准确。此剧剧名中的"江北"，应该是指整个长江以北的中国北方地区——译注。

② 关于改建两个祭坛的争论，可以参阅 1912 年 6 月 22 日《大自由报》所载的《两坛改建之被驳》一文——译注。

域所取得的成就同样给人留下深刻的印象。在鲁迅 1918 年卷入新文化运动之前的这些日子里，研究学术占据了他的大量时光。自鲁迅从日本回到中国后，他忙于抄录历史、哲学、自然史和小说等领域的古书。此时，他继续着他的抄录古书工作，并且开始编纂一些长期被忽视的著作文集，包括唐代之前的绍兴公告和历史著作，也包括绍兴古代那些著名先贤的传记。鲁迅编纂了 3 世纪诗人和散文家嵇康的文集，嵇康的祖上来自绍兴（上虞），他是"竹林七贤"中的一员。自鲁迅求学时代开始，嵇康反抗礼俗的生活方式和勇敢无畏的思想就一直吸引着他。

嵇康（224—263）生活在三国后期的魏国，当时，司马氏家族试图篡夺魏国的王位，他们大力倡导和推广儒家的正统思想。嵇康最终被司马氏家族投入监狱，并因反对儒教的罪名而被他们处以死刑。鲁迅非常赞赏嵇康的反孔精神，他认为对于那些在 20 世纪第二个十年还试图把儒教恢复成为国家意识形态的君主立宪主义者，嵇康的思想和作品无异于是一服极好的解毒剂。鲁迅辑校《嵇康集》时，乃是以明代的一个刻本作为基础的，这个刻本有好几处已经腐烂，且遗失了好几页，因此要想补齐嵇康的全部作品，需要非常突出的学术功力和技能。

鲁迅还重新整理了绍兴古代学者写的关于东汉（25—221）[①] 的史书《谢承后汉书》，出版了一部他发现和重新发掘出来的唐代之前的短篇小说集《古小说钩沉》。他这阶段大部分学术研究工作都是与仍然留在绍兴的弟弟周作人进行合作的。鲁迅对艺术贯彻终生的兴趣推动他去研究中国古代铜器上的碑文和石头上的雕刻，那些不仅刻写着汉字而且还有画像和图案的石刻尤其使他着迷。在独居绍兴会馆的那几年里，鲁迅收集了大量从青铜和石刻上复制的拓片，这些青铜和石刻大部分都是汉、魏、晋和六朝（前 200—600）[②] 的文物。鲁迅收藏的大部分拓片都是从北京琉璃厂那些艺术品商店购买的，还有一部分则是那些知道他有这方面兴趣的朋友帮忙购买和寄来的。鲁迅设法买到了一大包印自铜器和石碑的拓片，它们原本属于一位名叫端方

---

① 本书原著这一表述有误，东汉的起讫年代应该是公元 25 年到公元 220 年——译注。

② 本书原著这一表述有误，西汉开始于公元前 202 年，六朝终结于公元 589 年——译注。

（1861—1911）的清朝高官，这位富裕的高官曾经在南京收藏了大批珍贵的古代文物。此外，鲁迅也收藏了大量的铜器和石碑的实物样本。

鲁迅认为，拓片上的图案设计和石刻上的碑文是中国美术遗产的重要组成部分。在生命历程的后期，鲁迅曾经在中国大力倡导新兴木刻画运动。在生命晚期的 1935 年，鲁迅写信给一位朋友阐述了他的观点："所以我的意思，是以为倘参酌汉代的石刻画像，明清的书籍插画，并且留心民间所赏玩的所谓'年画'，和欧洲的新法融合起来，许能够创出一种更好的版画。"[①] 遗憾的是，在当时要想把鲁迅收藏的文物和金石拓片重新制作出版，所需的费用会非常地巨大，这不是他能够支付得起的，但是鲁迅为六朝（420—591）[②] 的石刻画像编纂的《六朝造像目录》保存下来了。鲁迅还借助这些汉魏六朝画像为他本人的作品集设计封面。

鲁迅也是《中国小说史略》的作者，这是他终生以小说研究为兴趣的成果。鲁迅阅读了大量的古代小说，这要部分归功于他母亲对于小说的酷爱，许多小说作品都是鲁迅作为孝敬母亲的礼物而购买的。在给母亲看这些小说前，鲁迅会亲自翻阅每本作品，以确定它是否值得母亲去阅读。这一切使得鲁迅在中国古代小说方面获得了他人难以企及的丰富知识，到 20 世纪 20 年代早期，他在北京大学开设了这方面的课程。在当时，鲁迅就已经被广泛地认为是中国小说历史研究领域最卓越的专家。

忍受孤独的折磨

鲁迅曾经怀有从革命中孕育一个进步、新兴共和国的愿景，如今这一希望完全破灭了，当时的政局表明，人们实现的充其量只能算是共和运动最低的目标：废除君主专制统治，由汉族统治者取代满族人的权力。这样，中国

---

① 本书原著没有直接引用鲁迅的信件，从它的内容看，这封信就是 1935 年 2 月 4 日鲁迅写给木刻画家李桦的信件，见《鲁迅全集》，第 13 卷，第 373 页——译注。

② 本书原著这一表述有误，六朝是指三国时期开始至隋统一全国为止的，以南京为首都的东吴、东晋、宋、齐、梁、陈 6 个王朝，因此六朝的起讫时间应该是公元 229 年至公元 589 年——译注。

社会几乎没有什么更多的改变。

　　鲁迅在日本留学时期对共和革命曾经拥有的激动和信仰，如今都消失得无影无踪了。在王金发带着他的革命军队开进绍兴时，鲁迅对共和革命的希望达到了顶点，这一切留给现在的他的是幻灭。对共和革命的失望，与6年前他在日本创办《新生》文学杂志计划流产带给他的挫败感混合在一起了。鲁迅后来书写了这些失望带给他精神上深深的影响：

　　　　后来想，凡有一人的主张，得了赞和，是促其前进的，得了反对，是促其奋斗的，独有叫喊于生人中，而生人并无反应，既非赞同，也无反对，如置身毫无边际的荒原，无可措手的了，这是怎样的悲哀呵，我于是以我所感到者为寂寞。

　　　　这寂寞又一天一天的长大起来，如大毒蛇，缠住了我的灵魂了。

　　　　然而我虽然自有无端的悲哀，却也并不愤懑，因为这经验使我反省，看见自己了：就是我决不是一个振臂一呼应者云集的英雄。

　　　　只是我自己的寂寞是不可不驱除的，因为这于我太痛苦。我于是用了种种法，来麻醉自己的灵魂，使我沉入于国民中，使我回到古代去，后来也亲历或旁观过几样更寂寞更悲哀的事，都为我所不愿追怀，甘心使他们和我的脑一同消灭在泥土里的，但我的麻醉法却也似乎已经奏了功，再没有青年时候的慷慨激昂的意思了。

　　　　S会馆里有三间屋，相传是往昔曾在院子里的槐树上缢死过一个女人的，现在槐树已经高不可攀了，而这屋还没有人住；许多年，我便寓在这屋里钞古碑。客中少有人来，古碑中也遇不到什么问题和主义，而我的生命却居然暗暗的消去了，这也就是我惟一的愿望。夏夜，蚊子多了，便摇着蒲扇坐在槐树下，从密叶缝里看那一点一点的青天，晚出的槐蚕又每每冰冷的落在头颈上。①

　　另外还有一个因素也加重了鲁迅的沮丧情绪，这就是他的朋友范爱农的

---

① 鲁迅：《呐喊·自序》，《鲁迅全集》，第1卷，第439—440页。

悲惨命运。1912年5月，范爱农给鲁迅写了好几封信，告知老朋友自己被山会初级师范学堂解雇的事情，以及他到处求职而碰壁的困境。范爱农一度寄居在友人家里，但是这一安排未能维持长久，最后他被迫成了一名流浪汉。范爱农多次给鲁迅写信，请求他为自己在北京谋一个职位，但是鲁迅并没有能够帮上老朋友，为此，他对自己的无能颇有自责。

1912年7月10日，范爱农应邀参加了一个朋友的聚会，他们乘船去看戏。范爱农喝酒喝得多了一些，在归途中风雨大作，他坚持要走到船边小解。接着，他从船上跳进或者掉进了水里。他是一个游水好手，但他的尸体却再也没浮起来。鲁迅了解范爱农当时的精神状态，认为他是主动跳进了水中的。

鲁迅把范爱农视作真正的朋友，正是他帮助鲁迅去注意自身的缺点：任由自己受偏见的摆布，总是从最坏处去看待别人。鲁迅与范爱农能够产生情感的共鸣，他们两人对辛亥革命都深深地感到了失望，因为这场革命未能给他们的生活和其他普通人的生活带来什么改观。在那场假想的光荣革命之后，接二连三的失败构成了范爱农生活的内容，而鲁迅却对此无能为力。听说范爱农去世的消息后，鲁迅写了3首悼念他的诗歌，其中的第三首写道：

> 把酒论天下，
> 先生小酒人。
> 大圜犹酩酊，
> 微醉合沉沦。
> 幽谷无穷夜，
> 新宫自在春。
> 旧朋云散尽，
> 余亦等轻尘。[1]

---

① 鲁迅：《哭范爱农》，《鲁迅全集》，第7卷，第145页。

在教育部的工作情况

1912 年 7 月 10 日，由教育部组织的首届教育会议在北京召开，蔡元培担任了会议的主席，这次会议打算为"中华民国"的中小学、大学和其他教育机构制订政策纲要。这份教育纲要的主体部分乃是参照日本的教育实践而设计，而日本的教育则是遵循着德国模式。这份教育纲要包括了学年规则，还规定了各阶段教育的年限：小学 6 年，初中 4 年，高中 3 年，大学预科 3 年，专科学院和大学 3—4 年。[①] 这一学制从 1912 年 9 月开始实施。

这次教育会议还讨论了社会教育等其他教育问题，还开辟了分会场，就专科学院和本科教育进行了进一步的讨论。但是就在这次教育会议开幕后不久，蔡元培就辞去了他的总长职务，因此许多议题根本没有足够的时间去讨论，尤其是在全国各地来参加会议的 50 多位代表中，人们有太多的不同观点了，因此不可能轻易达成共识。令鲁迅特别烦恼的是，听说教育会议已经赞成把艺术教育（美育）从议事日程中取消，而这恰恰是他最热心倡导的一个话题（此时他刚刚完成了高更的《诺阿·诺阿》一书的翻译[②]）。

1912 年 8 月初，鲁迅加入了新近成立的中国通俗教育研究会。他虽然勉强答应加入这个研究会，但是在 7 月 30 日的日记里写道："虽称中国，实乃吴人所为，那有好事！"[③] 鲁迅一般更喜欢自己的浙江同乡，他认为来自江苏的知识分子更具有向中国统治者和西方列强屈服的倾向。在 20 年代与诸如胡适（他来自安徽省）和陈源这些对手的论争中，鲁迅的这种心理倾向得到更

---

① 本书原著这一表述有误，据 1912 年 8 月 11 日《亚细亚日报》上发表的《临时教育会议闭会纪事》载：会议规定小学 4 年，高小 3 年，中学 4 年，大学预科 3 年，本科 3 年或 4 年——译注。

② 本书原著这一表述有误，鲁迅其实只有翻译此书的计划，而从没能够实现译书的愿望。查鲁迅 1912 年 7 月 11 日日记，他收到了所购买的高更的《诺阿·诺阿》一书，说自己"夜读皋庚所著书，以为甚美"（《鲁迅全集》第 15 卷，第 10 页）。1932 年鲁迅有从日本版译成中文《诺阿·诺阿》的想法，并在同年 5 月《文艺连丛》广告上预告将以"罗怃"的笔名翻译此书，但是后来没有译出——译注。

③ 本书原著未加注释，这段日记见《鲁迅全集》，第 15 卷，第 13 页——译注。

鲜明的展示。

1912 年 8 月 26 日，鲁迅被任命为教育部社会教育司第一科科长。鲁迅的工作实际上没有改变，因为教育部把原先主管宗教、礼俗的社会教育司第一科移交给了"中华民国"政府的内务部，这样，鲁迅所在的主管博物馆和图书馆的第二科就变成了第一科。

政治压力使得蔡元培难以实施他所热衷的教育改革，因此他在担任教育总长之后不久就离开了这一岗位。蔡元培与孙中山有着密切的关系，这使得他参加了由新近成立的国民党领导的如火如荼的反对袁世凯运动。在蔡元培离任之后，没有哪位教育总长能够在任上呆得长久的。从 1912 年到 1926 年，教育部至少有过 34 位总长，总长的职位变换了 42 次（某些总长多次担任同一职务）。蔡元培之后的教育总长全都忘记了一个事实，即他们首要的工作是为中国的教育服务；他们仅仅是为了追逐政府总长的显赫声名而担任这一职务的。

袁世凯本人当时正忙于扩充军事和政治实力，为他最终恢复专制统治并登上皇帝宝座而作着各种准备，因此他通常不怎么关注政府各部总长和部员的情况。但是袁世凯有一回召集教育部所有部员到总统府听他讲话，他的发言空洞无物，只是不断吹嘘当年在担任清朝政权高官时，他是如何大力支持编写新的教科书的。鲁迅和许寿裳都参加了这次见面会，他们都认为袁世凯的讲话只是一个笑话。

袁世凯企图网罗到他的政府里去的一位民国强人是章太炎，辛亥革命之前鲁迅、许寿裳和其他一些留日学生曾经是章太炎东京"国学讲习班"的学员。后来，袁世凯曾经委任章太炎为总统高级顾问，不过章太炎并未因此停止批评袁世凯。因此袁世凯改派他担任东北三省专使，目的是让他远离北京政坛。1912 年 12 月 22 日，在章太炎离开北京前往东北赴任之前，鲁迅和许寿裳去拜见他，以示他们对老师的敬意。

章太炎在东北并未呆太久，他没有回到北京，而是前往上海。在 1913 年的 8 月，章太炎为他所属的共和党事务回到北京，他原打算只在京城做短暂逗留。但是他很快被袁世凯的人逮捕和软禁，先是关押在一个军营里，后来关在北京的龙泉寺。袁世凯逮捕章太炎的理由是，后者卷入了 1913 年早些时候已经失败了的反对袁世凯的"二次革命"。1914年6月，章太炎发起了绝食抗议，当局派去医生看护，并把他移居到另外的地方软禁。许多朋友、学生都十分焦虑，派鲁迅去劝说章太炎放弃绝食。一直到1916年袁世凯死去，章太炎才获得了自由。

在鲁迅的其他教育部公务中，图书馆管理工作占据了很大的比重。京师图书馆的事务也已经属于教育部管辖，在原京师图书馆馆长被调到外省担任更重要的职务之后并未任命新的馆长取代他，因此京师图书馆大量的工作就落到了鲁迅和他的同事们身上。京师图书馆最初选址于北京老城中心区域北部什刹海附近的一个寺庙里。这样的选址并不令人满意，因此需要把图书馆的藏书迁移到更多新设立的分馆中去，于是他们开始准备搬运图书的工作。

鲁迅还努力帮助把极为珍贵的《四库全书》遗留本移藏到京师图书馆来。《四库全书》编纂于18世纪，这部卷帙浩繁的大型书籍共有36000卷，包含了中国学术的4大门类：经、史、子、集。当时遗留的《四库全书》从前清皇帝在承德的避暑山庄移藏到了京师图书馆，而《四库全书》的北京最初版本在1860年英法联军焚烧圆明园时已经被毁灭。虽然承德运来的《四库全书》将按照计划入藏京师图书馆，但第一步还是先把它们放在内务部珍藏起来。直到1915年9月，内务部才同意把《四库全书》移交给教育部，而代表教育部去洽谈移交事务的就是鲁迅。

1913年3月，鲁迅和许寿裳等人出席了读音统一会会议，一批中国的顶尖学者参加了这次会议，像劳乃宣等学者则派代表参会。会议代表达成共识，通过了一份有6000多字的汉字读音清单。然而，在决定表述这些读音的语音符号系统时，与会代表之间的争论达到了白热化。汉字的音节都具有它的含义，从语音学理论上说，每个音节都由辅音和元音构成；但实际上多数的音节没有辅音，在某些情形下"n"和"ng"的读音紧跟着元音。在采用何种表述读音的符号系统问题上，会议代表形成了三派。与会代表中的一些人倡导用汉字的偏旁作为代表读音的符号；另一些人主张为读音创设全新的符号；还有一些人建议采用拉丁字母。

最后，与会代表确定了一套以章太炎的观点为基础的字母系统，它的字母形式采用笔画最简单，而在音读上与声母、韵母最相近的古汉字（反切）。汉语的《注音字母》系统就这样诞生了，该系统在 1918 年被教育部正式采用，至今一些参考书里还在运用这种注音字母。不过，后来这一注音字母系统实际上已经被罗马注音系统取代了。与罗马字母系统相比，《注音字母》系统的主要优点是，它可以非常简洁地书写和印刷在汉字的旁边或者上端以示它的读音。作为章太炎的弟子，鲁迅和许寿裳自然是支持采用《注音字母》系统的。

1913 年 6 月，鲁迅回绍兴省亲，这趟旅行持续了 50 天。这一回，鲁迅是乘火车返乡，途经的地方有天津、浦口、南京和上海，直到 6 月 25 日①回到绍兴的家中。鲁迅这趟返乡的旅程充满险阻，他们的列车刚过黄河时，一群顽童扔出的石头像冰雹一样向他们袭来，其中的一位乘客被击中头部，立刻血流成注。接着当列车到达充州火车站②时，与一队辫子兵相遇，大部分军人都透过列车玻璃窗窥视着车内的乘客，其中一些辫子兵直接登上列车，并带走了一位乘客。③ 这些士兵就是张勋的辫子军，张勋是几年以后尝试恢复清王朝统治而失败的那位军阀，他的军队当时占据了横跨津浦铁路两侧的江苏省北部地区徐州，他们经常成为制造麻烦的肇事分子。

回到绍兴后，鲁迅除了看望家人外，拜访了不少老朋友，并在新成立的成章女子学校呆了一周。这所女校是为纪念鲁迅留学日本时期的老朋友、光复会的领袖陶成章而建立的，陶成章已于 1912 年 1 月被刺杀于上海。陶成章一直满怀兴致促进女子教育事业，在他被谋害之后，绍兴的诸多友人认为应该以他的名义建立一所女子学校。陶成章曾经领导的女子北伐队司令担任了这所女校的校长，鲁迅的老朋友陈子英担任女子学校董事会主席。在女子学校捐助者名单上，有一笔来自周氏的 300 大洋，按照周建人的观点，这应该是来自鲁迅的捐款，因为绍兴周家不可能有其他人为成章女校捐出这么大笔

---

① 本书原著这一表述有误，查鲁迅日记，他这一次回到绍兴的时间是 6 月 24 日早晨 7 点半。见《鲁迅全集》，第 15 卷，第 69 页——译注。

② 本书原著这一表述有误，"充"系"兖"之误，查鲁迅日记，应该是指兖州火车站。见《鲁迅全集》，第 15 卷，第 68 页——译注。

③ 本书原著这一表述有误，查鲁迅日记，辫子兵并没有从列车上带走人，鲁迅写道，"有一人则提予网篮而衡之，旋去"。见《鲁迅全集》，第 15 卷，第 68 页——译注。

的款项。①

鲁迅于 7 月 27 日踏上返回北京之途，他的行程因土匪的骚扰而推迟了 5 天。8 月 7 日，鲁迅回到了北京。回到教育部不久，他不得不去拜见另外一位新的总长汪大变，② 这位新总长很快露出他的保守派面目，他命令教育部部员前往国子监参加 9 月 27 日③早晨 7 点孔子诞辰庆典，并行跪拜之礼。鲁迅出于好奇也参加了庆典，他在日记中写道："至者仅三四十人；或跪或立，或旁立而笑。钱念劬又从旁大声而骂。顷刻间便草率了事，真一笑话。"④ 在庆典上大声骂人的钱念劬是鲁迅留学日本时代的朋友和同学，也是钱玄同的大哥。

在这场祭孔闹剧之后不久，鲁迅决心重新校订他最喜欢的魏晋作家之一嵇康的文集，嵇康以自己反抗世俗的思想和生活方式，蔑视 3 世纪为官方所推崇的儒教。许寿裳后来对此有过评述："鲁迅对于汉魏的文章，素所爱诵，尤其称许孔融和嵇康的文章，……为什么这样称许呢？就因为鲁迅的性质，严气正性，宁愿覆折，憎恶权势，视若蔑如，皭皭焉坚贞如白玉，懔懔焉劲烈如秋霜，很有一部分和孔嵇二人相类似的缘故。"⑤ 遗憾的是，鲁迅当时未能成功地出版《嵇康集》，直到他去世之后，才出版了这部他反复校订的《嵇康集》。

袁世凯的称帝野心

1914 年第一次世界大战爆发后，袁世凯发表声明，宣布了中国的中立立场。8 月 12 日，世界大战各参战国承认了中国的这一立场。8 月 13 日，德国通知中国外交部，打算把它在 19 世纪末夺取的山东的租借地归还给中国。日

---

① 本书原著没有对周建人观点的来源做具体的注释，据译者查阅，周建人这一观点应该是来自《鲁迅年谱》编写者 1978 年对周建人的采访，见《鲁迅年谱》（增订版），第 1 卷，第 299 页，人民文学出版社，2009 年 9 月出版——译注。

② 本书原著这一表述有误，汪大变（Wang Dabian）应是汪大燮之误，1913 年 9 月 15 日的鲁迅日记对去见总长汪大燮的事情有记载，见《鲁迅全集》，第 15 卷，第 79 页——译注。

③ 本书原著这一表述有误，孔子诞辰日在农历八月二十七日，1913 年农历八月二十七日是公历的 9 月 28 日，这一天的鲁迅日记对祭孔事件有记载，见《鲁迅全集》，第 15 卷，第 80 页——译注。

④ 《鲁迅全集》，第 15 卷，第 80 页——译注。

⑤ 许寿裳：《亡友鲁迅印象记》，第 39 页，人民文学出版社，1977 年 12 月出版——译注。

本驻北京使馆代办立即提出抗议，两天后，日本要求德国把在山东的租借地移交给自己。9月，日本向中国山东派遣军队，通过武力夺取了争议地区，日军占领了青岛，甚至山东省省会济南也被他们占领。这一切导致中国最终加入了第一次世界大战的协约国一方，并派遣非战斗人员的劳工来到欧洲战场的西线，为法国和英国军队服务。这一切都证明了鲁迅10年前所发出警告的准确性，当时不少中国人认为日本比起欧美列强对中国的威胁要小得多，理由是日本毕竟是中国的东亚伙伴，鲁迅对这种论调曾经予以批驳。

与此同时，袁世凯为登上空缺的皇位继续在作着各种准备。他这方面的主要准备工作是修改约法赋予总统的权力，使总统获得了近似于皇帝的各种权力：规定总统任期为10年，但可以连任，而且下任总统候选人须由现任总统推荐。此外，为了强化他的约法权力，袁世凯开始施行两千年来由皇帝主持的国家庆典，比如在1914年12月的冬至日，他在天坛主持了祭天庆典。

为了强化自己的权力，袁世凯在国际上努力取悦于列强。他竟然在1915年1月接受了日本提出的"二十一条"，"二十一条"承认日本在山东、东北三省、内蒙古、中国东南沿海和长江沿岸的控制权，规定中国的政治、金融、军事和警察管理等领域必须聘请日本顾问，且规定中国军队至少百分之五十以上的军需品必须从日本购买。袁世凯还分别同俄国和英国签署协议，分别承认它们在外蒙古和西藏地区的特殊利益。袁世凯接受丧权辱国的"二十一条"，是极其短视的行为，这不仅出卖了中国的核心利益，而且也强烈地刺激了中国人的爱国激情，这对于袁世凯的独裁统治是一种致命的破坏力量。

千百年来，儒教一直是中国专制统治的意识形态基石。袁世凯把大力倡导儒教当做他恢复帝制、建立自己王朝准备工作的重要组成部分。在1914年的孔子诞辰纪念日，袁世凯率领政府高级官员举行"秋丁祭孔"大典，参加祭祀的文武官员都必须穿上古怪的祭服，这些衣服据说是真正近似于古人穿的服装。在1914年早些时候，袁世凯已决定颁发特殊的奖章，根据妇女的"孝行"授予金质或者银质奖章，这些奖章的授予对象是那些"贞节"的寡妇（也就是指那些丈夫死后仍然忠于亡灵的妇女），以及愿意为"节妇"建造牌坊的家庭。

1914年，鲁迅继续从事他的学术研究活动。他帮助周作人的一部小说译稿联系出版事宜，这部小说是俄国作家亚历舍·托尔斯泰的作品，周作人系由 1917 年的英译本①翻译过来。鲁迅还为周作人翻译的波兰作家显克微支的小说联系出版事宜。除了从事中国学术研究，鲁迅还撰写了一篇介绍海涅诗歌的文章。鲁迅花费不少时间收集和阅读佛经，他曾经不无痛苦地指出，他并非佛教的信徒，但是他把佛教看做中国文化和宗教史上的重要影响因素。然而，鲁迅的母亲是佛教信徒，为了庆贺母亲的 60 寿辰，鲁迅付款刻印了佛教典籍《百喻经》，该书由来到中国传布佛教的印度僧侣伽斯那编纂。鲁迅捐资的《百喻经》印制工作完成于 1915 年。

鲁迅还完成了《会稽郡故书杂集》的出版准备工作，且把该书手稿寄给了在绍兴的周作人去印制。1915 年，这本书最终印制完成，印数为 100 本。此书的刻书木板后来从书商处收回，放在堆放旧书报和杂物的房间里，1919 年冬天，鲁迅回到绍兴出售祖屋，并把妻子和母亲等家人迁移到北京，他在那次搬家时不小心把混杂在旧书报和杂物中的《会稽郡故书杂集》刻书木板焚烧了。

1914 年 4 月 21 日，鲁迅出席全国儿童艺术展览开幕式。早在 1912 年 9 月，教育部就曾经决定召开这次艺术展，当时确定的展出时间是 1913 年夏季，但是"二次革命"引起的全国政局混乱，使得全国儿童艺术展览被迫推迟。考虑到当时中国的社会状况，1914 年的全国儿童艺术展览仍然是一次给人留下深刻印象的艺术展出。鲁迅所在的教育部社会教育司第一科主要负责组织这次艺术展出，鲁迅本人为这次活动投入了很多精力。展览会从全国总共征集到了 10 万件展品，② 这些展品有文章、书法、绘画、手工制品、编织品和刺绣品，征集来的艺术品按照各省来源，在教育部的 11 间房屋里分别展出。这次儿童艺术展持续了一个月，每日来参观的人数有数百人，最多时达到上千人。鲁迅担任了这次儿童艺术展出的评审委员会成员，展览会评审出来的 215 件最佳作品，被送到巴拿马城的世界博览会上展出。

---

① 本书原著这一表述有误，经译者查对，应该是 1907 年的英译本，因为周作人的译著完成于 1914 年，他不可能参照 1917 年的英译本——译注。

② 本书原著这一表述有误，展出征集到的展品应该是数十万件，见《鲁迅年谱》（增订版），第 1 卷，第 315 页，人民文学出版社，2009 年 9 月出版——译注。

中国现代知识分子通常对于官员都充满着鄙视。但是在传统的中国社会，每个家庭都把教育孩子以通过科举考试、成为官员，当做自己的最高目标。在中国现代知识分子看来，要变成一名官员，你就必须得跟专制教育体系捆绑在一起，这套教育体系充满了过于保守的内涵。鲁迅之所以选择当政府官员，是为了逃脱他不愿意接受的悲剧包办婚姻，后来论战对手们因为鲁迅是政府官员而对他大肆嘲笑。不过，尽管鲁迅在政府供职时期充分体味了孤独和沮丧，但从他积极投入到种种与他职务有关的活动来看，鲁迅非常尽职尽责地为中国的教育努力工作，且获得了一定的成效。

政府发给鲁迅的薪水既不太高，也不太能保证定时发放，随着中国政局在袁世凯和后来其他军阀统治下的日益恶化，这种状况变得越发糟糕。军阀们为了维持庞大的军队开支，往往会"吃掉"本来应该支付给政府文职人员的薪水。起初，政府公务员的薪金会被扣掉百分之十；接着，政府会亏欠公务员长达两个月的薪水。鲁迅后来曾经统计过教育部总共欠了他两年半的薪水。由于鲁迅挣来的薪水大部分都用在供给绍兴家人生活上，他自己只好过着非常节俭的生活。鲁迅不仅要赡养母亲，甚至还要为弟弟周作人妻子的父母家提供经济上的援助。正如许广平所转述的，鲁迅认为"让别人过得舒服些，自己没有幸福不要紧，看到别人的幸福生活也是舒服的"。[1] 在这个时期，鲁迅与弟弟周作人的关系非常地密切；兄弟分别居住在北京和绍兴两地期间，他们之间的通信大约有 300 次，他们经常交换书籍和杂志。不幸的是，在周作人和妻子搬到北京几年之后，他们兄弟之间的关系就破裂了。

1914 年，鲁迅留学日本时代的一位老朋友移居北京，他们又能够经常相见了。此人就是陈仪，他早年曾经进入东京的军事学校求学，而鲁迅当时正在修习日语预科课程。鲁迅与陈仪都来自浙江省，他们都支持反抗清王朝的共和运动，他们变成了很亲近的好友，这种友谊一直延续到随后的二十多年。[2] 鲁迅 1912 年以后的日记有很多次写到了陈仪，后来他的《唐宋传奇集》

① 许广平：《鲁迅回忆录·所谓兄弟》，《许广平文集》，第 2 卷，第 252 页，江苏文艺出版社，1998 年 1 月出版——译注。

② 本书原著这一表述不够准确，鲁迅是 1902 年在东京学习日语时与陈仪相识的，到 1936 年去世，他与陈仪的友谊延续了三十多年——译注。

出版后还给陈仪送了一本，而陈仪1928年把在德国买到的《歌德的通信和日记》作为礼物送给了鲁迅。1933年，鲁迅的学生、小说家许钦文因为同情共产主义而被投入了杭州的监狱，鲁迅向当时国民党军队的将军陈仪求情，许钦文得以从监狱中被释放出来。

1936年鲁迅去世后，陈仪和郁达夫给鲁迅的未亡人许广平送去了1554元巨款，作为"纪念文学奖"的奖金。1945年，陈仪代表中央政府在台湾接受日本侵略军的投降，1947年在镇压台湾当地人反对大陆人涌向台湾的起义中，他起到了关键的作用。1948年内战期间，陈仪与一位亲近的朋友①秘密策划起义，随后他被这位朋友出卖。1950年，他在台湾被蒋介石下令处死。中国的《人物》杂志（2009年第10期）刊登了一幅鲁迅年轻时代的照片，照片上的人物有鲁迅、陈仪、许寿裳和另外一位留日学生邵文熔。

鲁迅在自己身上花钱甚少，他偶尔会雇骡车去上班，但是他更多的是步行去上班。他身上穿的只有蓝、灰两件棉长衫，冬天只是在长衫外加一件夹袄。他一年到头只轮换着穿两双鞋，一双是布料的，另一双是帆布的。因为教育部食堂不怎么好，而绍兴会馆没有烹饪设备，因此鲁迅是不吃早餐的，他必须在外面吃午餐和晚餐。有时，他在西单一带的餐馆订购午餐，如果时间不够他就出去买一些面包和饼干充饥。在晚上，鲁迅经常去绍兴会馆附近的广和居吃一些诸如伴有豆类和烤肉卷的便宜面条。鲁迅不拒绝与朋友们一起喝点酒，就像他在绍兴时与范爱农一块儿喝酒一样，但是他独自一人时只喝茶，且不断地抽着纸烟。鲁迅的健康状况逐渐地恶化，除了让他痛苦多年的牙齿腐烂病之外，他此时又患上了支气管炎和胃溃疡病，他变得越来越瘦弱了。

对鲁迅来说，1915年一开始就给他带来不愉快的经历。他在元旦那天为湖北水灾捐赠了两元钱款，获得了观看京剧的戏票两张。②当我们在前面所描述的鲁迅儿时在绍兴享受中国传统戏曲的美好经验时，提到了他后来在北京欣赏戏曲的不怎么愉快的经历。鲁迅曾经在1912年看过一回京剧，在《社

---

① 指汤恩伯——译注。

② 本书原著这一表述不准确，查《社戏》，作品的叙述者说"两元钱买一张戏票"，可见不应该是获得两张戏票而是一张——译注。

戏》中，他描述了在北京第二次观看京剧的经历：

第二回忘记了那一年，总之是募集湖北水灾捐而谭叫天还没有死。捐法是两元钱买一张戏票，可以到第一舞台去看戏，扮演的多是名角，其一就是小叫天。我买了一张票，本是对于劝募人聊以塞责的，然而似乎又有好事家乘机对我说了些叫天不可不看的大法要了。我于是忘了前几年的冬冬喤喤之灾，竟到第一舞台去了，但大约一半也因为重价购来的宝票，总得使用了才舒服。我打听得叫天出台是迟的，而第一舞台却是新式构造，用不着争座位，便放了心，延宕到九点钟才出去，谁料照例，人都满了，连立足也难，我只得挤在远处的人丛中看一个老旦在台上唱。那老旦嘴边插着两个点火的纸捻子，旁边有一个鬼卒，我费尽思量，才疑心他或者是目连的母亲，因为后来又出来了一个和尚。然而我又不知道那名角是谁，就去问挤小在我的左边的一位胖绅士。他很看不起似的斜瞥了我一眼，说道，"龚云甫！"我深愧浅陋而且粗疏，脸上一热，同时脑里也制出了决不再问的定章，于是看小旦唱，看花旦唱，看老生唱，看不知什么角色唱，看一大班人乱打，看两三个人互打，从九点多到十点，从十点到十一点，从十一点到十一点半，从十一点半到十二点，——然而叫天竟还没有来。

我向来没有这样忍耐的等候过什么事物，而况这身边的胖绅士的吁吁的喘气，这台上的冬冬喤喤的敲打，红红绿绿的晃荡，加之以十二点，忽而使我省悟到在这里不适于生存了。[①]

《新青年》杂志

在 1915—1916 年，鲁迅主要忙于教育部的公务，忙于他的学术研究和写

---

① 鲁迅：《社戏》，《鲁迅全集》，第 1 卷，第 588—589 页。

作。他似乎对于当时一个事件的重要性并不在意，这个事件不久之后将为他从令人担忧的沮丧和孤独中打开一条逃路。这里说的是一份致力于促使中国知识分子觉醒的新杂志在上海的创刊：这份名叫《青年杂志》的月刊由陈独秀（1879—1942）担任主编。与鲁迅相似，来自安徽省的陈独秀有着旧学背景，也曾经到日本游学，虽然他呆在日本的时间并不长久。

与鲁迅不同的是，陈独秀去法国留学 3 年，因而他与当时的欧洲政治运动和文学运动有了直接的接触，他于 1910 年回到中国，并且加入了共和主义者的行列。1913 年"二次革命"失败后，陈独秀逃到日本，然后回到中国与一些志同道合的朋友一道创办了一份新的杂志。[①]

在《青年杂志》的创刊号上，陈独秀撰写《敬告青年》一文，号召青年人从全世界文明中择取新鲜而充满活力的要素，创造出一种全新的中国文化。他提出了 6 条原则作为指导青年人的准则：1. 自主的而非奴隶的；2. 进步的而非保守的；3. 进取的而非退隐的；4. 世界的而非锁国的；5. 实利的而非虚文的；6. 科学的而非想象的。[②]《青年杂志》上刊载的文章反对封建专制君主，期待尊重人权的民主政权的建立，这些文章也对那些试图把儒教当做中国国教的倡导者进行了批判。

1916 年 12 月，蔡元培应邀出任北京大学校长。与此同时，《青年杂志》改名为《新青年》，[③] 不久，该杂志北迁来到北京。当时，北京的一群年轻的进步知识分子被聘请到北京大学担任教授。北京立即成为新文化运动的中心（学者胡适把新文化运动称作中国的文艺复兴）。鲁迅应该注意到了《青年杂志》（《新青年》）的出版，但是他对于这类事业的有效性一向持相当悲观的态

---

① 本书原著这一系列表述有误，陈独秀并未去法国留学。相关的文章对于陈独秀从 1901 年首次赴日本留学到创办《青年杂志》阶段的生平介绍如下："1901 年因为进行反清宣传活动，受清政府通缉，从安庆逃亡日本，入东京高等师范学校速成科学习。1903 年 7 月在上海协助章士钊主编《国民日报》。1904 年初在芜湖创办《安徽俗话报》，宣传革命思想。1905 年组织反清秘密革命组织岳王会，任总会长。1907 年入东京正则英语学校，后转入早稻田大学。1909 年冬去浙江陆军学堂任教。1911 年辛亥革命后不久，任安徽省都督府秘书长。1913 年参加讨伐袁世凯的'二次革命'，失败后被捕入狱，出狱后于 1914 年到日本，帮助章士钊创办《甲寅》杂志。"（"新华网"http：//news. xinhuanet. com/ziliao/2003-01/17/content _ 693411. htm.）

② 原文载 1915 年 9 月 15 日《青年杂志》1 卷 1 号——译注。

③ 本书原著这一表述有误，《青年杂志》是 1916 年 9 月改名为《新青年》的——译注。

度。直到两年以后，新文化运动的参与者、老同学钱玄同才来劝说鲁迅参与到他们的事业中去。

1915 年，鲁迅加入通俗教育研究会，成为该会小说股的主任。通俗教育研究会小说股主要成员为教育部的官员，不过也包括了从北京高等师范学校到京汉铁路局等诸多机构的代表。小说股用了超越常规的很多时间来讨论它的章程和议事日程，因而就没有足够的时间用来讨论真正的问题。鲁迅至少参加了小说股的一系列延续到 1916 年的 12 次会议。小说股谈论的问题有：读者向通俗图书馆借书的规则，翻译外国小说的标准，审核小说的标准，改良小说的建议。在这些会议上，鲁迅有充分的机会鼓励科学普及书籍和科幻小说的写作，这是鲁迅从留学日本时期开始就投入了强烈兴趣的主题；鲁迅也有充分的机会表达他对于所谓的鸳鸯蝴蝶派降低小说创作水准的批评。

事实上，鸳鸯蝴蝶派并不是在清代达到繁盛的中国传统通俗文学的传人。20 世纪第二个十年由苏曼殊、徐枕亚等人创作的浪漫小说，属于具有较高文学技巧的创作，它们获得了广大的读者群，因为它们采用了通俗小说所使用的、为广大读者所喜欢的语言和形式来写作。鸳鸯蝴蝶这一名称指涉的是爱情小说，这些中国现代小说也许可以跟英国曾经非常流行的米尔斯与布恩公司 (Mills & Boon Ltd) 出版的罗曼斯小说进行类比。在那个时代，中国社会正经历着巨大的变迁，妇女接受教育给传统的中国家庭关系带来了新的紧张状态，这一切在某些通俗小说中得到了表现。本时期这方面最有代表性的作品之一是徐枕亚的小说《玉梨魂》，它有两位年轻的女主人公，一位是具有中国传统女性美德的迷人的、品性好的姑娘（梨花），另外一位是接受过现代教育的姑娘，她希望靠自己闯出一条人生之路（玉兰花）。这部小说没有涉及任何政治内容，但是它的确揭示了中国都市生活的某种新趋向。

当时同样受欢迎的还有武侠小说和侦探小说，它们都是中国传统小说的直接传承者。即使经历了几十年的努力，中国现代知识分子文学（新文学）所获得的读者人数，还是无法与上述带着中国传统风格的小说相匹敌，中国城市中的广大读者对这些作品更加亲近，它们为读者提供了某种逃逸和休闲的机会。鲁迅不欣赏上述传统风格的小说，因为它们不符合他所主张的文学思想和美学精神。①

　　鲁迅的小弟弟周建人 1916 年 9 月 9 日到北京作为时一个月的访问，他于 12 日回到浙江。② 周建人在京期间，鲁迅陪他参观了京城的大部分景区，包括与紫禁城相邻的中央公园（后来改名为中山公园），以及武英殿和万生园（动物园），还带他去观看了好几次电影。

　　1916 年 12 月 3 日，鲁迅启程回绍兴为母亲庆祝 60 大寿。他在上海停留，买了一些拓片，于 7 日回到绍兴。鲁迅和弟弟们在 12 月 13 日为母亲设宴祝寿，那一天是中国农历的十一月十九日。那天的上午他们祭神，中午祭祀祖宗，晚上全家欢聚在一起。这是鲁迅 1912 年到北京教育部供职之后的第二次回乡探亲。

袁世凯的垮台与辫子军的挫败

　　1915 年，袁世凯为实现他的称帝野心采取了进一步的措施。在这一年年初，袁世凯接受了日本提出的"二十一条"，他觉得这将确保日本人会支持他的称帝计划；后来，他操纵国会向世人宣称，他获得帝位是符合社会民意的。康有为、严复等一批维新运动中的著名人物这时也成为袁世凯的支持者，因为在他们看来，袁世凯当皇帝似乎是与他们建立君主立宪政体的长远目标相一致的。与此同时，在 1915 年 3 月，三四万人在上海举行集会，谴责袁世凯接受日本人提出的"二十一条"；而在上海、北京、汉口和其他城市，学生们发动了抵制购买日本货物的爱国运动。这些运动不断向前推进，成为下一年在全国范围内展开的反对袁世凯运动的先声。袁世凯在 1915 年所采取的措施是向各省督军发布指令，要求他们严厉禁止抵制日货运动。

_____

　　① 参阅佩瑞·林克的著作《鸳鸯蝴蝶派》（加利福尼亚大学伯克利分校，1980 年版），可以了解关于 20 世纪早期中国通俗小说研究的基本情况。

　　② 本书原著这段表述有误，周建人是 1916 年 9 月 5 日夜抵达北京，到 10 月 12 日离京返回绍兴。1916 年 9 月 5 日和 10 月 12 日鲁迅日记对周建人来京和离京时间有明确记载，见《鲁迅全集》，第 15 卷，第 240 页、第 244 页——译注。

新的专制政体的支持者似乎与日俱增，要求袁世凯当皇帝的请愿书从全国各地送到北京。国会以压倒多数票通过了决议，批准恢复帝制；各省民意代表纷纷以人民的名义向袁世凯递交请愿书，敦促他接受皇位。起初，袁世凯表示要谢绝皇位；接着，他在 12 月 12 日"勉强地"接受了人们的第二波请愿，并宣布 1916 年为他王朝的起始年，即他所盼望的洪宪元年。

对于袁世凯而言，不幸的是 1912 年取得胜利的共和运动在政治上仍然具有太强大的影响力，他不可能实现其称帝野心的。由于共和主义者们没能够把他们的政治革命推向更广阔的社会变革领域，由于他们不懂得动员大众支持他们的新生共和国的必要性，国家权力很容易落入保守主义者的手中，因此袁世凯在民国初年才能成功地窃取"中华民国"的政权。但是袁世凯的复辟帝制行径很快就激活了共和主义者们的斗争精神，孙中山重新改组国民党，建立了一个名为中华革命党的、纪律更加严明的、以推翻袁世凯统治为目标的新型政治组织。

在云南，都督蔡锷和富有经验的改良派、报人梁启超组织了护国军，同样以推翻袁世凯的统治为宗旨。他们给袁世凯送交了最后通牒，袁世凯予以拒绝，云南因此宣布独立，一万多人的护国军兵分三路开往讨伐袁世凯的前线。从此，讨袁运动如火如荼地在全国展开。广西率先响应独立，接着，山东、广东、陕西和四川等省也纷纷宣布独立，即使是康有为也劝说袁世凯退位，袁世凯的两位主要部将冯国璋、段祺瑞没有站出来支持他，他知道称帝戏剧终于该收场了。失败的悲伤终于击倒了袁世凯，他突然在 1916 年 6 月 6 日死于尿毒症。这位在 1898 年无耻地背叛了"百日维新"运动领袖的政客，在辛亥革命后一如既往地继续着他背叛别人的生涯，但是到了 1916 年，复仇女神最终公正地对他实施了复仇。

袁世凯的死去给中国带来了混乱。反袁势力当时还太弱小了，不足以在全国范围内维持统治。袁世凯的垮台是保守派势力转而反对他的结果，也是孙中山、蔡锷发动的直接反袁斗争的结果。袁世凯死后，北京的中央政权仍然掌握在他原先的亲信以及那些野心勃勃的竞争者手中。当时的总统当选人是黎元洪，他在 1911 年武昌起义中被革命者推选为挂名的领袖，从此进入中国的政治舞台。面对 1912 年的"中华民国"临时约法和 1914 年袁世凯修改过之后强化了总统权力的宪法，黎元洪陷入了不知道该如何抉择的两难困境之中。

政府总理段祺瑞未经总统黎元洪的批准，于 1917 年 5 月 14 日对德国宣战。黎元洪解除了段祺瑞的总理职务，后者在天津组织了一支军队打算向首都北京进发。在绝望中，黎元洪向安徽督军张勋求助。1913 年，鲁迅在回绍兴省亲的路上曾经遭遇过张勋的"辫子军"。在段祺瑞的认可下，1917 年 6 月 7 日，张勋带领军队进入北京。进京后他无视黎元洪的存在，张勋在 7 月 1 日拥戴原清朝小皇帝溥仪坐上龙庭，恢复了清王朝的体制并大封百官。被排除在权力体系之外的段祺瑞觉得自己被张勋背叛了，他立即在天津集结起自己的军队，到 1918 年他完全把张勋、辫子兵和溥仪永久地驱逐出北京。[①] 从此，中国进入了军阀统治的时代。

1917 年 2 月，鲁迅开始与北京大学校长蔡元培接洽，向后者推荐了已经决定离开绍兴到北京来求职的周作人。周作人的著作给蔡元培留下了深刻的印象，他决定聘用周作人为北京大学文学专业的教授，并给他寄去 60 元的旅费。1917 年 4 月 1 日，周作人来到北京，鲁迅把自己在绍兴会馆中原先住的那个条件最好的房间让给了弟弟，自己搬进了一间黑暗的小屋。在随后的日子里，鲁迅用了几天时间帮助周作人在北京安定下来。

6 个星期后，周作人发起高烧来。鲁迅立即找德国医生来给周作人看病。医生的诊断是得了麻疹，奇怪的是病人身上没有发现斑点。当时，北京正流行着致命的猩红热，因此鲁迅担心医生可能误诊了周作人的病。鲁迅知道成年人得麻疹也是非常危险的，他一度非常忧虑周作人的健康，他专门请假在医院里照看弟弟。

7 月 3 日那天，鲁迅起得很早，准备到琉璃厂艺术市场去看看，这时他所住的绍兴会馆的仆人告诉他说，满城都挂满了龙旗了。鲁迅对于张勋复辟的消息非常愤慨，他立即前往教育部辞职以示抗议。他后来回忆道：

---

① 本书原著这一表述不准确，其实张勋复辟的闹剧只支撑了 12 天便失败了，不久他和他的辫子兵被赶出了北京。溥仪离开北京的时间要晚 7 年，1924 年 10 月 23 日冯玉祥发动北京政变，11 月 5 日，冯玉祥派兵把溥仪驱逐出故宫——译注。

然而辫子还有一场小风波，那就是张勋的"复辟"，一不小心，辫子是又可以种起来的，我曾见他的辫子兵在北京城外布防，对于没辫子的人们真是气焰万丈。①

见过辛亥革命，见过二次革命，见过袁世凯称帝，张勋复辟，看来看去，就看得怀疑起来，于是失望，颓唐得很了。②

7月7日，鲁迅和周作人觉得"辫子军"可能会四处闲逛并抢劫，因此有必要躲一躲风头，他们搬进了一家小旅馆。那一天，他们听到了航空学校的简易飞机从天空飞过，并向皇宫投掷了3枚炸弹的声音；到了9日晚上，他们还听到了枪声。不过，他们没有遇见更多的麻烦，因此他们于14日回到绍兴会馆居住，鲁迅还于16日回到教育部上班。

一位老友的来访

1917年8月9日，同样来自绍兴的老朋友钱玄同③来拜访鲁迅，这是未来数周内他的多次造访中的第一次。钱玄同是以老朋友，更是以《新青年》编辑部成员的身份来找鲁迅的，他希望鲁迅为这份刊物写点什么。鲁迅对《新青年》同人的计划表示了怀疑，不认为他们的努力能够取得什么有价值的成果。在1922年，鲁迅为他的第一部小说集《呐喊》作序时回顾了当时与钱玄同交流的情况：

那时偶或来谈的是一个老朋友金心异，将手提的大皮夹放在破桌上，脱下长衫，对面坐下了，因为怕狗，似乎心房还在怦怦的跳动。

"你钞了这些有什么用？"有一夜，他翻着我那古碑的钞本，发了研究的质问了。

---

① 鲁迅：《病后杂谈之余》，《鲁迅全集》，第6卷，第195—196页。
② 鲁迅：《〈自选集〉自序》，《鲁迅全集》，第4卷，第468页。
③ 本书原著这一表述有误，钱玄同祖籍在浙江湖州吴兴，并非绍兴籍人士——译注。

"没有什么用。"

"那么，你钞他是什么意思呢？"

"没有什么意思。"

"我想，你可以做点文章……"

我懂得他的意思了，他们正办《新青年》，然而那时仿佛不特没有人来赞同，并且也还没有人来反对，我想，他们许是感到寂寞了，但是说：

"假如一间铁屋子，是绝无窗户而万难破毁的，里面有许多熟睡的人们，不久都要闷死了，然而是从昏睡入死灭，并不感到就死的悲哀。现在你大嚷起来，惊起了较为清醒的几个人，使这不幸的少数者来受无可挽救的临终的苦楚，你倒以为对得起他们么？"

"然而几个人既然起来，你不能说决没有毁坏这铁屋的希望。"

是的，我虽然自有我的确信，然而说到希望，却是不能抹杀的，因为希望是在于将来，决不能以我之必无的证明，来折服了他之所谓可有，于是我终于答应他也做文章了，这便是最初的一篇《狂人日记》。从此以后，便一发而不可收，每写些小说模样的文章，以敷衍朋友们的嘱托，积久就有了十余篇。[①]

《新青年》为刊载鲁迅第一篇白话小说的杂志，它于 1915 年 9 月由陈独秀创办，其办刊宗旨是促进新思想的传播。1916 年，蔡元培被任命为革新后的国立北京大学的校长，他大胆地推行学术自由的政策，聘请了一批从国外学成回来的年轻激进知识分子担任北京大学的教授。这一群体成为新文化运动的领导核心，他们包括陈独秀、胡适等文学革命的发起人。小说家杨振声曾经写过回忆"五四"时期他在北京大学读书情形的文章，他说在蔡元培先生的开明领导下，北京大学变成了引进新思想、重新检验旧思想的学术中心。在那之前，北京大学曾经是旧知识、旧道德的堡垒；在蔡元培先生的改革下，北京大学的思想空气大为改变。当时北京大学的学生，大多数来自全国各地的传统家庭，或多或少都受到过旧家庭制度的压迫，尤其是在婚姻问题上他

---

① 鲁迅：《呐喊·自序》，《鲁迅全集》，第 1 卷，第 440—441 页。

们受到的压迫最深。他们如饥似渴地吸收着新文化运动的作家、尤其是《新青年》作家提出的各种新思想。杨振声描述道，"像春雷初动一般，《新青年》杂志惊醒了整个时代的青年"，"他们首先发现了自己是青年，又粗略地认识了自己的时代"，且意识到他们对这个"年轻的国家"应负的责任。杨振声写道：

> 五四运动前夕的北大，一面是新思想、新文学的苗圃，一面也是旧思想、旧文学的荒原。当时不独校内与校外有斗争，校内自身也有斗争，不独先生之间有斗争，学生之间也有斗争，先生与学生之前也还是有斗争。比较表示的最幼稚而露骨的倒是学生之间的斗争。有人在灯窗下把鼻子贴在《文选》上看李善的小字注，同时就有人在窗外高歌拜伦的诗。在屋子的一角上，有人在摇头晃脑，抑扬顿挫地念着桐城派古文，在另一角上是几个人在讨论着娜拉走出"傀儡之家"以后，她的生活怎么办？念古文的人对讨论者表示憎恶的神色，讨论者对念古文的人投以鄙视的眼光。①

---

① 杨振声：《回忆"五四"》，《人民文学》1954 年第 5 期。

呐喊时代

（1918—1923）

《狂人日记》

"救救孩子！"

1916 年 10 月，鲁迅的远房表兄阮久荪[①]从山西来到北京，阮久荪一直在山西担任官员的幕僚，他患有迫害妄想症，一直认为他的同事们要杀他，于是就从山西逃了出来。阮久荪躲在北京的一家小旅馆里，鲁迅很快找到了他，并于次日带他去日本医院看病。在随后的日子里，鲁迅多次去探视阮久荪，并为他支付了医疗费用。治疗了一段时间，阮久荪的病症不见有好转，因此 11 月 6 日那天鲁迅请人陪送阮久荪回绍兴。在周作人（使用笔名周遐寿写的）那本《鲁迅小说里的人物》中，他回忆道：

> 这人乃是鲁迅的表兄弟阮久荪，向在西北游幕，忽然说同事要谋害他，逃到北京来躲避，可是没有用。他告诉鲁迅他们怎样追踪他，住在西河沿客栈里，听见楼上的客深夜橐橐行走，知道是他们的埋伏，赶紧

---

① 本书原著这一表述不够准确，阮久荪是鲁迅的大姨母之子，是近亲，不能说是远房表兄——译注。

要求换房间，一进去就听到隔壁什么哺哺的声音，原来也是他们的人，在暗示给他知道，已经到处都布置好，他再也插翅难逃了。鲁迅留他住在会馆，清早就来敲窗门，问他为什么这样早，答说今天要去杀了，怎么不早起来，声音十分凄惨。午前带他去看医生，车上看见背枪站岗的巡警，突然出惊，面无人色。据说他那眼神十分可怕，充满了恐怖，阴森森的显出狂人的特色，就是常人临死也所没有的。鲁迅给他找妥人护送回乡，这病后来就好了。①

阮久荪在北京期间曾经写了两份"绝命书"，一份写给他的母亲，另一份写给他的姐姐，告诉她们他将被迫害致死，这两封信现在还有留存。

依据周作人的说法，阮久荪事件使鲁迅对于迫害妄想症病人有了直接的接触，加上所学的医学知识，这一切为鲁迅写出中国现代白话文学中的第一篇小说《狂人日记》提供了基本的素材。为什么鲁迅会借用果戈理著名的小说《狂人日记》的标题，用现代短篇小说文体来进行自己的初次冒险呢？钱玄同来访时并没有专门约他写小说，只是要求他"做点文章"，正是这点"文章"变成了一篇小说。按照鲁迅的说法，他写《狂人日记》是当时的环境造成的，多年之后他提到这篇小说的创作时写道：

> 但我的来做小说，也并非自以为有做小说的才能，只因为那时是住在北京的会馆里的，要做论文罢，没有参考书，要翻译罢，没有底本，就只好做一点小说模样的东西塞责，这就是《狂人日记》。大约所仰仗的全在先前看过的百来篇外国作品和一点医学上的知识，此外的准备，一点也没有。②

鲁迅小说《狂人日记》的标题，它所表达的似乎出自精神病人之手的思

---

① 本书原著这段引文与周遐寿著作的原文有出入，周遐寿的《狂人是谁》一文写道："这人乃是鲁迅的表兄弟，我们姑且称他为刘四，向在西北游幕……"（引自周作人自编文集《鲁迅小说里的人物》，第15页，河北人民出版社，2002年1月出版）——译注。

② 鲁迅：《我怎么做起小说来》，《鲁迅全集》，第4卷，第526页。

想，都是从果戈理那里借用的。这篇小说的一些内容也令人联想到尼采《查拉图斯特拉如是说》的某个段落。1935 年，鲁迅对自己的小说与果戈理、尼采的关系进行了评述：

> 一八三四年顷，俄国的果戈理（N. Gogol）就已经写了《狂人日记》；一八八三年顷，尼采（Fr. Nietzsche）也早借了苏鲁支（Zarathustra）的嘴，说过"你们已经走了从虫豸到人的路，在你们里面还有许多份是虫豸。你们做过猴子，到了现在，人还尤其猴子，无论比那一个猴子"的。……但后起的《狂人日记》意在暴露家族制度和礼教的弊害，却比果戈理的忧愤深广，也不如尼采的超人的渺茫。[①]

虽然鲁迅和果戈理的小说有着同样的标题，但是鲁迅笔下的狂人在某种程度上是更加幽暗的人物形象，而果戈理笔下的小公务员则是更具现实性的人物形象；当然，鲁迅的狂人与果戈理的主人公一样都患有被迫害妄想症。

果戈理笔下的疯子是一名在俄国政府部门工作的卑微小官，他爱上了部长的女儿。他的愿望一再受挫终于导致疯狂，他认为自己就是西班牙国王。他被关进了精神病收容所，在那里他想象自己正身陷西班牙宗教法庭的酷刑室里，他能够穿越大海看到他的祖国俄罗斯，看到正坐在家里窗前的母亲。他在日记中写下的最后的文字是："妈妈呀！可怜可怜你患病的孩子吧！"

正如鲁迅自己所说的那样，他的《狂人日记》对社会的批判上比果戈理的同名小说更加独特而直率。鲁迅的小说叙述了一名知识分子被残酷的旧家族制度逼疯的故事，他的疯狂呈现为被迫害妄想症，这使得他认为人们都准备要吃他的肉。他的大哥把他禁闭在一间小屋里，由一名老佣人看守着他。当他上街时，人们就盯着他，且窃窃私语地议论他。一位医生来给狂人看病，并给狂人号脉开出了处方，狂人认为这医生是来了解自己身上的哪些肉适合于吃食。狂人在梦中接受了一位年轻人的来访，他所谈论的吃人问题令这位年轻人十分窘困。他确信前面提到的所有的人，以及其他与他有过接触的人

---

① 鲁迅：《〈中国新文学大系〉小说二集序》，《鲁迅全集》，第 6 卷，第 246—247 页。

都在联合起来杀死并吃掉他。他规劝他们停止吃人，但是这些人根本不听。

狂人最终认识到，他本人可能也在某顿饭中无意间吃掉了他病死的小妹妹的肉。他写下了记载他所有的这些妄想的日记，在最后一则日记里他写道："没有吃过人的孩子，或者还有？救救孩子……"① 鲁迅小说的疯子所说的这最后的文字，轻微地回荡着果戈理笔下的疯子的声音，当然它们的含义有着很大的区别。

鲁迅《狂人日记》的叙述者是主人公狂人的老同学，他看到了这部"语颇错杂无伦次"的日记，他抄录了相对容易理解的这部分日记，希望它们可以"供医家研究"之用。

鲁迅的小说与果戈理的不同，它以寓言的方式塑造的狂人是一个英勇的个体形象，他直率而无畏地向着那些迫害他的人发动挑战，并规劝他们从此悔改自己的罪行。当那位医生来看病时，狂人认为此人就是刽子手，于是他大笑起来，他的笑声中充满了勇气和正义。当狂人想象自己被倒塌的房屋横梁和椽子压成碎片时，他仍然高喊着："你们立刻改了，从真心改起！你们要晓得将来是容不得吃人的人，……"② 狂人是鲁迅着力塑造的典型人物。另一方面，那些周边的市民，包括那位在街上咒骂她儿子时喊着"我要吃你"③ 的妇女，都是无条件地遵循着旧的社会习俗的大众，他们无论是穷人还是富人都时刻准备着通过损害别人以自肥。因此鲁迅所表现的不仅仅是阶级问题，他笔下的大多数人物既是潜在的被吃的牺牲品，又是潜在的吃人者，鲁迅写道，那些在街上盯着狂人看的老百姓：

> 他们——也有给知县打枷过的，也有给绅士掌过嘴的，也有衙役占了他妻子的，也有老子娘被债主逼死的；他们那时候的脸色，全没有昨天这么怕，也没有这么凶。④

---

① 鲁迅：《狂人日记》，《鲁迅全集》，第 1 卷，第 454—455 页——译注。
② 鲁迅：《狂人日记》，《鲁迅全集》，第 1 卷，第 453 页——译注。
③ 本书原著此处的引用不够准确，鲁迅《狂人日记》中这位妇女骂儿子的原话是"老子呀！我要咬你几口才出气！"——译注。
④ 鲁迅：《狂人日记》，《鲁迅全集》，第 1 卷，第 445—446 页——译注。

自己想吃人，又怕被别人吃了，都用着疑心极深的眼光，面面相觑。……①

鲁迅认为传统的社会制度是暴虐而僵化的，他相信正是传统社会制度导致生命个体走向退化。鲁迅把吃人者比作海乙那（鬣狗），人们错误地认为这种动物以吃食腐肉而出名，它们不敢去攻击活着的动物，它们通常采取种种诡计杀死猎物。鲁迅在《狂人日记》中用显著的单独的段落，巧妙地总结了海乙那的特性：

狮子似的凶心，兔子的怯弱，狐狸的狡猾，……②

吃人者不敢直接杀死被吃者，他们或迫使被吃者自戕，或者用别的办法对付他。吃人者总在为他们戕害被吃者的行为寻找合法性，总要给被吃者贴上各种标签。狂人也意识到吃人者就是用这些办法来对付他的，首先吃人者给他贴上了疯子的标签，这样就没人会反对杀他了。

吃人者想要处死狂人的理由就在于他是一名叛逆者。按照鲁迅的看法，中国社会总是对一切新兴的和陌生的事物充满敌意。面对任何变革，吃人者总会联合起来，共同镇压变革力量。鲁迅在发表《狂人日记》一年后的一篇杂文中写道：

凡中国人说一句话，做一件事，倘与传来的积习有若干抵触，须一个斤斗便告成功，才有立足的处所；而且被恭维得烙铁一般热。否则免不了标新立异的罪名，不许说话；或者竟成了大逆不道，为天地所不容。这一种人，从前本可以夷到九族，连累邻居；现在却不过是几封匿名信罢了。但意志略略薄弱的人便不免因此萎缩……

所以现在的中国，社会上毫无改革，学术上没有发明，美术上也没

---

① 鲁迅：《狂人日记》，《鲁迅全集》，第1卷，第451页——译注。
② 鲁迅：《狂人日记》，《鲁迅全集》，第1卷，第449页——译注。

有创作……①

鲁迅于 1919 年表达了上述看法，他曾经在 1908 年发表的《摩罗诗力说》中以更加直接的方式表达过类似的思想。11 年过去了，中国仍然没有发生什么足以改变他观点的变化。如果辛亥革命之后发生了一些事，证实鲁迅对中国社会前途的看法太悲观了，这该多好！鲁迅与外界的隔绝，以及他的孤独感使他觉得自己对社会变革是无能为力的。尽管在钱玄同这样的朋友的努力劝说下，鲁迅参与了《新青年》的活动，成为它的撰稿人和编委会成员，但是在此后的几年里，孤寂和失望的情绪仍然盘踞着鲁迅的精神世界。

鲁迅于 1918 年 4 月 2 日创作出了《狂人日记》，这篇小说刊载在这一年 5 月份的《新青年》第 4 卷第 5 号上。作者首次使用了他后来被世人所熟知的名字——鲁迅，他后来跟许寿裳解释说，自己使用"鲁"这一姓氏是因为母亲姓"鲁"，而且自己本来的姓氏"周"在地理上是与古代的鲁国联系在一起的，第三个理由是"鲁"和"迅"并联在一起，具有"愚鲁而迅速"的含义。②

值得关注的是，鲁迅的《狂人日记》堪称是汉语出版物上刊登的第一篇真正的现代小说。这不仅仅在于《狂人日记》是用白话文字创作的，其实早在几百年前那些重要的长篇小说就已经开始用略显陈旧的白话进行创作了；而且更重要的是《狂人日记》是以接近于西方短篇小说的形式创作的，这种小说只围绕一个主题展开叙述，它与中国传统长篇小说更为冗长的叙述风格形成了对照，而中国传统长篇小说的这种风格与它起源于民间说书人的话本有密切关系。当然，到鲁迅进入小说创作的高产期时，他小说的许多潜在读者经由阅读近代翻译作品，已经对西方的小说相当熟悉了。

鲁迅的《狂人日记》发表后获得的最快捷反应来自李大钊，李大钊当时是北京大学图书馆馆长，后来成为中国共产党的创始人之一。在 1919 年 4 月，李大钊在他编辑的刊物《每周评论》上撰文说：

---

① 鲁迅：《随感录·四十一》，《鲁迅全集》，第 1 卷，第 340 页。
② 许寿裳：《亡友鲁迅印象记》，第 48 页，人民文学出版社，1977 年 12 月出版。

日本人说他们的政治，是动物园式的政治。把人民用铁栅栏牢牢地关住，给他们一片肉吃，说是什么"温情主义"。我说我们的政治，是宰猪场式的政治。把我们人民当作猪宰，拿我们的血肉骨头，喂饱了那些文武豺狼。①

在 1919 年稍后的日子里，"五四"新文化运动的另外一位领导者吴虞撰写了《吃人与礼教》一文，在文章中他评述了鲁迅的创作：

那些戴着礼教假面具吃人的滑头伎俩，都被他把黑幕揭破了。②

几年后，鲁迅创作了小说《长明灯》，作品的主人公在某种程度上与他的第一篇白话小说《狂人日记》的主人公是一个类型的人。《长明灯》中的绝大多数村民认为主人公是疯子，因为他不断地要求熄灭村里寺庙中的长明灯，这盏著名的长明灯从数百年前③梁武帝时初次点燃起一直燃烧到现在。根据村民的传说，如果长明灯被熄灭了，整个村庄就会变成汪洋大海，村民就会变成蠕虫。④ 村民们对那些供在寺庙里的神灵塑像顶礼膜拜。年轻的主人公其实一点也没有疯，但是一些村民认为他肯定是疯子，因此对他实行残酷的迫害，剥夺了他的自由。这位年轻的主人公把村庄的落后与贫穷归因于村民们的迷信，他希望通过熄灭庙里的长明灯，毁坏庙里的神像来解放整个村庄的居民。

对鲁迅而言，《长明灯》中村民落后的思想是中国传统社会的遗产，而那位年轻的主人公则是中国未来希望的象征。

---

① 李大钊：《宰猪场式的政治》，1919 年 4 月 20 日《每周评论》第 18 号。
② 吴虞：《吃人与礼教》，1919 年 11 月 1 日《新青年》第 6 卷第 6 号。
③ 本书原著这一表述有误，从梁武帝萧衍（464—549）时代到《长明灯》故事发生的 20 世纪初，已经一千多年的历史——译注。
④ 本书原著这一表述有误，鲁迅《长明灯》写道"那灯一灭，这里就要变成大海，我们就都要变成泥鳅"。泥鳅的英文是 loach，本书原著用 worm（蠕虫）代替 loach，显然是把二者混为一体了——译注。

随感录

节烈观

"节烈很难。"

1919 年 3 月之前，鲁迅的第二篇现代小说、也是他本人喜欢的作品《孔乙己》还没有在《新青年》上发表，这篇小说大约写于 1918 年年底。在写作《孔乙己》之前，他以《新青年》"随感录"栏目为媒介，对中国文化和社会的诸多问题发表了自己的看法。1918 年 7 月，鲁迅撰写了一篇题为《我之节烈观》的长篇杂文，该文刊载在 1918 年 8 月的《新青年》第 5 卷第 2 号上。

鲁迅杂文所涉及的"节烈"一词只跟寡妇有关，这与西方的同一概念有着十分不同的内涵。鲁迅在文中写道："总而言之：女子死了丈夫，便守着，或者死掉；遇了强暴，便死掉；将这类人物，称赞一通，世道人心便好，中国便得救了。"鲁迅接着阐述道：

……不节烈（中国称不守节作"失节"，不烈却并无成语，所以只能合称他"不节烈"）的女子如何害了国家？照现在的情形，"国将不国"，自不消说：丧尽良心的事故，层出不穷；刀兵盗贼水旱饥荒，又接连而起。但此等现象，只是不讲新道德新学问的缘故，行为思想，全钞旧帐；所以种种黑暗，竟和古代的乱世仿佛，况且政界军界学界商界等等里面，全是男人，并无不节烈的女子夹杂在内。也未必是有权力的男子，因为受了他们蛊惑，这才丧了良心，放手作恶。至于水旱饥荒，便是专拜龙神，迎大王，滥伐森林，不修水利的祸祟，没有新知识的结果；更与女子无关。只有刀兵盗贼，往往造出许多不节烈的妇女。但也是兵盗在先，不节烈在后，并非因为他们不节烈了，才将刀兵盗贼招来……①

节烈难么？答道，很难。男子都知道极难，所以要表彰他。社会的公意，向来以为贞淫与否，全在女性。男子虽然诱惑了女人，却不负责任。譬如甲男引诱乙女，乙女不允，便是贞节，死了，便是烈；甲男并无恶名，社会可算淳古。倘若乙女允了，便是失节；甲男也无恶名，可是世风被乙女败坏了！别的事情，也是如此。所以历史上亡国败家的原因，每每归咎女子。糊糊涂涂的代担全体的罪恶，已经三千多年了。男子既然不负责任，又不能自己反省，自然放心诱惑；文人著作，反将他传为美谈。所以女子身旁，几乎布满了危险。除却他自己的父兄丈夫以外，便都带点诱惑的鬼气。所以我说很难。②

我们可以发现，即使是在辛亥革命之后，诸如袁世凯、段祺瑞等中国的军阀统治者，他们也多次以官方的名义在他们统治的区域为节烈的妇女兴建贞节牌坊。官方批准兴建妇女贞节牌坊，实质上是为了维护传统社会道德，并阻止无政府状态的蔓延。事实上，要求妇女遵守贞节的思想使得她们在精神上成为残疾人，这正如裹小脚使得她们身体上成为残疾人。为寡妇建立贞节牌坊曾经在中国的城镇和乡村随处可见，时至今日，这些牌坊作为旅游资源在中国大地上还偶尔可以见到。

在《随感录·二十五》中，鲁迅转而开始关注孩子的生养问题，以及男人（父亲）在孩子成长过程中应该扮演的角色：

最看不起女人的奥国人华宁该尔（Otto Weininger）曾把女人分成两

---

① 鲁迅：《我之节烈观》，《鲁迅全集》，第1卷，第123页。
② 鲁迅：《我之节烈观》，《鲁迅全集》，第1卷，第128页。

大类：一是"母妇"，一是"娼妇"。照这分法，男人便也可以分作"父男"和"嫖男"两类了。但这父男一类，却又可以分成两种：其一是孩子之父，其一是"人"之父。第一种只会生，不会教，还带点嫖男的气息。第二种是生了孩子，还要想怎样教育，才能使这生下来的孩子，将来成一个完全的人。

前清末年，某省初开师范学堂的时候，有一位老先生听了，很为诧异，便发愤说："师何以还须受教，如此看来，还该有父范学堂了！"这位老先生，便以为父的资格，只要能生。能生这件事，自然便会，何须受教呢。却不知中国现在，正须父范学堂；这位先生便须编入初等第一年级。

因为我们中国所多的是孩子之父；所以以后是只要"人"之父！①

1919 年 10 月，鲁迅发表了题为《我们现在怎样做父亲》的杂文，② 在这篇意蕴深远的文章中，他回到了自己所热衷的主题。在该文中鲁迅指出，儒家所倡导的"五常"，使儿子隶属于父亲，妻子隶属于丈夫，这有悖于自然的顺序，在自然界，动物和各种生物"总是挚爱他的幼子，不但绝无利益之心，甚或至于牺牲了自己"。鲁迅引用了这样一首歌谣：

> 儿子上学堂，
> 母亲在家磨杏仁，
> 预备回来给他喝，
> 你还不孝么③

鲁迅评论道，只有父母不求报恩时这杏酪才是有价值的；否则，就蜕变成了买卖行为，虽然喝了杏酪，也无异于"人乳喂猪"，目的是为了猪肉的肥

---

① 鲁迅：《随感录·二十五》，《鲁迅全集》，第 1 卷，第 312 页。
② 本书原著这一表述有误，《我们现在怎样做父亲》一文写于 1919 年 10 月，发表在 1919 年 11 月《新青年》第 6 卷第 6 号上——译注。
③ 引自鲁迅：《我们现在怎样做父亲》，《鲁迅全集》，第 1 卷，第 138 页——译注。

美，这样，从道德上说就没有什么价值了。"所以我现在心以为然的，便只是'爱'。"① 鲁迅说，"父母对于子女，应该健全的产生，尽力的教育，完全的解放"。② 如果在孩子年幼时给予他们这样的爱，那么当父母变老和体衰时子女就不会遗弃他们。

1918 年至 1919 年间，鲁迅创作了好几篇讨论社会问题的杂文。其中一篇涉及了包办婚姻问题，鲁迅本人有着充足的理由去关注这一问题。当时，鲁迅收到了一封来自匿名通讯员的信函，信中包含了一首诗歌，此信关涉的主题是包办婚姻。虽然这首诗歌并不是很具有诗歌的外形，但鲁迅认为它的内容还是值得引用的：

爱　情

我是一个可怜的中国人。爱情！我不知道你是什么。

我有父母，教我育我，待我很好；我待他们，也还不差。我有兄弟姊妹，幼时共我玩耍，长来同我切磋，待我很好；我待他们，也还不差。但是没有人曾经"爱"过我，我也不曾"爱"过他。

我年十九，父母给我讨老婆。于今数年，我们两个，也还和睦。可是这婚姻，是全凭别人主张，别人撮合：把他们一日戏言，当我们百年的盟约。仿佛两个牲口听着主人的命令："咄，你们好好的住在一块儿罢！"

爱情！可怜我不知道你是什么！③

鲁迅给予了这首诗很高的评价，并进一步阐述了他对中国社会"无爱"状况的看法：④

---

① 鲁迅：《我们现在怎样做父亲》，《鲁迅全集》，第 1 卷，第 138 页——译注。
② 鲁迅：《我们现在怎样做父亲》，《鲁迅全集》，第 1 卷，第 141 页——译注。
③ 引自鲁迅：《随感录·四十》，《鲁迅全集》，第 1 卷，第 337 页——译注。
④ 本书原著没有这两行文字，文字为译者所加。如果没有这行说明性的文字，容易把鲁迅所引的《爱情》诗歌与他对现代爱情婚姻的看法这两部分文字混淆在一起——译注。

诗的好歹，意思的深浅，姑且勿论；但我说，这是血的蒸气，醒过来的人的真声音。

爱情是什么东西？我也不知道。中国的男女大抵一对或一群——一男多女——的住着，不知道有谁知道。

但从前没有听到苦闷的叫声。即使苦闷，一叫便错；少的老的，一齐摇头，一齐痛骂。

然而无爱情结婚的恶结果，却连续不断的进行。形式上的夫妇，既然都全不相关，少的另去姘人宿娼，老的再来买妾：麻痹了良心，各有妙法。所以直到现在，不成问题。但也曾造出一个"妒"字，略表他们曾经苦心经营的痕迹……

但在女性一方面，本来也没有罪，现在是做了旧习惯的牺牲。我们既然自觉着人类的道德，良心上不肯犯他们少的老的的罪，又不能责备异性，也只好陪着做一世牺牲，完结了四千年的旧账。

做一世牺牲，是万分可怕的事；但血液究竟干净，声音究竟醒而且真。

我们能够大叫，是黄莺便黄莺般叫；是鸱鸮便鸱鸮般叫。我们不必学那才从私窝子里跨出脚，便说"中国道德第一"的人的声音。

我们还要叫出没有爱的悲哀，叫出无所可爱的悲哀。……我们要叫到旧账勾消的时候。

旧账如何勾消？我说，"完全解放了我们的孩子！"[1]

鲁迅这篇杂文的最后一行文字，回响着《狂人日记》最后一行文字的声音：

没有吃过人的孩子，或者还有？

救救孩子……[2]

---

[1] 鲁迅：《随感录·四十》，《鲁迅全集》，第1卷，第338—339页。

[2] 鲁迅：《狂人日记》，《鲁迅全集》，第1卷，第454—455页。

国民性问题

"要我们保存国粹，也须国粹能保存我们。"

鲁迅在他的杂文中探讨的另外一个主题是关于国民性的问题。可以说，在他赴日本留学之前开始接触西方思想那天起，鲁迅的脑子里就不断思考国民性的问题，他刚到日本就与挚友许寿裳深入讨论了这一问题。在新文化运动初期，进步知识分子遇到了很多反对者，其中声调最高的是那些主张保存民族特性的人，"国粹"就是他们所使用的术语。认识到"国粹派"所做的努力就是为了阻挡激进的变革，鲁迅和他的《新青年》同仁们发动了一场反攻，杂文《随感录·三十五》是鲁迅献给这场战斗的第一份礼物：

> 从清期末年，直到现在，常常听人说"保存国粹"这一句话。
>
> 前清末年说这话的人，大约有两种：一是爱国志士，一是出洋游历的大官。他们在这题目的背后，各各藏着别的意思。志士说保存国粹，是光复旧物的意思；大官说保存国粹，是教留学生不要去剪辫子的意思。
>
> 现在成了民国了。以上所说的两个问题，已经完全消灭。所以我不能知道现在说这话的是那一流人，这话的背后藏着什么意思了。
>
> 可是保存国粹的正面意思，我也不懂。
>
> 什么叫"国粹"？照字面看来，必是一国独有，他国所无的事物了。换一句话，便是特别的东西。但特别未必定是好，何以应该保存？
>
> 譬如一个人，脸上长了一个瘤，额上肿出一颗疮，的确是与众不同，显出他特别的样子，可以算他的"粹"。然而据我看来，还不如将这"粹"割去了，同别人一样的好。

倘说：中国的国粹，特别而且好；又何以现在糟到如此情形，新派摇头，旧派也叹气。

倘说：这便是不能保存国粹的缘故，开了海禁的缘故，所以必须保存。但海禁未开以前，全国都是"国粹"，理应好了；何以春秋战国五胡十六国闹个不休，古人也都叹气。

倘说：这是不学成汤文武周公的缘故；何以真正成汤文武周公时代，也先有桀纣暴虐，后有殷顽作乱；后来仍旧弄出春秋战国五胡十六国闹个不休，古人也都叹气。

我有一位朋友说得好："要我们保存国粹，也须国粹能保存我们。"

保存我们，的确是第一义。只要问他有无保存我们的力量，不管他是否国粹。①

鲁迅在他的杂文和小说中不断表现这一主题，最引人注目的就是在他最著名的小说《阿 Q 正传》中，鲁迅描写了主人公阿 Q 显著的一个特点是他头上那块使他比别人"高尚"的、光亮通红的癞疮疤。

在 1925 年撰写的《看镜有感》中，鲁迅指出，国人不管中国的习俗变得多么过时还是要固守着它们，他们对来自外国的事物充满恐惧。当然，某些历史阶段的中国人并不这样保守，在汉代和唐代，中国人的心胸比其他时代更加闳放。在汉代，人们毫无顾忌地在艺术设计上使用新来的动物和植物；而在唐代皇帝的陵墓上甚至刻上了外来的鸵鸟形象。在汉唐时期，人们遇见来自国外的新颖奇特的事物时，"就如将彼俘来一样，自由驱使，绝不介怀"，人们有足够的信心，而不忧虑被外国人同化。但是"一到衰弊陵夷之际，神经可就衰弱过敏了，每遇外国东西，便觉得仿佛彼来俘我一样，推拒，惶恐，退缩，逃避，抖成一团，又必想一篇道理来掩饰，而国粹遂成为屠王和屠奴的宝贝"。②

---

① 鲁迅：《随感录·三十五》，《鲁迅全集》，第 1 卷，第 321—322 页。
② 鲁迅：《看镜有感》，《鲁迅全集》，第 1 卷，第 209 页——译注。

现在的屠杀者

"杀了'现在',也便杀了'将来'"。

在另外一篇杂文《现在的屠杀者》中，鲁迅对那些提倡使用白话创作文学作品的观点表示了声援。白话文学问题最初是由胡适在他的那篇《文学改良刍议》中提出的，该文发表在 1917 年 1 月的《新青年》第 2 卷第 5 号上，当时作者还是一名留学美国的学者。回到中国后，胡适成为早期《新青年》杂志编辑部的关键人物，直到 1922 年编辑部发生了左派与右派的分裂之后，他才退出了编辑部。胡适还是北京大学的哲学教授。胡适的《文学改良刍议》比较关注声调问题，并列出了新文学家应该抛弃的"八事"，其中的一"事"就是"不避俗字俗语"。

在 1917 年 2 月《新青年》第 2 卷第 6 号上，陈独秀发表文章旗帜鲜明地支持胡适，呼唤文学革命的到来。以下是这篇文章被引用最多的一段文字，它揭示了陈独秀思想的要旨：

> 余甘冒全国学究之敌，高张"文学革命军"大旗，以为吾友之声援。旗上大书特书吾革命军三大主义：
>
> 曰，推倒雕琢的、阿谀的贵族文学，建设平易的、抒情的国民文学；
>
> 曰，推倒陈腐的、铺张的古典文学，建设新鲜的、立诚的写实文学；
>
> 曰，推倒迂晦的、艰涩的山林文学，建设明了的、通俗的社会文学。①

---

① 本书原著的注释这段引文转引自胡适的《中国的文艺复兴》一书。译者使用的这段引文引自陈独秀：《文学革命论》，1917 年 2 月《新青年》第 2 卷第 6 号——译注。

胡适曾经设想他所倡导的文学革新运动需要十年时间才可能取得成功，但事实上在胡适和陈独秀发表上述两篇文章之后的两年，中国年轻一代作家纷纷用白话文取代文言文来创作新文学作品。鲁迅在早期的《新青年》上发表了两首白话新诗，① 而胡适更是白话诗歌创作的先驱者。在中国，虽然用白话写作长篇小说和短篇小说已有几百年的历史，但是这些小说中包含了太多的古语，因此不适合作为现代白话文学的范本，现代白话文学应该以现代口语作为它的基础。

新文化运动的反对力量迟迟不愿意出场。《新青年》杂志的几个通讯栏目刊登过一些站在折中主义立场批评白话文学的来信，它们提出了各种妥协性观点；除了这些之外，在好几个月中并没有出现任何反对白话文运动的文章。这是因为保守派并没有认识到白话文文学会给传统文学带来多么巨大的挑战，他们中的多数人有可能听说过《新青年》，但没有翻阅过它，以为它只是一个小小的异端派别的机构。另外一些保守派虽然反对用白话文取代文言文，但他们选择了不理睬的策略，希望白话文倡导者会自生自灭。但是，白话文的挑战越来越严峻，保守派不能再完全置之不理，这样他们就发起了反攻。不过，即便在那时，对白话文运动的真正反对声音还是由《新青年》编者自己来引发的。

鲁迅的老朋友钱玄同使用笔名王敬轩给《新青年》编辑部写了一份公开信，表达了对使用白话进行文学创作的批评。《新青年》编辑刘半农写的《复王敬轩书》对王敬轩的观点进行了猛烈的批驳。

钱玄同化名王敬轩写的来信，一开始就指责年轻人迷醉于亵渎圣贤书籍、挑战儒家道德。在这封信中，他对年轻女性横加抨击，罗列了她们一大堆缺点：颂扬"新学"，追求选择丈夫的自由，剪掉头发，随意在街上行走并去新式学校上学。王敬轩的来信还包含了对新文化运动其他方面的批评，它当时没有被读者看出是一场"双簧戏"，堪称是一个奇迹。不过，这封信的确达到了预期的效果。不久之后，林纾（林琴南）亲自出马来捍卫文言文的地位，

---

① 本书原著这一表述有误，鲁迅在早期《新青年》上发表的新诗有 5 篇，它们是 1918 年 5 月《新青年》第 4 卷第 5 号上发表的《梦》、《爱之神》、《桃花》，1918 年 7 月《新青年》第 5 卷第 1 号上的《他们的花园》和《人与时》——译注。

此公正是那位在 20 世纪初期把 100 多部外国文学作品译成古文的翻译大家。

　　林纾首先致信北京大学校长蔡元培，批评蔡元培让那些激进派人士垄断北大文科的教职，他对新文化人士的抨击集中在两点上：一是反对儒家学说，二是提倡白话文。不久，林纾发表了两篇刻薄地讽刺年轻的新文化界知识分子的小说，在第二篇小说中，主人公荆生是一位伟岸的大丈夫，他窥探到了一群年轻人正在他家附近郊游，他们正闲聊着废除文言文的必要性，并对孔子施以恶毒的咒骂。荆生阔步走出家门，先是严厉地训斥了他们，接着又痛打了他们一顿。在给予了这些人各种身体上的惩罚之后，他咆哮道："今日吾当以香水沐我手足，不应触尔背天反常禽兽之躯干。"① 在发出可怕的威胁之后，荆生看着这群年轻人沿着山坡仓皇逃离。

　　林纾这种辱骂式的攻击证明了他在论争中的失败，也表明了他希望官方用什么样的方式来处置新文化运动的领袖们。在给小说写的简短结尾部分，林纾衷心地呼吁真正的伟丈夫荆生出来处置那些自命不凡的、异端的年轻人，但让他失望的是，军阀政府并不敢像他所希望的那样去做。

　　林纾对文学改革的攻击远没有像人们预想的那样持久而严肃，任何此后这类的攻击都不能改变年轻的新文化运动倡导者进行文学革新的热情。所有的这一切努力证明了两件事：一是新文化运动已经在年轻的知识分子中获得了坚定的支持，即使是那些控制着政府的少数保守派对他们展开辱骂性的攻击，他们也是不可能被征服的；二是在公开的论战中，那些正统的统治阶级的代表与新文化运动年轻的领袖们已经无法匹敌。

　　鲁迅对于白话文运动的主要贡献是他在运动最初的几年里创作了一批短篇小说和杂文，他创作于 1919 年的杂文《随感录·五十七》对白话文运动的反对派作了直接的批判：

　　　　高雅的人说，"白话鄙俚浅陋，不值识者一哂之者也。"

　　　　中国不识字的人，单会讲话，"鄙俚浅陋"，不必说了。"因为自己不

---

① 林纾：《荆生》，载上海《新申报》1919 年 2 月 17—18 日。1919 年 2 月 4 日至 1920 年 3 月 16 日，上海《新申报》为林纾特设小说专栏"蠡叟丛谈"，专栏共刊出 219 期，发表林纾短篇小说 58 篇——译注。

通，所以提倡白话，以自文其陋"如我辈的人，正是"鄙俚浅陋"，也不在话下了。最可叹的是几位雅人，也还不能如《镜花缘》里说的君子国的酒保一般，满口"酒要一壶乎，两壶乎，菜要一碟乎，两碟乎"的终日高雅，却只能在呻吟古文时，显出高古品格；一到讲话，便依然是"鄙俚浅陋"的白话了。四万万中国人嘴里发出来的声音，竟至总共"不值一哂"，真是可怜煞人。

　　做了人类想成仙；生在地上要上天；明明是现代人，吸着现在的空气，却偏要勒派朽腐的名教，僵死的语言，侮蔑尽现在，这都是"现在的屠杀者"。杀了"现在"，也便杀了"将来"。——将来是子孙的时代。①

　　当然，鲁迅绝对不是新文化运动先驱者集团成员中唯一在自己的小说和杂文中抨击旧秩序的人。譬如来自四川的吴虞就在《新青年》及其他刊物上写了好几篇文章，揭示儒家意识形态不合时宜的特性。几年之后，鲁迅与周作人参与创办了新的期刊《语丝》和《莽原》，为更多年轻作家提供了自由表达思想的机会。

　　自然，新文化运动早期文章中所表达的某些思想具有走极端和不成熟的特点，比如有些新文化运动的领导者主张废除汉字，而赞成采用拼音文字系统。

---

① 鲁迅：《现在的屠杀者》，《鲁迅全集》，第 1 卷，第 366 页。

《孔乙己》和《药》

在咸亨酒店

鲁迅的第二篇小说《孔乙己》写于 1918 年末，发表在 1919 年 4 月《新青年》第 6 卷第 4 号上。小说叙述了一个旧式文人为了科举考试毕其一生学习古文经典，但却连最初级的功名秀才也没有考中的悲剧故事。这位旧式文人最终变得穷困潦倒，靠帮别人抄书而勉力维持生存，当这项营生不能满足他喝酒的嗜好时，他便从雇主家偷书去变卖。小说的叙述者是孔乙己常去光顾的一个当地小酒店的小伙计。

在小说的结尾处，孔乙己因为偷窃书本而遭到了被痛殴的惩罚，他的双腿被打断后，只好坐在一个蒲包垫子上，用双臂支撑着来行走。最后，他不再在酒店出现，人们说他已经死了。

小说的标题《孔乙己》采自印刷在初学写字的孩子临摹字帖描红纸上开头的一些字：上大人孔乙己……由于这个短语就在孔乙己三个字上断句了，因此它们是没有什么含义的。孔是孔子的姓氏，孔乙己这个绰号就被赠送给了小说中那位时时显摆自己学问的文人。

孔乙己的原型是一位生活中被大家称作孟夫子的人，孟子是被后人称作儒家学派第二重要哲学家的圣人。孟夫子也是一个绰号，因为那位读书人像孔乙己一样喜欢使用文言文显示他的学问。鲁迅的许多小说都具有一定程度的自传特性，作品的出发点通常是从他自己的经历中借用的某一事件和某个人物；不过，他通常都不会按照真实的生活内容那样写下去。鲁迅所要做的下一步的工作是，巧妙地表现他对小说所置身的那个时代的体察和感知。

鲁迅青少年时代在自己那个衰败的大家族所熟知的一些人物与孔乙己有着相似性。当周家走向破落后，许多家产只好被变卖，鲁迅的好几位本家叔叔就如同孔乙己一样走完了自己的人生。这些人受到家族的鼓励，于是他们把一切希望都寄托在科举考试上，他们所学的只有八股文，未能掌握一些别的营生和技能，以备在科举考试道路走不通时可以养活自身。当时人们经常说的格言是："万般皆下品，唯有读书高。"在科举考试制度被废除之后，这样过分倚重读书的思想已经过时了，但是一直到鲁迅写作《孔乙己》的时代以及之后的时代，这种思想仍然被很多人所信奉和坚持着。

虽然孔乙己是一个在酒店中被其他顾客所嘲弄的人，但他是一个不坏的人。他很乐于教酒店小伙计写"茴香豆"（一种很受欢迎的绍兴酒下酒物）的"茴"字，而且当他吃"茴香豆"时，也愿意跟围在他身边的孩子们分享这种美味。

鲁迅意识到像孔乙己这样的人正是社会的牺牲品，他应受到怜悯而不该被鄙视。假如鲁迅是一位西方人士，他很可能会说这样的一句谚语："若无上帝的眷顾，我也难以免除不幸。"至于小说里的酒店小伙计，他是这样提到孔乙己的：

> 掌柜是一副凶脸孔，主顾也没有好声气，教人活泼不得；只有孔乙己到店，才可以笑几声，所以至今还记得。①

鲁迅在小说中用很多细节描绘了酒店里的各种情态，比如酒店老板怎样期望小伙计偷偷摸摸地往酒中兑水，那些比较有钱的顾客怎样被迎进酒店柜台后面的房子里坐在桌前喝酒，而像孔乙己这样的人只能在酒店柜台之外站着喝酒。很有可能鲁迅在少儿时代曾经站在这样的酒店门口外往里边看过。小说中的第一人称叙述者"我"当然不可能是鲁迅本人，鲁迅从来没有过在酒店当小伙计的经历。

---

① 鲁迅：《孔乙己》，《鲁迅全集》，第 1 卷，第 457—458 页。

《孔乙己》发表时，鲁迅在作品后面写了一个"附记"，声明他的小说只是一篇短文，它只是对社会上某一种特殊生活的描写，并无其他隐含的深意。鲁迅这样做，可以说是对林琴南的一个犀利的回击，后者曾经借助他的几篇小说发起了对新文化运动领袖的攻击。

《药》

"包好！包好！"

在《孔乙己》之后，鲁迅创作的下一篇小说是《药》，它发表在 1919 年 5 月《新青年》第 6 卷第 5 号上。这真是一篇令人感到惊恐的小说，它乃是以 1908 年女革命家秋瑾在绍兴的被处死的故事[1]为蓝本而创作的作品。秋瑾死亡的消息让当时还在日本的鲁迅感到非常不安，他参加了在东京举行的抗议清政府残害秋瑾的集会，这方面的内容在本书前面已有描述。秋瑾的被害激起了年轻革命者们的怒火，但是这一事件对于普通的中国大众几乎没有任何影响，即使是秋瑾就义之地的绍兴民众也是如此。鲁迅对这些民众的无知充满着忧虑，正是无知使得他们视那些革命烈士为恶魔或者普通的疯子。

在鲁迅的小说《药》中，烈士的姓名从秋瑾改成了夏瑜，而且烈士也由女性变成了男子。但是，这篇小说毫无疑问写的是秋瑾的故事，因为在汉语中"瑾"和"瑜"这两个名字的汉字有密切关联。秋瑾和另外一位在此之前不久被处死的革命者徐锡麟都来自绍兴，他们都与鲁迅相识。

在小说《药》中，回荡着不少《狂人日记》的回音。当狂人挑战那些吃人者时，他大喊着："你们可以改了，从真心改起！要晓得将来容不得吃人的人，活在世上。"[2]与此相似的是，夏瑜对狱吏"红眼睛"阿义说："这大清的

---

① 本书原著这一表述有误，秋瑾是 1907 年 7 月 15 日被清政府处决的——译注。

② 鲁迅：《狂人日记》，《鲁迅全集》，第 1 卷，第 453 页——译注。

天下是我们大家的。"当狱吏给了他两个嘴巴后，他还说狱吏"可怜可怜"，这表明他对于这位无知而愚昧的狱吏满怀着悲悯。

当茶馆顾客之一的康大叔给其他顾客讲述夏瑜的故事后，其中的一位顾客说夏瑜"简直是疯了"，另外一位顾客也赞同这样的看法，他们只能这样看待夏瑜的遭遇。茶馆店主华老栓和他的妻子对夏瑜的遭遇也是无动于衷的，与此相对照，他们对刽子手康大叔却是非常恭敬，因为这对夫妇认为康大叔帮助他们救活了他们的儿子小栓的性命。在那天清晨太阳出来之前，华老栓离家前往刑场，带着一家辛苦赚来的 60 元钱，① 去购买用刚刚被处决的犯人夏瑜的鲜血蘸过的馒头，并把人血馒头带回家给他身患肺结核重症的儿子小栓服用。把人血馒头卖给华老栓的康大叔一直保证说"包好，包好"，当然，小栓最终还是命丧黄泉。

在小说的结尾部分，夏瑜的母亲和小栓的母亲在城外小山偶然相遇了，这个地方是埋葬犯人和穷人死者的坟地，当时是清明节，人们都要前往过世家人的坟地祭祀死者。坟地的景观相当地寒冷和荒凉。令夏瑜母亲惊讶的是，她看到了儿子的坟顶上有一些花朵，她无法想象献花的人是怎么来到这里的。坟顶上的花朵虽然不多，但圆圆地排成了一个圆圈。

后来，鲁迅在一篇文章中提到了《药》的结尾：

> 在我自己，本以为现在是已经并非一个切迫而不能已于言的人了，但或者也还未能忘怀于当日自己的寂寞的悲哀罢，所以有时候仍不免呐喊几声，聊以慰藉那在寂寞里奔驰的猛士，使他不惮于前驱。至于我的喊声是勇猛或是悲哀，是可憎或是可笑，那倒是不暇顾及的；但既然是呐喊，则当然须听将令的了，所以我往往不恤用了曲笔，在《药》的瑜儿的坟上平空添上一个花环……②

鲁迅在小说《药》中创造出了一种几乎令人窒息的黑暗、阴郁、绝望氛

---

① 本书原著这一表述不够准确，小说《药》只写到华老栓拿了一包钱，并未写具体数目——译注。

② 鲁迅：《呐喊·自序》，《鲁迅全集》，第 1 卷，第 441 页。

围。茶馆顾客们的言谈充满了无知和愚昧，只是写到小栓父母对孩子的挚爱时，这种对群众无知愚昧的书写才有所淡化。作品写到小栓的母亲心里充满了对丧失儿子的恐惧，当听到别人提到"肺结核"这个词汇时，她不由地心里一惊；而小栓的父亲老栓则去执行购买人血馒头这样恐怖的任务，他可以不计一切代价去做任何能够拯救儿子性命的事情。

从历史事实来看，说秋瑾死后没有什么人感到悲伤是不完全真实的，她在大通学堂任教时的一些学生对她的死亡肯定是悲痛万分的，而且很可能其中的一些学生爬上龙山，秘密地给她的坟墓献上了花圈。鲁迅的一位学生记载了自己少年时代曾经来到秋瑾的坟地，看到过她的白色棺材。不过，鲁迅的小说有一点确实是真实的，那就是直到辛亥革命之前的那些年，共和党人几乎没有尝试去动员大众以获得他们的支持，只是在军队中还有一些军官同情他们的革命事业。

"五四运动"
（1919）

中国现代历史的转折点

1919 年 5 月 4 日北京学生的示威游行，被后人描述成中国现代历史的分水岭，它至少具有了与 1911 年清王朝的覆灭一样重要的地位。"五四运动"扩大了中国革命的范围，从此，反对外国帝国主义与反对军阀、反对封建主义的社会革命紧密地联系在一起了。

激发"五四运动"的催化剂不是中国国内的事件，而是协约国在巴黎凡尔赛和会上对待中国的不公正态度，协约国列强并不准备把以前被德国占领的山东胶州地区，包括具有战略地位的青岛港归还中国，而是准备把它作为战利品授予日本（其实在第一次世界大战期间日本已经从德国手里夺取了这一区域，作为它对于协约国的支持）。当中国代表团在凡尔赛会议上争辩说把胶州地区转给日本不合法的时候，日本人其实已经在北京与中国的军阀政府达成秘密协议，后者乐意接受日本提出的臭名昭彰的"二十一条"，让日军占领山东的胶州地区就是这份协议的一项内容。

当凡尔赛会议上西方列强对中国的不公正消息传到北京后，它激起了全国民众的怒火。5 月 4 日那天，几百名学生聚在一起商讨怎样为国家的耻辱做些补救的事，他们决定给在凡尔赛参加会议的中国代表团拍电报，抗议协约国对中国的不公正立场，并敦促中国代表团，如果巴黎和会不取消关于把山东胶州转让给日本的决定，就拒绝在和平条约上签字。

来自北京 13 所大专院校的 5000 多名学生[1]游行队伍走向北京街头，高喊着"收回胶州"和"惩治卖国贼曹汝霖"等口号。曹汝霖是北洋军阀政府的交通部总长和当时的中国银行总经理。[2] 曹汝霖在当时以亲日派著称，1915 年就是他帮助日本政府策划了臭名昭彰的"二十一条"。由于前往使馆区受阻，游行队伍转向曹汝霖的住宅，一群学生闯了进去。曹汝霖本人逃走了，但是他家的客人、中国驻日大使陆宗舆遭到了学生的痛殴，学生们接着焚烧了曹宅。当警察赶到现场时，只有 10 名游行学生留在那里，他们都被警察逮捕了。

紧接着，北京全体学生举行了大罢课，罢课运动迅速传播到全国主要城市，随后产业工人、白领职员、商店店主和他们的雇员也加入了抗议队伍中来。抵制日货运动风起云涌，人们拒绝购买日本货物和使用日本设备。此时担任北京大学校长的不是别人正是曹汝霖，他为抗议政府逮捕学生而辞去了校长职务。[3] 中国政府只好把是否在巴黎和会上签字的处置权交给了在凡尔赛的中国代表团。在巴黎的中国留学生一天 24 小时围在中国代表团驻地的使馆区，因此中国代表团没有参加巴黎和会的签字仪式。这让美国总统伍德罗·威尔逊大为不安，他一直希望中国作出牺牲以诱使日本加入国际联盟；不过具有讽刺意味的是，威尔逊总统却未能敦促自己的国家加入国际联盟。

中国代表团拒绝在巴黎和约上签字，这只是"五四运动"最初取得的有限胜利，这个运动另外一个胜利是在 5 月 7 日政府释放了被关押的学生。不过，"五四运动"更重大的胜利是，促使反抗外国列强军事入侵和经济扩张的爱国运动扩大到了全国范围。爱国学生所反抗的列强不仅包括日本，也包括诸如英国和美国等在凡尔赛会议上纵容日本对中国提出无理要求的西方列强。"五四运动"中涌现出来的年轻人尤其是知识分子受到中国人的热烈拥戴，而诸如北洋政府总统徐世昌等反对"五四运动"的人在国人中的影响却与日俱

---

① 更准确的描述为来自 13 所学校的 3000 多名学生——译注。

② 本书原著这一表述有误，曹汝霖在 1919 年"五四运动"前夕担任的是交通银行总经理职务——译注。

③ 本书原著这一表述有误，1919 年"五四运动"爆发后的 5 月 8 日，为抗议北洋政府逮捕学生而愤然辞职的北京大学校长是蔡元培，而不是曹汝霖；事实上，曹汝霖正是"五四运动"要打倒的对象——译注。

减。新文化运动的领袖不再有理由感到自己是势单力薄了。"五四运动"也促使更多年轻的知识分子加入到新文学运动中来，因此在那之后的几年间大量的新文学杂志如雨后春笋般涌现出来，白话终于赢得了对文言文的决定性胜利。

鲁迅当时是教育部的政府官员，他错过了1919年5月4日那天的学生示威活动，但是他的朋友孙伏园参加了那一天在天安门的示威游行，当活动刚一结束，他就去拜访了鲁迅，鲁迅仔细地向孙伏园了解了在天安门广场上所发生的一切。

"五四运动"之后不久，鲁迅在1919年6月的《新潮》上发表了小说《明天》，[①]《新潮》是当时刚刚由北京大学的一群学生创办的杂志。《明天》是一篇比《药》还更让人感到痛苦的小说，在这篇作品中，几乎找不到能够缓解绝望感的内容。作品写贫穷的寡妇单四嫂子在3岁的儿子夭折前后的遭遇，她先是经历了江湖医生的欺骗，这位庸医完全误诊了她儿子的病症；接着在单四嫂儿子死后，一群小镇上的居民利用她的不幸而自肥，他们假装帮助埋葬夭折的小孩，从中榨取每一厘钱。鲁迅带着深深的同情和细心表现着这位悲剧女主人公的思想，描写儿子夭亡后她对未来幸福生活的最后一点期望是怎样被夺走，描写她独自生活在空旷的房子里，仅剩下的希望是自己睡着后能够与死去的儿子在梦中相见。

在鲁迅的创作生涯中，他从来没有停止向中国读者译介外国文学作品和文学评论。鲁迅所译的大量欧洲文学是从日语中转移的，但是他也直接翻译了30多种日本作家的文学作品和理论著作。1919年8月，鲁迅开始翻译武者小路实笃的剧本《一个青年的梦》，到1920年1月，他完成了这部作品的翻译工作，然后在北京的《国民丛报》上连载发表。[②]《一个青年的梦》在此之

---

① 本书原著这一表述有误，鲁迅的小说《明天》创作于1919年6月，刊载在1919年10月《新潮》杂志的第2卷第1号上——译注。

② 本书原著对鲁迅的译作《一个青年的梦》发表情况的介绍不够准确，具体的情况是：译作最初是从1919年8月15日起在《国民公报》(本书原书误写为《国民丛报》)上逐日连载，到10月25日，该报被禁止出版，译作连载也随即中止；后来鲁迅把《一个青年的梦》第四幕交由《新青年》，1920年1月至4月从第7卷第2号到第5号分4次发表。参阅鲁迅《〈一个青年的梦〉后记》，《鲁迅全集》，第10卷，第206—207页——译注。

前还没有被译成其他任何外国文字，然而鲁迅在给这部作品写的译者序言中说，他看完剧本"很受些感动：觉得思想很透彻，信心很坚固，声音也很真"，① 虽然鲁迅并不赞成作者在作品中表达的所有思想。鲁迅还翻译了日本作家芥川龙之介著名的小说《鼻子》和《罗生门》。

鲁迅翻译过好些文学批评和文学理论方面的日语著作。比如1924年，他翻译了厨川白村的著作《苦闷的象征》。这本书的作者是东京帝国大学的教授，② 他曾经在美国留学，后来死于1923年的东京大地震。厨川白村写过几部文艺创作心理学的著作，在这部蕴含丰厚的《苦闷的象征》中，它的一个重要主题是：艺术家的生命力受了压抑而生的痛苦，乃是艺术创作的根柢。很显然，象征主义是厨川白村著作所广泛采用的理论范式。

---

① 鲁迅：《一个青年的梦·译者序》，《鲁迅全集》，第10卷，第209页——译注。
② 本书原著这一表述有误，厨川白村1919年在美国获得博士学位后回到日本，担任京都帝国大学教授，而不是东京帝国大学教授——译注。

鲁迅告别绍兴

鲁迅小说《故乡》的背景

1919 年 12 月，鲁迅返回绍兴帮助家人出售家庭剩余财产，并把母亲和其他亲属接到北京共同生活。在这一年中，鲁迅一直在寻找能够供全家众多成员一起生活的房子，毕竟他们不能一直居住在绍兴会馆中。到了 1919 年 7 月份，鲁迅终于选定了北京中心城区西北部新街口附近的八道湾一处房子，他选中这处房子是因为它有足够多的房间供家人居住，且有足够大的花园面积供他两位弟弟的孩子们玩耍。最后在 11 月份，鲁迅支付了 3500 元购房款，以及房屋买卖代理人 175 元的费用，购房的事情就算办好了。

鲁迅于 1 月 1 日离开北京，[①] 回到绍兴已经是 4 天后的夜晚。鲁迅的这次回乡构成了他最著名的小说之一《故乡》的背景，这篇小说发表在 1921 年年初，在作品中他叙述了自己最后一次返回故乡绍兴的情形。

当他达到故乡的郊区时，阴郁的天气和屋顶上枯草的断茎映衬着他忧伤的情感。他的母亲和其他家庭成员都来迎接他，母亲告诉他为搬家所做的准备工作已经完成，闰土（即运水）要来运走炉灶中的草灰当做种地的肥料。听到闰土的名字，他脑海中浮现出了一幅美丽的图画：晴空下的海滩上有五彩缤纷的贝壳，碧绿的西瓜地里有浑身长毛的猹在啃咬西瓜。但是当闰土到来后，他发现自己小时候处得最好的玩伴已经成了一位操劳过度的农民，已

---

① 本书原著这一表述有误，查鲁迅日记，他这次离京的时间是 1919 年 12 月 1 日，见《鲁迅全集》，第 15 卷，第 385 页——译注。

经当了自己家庭的一家之主，竟然对着自己儿时最亲密的"迅哥儿"喊出了"老爷"。

不过，《故乡》只是一篇小说，闰土的原型（运水）很可能在鲁迅这次短暂居住绍兴期间并没有出现过。鲁迅使用这一情节，是为了呈现存在于知识分子和农民之间的鸿沟。鲁迅的侄子宏儿与闰土的儿子水生一起玩耍的情节也是虚构的，鲁迅根本就没有一位叫宏儿的侄子。鲁迅虚构宏儿这一角色，是为了突出一点，即在宏儿与水生这两个孩子之间还没有形成鸿沟，这样的鸿沟在未来也不应该出现。在小说中，鲁迅描述了他们的船只离开绍兴时的景象：

> 老屋离我愈远了；故乡的山水也都渐渐远离了我，但我却并不感到怎样的留恋。我只觉得我四面有看不见的高墙，将我隔成孤身，使我非常气闷；那西瓜地上的银项圈的小英雄的影像，我本来十分清楚，现在却忽地模糊了，又使我非常的悲哀。
>
> 母亲和宏儿都睡着了。
>
> 我躺着，听船底潺潺的水声，知道我在走我的路。我想：我竟与闰土隔绝到这地步了，但我们的后辈还是一气，宏儿不是正在想念水生么。我希望他们不再像我，又大家隔膜起来……然而我又不愿意他们因为要一气，都如我的辛苦展转而生活，也不愿意他们都如闰土的辛苦麻木而生活，也不愿意都如别人的辛苦恣睢而生活。他们应该有新的生活，为我们所未经生活过的。[1]

当然，正如鲁迅在《故乡》里所写的那样，他的确去拜访了不少亲戚和老朋友，他处理了不少堆积在家里很多年的纸张这样的事情也的确发生了。如前面所言，鲁迅确实焚毁了相当多的物件，如果其中的一些物件没有被毁掉的话，它们会是无价之宝，譬如其中包括的一些木板印刷品。[2]

---

[1] 鲁迅：《故乡》，《鲁迅全集》，第 1 卷，第 510 页。
[2] 指的是鲁迅 1915 年出版的学术著作《会稽郡故书杂集》的刻书木板——译注。

鲁迅的确是带着母亲回北京的，不过从绍兴出发的船上坐着 7 人而不是 3 人。除了鲁迅和母亲外，他们这个搬家队伍中还包括了小弟弟周建人夫妇及其孩子们，但不包括周作人、他的妻子以及他们的孩子们，他们此时在周作人妻子的日本娘家探亲，后来他们一家才回到八道湾与鲁迅他们一起居住。①

船只离开绍兴后，载着鲁迅他们这一行 7 人来到杭州附近，在那里他们上了渡船穿过钱塘江来到杭州城里；从杭州他们乘坐列车前往南京，在那里他们再次上渡船过了长江；然后踏上从浦口到天津，最后从天津到北京南站②的两段火车旅程。

尽管要面对与妻子相处的困难局面，但鲁迅当时一定是非常快乐的，因为他能再次和自己的这个大家庭生活在一起了，他应该会回想起年少时代与家人一起生活的那些幸福时光。他的母亲应该会更加快乐，毕竟能够同她的 3 个儿子、她的儿媳妇、她的孙子孙女们生活在一起了。不幸的是，这样其乐融融的大家庭生活只维持了 3 年半时间就结束了。

1920 年 7 月，皖系军阀部队与直系和奉系军阀联军在北京郊外爆发了激烈的战事，战败后皖系势力被赶下政府权力宝座，吴佩孚取代段祺瑞掌握了政权。军阀之间的战事非常险恶，鲁迅只好带着家里年轻的妇女和孩子们躲进协和医院去避难。还好，他们在协和医院没有呆太久就回家了。

《一件小事》、《风波》和《头发的故事》

在这前后，鲁迅创作了《一件小事》，这篇作品的基本意图是描述几年前

---

① 本书原著这一表述有误，周作人一家于 1919 年 4 月 20 日从绍兴前往日本省亲。查鲁迅日记，周作人一家于这一年的 8 月 10 日从日本回到北京（见《鲁迅全集》，第 15 卷，第 376 页）；这年的 11 月 21 日，鲁迅与周作人一家一道移入八道湾居住（见《鲁迅全集》，第 15 卷，第 384 页）——译注。

② 本书原著这一表述有误，鲁迅在日记中记载他们一行于 1919 年 12 月 29 日中午抵达前门火车站，而不是北京南站，见《鲁迅全集》，第 15 卷，第 387 页——译注。

发生在北京的一件事情。小说讲述作品主人公正坐在人力车上赶往教育部上班，① 突然一位头发花白、衣服破旧的妇女从人力车前方横冲过来，虽然人力车夫已经努力避让她了，但是人力车的车把还是勾住了那位妇女的衣服，因此她重重地摔倒在地上：

　　伊伏在地上；车夫便也立住脚。我料定这老女人并没有伤，又没有别人看见，便很怪他多事，要自己惹出是非，也误了我的路。

　　我便对他说，"没有什么的。走你的罢！"

　　车夫毫不理会，——或者并没有听到，——却放下车子，扶那老女人慢慢起来，搀着臂膊立定，问伊说：

　　"您怎么啦？"

　　"我摔坏了。"

　　我想，我眼见你慢慢倒地，怎么会摔坏呢，装腔作势罢了，这真可憎恶。车夫多事，也正是自讨苦吃，现在你自己想法去。

　　车夫听了这老女人的话，却毫不踌躇，仍然搀着伊的臂膊，便一步一步的向前走。我有些诧异，忙看前面，是一所巡警分驻所，大风之后，外面也不见人。这车夫扶着那老女人，便正是向那大门走去。

　　我这时突然感到一种异样的感觉，觉得他满身灰尘的后影，刹时高大了，而且愈走愈大，须仰视才见。而且他对于我，渐渐的又几乎变成一种威压，甚而至于要榨出皮袍下面藏着的"小"来。

　　我的活力这时大约有些凝滞了，坐着没有动，也没有想，直到看见分驻所里走出一个巡警，才下了车。

　　巡警走近我说，"你自己雇车罢，他不能拉你了。"

　　我没有思索的从外套袋里抓出一大把铜元，交给巡警，说，"请你给他……"

　　风全住了，路上还很静。我走着，一面想，几乎怕敢想到我自己。

---

　　① 本书原著这一表述不够准确，鲁迅的《一件小事》只交代主人公雇人力车赶往北京城的S门去，并没有直接说是赶往教育部上班。原书作者还是把《一件小事》所写的故事与鲁迅本人的生活等同起来了——译注。

以前的事姑且搁起，这一大把铜元又是什么意思？奖他么？我还能裁判车夫么？我不能回答自己。

　　这事到了现在，还是时时记起。我因此也时时熬了苦痛，努力的要想到我自己。几年来的文治武力，在我早如幼小时候所读过的"子曰诗云"一般，背不上半句了。独有这一件小事，却总是浮在我眼前，有时反更分明，教我惭愧，催我自新，并且增长我的勇气和希望。[1]

　　先不论鲁迅所描写的这件事情是否真的发生过，这篇作品的确带有强烈的自我批判性，表明作品主人公"我"也意识到自己是典型的特权阶级，对于像人力车夫和老妇人这样的下层民众怀有十分傲慢的态度。在鲁迅与许寿裳留学日本时期关于国民性的讨论中，他们都认为中国社会缺乏对别人的关爱与同情。在作品中的人力车夫身上，鲁迅表现了他已经具备了关爱和同情别人的素质，就如同《药》坟顶上的那个花圈显示着对未来的信念一样，人力车夫的这种优良素质呈现出了未来社会希望的光芒。

　　1920 年 8 月，蔡元培聘请鲁迅担任北京大学国文系讲师，当时陈独秀正担任着文科学长。这就意味着新文化运动的许多领袖，包括胡适、刘半农、鲁迅和周作人等都在北京大学获得了教职，这有利于巩固新文化运动并为它的发展提供更好的机会。鲁迅在北京大学担任的不是全职教师，在随后的几年里他还继续在教育部任职。

　　1920 年，鲁迅还创作了另外两篇小说《风波》和《头发的故事》。这两篇作品都是以鲁迅近些年的经历为基础进行的写作。《风波》叙述的是 1917 年张勋试图恢复清王朝的统治这一事件给一个遥远的河边村落带去短暂混乱的故事。小说的主人公七斤是一名当地的农民，他比一般农民都更具有进取精神，他靠每日帮人撑船进城谋生，他从城里带回乡村的不仅有各种货物，还有来自各地的最新的小道消息。有一天，七斤为自己是第一个传播皇帝坐了龙庭消息的人感到自豪；但是让他颇感为难的是自己没有了辫子，他此前进城时在革命党人强迫下剪掉了辫子，这就给了赵七爷为难七斤的机会。赵七

_____

① 鲁迅：《一件小事》，《鲁迅全集》，第 1 卷，第 481—483 页。

爷是邻村一家酒店的店主，接受过初步的教育，他藏有一套多卷本的《三国演义》。赵七爷告诉七斤一家，没有辫子的人就会被处以死刑，他的恫吓让七斤及其家人不知所措。赵七爷本人一直留着辫子，平常他会把辫子盘在头上。大约在两周之后，撑了一天船的七斤从城里回到乡村，他发现世事仍旧回到旧有的轨道，他虽然没有在城里的酒店听到什么消息，但是有人看到邻村酒店那位给七斤带来折磨的赵七爷又坐着看书了，他的辫子又盘到头上去了。

以上只是对《风波》故事梗概的呈现，这篇小说有着比它所表达的观点更复杂的内涵。作品对村庄的设置、对人物的塑造，都是以鲁迅在母亲娘家农村的生活经历作为基础。作品开端处写的是农家在河边摆出桌子和凳子准备吃晚饭，此时，河里驶过满载文豪的酒船，他们诗兴大发说："这真是田家乐啊！"这一景象与契诃夫的一篇短篇小说有着相似性，在这两篇小说中，安宁的田园生活景致都只是某种幻象。

在《风波》中，村民们以各人出生时的体重来给彼此命名，于是就有了九斤、八斤和七斤等名字。这些名字从孩提时代开始获得，一直伴随每个人到生命的终点。这些村民自然是穷人和白丁，否则，他们就会在成年之后给自己另起其他名字了。鲁迅对于这些下层大众满怀着同情，但是他经常会使用麻木不仁等词汇描述他们的精神状况。这样就暗含了作家对辛亥革命的某种批评，即它还未能触及乡村和城市都很普遍的贫穷问题，更不要指望它能够发动广大民众参与到中国的革命和建设事业中来了。

虽然《头发的故事》收入了鲁迅的第一部小说集《呐喊》里，其实它具有相当鲜明的自传色彩，作品主人公与鲁迅有着相似的经历，他年轻时代曾经在日本留学，后来回到国内在家乡生活和教书，因为剪掉了辫子而饱受困扰。作品交代主人公在东京读书时剪掉了辫子，接着写他在辛亥革命之前任教于杭州和绍兴的学校时，在与学生关于辫子好与坏的争论中遇见了难题。鲁迅在作品中增添的情节有：北京女子高等师范学校校长禁止女学生剪发，并命令那些已经剪发的学生今后仍旧要留起发来。鲁迅把这些女子学校的禁止剪发校规看做类似于清政府禁止男学生剪发所颁布的禁令，他坚决反对这样的做法。中国的保守主义者似乎都特别专注于年轻人的发型，总把年轻人的头发式样看做是某种社会和政治立场的象征，看做是对他们权威的潜在威胁。

1920 年，鲁迅只创作了两篇小说，但他极其专注于准备他的《中国小说史略》以及翻译工作。《中国小说史略》是他在北京大学开设课程所用的讲义，他满怀热情地投入于这项学术工作中，直到 1921 年才告一段落。

鲁迅此时开始翻译俄国作家阿尔志跋绥夫的作品。他在日本留学时就开始阅读阿尔志跋绥夫和安特莱夫作品的德文译本。鲁迅也翻译了包括森鸥外的《沉默之塔》等在内的日本文学作品，还翻译了尼采的《查拉图斯特拉如是说》的序言。

鲁迅所翻译的阿尔志跋绥夫的第一部小说是《工人绥惠略夫》，它叙述了一个年轻的理想主义者承受了太沉重的敌意和绝望带来的痛苦，他的理想被彻底毁坏，他转向了反面：用仇恨和破坏的方式对待世人。鲁迅认为这部小说属于写实的派别，但是他对于作家的愤世嫉俗倾向并不表示同情。鲁迅还翻译和评价了阿尔志跋绥夫的另外一篇小说《幸福》，作品叙述了一位姑娘虽沦为妓女，就算是让男人虐待、被男人享受着她的不幸时，她本人仍然否认自己是不幸的。鲁迅认为，尽管阿尔志跋绥夫的上述小说有种种缺点，但是对于那些对自己受剥削和受压迫命运无动于衷的中国读者来说，这些小说应该具有唤醒他们的功用。

鲁迅的杰出代表作

《阿Q正传》

1921年12月4日，鲁迅最重要的小说《阿Q正传》的第一章在《晨报副刊》的"开心话栏"刊载，作家署名是巴人。从第二章开始，《阿Q正传》移到"文学栏目"连载，一直到1922年2月12日连载完最后一章。

鲁迅选择了阿Q这个离奇古怪的英语拼写文字作为他小说主人公的名字，这是一个到处漂泊，靠打零工谋生的人，有时他被看做是丧失了土地的农民。阿Q不仅下无寸土，而且也是上无片瓦的无家可归者，夜里他通常住在土谷祠的临时床铺上。他没有固定的职业，只给别人做短工，或者在农田里干活，或者在地主家里做一些零活。阿Q一生的最辉煌时刻是有人夸奖他"真能做"。

无论如何，阿Q是一个自视甚高的人。他常常告诉身边的人："我们先前——比你阔的多啦！"有一回，阿Q声称自己姓赵，而赵是未庄最富贵的家庭赵太爷家的姓氏，他难以避免地挨了赵太爷的一顿揍（他被赵太爷质问："你怎么会姓赵！——你那里配姓赵！"）他老跟人打架，老是被打败。他对和尚、尼姑、女人、没有辫子的男人充满偏见，尤其是当这男人打扮得像外国人时他更是十分蔑视，他会在一个安全的距离之外嘲笑此人。当然，要是遇见小尼姑这样无助的弱者，他竟然就去摩挲她的光头并拧她的脸。他头上长着一个很亮的通红的癞疮疤，那是他高尚的光荣的标志，假如有人使用光亮这些词来取笑他的癞疮疤，他就会变得怒不可遏。

《阿Q正传》表现的是主人公阿Q在辛亥革命前后的生活，他试图加入革命队伍，却被革命党人所拒斥。最后，他被错误地指控参与了抢劫，且被判了死刑。

从留学日本时期开始，鲁迅就相当关注中国的国民性问题，尤其关注自己同胞的各种缺点。他当时坚信，中国人正患着各种精神方面的疾病。到创作《阿Q正传》时，鲁迅的思想已经有了相当大的改变。正如我们前面在分析《狂人日记》时所看到的，鲁迅把残忍、无人性的吃人行为当做深深地植根于中国传统内的社会问题，而不是由一些勇敢无畏的"精神界之战士"出击就可以解决的精神问题。不过，话说回来，鲁迅仍然对国民性保持了浓郁的兴趣，他长久地怀有通过文学创作诊断中国国民弊病的文学思想。

把视线转向俄罗斯文学，我们可以从中找到《阿Q正传》的同类作品，它就是 I. A. 冈察洛夫的长篇小说《奥勃洛莫夫》。正如鲁迅为中国人的精神所作的诊疗一样，《奥勃洛莫夫》同样也对俄国的"灵魂"进行精神上的剖析。奥勃洛莫夫是俄国贵族中懒惰的"多余的人"中的一员，从小就过着娇生惯养的生活，使得他身上的能量和野心逐渐消失殆尽。他一生大部分的时光都躺在沙发上，以此逃避他本来在生活中要面对的财产、工作和恋爱带给他的挑战。最后他一事无成，默默无闻地死去。奥勃洛莫夫身上唯一有价值的是他有一颗真挚而忠诚的心灵，但是即使他所拥有的这种美德也还是一种假定的美德，他所做过的最值得称道的也仅仅是对朋友表达过他的同情。

在一篇论述冈察洛夫的《奥勃洛莫夫》的论文中，俄国批评家杜勃罗留波夫评述道：

> 每当我听到一位乡村地主谈论人的权力，呼吁发展人的个性，我从他张嘴说第一个词时就明白，他就是一个奥勃洛莫夫。
>
> 当我听到一位政府官员抱怨官僚体制太复杂、太沉重，我明白他就是一个奥勃洛莫夫……
>
> 当一位有教养的人与我同行，他热烈地同情人们的各种需求，他多年来一直都没有减轻对同样（或者新的）贿赂轶闻、残暴行为和各种非法事件的愤怒，我（尽管是我）感觉到我被送到了老奥勃洛莫夫的面前。

停止谴责这些人，跟他们说："你说这样不好，那样不好，但是应该做些什么呢？"他们不知道……给他们提出一些简单的补救措施，他们会说："太突然了，这是什么？"他们会说这没有失败，因为奥勃洛莫夫没有给出不同的回答……①

在杜勃罗留波夫看来，奥勃洛莫夫主义是一种遍及生活各个领域的疾病：不愿意承担责任，不愿意通过实际行动解决问题。虽然奥勃洛莫夫主义主要是贵族和绅士社会的产物，但它在整个俄罗斯社会都很普遍，普遍到了以至于后来革命家列宁宣称：

奥勃洛莫夫不仅是地主，而且是农民，不仅是农民，而且是知识分子，不仅是知识分子，而且是工人和共产党员，我们只要看一下我们如何在开会，如何必须长期地洗刷清扫他，督促鞭策他，才会产生一些效果。②

在同样的意义上，阿Q主义也是一种遍布整个中国社会的疾病，而且它不是一种单一的疾病，而是一种综合的病症。冈察洛夫选择地主阶级中的一位作为他小说的主人公——这个阶级是大多数19世纪俄国文学中的作品主人公；鲁迅则选择中国社会最低阶层——失去土地的农民中的一位作为他小说的主人公。鲁迅这样做有着诸多的理由。

首先，鲁迅希望他塑造的这个形象能够最充分、最集中地呈现老中国儿女的缺陷，阿Q这样一位无知、迷信而完全孤苦无助的无根的流浪汉，能够更深刻地展示社会的痼疾，而不受知识分子和地主的世故和虚伪的影响。其次，鲁迅在《阿Q正传》中并不完全以冷酷、破坏性的讽刺为旨归，而是希望能够对那些深陷阿Q主义而不能自拔的人表现出一定程度的同情和温暖，

---

① 杜勃罗留波夫：《哲学随笔选集》，第209页，莫斯科，1952年出版。

② 本书原著的引文转引自M. Slonim 的书 The Epic of Russian Literature。本译著的这段译文引自中国社会科学院文学研究所文艺理论研究室编《列宁论文学与艺术》，第367—368页，人民文学出版社，1983年2月出版——译注。

如果把主人公设置为地主，那么就不能够以这种温情的态度去表现。此外，仅仅表现上层社会的文学已经不符合时代潮流，鲁迅写作的时代是高尔基、辛克莱的时代，鲁迅本人也刚刚翻译了阿尔志跋绥夫的小说《工人绥惠略夫》。最后，鲁迅一直总是痛苦地想要确保他的创作不被视作是对某一特定个体的人身攻击，如果他以一位流离失所的农民作为作品的主人公，作家和批评家就不会轻易误解他的创作倾向。

一位叫欧阳凡海的鲁迅传记作家在他的专著中列举了《阿Q正传》所展现出的中国人的12种性格弱点，它们具体是：

第一是爱阔气，喜欢说"我们先前比你阔多啦，你算是什么东西"！

第二是爱别人捧，别人说他"真能做"（虽然并不一定是真心，或者还是讥笑）。

第三是精神胜利法，实际上是失败了，但却反过来说是儿子打老子。

第四是自大，自己有癞疮病，便"光"，"亮"，以至"灯"，"烛"都要避讳。

第五是会推诿，他明明在骂假洋鬼子"秃儿，驴……"，但看见棍子打过来，却改口说"我说他"了。

第六是怕恶而欺善，刚被假洋鬼子打过，回头看见小尼姑，便大大欺凌了她一顿，以消散自己所受的屈辱……

第七是喜欢旁人戴他高帽。旁人一喝彩，他更得意地欺负起小尼姑来。

第八是随波逐流。自己一点见解也没有只知道盲从风气……

第九是要推一切罪恶在女人身上……

第十是不懂什么叫爱，只知道性欲冲动了便跪在女人面前强求。

第十一是空想发财，希望在路上拾得一注钱。

第十二是完全和封建旧礼教一同出气，一切思想观念都和压榨他的乡村权贵一样。[①]

---

① 欧阳凡海：《鲁迅的书》，第187—188页，桂林：文献出版社，1942年5月出版——译注。

这 12 种性格弱点中的一些，比如第 2 和第 4 点，是互相有关联的。如果仔细探察作品，就能够发现阿 Q 身上的其他弱点，比较突出的是他对任何新生的和陌生的事情都采取嘲笑和破坏的态度，譬如在"优胜纪略"一章中，他嘲笑城里人油煎大头鱼时加上切细的葱丝，嘲笑他们把"长凳"叫做"条凳"；还有就是阿 Q 的信奉宿命论，他"似乎觉得人生天地间，大约本来有时也未免要杀头的"。

在《阿 Q 正传》中，人们比较容易找到各种代表阿 Q 精神的事例，而且也不难找到表征小说其他人物品性的事例。阿 Q 这一人物最重要的特征是他的"精神胜利法"，它不仅与某一普通的生命个体的失败有关，而且也与 20 世纪中国一种特别重要的政治观念有关，这种观念的核心是：不管中国被掌握着现代武器的外国列强打败而遭受了多少屈辱，中国精神文明的优越性是不可能被列强毁灭的。

> 闲人还不完，只撩他，于是终而至于打。阿 Q 在形式上打败了，被人揪住黄辫子，在壁上碰了四五个响头，闲人这才心满意足的得胜的走了，阿 Q 站了一刻，心里想，"我总算被儿子打了，现在的世界真不像样……"于是也心满意足的得胜的走了。①

包括鲁迅在内的新文化运动的领袖们经常抨击某些同胞，他们在近代中国遭受了被西方列强打败的屈辱后，总是去中国过去的历史中寻找文化和精神上的避难所。不过，鲁迅的《阿 Q 正传》是在中国文学中首次表现国人的这种心理倾向的作品。鲁迅在写作这部作品过程中时刻牢记着这种批评的立场，他曾经在作品中这样写道：

> 他是永远得意的：这或者也是中国精神文明冠于全球的一个证

---

① 本书原著这段引文引自王际真：《阿 Q 及其他》，第 84 页（纽约：哥伦比亚大学出版社，1941 年出版英文书）。本译著这段引文引自鲁迅《阿 Q 正传》，《鲁迅全集》，第 1 卷，第 517 页——译注。

据了。①

　　鲁迅的《阿Q正传》引起读者同情主人公的原因在于，作家表现了阿Q面对自己无法理解、更不能控制之事情时的孤立无助状态。读者的这种同情到达顶点的时刻是，阿Q模仿当地的财主赵太爷的行为和习惯。例如在女人问题上，阿Q正是听说了赵太爷要把女佣人吴妈娶去当小老婆的消息后，鬼使神差地跪在吴妈面前要求跟她"困觉"。这一举动导致阿Q再次被人痛殴。

　　从格局上看，阿Q是鲁迅这部作品的核心人物，这使得赵太爷好像成了阿Q和阿Q主义的反衬角色；但是从现实意义和政治意义上看，阿Q才真正是赵太爷的模仿者，而赵太爷才真正是阿Q主义的代表。阿Q的悲剧在于，尽管阿Q主义损害着他的利益，但是他完全不能够从阿Q主义的藩篱中挣脱出来。鲁迅再次用文学写作证明，虽然富人和当权者才是社会弊病的根源，但是这些弊病已经感染了社会的每个阶层。

　　比起鲁迅其他小说，《阿Q正传》是篇幅最长的一部作品，而且作家分章节的写作方式，使得它比鲁迅其他小说与中国传统小说具有更多的相似性。在某种程度上，阿Q的性格是圆形的，丰满的，人们对这个人物的关注远远超过了关注鲁迅其他作品人物。虽然这不足以保证《阿Q正传》必定在艺术上高于其他小说。不过，鲁迅总能为他作品的内容找到适合的风格。内容与风格的统一，是鲁迅创作中最为突出的优点之一。

　　甚至在《晨报副刊》上连载结束之前，《阿Q正传》已经被读者看做是一部当代文学的杰作。当时重要的文学刊物《小说月报》发表了一篇沈雁冰（后来以小说家茅盾而著称于世）的论文，② 就是把《阿Q正传》看做杰作的。

　　① 本书原著这段引文引自王际真：《阿Q及其他》，第84页（纽约：哥伦比亚大学出版社，1941年出版英文书）。本译著这段引文引自鲁迅《阿Q正传》，《鲁迅全集》，第1卷，第524页——译注。

　　② 本书原著的注释说沈雁冰这篇评论发表在1922年4月的《小说月报》。这个注释不准确，因为《阿Q正传》已于1922年2月12日在《晨报副刊》上连载完成了；按照本书作者的说法，茅盾这篇文章应该是在《阿Q正传》连载完之前发表的，查《小说月报》，本书作者所说的茅盾的文章应该是发表在1922年2月10日《小说月报》第13卷第2号上的一篇与读者谭国棠的《通信》，茅盾在回信中说："至于《晨报副刊》所登巴人先生的《阿Q正传》虽只登到第四章，但以我看来，实是一部杰作。"——译注。

在几个星期内，阿Q的名字就成了中国年轻的知识分子广为传颂的字眼。尽管鲁迅采取了一些预防措施，仍然还是有一些人觉得阿Q的某些行状和思想与自己很相似，因此开始揣摩这部作品是否在攻击自己。后来等到鲁迅是这部小说作者的身份公开后，这些人才欣慰地认识到鲁迅与自己根本不相识，鲁迅也不可能写小说攻击他们。

1934年，鲁迅的《阿Q正传》被改编成剧本，在《中华日报》副刊的《戏》周刊上发表。鲁迅在评价这个《阿Q正传》的改编剧本时，披露了关于他创作这部小说的更多想法。剧本的作者请求鲁迅发表评论，鲁迅指出，他的小说并不像剧本一样把故事发生的地点放在绍兴，他写道："我的一切小说中，指明着某处的却少得很"，"人名也一样"，以避免才子学者们胡乱揣测，横生枝节，"目的是在消灭各种无聊的副作用，使作品的力量较能集中，发挥得更强烈"。"我的方法是在使读者摸不着在写自己以外的谁，一下子就推诿掉，变成旁观者，而疑心是写自己，又像是写一切人，由此开出反省的道路。但我看历来的批评家，是没有一个注意到这一点的"。①

在其他场合，"鲁迅自己也说过，他就是'要画出'一个'默默的生长、萎黄、枯死，像压在大石底下的草一样'已经有几千年的'沉默的国民的灵魂'来"。②

《呐喊》的其他小说

1923年8月，鲁迅的名为《呐喊》的第一个短篇小说集得以出版。这个短篇小说集由15篇写于1918年至1922年的作品构成，它的出版机构是新潮出版社。从1930年的版本开始，往后出版的《呐喊》只有14篇作品，鲁迅抽出了一篇小说，后来把它放进另外一部名为《故事新编》的小说集里。本

---

① 本书原著这段引文引自《鲁迅年谱》，第4卷，第127页，人民文学出版社，2000年9月出版。其实，《鲁迅年谱》这段文字是从鲁迅的《答〈戏〉周刊编者信》改写的——译注。

② 冯雪峰：《鲁迅的文学道路》，《冯雪峰忆鲁迅》，第199页，河北教育出版社，2002年5月出版——译注。

书还没有讨论到的《呐喊》里的其他大多数小说都具有某种鲁迅的自传因素，至少是以鲁迅的经历为基础创作而成的。

小说《端午节》以 1921 年 12 月教育部职员索薪事件为背景而创作的。当时教育部已是第二次支付不了部员的工资；而在学校任教的教师们早在这之前已经遭遇了政府的多次欠薪。端午节是用来纪念诗人屈原的节日，这位战国时期的诗人因报国无门而跳进汨罗江自尽。端午节是中国传统的 3 个结账日之一，另外两个结账日是中秋节和春节，它们与英国的季度结账日①有着相似的功能。

当时，军阀政府挪用国库财富用于同其他军阀打仗的开支，因此给国库留下大笔赤字，从而引发了欠薪问题。政府通常欠着政府低层官员和教师好几个月的工资不发放，被欠薪者的生活就越来越难以为继，他们就威胁说要举行罢工。政府部长的回复是"不工作，就没薪水"，这就更加激怒了教师和低层官员，部长最终只好给他们发还工资，但是从来没有全额发放过所欠的薪资。鲁迅 1921 年 4 月到 11 月的日记，详细记录了他从诸多朋友处借钱的情况。他借来的这些钱不仅用于维持自己、妻子和母亲的生活，而且还要资助两位弟弟的孩子和姻亲的生活开支。正是因为经济方面遇到了困难，鲁迅不得不去北京各大专院校当兼职讲师，除了在北京大学任教之外，他还从 1923 年开始在北京女子师范大学担任兼职教师，在这所学校任教给他的生活带来了重大的影响，这当然是他起初根本没有预料到的。

《端午节》的主人公方玄绰与鲁迅一样在政府部门担任职务，同时还是一名兼职教师。方玄绰是一个不喜欢卷入争论的人，因此他没有加入到同事们的行列，前往北京市中心的政府门前请愿和示威，这场请愿示威运动导致好几名教师被警察打伤。方玄绰一开始觉得为索薪而请愿示威是有损教师尊严的行为，他认为政府也有很多难题要面对，这与教师要面对的难题没什么不同，他的哲学是人与人之间都"差不多"。政府最终给教师们补发工资，索薪运动的领袖拒绝给方玄绰送钱，而是要他本人亲自前往领取，方玄绰不愿意前去支薪。与此同时，他的妻子（与鲁迅的妻子相似，她也

---

① 英国一年中的 4 个季度结账日为：3 月 25 日，6 月 24 日，9 月 29 日和 12 月 25 日——译注。

是一位简朴的乡村妇女）殚精竭虑地平衡着家庭的开支，后来终于连购买大米等日常用品的费用也告罄了。她建议丈夫去购买彩票试试运气，说是万一中奖了，他们所面临的生活窘困就能够迎刃而解了。方玄绰狠狠嘲笑了妻子的建议，并且说这样的建议显得妻子十分没有教养。然而，方玄绰隐瞒了一个事实，即他本人也曾经有过和妻子一样的买彩票想法，只是后来他放弃了这一念想。

就《端午节》而言，人们会提出的问题是，在这篇小说中是否包含了鲁迅的某种自我批评的因素。在索薪问题上，方玄绰的立场与鲁迅的立场相当地接近。方玄绰极其不愿参加示威，不愿意加入为抗议政府欠薪而成立的各种组织。从留学日本时期开始，鲁迅就总是不怎么愿意全副身心地投入到各种团体的行动中去。当然，这只是鲁迅性情的一个方面，这种性情成就了他的为人和他的创作。除了这方面具有相似性之外，鲁迅似乎并不像方玄绰那样完全退出这类社会活动，他还是给予索薪运动以支持，这使得他成为越来越具有影响力的公众人物，当然也带来了社会给他的压力。

《端午节》1922 年 8 月①发表在《小说月报》上，这篇小说的责任编辑是茅盾，当时因为《小说月报》发表了太多文学批评和文学理论方面的文章，而所刊载的原创文学作品过少，作为主编的茅盾受到了批评。两个月前，②鲁迅的小说《白光》在另外一家叫《东方杂志》的刊物上发表。

《白光》讲述的是主人公陈士成的故事。在科举考试中一再遭受失败后，陈士成的精神完全崩溃了，开始产生了看到一束白光的幻觉，这道白光引导他来到自家的院子里。绍兴当地有一种迷信，说是如果有白银埋在地里，那么在那块埋藏白银的地上就会出现一道白光。陈士成相信他找到了发财之道，就开始在夜里疯狂地挖掘起来。当然，他最终没有找到白银，在绝望中他跳进河里淹死了。

《白光》有着它的一些事实根据：鲁迅就有一位叫做周子京的长辈，他经

---

① 本书原著这一表述有误，《端午节》于 1922 年 9 月发表在《小说月报》第 13 卷第 9 号上——译注。

② 本书原著这一表述有误，因为作者把《端午节》误作 1922 年 8 月发表，那么"两个月前"就是 1922 年 6 月份。但是《白光》是 1922 年 7 月 10 日发表在《东方杂志》第 19 卷第 13 号——译注。

历了很多次科举考试，但他总是屡试屡败。按照周作人的说法，周子京的一些遗稿留存了下来，虽然他在文章里堆砌了大量的词汇，但是这些词汇彼此并没有什么关联性。像陈士成一样，周子京也患有精神病，但是他有时是清醒的，也能做一些教书的工作；过一段时间后，他的精神又会失去平衡，行为举止变得很古怪乖张。他在挖掘白银上耗费了太多的时间，有一回听到一位醉酒的老仆妇说她看到了一束白光，他也信以为真。他在挖掘过程中试图举起一块沉重的巨石，结果伤了后腰连续几周卧床不起。有一天，周子京开始打自己的嘴巴，用头去撞击石头做的地板，并厉声说自己是不肖子孙。不久之后，在参观绍兴当地一座名叫塔子桥的寺庙时，周子京先用剪子戳伤自己的气管和胸部，然后把煤油浇在稻草上点起火来，自己伏在火上，最后他从桥上跳入河中。他被人从河中救了上来，但是很快就死去了。在《白光》中，鲁迅把陈士成不同阶段的疯狂压缩在短暂的时间里；而周子京的一个疯狂周期即使不到几个月，也至少有几个星期。当周子京疯狂而死时，鲁迅只有 10 岁左右。[①]

《鸭的喜剧》是一篇非常简短的作品，它涉及了乌克兰盲诗人瓦西里·爱罗先珂 1922 年年初突然来到北京的事件，在那之前，爱罗先珂被日本政府所驱逐，很可能他被当做俄国革命的支持者了。爱罗先珂是一名具有多方才能的人，他在 4 岁时因出麻疹而失明，最后他开始修习音乐。无论在何处旅行，他都随身带着一把六弦琴。除了俄语，他还能说英语、日语和世界语。他当时应邀在北京大学教授世界语，这很可能是周作人引荐的结果，他与周氏兄弟都成了朋友。在当时，爱罗先珂最为世人瞩目的是他的儿童文学作家身份，他用日语写了其中的一些作品。1922 年，鲁迅曾经把爱罗先珂的一些童话故事译成了汉语。

爱罗先珂是一位引人注目的人，高个子，一头乱蓬蓬的金黄头发，配上高高的眉棱。在某种程度上，他是一个很孩子气的人，鲁迅把他描述成"好事之徒"。他也是一个不安定分子，总是不断地迁徙，在来到北京之前，他已经在缅甸、日本生活过。由于失明，他生活在一个声音和气味的世界里。当

---

① 周遐寿（周作人）：《鲁迅小说里的人物》，第 87—90 页。

鲁迅去拜访时，他正躺在周作人家的沙发上，不停地抱怨北京生活的单调和寂寞。他说在缅甸的夜间，"遍地都是音乐"，"房里，草间，树上，都有昆虫吟叫，各种声音，成为合奏，很神奇。其间时时夹着蛇鸣：'嘶嘶！'可是也与虫声相和协"；① 无数青蛙和蛤蟆呱呱地叫着，尤为美妙。

鲁迅从来没想过北京是一个寂静的城市，他跳起来辩解说，北京在一年的某些时段也是有蛙鸣的。爱罗先珂准备为打破寂寞做一些事情，他设法买来了一些蝌蚪，把他们放入周作人家后院的小荷池里，期待着它们变成青蛙。但是在蝌蚪变成青蛙之前，他又买了几只小鸭子，小鸭"咻咻"地叫着，让爱罗先珂喜不自禁。但是到小鸭褪去黄毛，变为成年鸭子，它们不复"咻咻"地叫着，发出的都是"鸭鸭"的叫声了。那些养在荷池中的所有蝌蚪也全都被鸭子吞吃了。

在北京大学教了 6 个月的世界语课之后，爱罗先珂回苏联去了。但是出于他的不安定性，爱罗先珂于 1923 年春天先去了上海和杭州，然后经由天津、大连和哈尔滨回到了俄罗斯大地。

1922 年冬天，鲁迅创作了一篇特殊的小说，这是他那 8 篇基于中国历史和神话的系列小说中的一篇，这些作品最终在 14 年后以《故事新编》的标题结集出版。这第一篇历史神话小说叫《不周山》，后来收入《故事新编》时改名为《补天》。这是一篇以中国的创世神话为基础写成的小说，它叙述了在天空受到魔王共工严重破坏之后，女神女娲炼五色石以补天的故事，女娲还运用泥土造出了人类。《不周山》里的人物与后来其他小说中的人物具有一贯的风格，即使是男神和女神，他们也以很自然的方式行事和说话，他们似乎也有着普通人的感情和弱点。不过，鲁迅对这篇小说并不是很满意，因为在女娲完成了她的工作之后，一个穿着古衣冠的小男人出现在她两腿之间，向上看着，向她递来一片竹片，上面写着：

裸裎淫佚，失德蔑礼败度，禽兽行。国有常刑，惟禁！②

---

① 鲁迅：《鸭的喜剧》，《鲁迅全集》，第 1 卷，第 583 页——译注。
② 鲁迅：《补天》，《鲁迅全集》，第 2 卷，第 364 页——译注。

那位穿奇特古衣冠的小男人显然是一位学究式的文人官僚，他是鲁迅所经常抨击的那类人的代表。鲁迅认为把这样一个人物引入到小说中，使得小说跌进了令人遗憾的"油滑"中，因此直到4年之后，他才动手写另外一篇以神话为依据的小说；又过了6年后，他才写完另外6篇同类小说。

家庭争端

周作人与大哥的失和

1923 年，鲁迅的生活急转直下，这全都是因家庭争端造成的。从孩提时代起，鲁迅与弟弟周作人就建立起了非常亲密的关系，兄弟两人在文学事业方面有过大大小小的几十次合作。经过了一段时间的分离，鲁迅欣慰地在北京迎来了弟弟，他们期待着在未来继续保持良好的合作。但是在 1923 年 7 月 19 日，鲁迅收到一封来自弟弟周作人的决裂信，由于某些特定的原因，直到今天他们关系的破裂仍然是一个谜。这封决裂信的具体内容如下：

> 鲁迅先生：
>
> 我昨天才知道，——但过去的事不必再说了。我不是基督徒，却幸而尚能担受得起，也不想责谁，——大家都是可怜的人间。我以前的蔷薇的梦原来都是虚幻，现在所见的或者才是真的人生。我想订正我的思想，重新入新的生活。以后请不要再到后边院子里来，没有别的话。愿你安心，自重。
>
> 七月十八日，作人。①

周作人、周建人以及他们的家庭成员居住在八道湾寓所后院能够俯瞰花

① 本书原著没有引文注释，本译著此信引自周海婴编《鲁迅、许广平所藏书信选》，第 34 页，湖南文艺出版社，1987 年出版——译注。

园的那些房子里，而鲁迅就住在寓所的前院，他的母亲和妻子朱安则住在中间院落的房子里。

周氏兄弟之间的突然决裂根本没有什么预兆，查阅鲁迅7月3日的日记，他那天还与周作人一道去东安市场逛了书店，当时的东安市场和其他一些区域是外国使馆区。然而两周之后，兄弟两人变得几乎一句话都不说了。结果，鲁迅不得不搬出了八道湾寓所，带着朱安在砖塔胡同61号为自己租下了一处比较小的屋子居住。鲁迅搬家时曾经建议朱安留在八道湾陪他母亲住，或者回到绍兴老家去生活，朱安不同意这两种安排，她说自己要跟随鲁迅搬到砖塔胡同居住，因为他也需要有人帮他干一些做饭和洗衣之类的家务。可以想象得到鲁迅对于朱安提出的要求一定是感到为难的，不过他最终还是同意朱安与他一道移居砖塔胡同61号。

因此，在和大家庭成员一道度过了3年相当幸福的生活之后，鲁迅发现自己再度成为孤家寡人，身边再也没有那个曾经与他像朋友、同志一样相伴很多年的弟弟了。兄弟失和肯定给鲁迅带去了沉痛的打击，并强化了辛亥革命失败以来就一直伴随着他的那种挫败感。朱安在身边的存在不仅不能给鲁迅的精神带去安慰，反而不断提醒着他自己一生中所遭遇的最大失败——他难以在婚姻中获得幸福。

鲁迅的母亲一直以为自己的大儿子和二儿子相处得太好了，两人肯定能一辈子好好维护这种深厚的情谊，因此鲁迅和周作人兄弟失和，一定让母亲非常悲伤。兄弟两人在蹒跚学步时代，都被父母带到庙里去拜和尚为师傅，得到了菩萨的祝福和庇护。他们兄弟两人都获得了师傅赠予的法号，鲁迅的法号叫长庚，这是出现在夜晚的金星；周作人的法号是启明，这是早晨出现的金星的名称。中国古人认为这是两个不同的星星，它们一早一晚出现在天空，彼此永远不会相遇。

失和之后，鲁迅和周作人都达成共识，决定不向外界披露他们关系破裂的理由；但是大多数人都相信他们兄弟失和应该与周作人的妻子羽太信子有关。不管羽太信子指控鲁迅调戏她是否实有其事，她与鲁迅之间一定发生了某种不愉快。

周氏兄弟关系破裂的原因，更可能来自于羽太信子对鲁迅在这个大家庭中所充当的核心角色渐渐生出的怨恨。鲁迅一直相信，他和他两个弟弟的家人可以幸福地一起生活，不会损害各自的领地和利益。不过，由于母亲和妻子朱安缺乏管理家庭收支的能力，鲁迅就可能天真地把所有的家庭收入都交给羽太信子去管理。羽太信子是一个喜欢过奢侈生活的人，她雇佣了一批不必要的佣人，包括为他们家3辆人力车专门雇了一名车夫，她认为日本货物就是比中国的好，她随时去购买日本食材和家庭用品，她从来不知道应该按照家庭的实际需要控制购物费用。羽太信子有时会雇小汽车带她的孩子去医院看病。在那个时代，日本人普遍认为中国人比他们贫穷和落后，一直到如今还有一些日本人持有这种看法。

作为这个大家庭的主要收入来源者，鲁迅有时会询问一些家庭开支的必要问题，这就使得管家的羽太信子逐渐地对鲁迅产生了厌恶，她希望自己拥有单独管家的权力。按照后来一些人的说法，羽太信子反感鲁迅给她的几个孩子买糖吃，告诉孩子们今后不要接受伯父给他们的糖块。周建人的回忆中也提到羽太信子禁止她的孩子到鲁迅的屋子去玩。[1] 虽然鲁迅没有泄露兄弟关系失和的原因，在很久以后他也跟自己的伴侣许广平谈起过这件事。许广平1959年出版了回忆鲁迅的书，据许广平的说法，鲁迅为八道湾寓所的购买和维修投入大量的时间、精力和钱款，因此他迫切地希望能够好好维护这个家庭。有一天，鲁迅沮丧地发现了几个侄儿在他附近的窗外点火玩耍，他认为自己应该去警告孩子们不可以继续玩火，这就引起羽太信子的不满，她认为鲁迅对孩子们的玩耍作了不正确的干预。[2]

在迁居八道湾生活之前，鲁迅与羽太信子的关系一直都是不错的。他甚至从北京给在绍兴生活的羽太信子写信，有时是附在写给周作人的信里，有时是单独给羽太信子寄信。由于鲁迅慷慨地为周作人和羽太信子提供经济上的帮助，她把鲁迅当做守护天使看待了。长兄为年轻的兄弟姐妹在受教育和找工作等事情上负起一定的责任，在当时的中国家庭里屡见不鲜；不过人们很少能料想到，家庭里获得帮助的人后来会对自己的依附地位感到怨恨。这

---

①　周建人：《鲁迅和周作人》，《回忆大哥鲁迅》，第137页，上海教育出版社，2001年9月出版——译注。

②　许广平：《鲁迅回忆录》，第62页，长江文艺出版社，2010年3月出版。

应该也是造成鲁迅和周作人关系破裂的另外一个原因吧。

周作人一直生活在大哥的影子里，在妻子和大哥发生冲突后，他接受了妻子对大哥没有证据的指控，完全支持妻子的一切行动。尽管周作人具有毋庸置疑的文学创作才华，但是他从来就没拥有过大哥的那种精神和骨气，他似乎完全无视妻子的过错。许寿裳是与周氏兄弟关系相当密切的朋友，他认为周作人的妻子是歇斯底里症患者。

羽太信子与周氏家族关系的开端可以追溯到 1908 年冬天，那时鲁迅、周作人与许寿裳搬出"伍舍"，移入东京另外一家私人拥有的留学生公寓居住。公寓的老板雇佣了一名女佣为中国留学生做饭，她就是羽太信子，她与周作人开始恋爱，并于 1909 年的夏天结婚。鲁迅部分地正是出于为周作人与羽太信子结婚的考虑，才决定回中国挣钱帮助周作人继续学习和帮助母亲分担家庭的开支。事实上，一直到周作人和羽太信子搬到北京来居住时，鲁迅持续地给予他们经济上充分的帮助。羽太家族经济上有困难，羽太信子有两个妹妹和一个弟弟，她的父亲和弟弟都是无业者。

羽太家族的第二个女儿芳子后来与鲁迅的另外一个弟弟周建人结婚，另外一个女儿和儿子则是在日本结婚。羽太家族的几个女儿只受过小学教育，这个家族与周家子弟结婚，难免会被人怀疑是高攀了：他们把周氏兄弟当做是经济靠山了。周氏兄弟是容易受伤害的人，他们生长在一个对儒家礼仪具有根深蒂固信仰的严肃家庭，他们几乎没有与女孩子私下交往的经验，这使得他们很容易被女性的一些诡计所蒙蔽。他们可能还把与日本女子结婚当做规避中国传统包办婚姻危害的途径，而包办婚姻的危害已经摧毁了大哥鲁迅的生活。

羽太芳子与周建人遵循着以下路线，一步一步走向了婚姻：羽太信子刚到绍兴生活时，由于不会说中国话和不了解周边环境，她感到相当的孤独。起初，羽太信子忍受了这种孤独的折磨，但是当她怀孕后，就开始渴望有一个娘家人来帮助她度过艰难日子。羽太信子立即想到了妹妹芳子，芳子比姐姐小 9 岁，当时几乎还只是一个孩子，但是她一直与姐姐信子很亲近。因此，芳子就随她的哥哥来到大姐的中国婆家。在绍兴周家，她的姐姐信子与其说把芳子当做家庭成员，还不如说其实是把她当做女佣人看待。为了让妹妹一直在自己身边听候使唤，羽太信子阻止妹妹回到日本去，她决定帮妹妹找个中国人结婚。当时周建人已经爱上了一个表妹，并打算跟她结婚，但不幸的是这个表妹死了。虽然羽太信子鄙视周建人，因为后者没有受过大学教育，她仍然还是使用了女性的诡计拉近芳子和周建人的距离，甚至把芳子灌醉并把妹妹与周建人锁在一间屋子里。这时的周作人已经放弃了反对他妻子这一系列婚姻谋划的念头，因此，周建人也就与羽太芳子结婚了。

即使在芳子与周建人结婚后，信子还仍然要求妹妹伺候她，而且并不隐藏他对周建人的鄙视。慢慢地，芳子也像她的姐姐一样鄙视起丈夫周建人。周建人虽然未能以常规学生的身份正式进入北京大学读书，他还是以旁听生的身份来到北大听课求知。看清楚了羽太姐妹对待三弟的恶劣态度，鲁迅就给蔡元培写了推荐信，他终于为周建人在上海谋得了商务印书馆的一个职位。鲁迅告诉三弟，如果他想维护自我的尊严，就必须永远离开北京，别想着再回来，而且也不必给他的妻子寄钱。

到达上海后，周建人立即投入到了商务印书馆的工作中去。他所挣得的工资并不丰厚，月薪只有 80 元，但他还是给在北京的妻子寄去 30 元。芳子抱怨这点钱根本不够花销，于是周建人每月给妻子寄去的费用增加到了 50 元。他写信请求妻子带着孩子们一起来上海生活，芳子本来有可能答应丈夫的，但是她的姐姐信子劝她别去上海，说是在北京生活会更加安逸，并且自己也需要芳子帮助料理家务。随着时光的流逝，周建人厌倦了等待，他意识到芳子不再有兴致来跟他一起生活。周建人逐渐与另外一位叫王蕴茹的女性建立起了感情，他们开始了在上海的同居生活。

周建人一直没有回北京，直到 1936 年他为母亲庆祝 80 大寿才回去。那次周建人本打算带周海婴一同前去祝寿，因为老太太非常渴望见到她的大孙子，但是临行前周海婴生病而未能前行。周建人这次前往北京本打算正式结束他与羽太芳子的婚姻。但是当他正在给母亲祝贺 80 大寿时，他的儿子周丰二举着一把日本军刀向父亲奔袭过去。幸运的是，众亲友奋力制服了周丰二，在他作出害人的举动前夺下了他的武器。当天晚上，周丰二打电话给日本驻京领事馆，要求他们派人来逮捕周建人，但因为接电话的人喝醉了酒，这事也就不了了之。周丰二打算为母亲复仇，他认为是父亲背叛了母亲。幸运的是王蕴茹那天没出现在寿宴上，不过按照周海婴的转述，后来一直到周建人70多岁了，他还警告王蕴茹说："一旦我不在了，或许他（丰二）还会来杀你的。"①

与周作人关系破裂之后，鲁迅被迫搬出了八道湾寓所，但是他遇见的麻烦并未就此终止。当鲁迅回八道湾收回属于自己的书和其他物件时，羽太信子对他倾泻了滔滔不绝的谩骂，周作人也加入了妻子攻击鲁迅的行动。按照当时在场的张凤举和徐耀辰两位朋友的回忆，羽太信子的谩骂中包含了"污秽的语言"，这两位朋友把八道湾周家当时发生的情况告诉了作家郁达夫，郁达夫1939年在他的回忆文章中写道：

> 据凤举他们判断，以为他们弟兄间的不睦，完全是两人的误解，周作人氏的那位日本夫人，甚至说鲁迅对她有失敬之处。但鲁迅有时候对我说："我对启明，总老规劝他的，教他用钱应该节省一点。我们不得不想想将来，但他对于经济，总是进一个花一个的，尤其是他那一位夫人。"②

羽太信子从没有减轻对鲁迅的仇恨，在兄弟失和3年之后，鲁迅最终遇见了志同道合的许广平，从那之后鲁迅与她一起幸福地度过了余生。羽太信子得知这件事后，企图挑唆朱安向丈夫鲁迅索取额外的钱财，朱安拒绝了。第二次世界大战结束后，鲁迅的儿子周海婴来北京访问，③他决定跟随父亲的老朋友章川岛去父亲原来住过的八道湾老房子，看看情况怎么样了。房子空空荡荡的，因为周作人早已由于与日本侵略者合作而被投入了监狱。周海婴

---

① 周海婴：《鲁迅与我七十年》，第90页，南海出版公司，2001年9月出版。另外，本书原著说周建人是在70多岁时告诉王蕴茹这番话的，不正确。周海婴说周建人是在20世纪70年代跟王蕴茹说这番话的（参阅《鲁迅与我七十年》，第90页），周建人生于1888年，到20世纪70年代他已经80多岁，而不是70多岁——译注。

② 本书原著没有对引文作注，这段文字引自郁达夫的《回忆鲁迅》，原载1939年6月15日《星洲日报半月刊》第24期，本译著转引自鲁迅博物馆编《鲁迅回忆录》（散篇　上册），第151页，北京出版社，1999年1月出版——译注。

③ 本书原著这一时间表述不够准确，这会给人造成周海婴是1945年日本投降之后就去北平的错觉。其实周海婴去北平是1948年（参阅周海婴《鲁迅与我七十年》，第90页）——译注。

在八道湾老屋里遇见了一位老太太，她在院子的角落里正坐在小凳上晒太阳，她把章川岛叫过去问来者是何人。当老太太得知来人就是鲁迅的儿子后，就立即站起来对周海婴挥舞着双手大肆咒骂起来，用尽了汉语的骂人话之后她换用日语继续谩骂。章川岛赶紧让周海婴退到外面去回避。[①]

按照周海婴的说法，在1936年鲁迅去世后，周作人请来律师伪造了一份关于八道湾房产的契约，他把自己变成房产的唯一拥有人，而在原来的房产契约上，他只是房产的共同享有人之一。这份契约直到最近才被发现。

1936年周建人去北京为母亲祝寿时发生了周丰二攻击他的突发事件，这件事后来一直没有被提起，最后终于在鲁迅的儿子周海婴的回忆录《鲁迅与我七十年》中得到披露。周海婴的母亲许广平在她的回忆录中也并未提到这件事，虽然周海婴2000年写这本书时，所采用的应该是他母亲早前告诉他的内容。但是还存在着另外的信息来源，这就是俞芳的回忆。俞芳虽然不是周家成员，但是她作为朋友和邻居，与周家有着独特的关系。

俞芳的老家也在绍兴，不过她本人生在她父亲供职的东北城市哈尔滨。20世纪20年代早期，俞芳和她的姐妹们搬到北京居住并在那里上学，他们一家居住在砖塔胡同61号，鲁迅和他的妻子朱安在周氏兄弟失和之后就搬到同一个院子居住。俞芳与鲁迅一家成为非常亲近的朋友，当她转到别的学校读书时鲁迅还做过她的担保人，后来她继续升学直至在北京师范大学数学系毕业。在砖塔胡同住了9个多月后，鲁迅搬到阜成门西三条胡同居住，俞芳经常去拜访鲁迅的母亲，并与老人愉快地聊天。后来鲁迅的老母亲每月要给儿子写两封信，俞芳先拟写信件的草稿，然后念给老太太听，由老人推敲信件的内容。俞芳帮助老太太代写书信从1923年开始，直至1935年她离开砖塔胡同为止。[②]

在周氏兄弟失和的问题上，即使考虑到周海婴必定要站在他的父亲一边

---

① 参阅周海婴《鲁迅与我七十年》，第77页，南海出版公司，2001年9月出版。

② 本书原著这一表述有误，俞芳帮助鲁迅母亲写信的时间是在1930至1935年间（参阅周海婴《鲁迅与我七十年》，第79页，南海出版公司，2001年9月出版）——译注。

说话，他从未与叔叔周作人和解关系，但他对父亲和叔叔关系的叙述也比那些责备鲁迅对待弟弟有错的观点似乎更加可信一些。

从身体上看，鲁迅与周作人的确是分开了，但是他们都不可能轻易忘记彼此过去许多年间硕果累累的精诚合作。在 10 月 25 日①的《京报副刊》上发表了周作人翻译的古罗马诗人"喀都路死"②的一首题为《伤逝》的诗歌作品，这首译诗是这样的：

> 我走尽迢递的长途，
>
> 渡过苍茫的大海，
>
> 兄弟呵，我来到你的墓前，
>
> 献给你一些祭品，
>
> 作最后的供献，
>
> 对你沉默的灰土，
>
> 作徒然的话别，
>
> 因为她那运命的女神，
>
> 忽而给予又忽而收回，
>
> 已经把你带走了。
>
> 我照了古旧的遗风，
>
> 将这些悲哀的祭品，
>
> 来陈列在你的墓上：
>
> 兄弟，你收了这些东西吧，
>
> 都沁透了我的眼泪，
>
> 从此永隔冥明，兄弟，
>
> 只嘱咐你一声珍重！③

---

① 本书原著这一表述有误，周作人的译作《伤逝》是发表在 1925 年 9 月 12 日的《京报副刊》上——译注。

② 后来通译为贺拉斯——译注。

③ 载 1925 年 10 月 25 日《京报副刊》——译注。

读过周作人这首译诗 9 天后（鲁迅肯定会读到的①），鲁迅创作出了小说《伤逝》，这篇作品叙述了两个具有理想主义气质的年轻人，他们先是像婚姻中的夫妇一样在一起过着同居的生活，后来由于他们无法摆脱社会环境的压力，被迫分手各奔前程。在随后的一个月中，鲁迅又写出了小说《弟兄》，作品描述了一位哥哥在弟弟生病后极度的心理焦虑。据小说交代，当时正值猩红热这种传染病肆虐，已经有一些人死于这种疾病，发着高烧、脸色通红的弟弟被送进了医院。小说所描写的事件反映的是鲁迅和周作人生活中的一段经历，当时他们一道居住在北京南城的绍兴会馆里，周作人像作品主人公一样疑似得了猩红热而被送进医院。鲁迅像作品主人公的哥哥一样为弟弟请来了西医，周作人也像作品里的弟弟一样被医生诊断为得了感冒。②

不管周氏兄弟失和的直接原因是什么，都要考虑到鲁迅和周作人是一对具有不同的性情的人。鲁迅是一位斗士，如果他不喜欢某个人或者某一机构，他就会动用自己所有的知识技能去反对他（它）。与之相反，周作人喜欢和谐的生活，反对压抑个体，也怀有另外一种革新主义的理想，他欣赏宽容和忍耐，准备过一种只局限在书斋里的学者生活。周作人承认，他是一个胆怯的人，这当然不是说他对人类所遭受的痛苦无动于衷。

朱正在其著作《周氏三兄弟》中，提出了一个看似可信的观点，即：周作人和鲁迅接连翻译和创作出同样是题为《伤逝》的作品，这种行为隐藏着的信息是，鲁迅和周作人虽然关系疏远了，但是他们彼此仍然继续尊重着对方。③

---

① 朱正认为，周作人这篇《伤逝》发表在《京报副刊》上，"鲁迅是它经常的撰稿人和每天的读者"，鲁迅应该看到了周作人的译诗（朱正：《周氏三兄弟》，第 105 页，东方出版社，2003 年 9 月出版）——译注。

② 本书原著这一表述有误，小说《弟兄》里的弟弟最终被医生诊断为出疹子（见《鲁迅全集》，第 2 卷，第 145 页）；而周作人当时也被医生诊断为得了麻疹（见周作人自编文集《知堂回想录》，下册，第 368 页，河北人民出版社，2002 年 1 月出版）——译注。

③ 本书原著只注明参阅朱正的书第 104—105 页。该书的具体观点是：周作人的译诗《伤逝》"是向鲁迅发出的一份密码电报"，鲁迅从《京报副刊》上"收到了这份密码电报，并且译了出来，并且同样用'伤逝'这个题目写了他的密码的'回电'"（见朱正《周氏三兄弟》，第 105 页，东方出版社，2003 年 9 月出版）——译注。

在中国，鲁迅和周作人都已经是非常著名的人物。他们兄弟两人有着不尽相同的趣味，鲁迅长期被当做是杰出的小说家看待，而周作人则被视作为著名的散文家和诗人。但是他们从学生时代起就开始合作，他们是中国现代翻译外国小说的先锋人物。周作人的一些散文甚至被收进了鲁迅作品集里。因此，周氏兄弟关系破裂带来的最大损失是他们文学事业上的合作就此终止了。

在周氏兄弟发生冲突时，周作人的激烈态度让鲁迅感到十分震惊。在兄弟失和之后的日子里，鲁迅遭受了肺结核病的巨大痛苦，这场重病折磨了他一个多月。

在鲁迅的生命历程中，这已经不是第一次陷于孤独境地了。他在砖塔胡同租下了房子，他的母亲和朱安过来陪他住了一些日子。① 鲁迅的小房东俞芳曾经问过朱安："你不想要小孩么？"朱安回答说："大先生②连话都不跟我说，我怎么能生孩子？"

与周作人关系破裂，让鲁迅有了一个短暂的间歇期用来反省自我。在离开周作人之后不久，③ 鲁迅给朋友李秉中写了一封信，在信中他以半开玩笑的态度描述了他与人们的关系：

> 我恐怕是以不好见客出名的。但也不尽然，我所怕见的是谈不来的生客，熟识的不在内，因为我可以不必装出陪客的态度。我这里的客并不多，我喜欢寂寞，又憎恶寂寞，所以有青年肯来访问我，很使我喜欢。但我说一句真话罢，这大约你未曾觉得的，就是这人如果以我为是，我便发生一种悲哀，怕他要陷入我一类的命运；倘若一见之后，觉得我非其族类，不复再来，我便知道他较我更有希望，十分放心了。
>
> 其实我何尝坦白？我已经能够细嚼黄连而不皱眉了。我很憎恶我自

---

① 本书原著这一表述有误，从 1923 年 8 月 2 日起，朱安就随同鲁迅离开八道湾搬到砖塔胡同 61 号居住——译注。

② 指鲁迅——译注。

③ 本书原著这一表述有误，鲁迅与周作人关系破裂是在 1923 年 7 月份，而鲁迅给李秉中写这封信是在 1924 年 9 月份，两者相隔已经一年又两个月。本书原著作者的这一说法源于他把鲁迅给李秉中写这封信的时间误作 1923 年 9 月 26 日了（见下一个注释的具体说明）——译注。

己，因为有若干人，或则愿我有钱，有名，有势，或则愿我陨灭，死亡，而我偏偏无钱无名无势，又不灭不亡，对于各方面，都无以报答盛意，年纪已经如此，恐将遂以如此终。我也常常想到自杀，也常想杀人，然而都不实行，我大约不是一个勇士。现在仍然只好对于愿我得意的便拉几个钱来给他看，对于愿我灭亡的避开些，以免他再费机谋。我不大愿意使人失望，所以对于爱人和仇人，都愿意有以骗之，亦即所以慰之，然而仍然各处都弄不好。

我自己总觉得我的灵魂里有毒气和鬼气，我极憎恶他，想除去他，而不能。我虽然竭力遮蔽着，总还恐怕传染给别人，我之所以对于和我交往较多的人有时不免觉到悲哀者以此。

然而这些话并非要拒绝你来访问我，不过忽然想到这里，写到这里，随便说说而已。你如果觉得并不如此，或者虽如此而甘心传染，或不怕传染，或自信不至于被传染，那可以只管来，而且敲门也不必如此小心。

树人廿四日夜（1923 年 9 月）①

---

① 本书原著这一表述有误，查《鲁迅全集》，第 11 卷，第 452—453 页，可知鲁迅写这封信的时间是 1924 年 9 月 24 日——译注。

彷徨

《祝福》

《彷徨》是鲁迅的第二部短篇小说集，收录有鲁迅1924—1925年间所作小说11篇。在总体上，评论家们多认为《彷徨》的艺术笔法比《呐喊》更为成熟，但在反映改革之紧迫性的社会写实方面略逊于前。因此，这部小说集中的作品不像《呐喊》中的《狂人日记》、《药》、《阿Q正传》等篇什那样广受读者欢迎。

在《彷徨》集的扉页上，鲁迅引用屈原长诗《离骚》中的名句作为该书的题词。屈原，公元前4世纪①楚国的政治家、诗人，他是中国第一位具有艺术个性特点的诗人。诗歌《离骚》抒发了屈原一腔爱国热忱不为昏庸统治者②所接受的悲伤困顿之情。屈原相信他的治国策略定能保障他的地处中国南部的祖国免于失败。被楚王流放后，屈原在诗歌世界驰骋神思，如同一名巫师在广袤无垠的天空苦苦寻求他的神仙侣伴。然而，屈原的追寻最后还是失败了，他选择以死来解脱自己。

鲁迅在《彷徨》扉页上引用的《离骚》诗句是这样的：

> 朝发轫于苍梧兮，夕余至乎县圃；
> 欲少留此灵琐兮，日忽忽其将暮。

---

① 具体为约公元前340年—约公元前278年——译注。
② 即顷襄王——译注。

吾令羲和弭节兮，望崦嵫而勿迫；

路漫漫其修远兮，吾将上下而求索。①

在中国的神话里，太阳神羲和②掌管着十个太阳。她每天让一个太阳驾车驶过天空，夜晚时在崦嵫山降落。在上引诗句中，诗人屈原乞求太阳神羲和停鞭慢走，看到崦嵫山也不要急于靠近。

创作《彷徨》时期的鲁迅正值他人生中的十字路口。过去的工作不能让他满意，与弟弟周作人的失和严重扰乱了他的个人生活，不得不两次搬家。中国也正处于混乱之中：内战无休无止，政府毫无作为。鲁迅青年时代一度信仰的进化论思想今也已经坍塌，与之相伴的乐观激情正逐渐褪去。尽管如此，鲁迅把新作品集命名为《彷徨》并不表示他已彻底绝望，他只是坦承自己还没找到明确的前进方向。在中国古文的习惯用法中，彷徨通常指一个战士被一群敌人包围，他不知道先动手对付哪一个才好，但绝不是说他要放弃战斗。

《彷徨》集的第一篇小说《祝福》写于 1924 年 2 月，最初发表在 1924 年 3 月 25 日上海《东方杂志》半月刊的第 21 卷第 6 号。它描写的是一个农村妇女的生活悲剧。这个妇女嫁了个小她十岁的丈夫名叫祥林，结婚不久丈夫就死去了。婆婆对她很严厉，虐待她，逼她终日做活，她受不了，从家里逃了出来。在中人卫老婆子的介绍下，她来到小说叙述者"我"的叔叔、婶婶③家里做女工。她干起活来毫不懈怠，比勤快的男人还勤快。到了年底，扫尘，洗地，杀鸡，宰鹅，通宵达旦地烹煮祭祀的福礼，这一切全是由她独自承担。雇主和她自己对此都很满意。

有一天，卫老婆子带着祥林嫂的婆婆来了。婆婆要祥林嫂跟她回家，理由是家里事务忙，人手不够。于是，祥林嫂就被婆婆带走了。她在这里挣的

---

① 戴维·霍克斯译：《楚辞·南方之歌——中国古代诗歌选》，哈默兹沃斯：企鹅经典，1985 年出版。

② 羲和，中国的太阳女神。传说她是东夷人祖先帝俊的妻子，与帝俊生了十个太阳（金乌），十个太阳轮流在天上值日。羲和也是太阳的赶车夫。《山海经·大荒南经》载云："东南海之外，甘泉之间，有羲和之国。有女子曰羲和，帝俊之妻，生十日，方浴日于甘渊。"——译注。

③ 即"我"的四叔、四婶，此后通译为四叔、四婶——译注。

工钱，一文也没有用，全都交给了婆婆。

祥林嫂一回到家，就被人用绳子捆了起来，塞进花轿里，让她嫁到深山野墺里的一户人家去。她奋力反抗，嚎，骂，把头撞到桌角上，鲜血直流。人们七手八脚地将她和男人反关在新房里，她还是骂。一年后，她生下一个男孩。但在某年的秋季，大约是祥林嫂似乎交了好运的两年后，她突然在卫老婆子的带领下，再次来到"我"的四婶家里。她神色哀戚，两颊上已经消失了血色，没有先前那样精神了。卫老婆子絮叨着向四婶讲述了发生的一切。先是祥林嫂的丈夫，这位汉子年纪轻轻，看起来很结实的，患上伤寒断送了性命。后来是祥林嫂的儿子出事了。有一天她在屋后劈柴淘米，儿子坐在门槛上剥豆。等她回到屋子时，孩子已经不见了。她的儿子被狼衔走了。她在狼窝附近的草窠里发现了儿子的遗物。

祥林嫂的厄运这还没算完。儿子死后，大伯①要来收房，赶她走。她落得穷困潦倒、无家可归。中人卫老婆子只好带着她再一次来到"我"的四叔、四婶的家。鲁镇的人们虽同情她的遭遇，慈悲心肠毕竟有限。"我"那位迷信又保守的四叔，暗暗告诫四婶说，像祥林嫂这样的寡妇虽然可怜，但是伤风败俗，新年祭祀时万不可让她沾手；否则，祭品不干不净，祖宗吃了会不高兴的。待到年末祭祀的时候，祥林嫂正准备去帮忙分配餐桌上的祭祀器皿，四婶急忙让她住手，不许她触碰那些器皿。

后来，祥林嫂常向人诉说儿子被狼衔走的故事。无论遇见谁，她都反复讲述各种细节。起初，镇上的人们听了颇感动，女人们还要陪出许多眼泪来。但等她把故事讲到上百遍之后，人们也就烦厌起来。祥林嫂渐渐地成了鲁镇男女的取笑对象。有人逗引她讲儿子的故事，她就一本正经认真讲起来，但在听的人，这故事早已变成笑话了。祥林嫂的身体状况每况愈下，记性也大不如前，甚至于常常忘记做该去做的工作。四叔、四婶决定不再雇佣祥林嫂，他们让卫老婆子把她领了回去。卫老婆子也无计可施，祥林嫂只得沦落到上街去行乞。她最终因贫寒而死去。

祥林嫂死前，在河边遇见了小说叙述者"我"。"我"以为她要来讨钱，

---

① 祥林嫂丈夫的哥哥——译注。

岂料她只是向识字的"我"问儿个问题：

　　"一个人死了之后，究竟有没有魂灵呢？"

　　我很悚然，一见她的眼钉着我的，背上也就遭了芒刺一般，比在学校里遇到不及豫防的临时考，教师又偏是站在身旁的时候，惶急得多了。对于魂灵的有无，我自己是向来毫不介意的；但在此刻，怎样回答她好呢？我在极短期的踌躇中，想，这里的人照例相信鬼，然而她，却疑惑了，——或者不如说希望：希望其有，又希望其无……。人何必增添末路的人的苦恼，为她起见，不如说有罢。

　　"也许有罢，——我想。"我于是吞吞吐吐的说。

　　"那么，也就有地狱了？"

　　"阿！地狱？"我很吃惊，只得支梧着，"地狱？——论理，就该也有。——然而也未必，……谁来管这等事……。"

　　"那么，死掉的一家的人，都能见面的？"

　　"唉唉，见面不见面呢？……"这时我已知道自己也还是完全一个愚人，什么踌躇，什么计画，都挡不住三句问。我即刻胆怯起来了，便想全翻过先前的话来，"那是，……实在，我说不清……。其实，究竟有没有魂灵，我也说不清。"①

　　鲁迅以前经常谴责社会对待妇女，尤其是对待贫困妇女的不公正方式，不仅如此，他也通过暗示，批评了自己和他所属的知识阶级在面对不幸妇女时的软弱无力。

　　祥林嫂的故事并非根据鲁迅身边的人物虚构而成。不过，在鲁迅年幼的时候，周氏家族中有个老妇人喜欢向路人反复讲述自己的不幸遭遇，这一点可能给他创作《祝福》提供了些许启发。在周氏家族中，即使是鲁迅最穷的亲戚，也远比祥林嫂的生活境况好得多。

　　鲁迅再一次把小说的故事背景设定在了故乡。青少年时代的切身经验让

---

① 鲁迅：《彷徨·祝福》，《鲁迅全集》，第2卷，第7页——原注。

他非常熟知社会底层的生活状态。对他而言，这些问题才是萦绕他心头的重要问题。来到北京之后，鲁迅身陷教育部的公务和他的学术、论争活动之中，这一切竟让他的小说创作灵感逐渐隐灭了。

《祝福》的故事背景设置在鲁迅母亲的出生地——鲁镇。这篇小说在某些方面与《明天》有相似之处。《明天》写的是一个身陷贫困、无依无靠的妇人①在传统道德、封建迷信无情迫压下的悲惨生活遭遇。祥林嫂和单四嫂子都失去了儿子。《祝福》的故事情节比《明天》更为充实丰满，当然，我并不是说《祝福》这样写就比《明天》写得好。不过，这一点倒可以用来解释为什么《祝福》有那么多的改编版本，尤其是在 1949 年后，它几乎被改编成了中国各种地方剧种，甚至还被改编成了话剧、电影。

《在酒楼上》

《彷徨》集的第二篇小说《在酒楼上》距离鲁迅创作《祝福》仅有 8 天之隔。它最初发表在 1924 年 5 月 10 日上海《小说月报》的第 15 卷第 5 号上。这篇小说写的是鲁迅喜爱的另一主题——中国知识分子的命运。具体而言，它表现的是知识分子在 20 世纪初中国动荡社会中的疏离感与挫败感。在《呐喊》集中，孔乙己、陈士成等旧式教育（以儒家经典为主）的受害者，一心想通过参加科举考试获得功名，却屡屡承受落第带来的痛苦。《在酒楼上》的主人公吕纬甫，与孔乙己、陈士成相比，倒是和范爱农以及鲁迅后来一篇小说中的人物魏连殳更为相像。吕纬甫是新式教育的受益者，但因社会大环境未得根本改进，可叹他一生"所学"竟是"英雄无用武之地"！

小说写的是叙事者"我"探访故乡后，来到 S 城（绍兴）。S 城距离"我"的故乡约 10 英里②，"我"在此地当过一年教员。这一天，"我"到城里去寻访旧同事，结果他们一个也不在了。下午，"我"来到过去熟识的一家小酒

---

① 即单四嫂子——译注。
② 鲁迅小说中为 30 里——译注。

馆，挑了个楼上靠窗的桌位坐下。时候尚早，楼上只有"我"一位客人。外面飘着雪，几株老梅斗雪开着满树的繁花，还有一株山茶树从暗绿的密叶里绽放出十几朵红花来。这里的雪滋润柔媚，著物不去，晶莹有光；不像朔方的雪，粉一般干，大风一吹，漫空飞舞。"我"不禁想：眼下，北方虽然不是"我"的旧乡，但南来也只能算一个客子了。

过了一会儿，楼梯上有脚步声响起，是堂倌送来了"我"点的酒食：绍酒，油豆腐，辣酱。

又过了一会儿，楼梯上响起了另一阵脚步声，那脚步声比堂倌的要缓慢。这新来的客人就是吕纬甫——"我"在S城做教员时代的旧同事。他的面貌颇有些改变，但一见也还是能够辨认出来，只有行动格外迂缓，变得很不像当年敏捷精悍的吕纬甫了。

两位老朋友于是围桌而坐，又加添了一些酒菜。不久，酒菜上来，他们边吃边聊别后的情形。不过，叙事者"我"只是寒暄问了几个问题，小说的主体内容是吕纬甫向"我"讲述他重回S城的原委。他说自己就像是一只蜂子或蝇子，被什么东西一吓，飞走了，围着屋子转了几圈，又飞回到原来的地方。

他们先前就职的学校被前孔教会保守分子控制后，吕纬甫先是去了山东济南，后又到山西太原一个同乡家里教书。他本来可以教孩子们算学的，但他们的父亲不许，只得教《诗经》、《孟子》之类的古书，或者教女学生读《女儿经》。这些封建读物是"我"和吕纬甫十几年前曾极力抨击的对象。

就像鲁迅把母亲接到了北京一样，吕纬甫把他母亲接到了太原。近来，他母亲听到一些坏消息。具体是这样的：吕纬甫有一个三岁时死掉的小兄弟，葬在了乡下。现在，河水淹到了坟边，快把他兄弟的墓穴给冲走了。母亲忧心如焚，让吕纬甫去看看给他小兄弟迁葬。吕纬甫也早想这么做，但当他后来下令让土工掘坟时，发现里面只剩下一堆木丝和小木片，根本没有他小兄弟的尸骨！吕纬甫裹了些小兄弟先前尸体所葬之地的泥土，用被褥包起来装在新买的棺材里，运到他父亲埋着的坟地上，在他的坟旁边埋掉了。为让母亲安心，吕纬甫没把事情真相告知母亲。他要让母亲觉得他已经把这件事办妥当了。

吕纬甫完成的第二项任务同样也很琐碎。他要买一种红色剪绒花送给一个名叫阿顺的当地女孩。阿顺的母亲在她很年幼时就过世了，家里的两个小弟妹都靠她来照顾。她勤劳肯干，人又善良，村里人都很喜欢她。一次，她看到有人头发上戴了一朵红的剪绒花，自己也想有一朵。无奈，这种花是外省的东西，她在S城怎么寻也没寻到，伤心得几乎哭了一夜。这让她做船户的父亲很气恼，打了她一顿。吕纬甫的母亲听说了这件事，很后悔自己当时没帮忙给找找，这一回老人就让儿子回S城办事时顺便为她买些剪绒花送给阿顺。吕纬甫也喜欢阿顺。甚至有一次在阿顺给他调制了加糖的荞麦粉时，因为她焦虑不安地在一旁看着，他就逼迫自己喝了一整碗来讨她开心。不幸的是，吕纬甫这次竟又是徒劳无功：待他带着剪绒花来到阿顺家时，阿顺已在不久前因染上跟她母亲一样的肺结核而死去了！阿顺的妹妹起初并不想接受这份礼物，不过最后她还是收下了。吕纬甫决意告诉母亲他已经把剪绒花送给了阿顺，阿顺见了欢喜得不得了。

　　"我"和吕纬甫离开酒馆时，"我"问吕纬甫：

> "你借此还可以支持生活么？"我一面准备走，一面问。
>
> "是的。——我每月有二十元，也不大能够敷衍。"
>
> "那么，你以后豫备怎么办呢？"
>
> "以后？——我不知道。你看我们那时豫想的事可有一件如意？我现在什么也不知道，连明天怎样也不知道，连后一分……"①

　　小说中的很多细节表明，鲁迅对吕纬甫的描写一定程度上是对他自己外貌的描写，如：浓密凌乱的头发，苍白的长方脸，又浓又黑的眉毛等。此外，吕纬甫在小说中表面上的无聊琐屑行为，其实是鲁迅对他官员生活及写作成绩失望不满的一种体现。在小说的结尾，鲁迅告诫自己一定不能丧失勇气，要过一种与吕纬甫决然不同的生活：

---

　　① 鲁迅：《彷徨·在酒楼上》，《鲁迅全集》，第2卷，第34页。本书原著未引用鲁迅作品原文，译文改引原文——译注。

我们一同走出店门，他所住的旅馆和我的方向正相反，就在门口分别了。我独自向着自己的旅馆走，寒风和雪片扑在脸上，倒觉得很爽快。见天色已是黄昏，和屋宇和街道都织在密雪的纯白而不定的罗网里。①

《彷徨》里的其他小说

鲁迅的下一篇小说《幸福的家庭》也作于 1924 年 2 月，发表在 3 月份的《妇女杂志》上。根据鲁迅的《附记》说明，② 这篇小说是拟用许钦文的文体风格创作而成的。许钦文是曾受鲁迅帮助、鼓励的一个青年作家，他写过一篇类似文体的小说题为《理想的伴侣》。

这是一篇讽刺小说，描写的是挣扎在生活温饱线上的一对年轻夫妻，丈夫是一位作家。这位作家丈夫准备写一篇小说投稿到《幸福月报》杂志社。他设想了几个时下最为流行畅销的写作主题：恋爱、婚姻、家庭之类的，最后决定把题目定为《幸福的家庭》。这时，他的灵感枯竭了。这个家庭应该住在哪里呢？

> 他想："北京？不行，死气沉沉，连空气也是死的。假如在这家庭的周围筑一道高墙，难道空气也就隔断了么？简直不行！江苏浙江天天防要开仗；福建更无须说。四川，广东？都正在打。山东河南之类？——阿阿，要绑票的，倘使绑去一个，那就成为不幸的家庭了。上海天津的租界上房租贵；……假如在外国，笑话。云南贵州不知道怎样，但交通

---

① 鲁迅：《彷徨·在酒楼上》，《鲁迅全集》，第 2 卷，第 34 页。
② 《幸福的家庭》最初发表时，鲁迅在篇末写了一则《附记》："我于去年在《晨报副刊》上看见许钦文君的《理想的伴侣》的时候，就忽而想到这一篇的大意，且以为倘用了他的笔法来写，倒是很合式的；然而也不过单是这样想。到昨天，又忽而想起来，又适值没有别的事，于是就这样的写下来了。只是到末后，又似乎渐渐的出了轨，因为过于沉闷些。我觉得他的作品的收束，大抵是不至于如此沉闷的。但就大体而言，也仍然不能说不是'拟'。二月十八日灯下，在北京记。"——译注。

也太不便……。"①

最后，我们的作者决定把小说背景设定在一个叫"A"的虚构地方。这个幸福家庭一定是由两个因爱结婚的夫妇组成的。他们的婚姻条约应有 40 余条之多，二人之间完全自由平等。他们应该是受过高等教育的西洋留学生（东洋留学生已经不时髦）。

> 主人始终穿洋服，硬领始终雪白；主妇是前头的头发始终烫得蓬蓬松松像一个麻雀窠，牙齿是始终雪白的露着，但衣服却是中国装，……②

这时，我们作者的构思被外面讨论劈柴价钱的争辩声打断了。原来是他的妻子正在跟卖劈柴的理论。他没予理会继续投入创作。他努力描绘着这对夫妻应该看什么书，吃什么菜，但思绪再次被劈柴运进屋的噪声和小女儿的哭声带回到现实。他模仿猫洗脸的游戏哄孩子转悲为喜。女儿不哭了，笑眯眯地挂着眼泪看着他。他猛地觉得女儿这笑脸很像她母亲多年前的样子。小说作者的最后一个动作是用他写作的稿纸给女儿揩鼻涕。

鲁迅这篇小说表现了中国动乱的社会现实生活，揭示了那种对动乱社会生活闭上眼睛，或者试图逃避动荡社会生活之行为的无效性。在 1920 年代的中国，造成小说所描写的幸福家庭的环境根本不可能存在！

鲁迅在 1924 年春季创作的最后一篇小说是《肥皂》，发表在 3 月末的《晨报副刊》上。③ 这篇小说的主要人物四铭是一个封建保守的道学家，他认为中国的所有问题都出在那些不"安分守己"的学生身上。军人土匪甚至都可以宽恕，但搅乱天下的学生必须严加惩罚。所有的现代学堂都应该统统关掉。女学生尤其可恶，她们成群结队地在街上闲逛，甚至还要剪头发："男人都像了和尚还不够，女人又来学尼姑了。"④

---

① 鲁迅：《彷徨·幸福的家庭》，《鲁迅全集》，第 2 卷，第 35—36 页。
② 鲁迅：《彷徨·幸福的家庭》，《鲁迅全集》，第 2 卷，第 36 页。
③ 本文最初发表在 1924 年 3 月 27 日、28 日北京《晨报副刊》上——译注。
④ 鲁迅：《彷徨·肥皂》，《鲁迅全集》，第 2 卷，第 48 页——译注。

四铭上街去给太太买肥皂，挑半天选了一块有橄榄香味的洋肥皂。他要打开来看一看再付钱，店主不同意。当时有几个年轻学生正好也在店里，其中一个学生便笑话四铭"恶毒妇"（英语 old fool 的汉语音译，意思是"老傻瓜"）。回到家里，四铭问儿子这个词语是什么意思。儿子查字典也没弄明白。此外，四铭说他遇见一个十几岁的姑娘与她祖母一起在街上乞讨。她只要讨得一点钱，就都交给祖母。① 四铭灵机一闪，想着这个"孝女"的故事很适合用作移风文社的第十八届散文诗歌比赛的征文主题。回到家后，四铭便跟前来拜访他的朋友薇园、道统进行商讨。他说有几个年轻光棍在街上见了那姑娘，说如果给这女孩买两块肥皂"咯支咯支"洗一洗，好得很呢！道统觉得这事着实有趣，忍不住哈哈大笑。不幸的是，四铭的太太无意中听到了这故事。② 她于是责骂她丈夫肥皂不是买给她的，而是买给那个"孝女"的。

"这真是什么话？你们女人……"四铭支吾着，脸上也像学程练了八卦拳之后似的流出油汗来，但大约大半也因为吃了太热的饭。

"我们女人怎么样？我们女人，比你们男人好得多。你们男人不是骂十八九岁的女学生，就是称赞十八九岁的女讨饭：都不是什么好心思。'咯支咯支'，简直是不要脸！"③

此后一段时间，"四太太的身上便总带着些似橄榄非橄榄的说不清的香味"。④ 在这里，就像鲁迅之前多次及后来继续去做的那样，他对新文化的敌人进行了再次批判。

除了创作小说和散文，鲁迅 1924 年还参加了几项别的活动。本年 5 月，印度诗人、剧作家、诺贝尔奖得主拉宾德拉纳特·泰戈尔应新月社之邀来华

① 本书原著这一表述不准确。鲁迅小说原文是："她只要讨得一点什么，便都献给祖母吃"，可知姑娘讨来的是食物，而不是钱——译注。

② 本书原著这一表述有误，事实上，早在四铭跟朋友薇园、道统叙述孝女故事之前，他就跟妻子说过这件事了——译注。

③ 鲁迅：《彷徨·肥皂》，《鲁迅全集》，第 2 卷，第 52 页。本书原著未引用鲁迅作品原文，译文改引原文——译注。

④ 本书原著未引用鲁迅作品原文，译文改引原文——译注。

访问。① 新月社是一个致力于研究并实践"纯文学"创作的文学社团。新月社同人认为"纯文学"应不受政治或社会功利目的规训和制约。参与接待泰戈尔的人员有：新文化运动早期领导者北京大学教授胡适，诗人徐志摩，经验丰富的改革派政治家梁启超等。鲁迅与这几位文化名人并无特殊交谊，但他前往参加了在某学校②礼堂为诗圣泰戈尔举办的 64 岁生日庆祝会。鲁迅在1934 年回忆说："他到中国来了，开坛讲演"，可是被新月派的文人"说得他好像活神仙一样，于是我们的地上的青年们失望，离开了。神仙和凡人，怎能不离开呢?"③

作家徐志摩、林徽因、张歆海等用英语饰演了泰戈尔的戏剧《契忒罗》，梁启超的建筑师儿子梁思成为舞台布了景。

1925 年 5 月 21 日，鲁迅应他所执教的北京女子师范大学④一群学生的邀请，出席调解该校风潮的会议。女师大学生与他们的女校长杨荫榆之间产生了严重分歧。教育总长⑤解除了鲁迅老友许寿裳的女师大校长一职，任命杨女士接替他的职位。在学生眼里，杨荫榆无理专断，排斥异己，将她的私党朋友尽行安插在学校的领导机构中。这是鲁迅第一次卷入到一场持续数月的争端之中，且越来越难以自拔。

---

① 本书原著这一表述有误。泰戈尔访华实际是受梁启超主持的讲学社之邀——译注。

② 即协和学校——译注。

③ 鲁迅：《花边文学·骂杀与捧杀》，《鲁迅全集》，第 5 卷，第 615—616 页。本书原著未引用鲁迅作品原文，译文改引原文——译注。

④ 以下行文中简称为女师大——译注。

⑤ 即章士钊——译注。

在老虎尾巴

《莽原》与"未名社"

1924 年 5 月 25 日，鲁迅携母亲、朱安移居西三条胡同的新屋。他于 1923 年 10 月买定此房，但因房屋太破旧，搬进前必须做大量的修葺工作。这是一所小小的长方形的三开间四合院。朝南的房屋后面搭接着一间房子，在北京叫做"老虎尾巴"，那就是鲁迅的书房。这个房间的好处是北窗的光线上下午没有什么变化，让他不用担心晒太阳，窗户又很大，从窗口可以眺望后园里的景物。鲁迅在房间的东面墙上挂着他的日籍老师藤野先生的肖像。

大部分时候是朱安下厨做饭。她倾注很大心力观察他们口味的喜好，能烧一手鲁迅母亲爱吃的绍兴菜，鲁迅也赞不绝口。时至今日，朱安已说服自己接受了这桩无爱婚姻，唯一慰藉她的就是她的那只水烟袋。

据许钦文回忆，[①] 鲁迅当时的生活很是简朴，"西服的裤子总是单的，就是在北平的大冷天，鲁迅先生也永远穿着这样的单裤"，他也从来不用厚床垫，"鲁迅先生的房中只有床铺，网篮，衣箱，书案，这几样东西。万一甚么时候要出走，他只要把铺盖一卷，网篮或衣箱任取一样，就是登程的旅客了"。[②] 鲁迅常被他的论敌骂为"学匪"、"土匪"，他因此有时称"老虎尾巴"为"绿林书屋"。

---

① 本书原著这一表述有误，应该是据孙伏园回忆——译注。

② 孙伏园：《鲁迅先生二三事·哭鲁迅先生》，收入鲁迅博物馆编：《鲁迅回忆录》（上卷），第73—74 页，北京：北京出版社，1997 年出版。本书原著未引用孙伏园原文，译文改引原文。作者秦乃瑞注释说这段引文出自许钦文的《学习鲁迅先生·在老虎尾巴》，表述有误——译注。

1924 年 4 月，① 鲁迅创办了一种新的文学周刊名为《莽原》。鲁迅宣称《莽原》的文字风格是"率性而言，凭心立论，忠于现世，望彼将来"。② 它的办刊宗旨是"希望中国的青年站出来，对于中国的社会，文明，都毫无忌惮地加以批评"，③ 中国"最缺少的是'文明批评'和'社会批评'，我之以《莽原》起哄，大半也就为了想由此引出新的这一种批评者来，虽在割去敝舌之后，也还有人说话，继续撕去旧社会的假面"。④ 这份新期刊将作为《京报》的第五种周刊出版。

鲁迅发起编辑的另一出版读物奇怪地取名为《未名丛刊》。它旨在唤醒青年作者起来从事翻译和创造性写作。该丛刊出版什么全由投稿人决定，这使得它的话题类别极为丰富，"内容自然是很庞杂的，因为希图在这庞杂中略见一致，所以又一括为相近的形式，而名之曰《未名丛刊》"。⑤ 在《未名丛刊》第一批次发行出版的作品中，安徽青年作家李霁野翻译的安特莱夫的戏剧《往星中》也列居在内。李霁野曾这样描述他与鲁迅的第一次会面：

> 1924 年初冬，目寒⑥带我去见鲁迅先生。读先生的文章给我得到的印象，以为他应是极为严肃的，我应当给予他加倍的尊重。让人意外的是，就像先生对章太炎师的描述一样，他没有丝毫架子，相当和蔼可亲。⑦

① 本书原著这一表述有误，《莽原》创办于 1925 年，第一期于 1925 年 4 月 24 日正式出版发行——译注。

② 应为《〈莽原〉出版预告》，《京报》，1925 年 4 月 21 日。本书原著此处未作注——译注。

③ 鲁迅：《华盖集·题记》，《鲁迅全集》，第 3 卷，第 4 页。本书原著未引用鲁迅作品原文，译文改引原文——译注。

④ 鲁迅：《两地书·十七》，《鲁迅全集》，第 11 卷，第 64 页。本书原著未引用鲁迅作品原文，译文改引原文——译注。

⑤ 鲁迅：《集外集拾遗补编·〈未名丛刊〉是什么，要怎样？（二）》，《鲁迅全集》，第 8 卷，第 481 页。本书原著未引用鲁迅作品原文，译文改引原文——译注。

⑥ 即李霁野的小学同学张目寒——译注。

⑦ 本书原著此处未作注，引文为译者翻译。李霁野另有一段文字可作为参考："我第一次见到鲁迅先生之后，就觉得他是一个诚恳、爽直、严肃而使人不觉疏远、可敬而且相当可亲的人。我说'相当可亲'，因为我们几个朋友都热爱先生的文章，年岁又比他小得多，很自然的拿他当尊敬的师长看待。虽然我读他的文章时，觉得他不仅可以作为良师，并且可以成为益友，但实际上不容易作到和同辈相处一样。鲁迅先生说章太炎'对于弟子，向来也绝无傲态，和蔼若朋友然'。我觉得，他一开始就给我这样一个印象。"李霁野：《鲁迅先生和青年》，《鲁迅先生与未名社》，第 190 页，长沙：湖南人民出版社，1980 年 3 月出版——译注。

后来，李霁野和他的几位朋友去拜访鲁迅。鲁迅提议说既然眼下发表作品困难重重，他们应该成立一家自己的出版社，他本人很乐意充任编辑。这些出版活动占用了鲁迅 1924—1925 年间相当一部分时间，他在日记中多次提到这几位青年朋友。

娜拉走后怎样？

1923—1925 年间，鲁迅通过写杂文与发表演讲，继续进行他的社会批评。例如，1924 年 12 月 26 日，[①] 他在女师大就发表过一场关于妇女解放问题的讲演。

妇女解放问题是鲁迅写作中反复表现的一个主题，也是他好几篇小说的重要情节元素，如《明天》、《阿 Q 正传》、《祝福》等。鲁迅在早期多篇随感录的创作中也曾讨论过这一问题。

娜拉是易卜生戏剧《玩偶之家》中的主角，这部戏在原来的挪威语中名为《傀儡家庭》，在中国上演时被取名为《娜拉》。《娜拉》的戏剧剧情发生在一个家庭，作为妻子和母亲的娜拉逐渐觉悟到自己的现实地位：在家庭里她仅仅是丈夫的傀儡，孩子们又是她的傀儡。最后她决定离家出走。

在中国的家庭制度和时代语境下，鲁迅的这一追问意义非常重大。娜拉走后将无处存身。鲁迅为她设想了两条路：不是堕落，就是回到丈夫身边。娜拉为了不做丈夫的玩偶离开家庭，出走后发现想靠劳动诚实过活实在不易，妇女们必须拥有经济权。鲁迅说："在目下的社会里，经济权就见得最要紧了。第一，在家应该先获得男女平均的分配；第二，在社会应该获得男女相等的势力。可惜我不知道这权柄如何取得，单知道仍然要战斗；或者也许比要求参政权更要用剧烈的战斗。"[②]

鲁迅对中国的命运做了预言性陈述，并以此作为讲演的总结：

---

① 本书原著这一表述有误，应为 1923 年 12 月 26 日——译注。

② 鲁迅：《坟·娜拉走后怎样》，《鲁迅全集》，第 1 卷，第 168 页。本书原著此处未作注，译文改引鲁迅原文——译注。

可惜中国太难改变了，即使搬动一张桌子，改装一个火炉，几乎也要血；而且即使有了血，也未必一定能搬动，能改装。不是很大的鞭子打在背上，中国自己是不肯动弹的。我想这鞭子总要来，好坏是别一问题，然而总要打到的。但是从那里来，怎么地来，我也是不能确切地知道。①

论雷峰塔的倒掉

在作于 1924 年 10 月的一篇杂文中，鲁迅借用流传在他故乡省会杭州关于一座塔的民间故事，对青年男女的婚姻自主权问题提出声援和辩护。他抨击了常常干涉阻挠年轻人追求婚姻幸福的那些老辈儿中的好事者们。

根据传说，清明节——家庭成员祭扫祖先坟墓的日子——这天，一个名叫许仙的年轻人在准备乘船穿过西湖回家时，遇到两位女子，她们一位着白衣，另一位着绿衣，她们也想过河但无舟可乘。许仙便让她们搭乘他的船过河，当时天正下着雨，他便把雨伞借给她们。他丝毫不知她们是化成人形的蛇精。次日，两位女子登门到许仙家归还雨伞。长话短说，许仙和白蛇女子陷入爱河并最终结成了夫妇。青蛇则化作丫鬟跟着女主人也住在许仙家。

一天，许仙爬山到金山寺拜佛祷告。金山寺的住持法海和尚是位极其虔诚的禅师，他看见许仙脸上有妖气（只有具备非凡能力的人才能发现）。白蛇娘娘来寺里寻夫，她发现整座寺庙已被洪水淹没。②法海捉住白蛇并将她囚禁在一个钵盂里。他将钵盂埋在地里，还在上面建起一座镇压的塔。这就是雷峰塔。

---

① 鲁迅：《坟·娜拉走后怎样》，《鲁迅全集》，第 1 卷，第 171 页。
② 本书原著这一表述有误，"水漫金山"的是白蛇娘娘不是法海——译注。

214

鲁迅接着写道：

听说，后来玉皇大帝也就怪法海多事，以至荼毒生灵，想要拿办他了。他逃来逃去，终于逃在蟹壳里避祸，不敢再出来，到现在还如此。我对于玉皇大帝所做的事，腹诽的非常多，独于这一件却很满意，因为"水漫金山"一案，的确应该由法海负责；他实在办得很不错……

秋高稻熟时节，吴越间所多的是螃蟹，煮到通红之后，无论取那一只，揭开背壳来，里面就有黄，有膏；倘是雌的，就有石榴子一般鲜红的子。先将这些吃完，即一定露出一个圆锥形的薄膜，再用小刀小心地沿着锥底切下，取出，翻转，使里面向外，只要不破，便变成一个罗汉模样的东西，有头脸，身子，是坐着的，我们那里的小孩子都称他"蟹和尚"，就是躲在里面避难的法海。

当初，白蛇娘娘压在塔底下，法海禅师躲在蟹壳里。现在却只有这位老禅师独自静坐了，非到螃蟹断种的那一天为止出不来。莫非他造塔的时候，竟没有想到塔是终究要倒的么？①

以上只是白蛇故事的简要梗概。它被改编成了多种形式的舞台剧，故而在中国家喻户晓。中国的彩色年画常采用这一故事来绘制人物或场景，这也给普通民众留下了深刻印象。可以肯定的是，鲁迅的祖母非常熟悉这个故事，因为他第一次就是从她那儿听到这个故事的。在舞台上演出时，白蛇故事会被赋予更多细节，如和尚们与湖中水怪之间的战斗，奇异的服装与精彩的舞台对打等。

现在，重建后的雷峰塔拥有了许多现代特征：乘电梯可直接通往屋檐下的外部走廊，站在那里可俯瞰西湖和杭州的美妙风景。雷峰塔并非坐落在山脉或山冈之上，而是坐落在距西湖湖边道路不远的土丘之上。故事中许仙遇到好事之徒法海和尚的金山寺，甚至根本不在杭州，而在距离杭州数百里远的邻省江苏。

① 鲁迅：《坟·论雷峰塔的倒掉》，《鲁迅全集》，第 1 卷，第 180—181 页。

循环怪圈

1925 年，鲁迅写下一系列杂文。他动用了自己在中国历史方面百科全书式的知识储备，对中国社会的历史与现状展开了批判。他号召中国的青年人站出来，打破中国今天仍然还深陷其中的"一治一乱"的循环怪圈，建设一个更积极、更进步的社会，在这个新社会里弱者将不再遭受强权的欺凌。鲁迅在那一年撰写的多篇杂文并未特别讨论具体的社会问题，而是用他首次在小说《狂人日记》中使用的"吃人社会"概念，把中国社会作为一个整体进行了批判。

鲁迅抨击那些渴望回到过去或陶醉于中国古代文明，而对同胞的当下苦难漠不关心的人们。谈到中国历史上多次重现的朝代循环，也即治乱交替的朝代更迭现象，鲁迅把其总结为：

一，想做奴隶而不得的时代；
二，暂时做稳了奴隶的时代。

他继续写道：

现在入了那一时代，我也不了然。但看国学家的崇奉国粹，文学家的赞叹固有文明，道学家的热心复古，可见于现状都已不满了。然而我们究竟正向着那一条路走呢？百姓是一遇到莫名其妙的战争，稍富的迁进租界，妇孺则避入教堂里去了，因为那些地方都比较的"稳"，暂不至于想做奴隶而不得。总而言之，复古的，避难的，无智愚贤不肖，似乎都已神往于三百年前的太平盛世，就是"暂时做稳了奴隶的时代"了。

但我们也就都像古人一样，永久满足于"古已有之"的时代么？都像复古家一样，不满于现在，就神往于三百年前的太平盛世么？

自然，也不满于现在的，但是，无须反顾，因为前面还有道路

216

在。而创造这中国历史上未曾有过的第三样时代，则是现在的青年的使命！①

在另外一篇文章中鲁迅写道："地大物博，人口众多"② ——有了这些优异资源，我们就能这样一味循环着活下去？

鲁迅对中国社会的非人性方面也进行了批判：

有吃烧烤的身价不资的阔人，也有饿得垂死的每斤八文的孩子。所谓中国的文明者，其实不过是安排给阔人享用的人肉的筵宴。所谓中国者，其实不过是安排这人肉的筵宴的厨房。不知道而赞颂者是可恕的，否则，此辈当得永远的诅咒！……

这文明，不但使外国人陶醉，也早使中国一切人们无不陶醉而且至于含笑。因为古代传来而至今还在的许多差别，使人们各各分离，遂不能再感到别人的痛苦；并且因为自己各有奴使别人，吃掉别人的希望，便也就忘却自己同有被奴使被吃掉的将来。于是大小无数的人肉的筵宴，即从有文明以来一直排到现在，人们就在这会场中吃人，被吃，以凶人的愚妄的欢呼，将悲惨的弱者的呼号遮掩，更不消说女人和小儿。

这人肉的筵宴现在还排着，有许多人还想一直排下去。扫荡这些食人者，掀掉这筵席，毁坏这厨房，则是现在的青年的使命！③

---

① 鲁迅：《坟·灯下漫笔》，《鲁迅全集》，第1卷，第225页。
② 鲁迅在《黄祸》一文中说："德皇的所谓'黄祸'，我们现在是不再梦想了，连'睡狮'也不再提起，'地大物博，人口众多'，文章上也不很看见。倘是狮子，自夸怎样肥大是不妨事的，但如果是一口猪或一匹羊，肥大倒不是好兆头。"见鲁迅：《准风月谈·黄祸》，《鲁迅全集》，第5卷，第354页。本书原著此处未作注——译注。
③ 鲁迅：《坟·灯下漫笔》，《鲁迅全集》，第1卷，第228—229页。本书原著未引用鲁迅作品原文，译文改引原文——译注。

看镜有感

鲁迅抨击的另一态度与他对中国国民性的看法有关，这一态度体现在国人对来自异域新观念的惧怕上。他引用了 17 世纪康熙王朝一个官员①的例子，这位官员任钦天监监正②职位。当时，德国人汤若望已依照西方天文学知识为中国制定了新历法。那位中国官员推算的历法虽存在许多明显错误，但他拒绝采用新历法。有人指出他的错误，他公然回应道："宁可使中夏无好历法，不可使中夏有西洋人。"③

在鲁迅看来，拒斥外来文化的态度并非盛行于中国所有历史时期。汉代的人们可以毫不拘忌地运用新来的动植物来做装饰的花纹。唐人也敢在他们的工艺品中大胆采用异域的图案风格。太宗皇帝④的陵墓上甚至还雕刻着一只异族鸵鸟。当中国强盛之时，"凡取用外来事物的时候，就如将彼俘来一样，自由驱使，绝不介怀。一到衰弊陵夷之际，神经可就衰弱过敏了，每遇到外国东西，便觉得仿佛彼来俘我一样"。⑤

19 世纪一个叫汪曰桢的人对外来事物的抗拒甚至到了荒谬境地：他在自己写的书⑥中声称玻璃镜没有中国传统的铜镜好，因为玻璃镜照出来的图像是扭曲的！

19、20 世纪之交，曾留学英国格林威治皇家海军学院的海军军官严复，对清政府的盲目排外态度提出了批判。他认为中国不但要学习西方的先进技

---

① 即杨光先（1579—1669），字长公，安徽歙县人。根据史实，他是在参劾掉汤若望之后才接任钦天监监正一职的——译注。

② 钦天监监正是一个负责观察天象、推算节气历法的官职——译注。

③ ［清］杨光先：《日食天象验》，《不得已》，第 79 页，合肥：黄山书社，2000 年 11 月出版。本书原著此处未作注——译注。

④ 即唐太宗李世民——译注。

⑤ 鲁迅：《坟·看镜有感》，《鲁迅全集》，第 1 卷，第 209 页。本书原著未引用鲁迅作品原文，译文改引原文——译注。

⑥ 即汪曰桢的著作《湖雅》。汪曰桢（1813—1881），浙江乌程（今吴兴）人。清咸丰时任会稽教谕。著作有《湖雅》、《历代长术辑要》等——译注。

术，也要学习引领西方走上繁荣富强之路的进步观念，若非如此中国必将走向衰败。他第一个把西方多部重要的科学、哲学、社会学著作翻译成了汉语，其中包括赫胥黎的《天演论》、亚当·斯密的《原富》等。

在中国如何面对西方列强的态度上，鲁迅的看法与30年前严复的思想有一致之处，但鲁迅对中国社会的批判比严复要尖锐得多。严复曾支持袁世凯称帝。鲁迅用白话创作的作品更易于为读者接受，而在严复从事翻译的时代，文言文仍然是除小说之外的所有写作所用的媒介。

在后来的一篇杂文中鲁迅写道："总之，我们要拿来。我们要或使用，或存放，或毁灭。那么，主人是新主人，宅子也就会成为新宅子。然而首先要这人沉着，勇猛，有辨别，不自私。没有拿来的人，人不能自成为新人，没有拿来的，文艺不能自成为新文艺。"①

---

① 鲁迅：《且介亭杂文·拿来主义》，《鲁迅全集》，第6卷，第41页。

西安之行

鲁迅在西安的活动

"连天空都不像唐朝的天空!"

1924 年 6 月末,西北大学给鲁迅发来信函,邀请他与来自几所大学的学者名流 7 月初赴西安参观考察。创作一部关于杨贵妃的长篇小说,是鲁迅酝酿已久的写作计划。杨贵妃是唐明皇的薄命妃子,不过,中国的一些学者质疑过杨贵妃的不幸命运。[①] 鲁迅想借此次西安之行的好机会,一方面为创作计划搜集背景资料,另一方面也可以在西安宣传新文化运动。同行者中还包括鲁迅的好友、《晨报副刊》编辑孙伏园。

考察团 7 月 7 日离开北京,他们先于 8 日下午抵达河南郑州。郑州是一个保存着许多商周时期文明遗迹的古城。7 月 9 日,他们乘火车纵贯东西,到达陇海铁路当时的西终点站——陕州,西北大学年轻的英文教师张辛南在此迎接他们,并陪同他们一起前往西安。紧接着,考察团乘船沿黄河驶向陕西。据张辛南回忆,同行者中"有的人在仓里看书、谈天,有的在船外流览风景。

---

① 据《新唐书》卷八十九载:安史之乱时,唐玄宗逃至陕西咸阳兴平的马嵬驿,军士哗变,杀死民愤极大的杨国忠,又逼唐玄宗杀死杨贵妃。唐玄宗无奈,便命高力士赐杨贵妃自缢而死。但是关于杨贵妃的死,还有吞金而亡和被乱兵所杀等说法,甚至还有杨贵妃并未死于马嵬坡,而是隐姓埋名、流落到民间的说法——译注。

鲁迅先生总在一个仓的当中盘腿而坐，对我们讲些故事"。①

到灵宝时，他们遭遇了一场大暴雨，"上午遇大雨，逆风，舟不易进，夜乃泊灵宝附近"，"晚狂飙大作，船身摇荡，榜人裸体入手，与逆风相搏，二时始脱险"。② 第二天，洪水仍未消退，需由 4 名纤夫在岸上用绳牵拉着船方能行进。

抵达潼关后，他们换乘汽车奔向西安，途经临潼休息时，在那里洗了温泉浴。7 月 14 日，他们终于到达目的地西安。这段旅程共花去了他们 8 天时间。

7 月 15 日，他们外出观光，游览了西安碑林、孔庙及大雁塔等名胜。他们还购买了一些出土文物和拓本。在西安，鲁迅购得相当数量的碑帖拓片，另有弩机几只，"此为一种黄铜器，看去机械性十足，鲁迅先生爱其有近代军器之风，故颇收藏了好几具，形似今日之手枪，铜绿斑斑，极饶古味"。③

鲁迅还去观看了一个当地剧团演出的革新剧，这个剧团颇为自负地取名易俗社。演出剧目是关于历史主题的爱国剧④，鲁迅和孙伏园都很喜欢。据孙伏园回忆，这场戏的情节很是曲折。鲁迅和这部戏的作者、演员都见了面，他觉得易俗社非常难能可贵，于是拿出他在西安讲学 12 小时所得的部分酬金捐赠给他们。离开西安前，鲁迅再次造访了该社。鲁迅给西北大学的门房等工友们也捐了钱。他告诉孙伏园："只要够旅费，我们应该把陕西人的钱，在陕西用掉。"⑤

鲁迅在这里做了几场关于中国小说历史的讲演，⑥ 这一话题他在北京执教

---

① 张辛南：《追忆鲁迅先生在西安》，见鲁迅博物馆编：《鲁迅年谱》（增订本），第 2 卷，第 138 页，人民文学出版社，1980 年出版——原注。本文最初发表在 1942 年 6 月 22 日《中央日报·艺林》——译注。

② 陈钟凡：《陕西纪游》，载 1924 年 10 月 21 日《西北大学周刊》。本书原著未引用陈钟凡原文，译文改引原文——译注。

③ 张辛南：《追忆鲁迅先生在西安》，载 1942 年 6 月 22 日《中央日报·艺林》。本书原著未引用张辛南原文，译文改引原文——译注。

④ 即《双锦衣》——译注。

⑤ 孙伏园：《鲁迅先生二三事·哭鲁迅先生》，收入鲁迅博物馆编：《鲁迅回忆录》（上卷），第 73 页，北京：北京出版社，1997 年出版。本书原著未引用孙伏园原文，译文改引原文——译注。

⑥ 讲演为暑期学校讲演，共 8 天，鲁迅讲演了 11 次，计 12 小时——译注。

时曾讲授过，讲稿后由西北大学整理出版。讲稿内容是鲁迅《中国小说史略》的缩编本。他在别的地方①也做了讲演，内容还是中国小说史，听者多为陆军学生，"军阀刘镇华曾经托人示意，请给士兵讲演时调换一下题目，意思是说：你周树人总不肯给我歌功颂德了么，给士兵打一下气总可以吧？但结果使他这个奢望落了空。鲁迅先生答应的很直爽，'给士兵讲可以，我还是讲小说史，因为就只会讲小说史。'刘碰了个软钉子，几乎要马上掀开'礼贤下士'的假面具的时候，经人劝阻，才隐忍住了。当时的《新秦日报》曾透露了这个'兼座怒形于色'的消息，还被罚的停了几天刊"。②

8月4日，鲁迅等一行学者离开西安。这次他们换了条不同路线，由渭水经潼关返京。不过，行程也没快多少。他们12日抵达北京。除了回绍兴，这是鲁迅在北京生活时代仅有的一次长途旅行，但这次旅行无疑算不上是休假。事实上，在鲁迅一生当中，他从未享受过一个真正的假期。最接近于休假的一次，是他后来定居上海时，到离沪不远的杭州的一次专程短期旅行。

鲁迅用如下文字总结了此次西安之行：

今年夏天游了一回长安，一个多月之后，胡里胡涂的回来了。知道的朋友便问我："你以为那边怎样？"我这才栗然地回想长安，记得看见很多的白杨，很大的石榴树，道中喝了不少的黄河水。然而这些又有什么可谈呢？我于是说："没有什么怎样。"③

后来，鲁迅在给日本友人的信中又说：

五六年前我为了写关于唐朝的小说，去过长安。到那里一看，想不到连天空都不像唐朝的天空，费尽心机用幻想描绘出的计划完全打破了，

---

① 1924 年 7 月 30 日，鲁迅在讲武堂讲演了约半小时——译注。

② 王淡如：《一段回忆》，载 1956 年 10 月 9 日《西安日报》。本书原著未引用王淡如原文，译文改引原文——译注。

③ 鲁迅：《坟·说胡须》，《鲁迅全集》，第 1 卷，第 183 页。

至今一个字也未能写出。原来还是凭书本来摹想的好。①

　　鲁迅对这次活动的描述似乎都聚焦在消极一面。如果说他此行的主要目的未能达成，那他在传播新文化思想与中国小说史方面付出的努力却决不能说是失败。鲁迅在西安特别是易俗社结交了许多朋友。他对易俗社的工作颇为赞赏，尤其是李约祉的所作所为让他备受鼓舞。② 李约祉乃易俗社创办人之一李同轩之子。作为陕西省立女子模范小学的校长，李把该校改办成了男女合校的一所学校，这在当时无疑是一项大胆举措。他还为学校引进了现代式的新课程大纲。鲁迅返京后，李约祉曾与鲁迅联系，鲁迅特地给他邮寄了《中国小说史略》和《呐喊》的复印本。与李约祉一样，西北大学的不少老师都从心底感念鲁迅在关照他们方面所作出的各种努力，喜欢聆听他诙谐机智的谈天。

《语丝》

　　1924 年 11 月，鲁迅、孙伏园、周作人、钱玄同、历史学家顾颉刚诸人在北京东安市场某餐馆③聚餐，商议创办一个新的文学周刊。办刊的起因是孙伏园受到《晨报》排斥，被迫辞去了《晨报副刊》编辑一职。孙是鲁迅的朋友和以前的学生，他在《晨报》已供职多年。这件事的起因是，孙伏园想在

―――――――――――

①　鲁迅 1934 年 1 月 11 日致山本初枝信，见鲁迅博物馆编：《鲁迅年谱》（增订本），第 2 卷，人民文学出版社，1980 年出版，第 117 页。

②　李约祉（1879—1969），名博，字约祉，别号金粟逸农，陕西蒲城人。清末曾攻读于三原宏道高等学堂及北京京师大学堂，对中国古典文学造诣颇深。他曾担任陕西易俗社社长、评议长、教务主任、编辑主任等职。1921 年率易俗社甲班学生组成分社赴汉口演出，历时一年半之久。当觉察外省人对秦腔不易听懂，他就编印《易俗社第一次报告书》，又采取印发张贴《戏报》、编印《说明书》、出版所编演的剧本等诸多方法扩大宣传，收到预期效果，使秦腔这一古老剧种与新兴的易俗社蜚声武汉三镇及长江两岸。他还主动向外省学习观摩，曾得南通伶工社欧阳予倩及楚、汉剧名家的指点，使陕西易俗社与秦腔的声誉远播于外省——译注。

③　即开成素餐馆——译注。

《晨报》刊发一首鲁迅创作的讽刺打油诗①，遭到该报代理总编辑②的反对。此事表明报纸主办方已不再信任他的艺术判断力，孙伏园别无选择只能辞职。《晨报》拒绝刊发鲁迅的打油诗，实际上是因为这首诗对徐志摩的失恋诗进行了戏谑、挖苦。③

在新期刊的《发刊辞》中，主办人声称他们创办该刊的目的是想"冲破一点中国的生活和思想的昏浊停滞的空气"，要以"简短的感想和批评"，"发表自己所要说的话"，"兼采文艺创作以及关于文学美术和一般思想的介绍与研究"。④撰稿者除了上列创刊人外，还有林语堂、章川岛等。这一新期刊的名字是《语丝》（在英语国家，它通常以《闲谈者》⑤著称）。

最初列于投稿者名单中的人们"政治态度、观点并不相同，后来只剩下五六人"，他们常被称为"语丝派"。"一百五十四期（一九二七年十月二十二日）出版后，被北洋军阀查封，出版发行的北新书局也被封闭。一五五、一五六期移至上海北新书局印行。一九二七年冬，从四卷一期开始，由鲁迅在上海接编……一九三〇年三月十日出至五卷五十二期后自动停刊，共出二百六十五期。"⑥

在《语丝》之外，鲁迅本人在1920年代还发起创办了其他几种出版物，第一种就是《莽原》杂志。

---

① 即初登在《语丝》上，后收入《野草》集的《我的失恋——拟古的新打油诗》——译注。

② 即刘勉己——译注。

③ 徐志摩是1898年维新运动领袖梁启超的弟子。《晨报》是以梁启超为主导的政治派系"研究系"的官方报刊之一。此事发生时，《晨报》的总编辑不在北京，代理总编辑刘勉己不敢刊发鲁迅的这首诗，虽然他对此决定未给出任何理由。孙伏园离职不久之后，徐志摩接替他继任《晨报副刊》主编。鲁迅觉得他应对孙伏园的这次离职负一定责任。同时，鲁迅也很欣赏孙伏园的编辑才华，希望他能继续从事此项工作。因此，鲁迅对新期刊的筹办表示大力支持。

④ 见《语丝·发刊辞》，本书原著此处未作注——译注。

⑤ 据梁遇春的《〈小品文选〉序》介绍，斯梯尔于1709—1711年创办了期刊《闲谈者》(Tatler)，这是英国最早的定期出版物。本文据此把The Tatler译为《闲谈者》——译注。

⑥ 鲁迅博物馆编：《鲁迅年谱》（增订本），第2卷，第157页，北京：人民文学出版社，1980年出版。本书原著没引用《鲁迅年谱》，其标注的参考文献是鲁迅的《我和〈语丝〉的始终》，译文改引《鲁迅年谱》。本书原著原注另标明：关于此事的详细讨论可参考韩石山的《少不读鲁迅，老不读胡适》——译注。

转折点
（1925—1926）

鲁迅的个体抗争与中国迫在眉睫的危机

"最初的革命是排满，容易做到的，其次的改革是要国民改革自己的坏根性，于是就不肯了。所以此后最要紧的是改革国民性，否则，无论是专制，是共和，是什么什么，招牌虽换，货色照旧，全不行的。"[①]

1925 年和 1926 年是鲁迅职业与个人生活的重要转折点。此间，在女师大担任兼职教师的他深深卷入学生与专横校长的对抗斗争中。鲁迅与女师大当局的冲突引发了他与陈西滢的著名笔战。陈西滢又名陈源，是当时的一位作家兼辩论家。1925 年，鲁迅与他生命中的爱人许广平第一次相遇。许广平当时是女师大一位热心学生运动的学生。1926 年，鲁迅辞去了教育部佥事一职。此前，教育总长章士钊曾下令免去鲁迅在教育部的职务，这一请求后被法庭宣判无效。经此一事，心灰意冷的鲁迅决定与许广平离京南下。

1925 年和 1926 年也是鲁迅确立个体社会身份与人生态度的转折点。年轻时的鲁迅决意去做一名疗救人心的"精神界之战士"，他要鼓舞中国人民摆脱狂妄自大的千年民族痼疾，承担改革社会的重任，从而迎接新世纪的挑战。他深知自己不是那种"振臂一呼、应者如云"的英雄。现在，他甚至开始怀疑自己过去的努力究竟有何意义。抑郁心绪——鲁迅把其称之为他灵魂中的

---

① 鲁迅：《书信·250331 致许广平》，《鲁迅全集》，第 11 卷，第 470 页。

恶魔（鬼）——常常折磨着他。他察觉到自己往往不经意间就会沉陷于黑暗心境："我总是彷徨于明暗之间，分辨不清黎明与黄昏。"他很早就发现自己疑虑心重，这种倾向甚至越来越明显。1924年11月发生在女师大的一件事最能说明这一点。某晚，一个叫杨树达的青年人很奇怪地突然闯进他的寓所。鲁迅本想把这个闯入事件当做一个玩笑，但是在当晚他还是写下一篇记述此事的文章，题为《记"杨树达"君的袭来》。在文章中，鲁迅谴责他的对手们竟然动用一个疯子来攻击他，而这疯子还是一个青年学生伪装的假疯子！后来，真相终于大白：那个杨树达是真的患有精神疾病！这时，鲁迅才又写下一篇声明，说他对这件事的过敏反应，反映了自己与他人关系的严重恶化。①

失落，猜疑——鲁迅此时此刻的心境与他留日时期以及"五四"时期业已相去甚远。想当年，鲁迅与其他青年知识分子一样觉得将有一个光明的未来展现在自己面前，他们是未来新中国的救世主。现在，他觉得自己不过是一个旧社会的残存者：或去充作时代变革的垫脚石，或去充作衔接新旧世界的纽带。要想重拾昔日自信，鲁迅亟待同道中人的亲密襄助。只是鲁迅没有意识到，这样的同道中人其实正在前方不远处等着他。

1925—1926年，中国的政治局面令人不容乐观。社会稍得进步，即刻就遭遇阻力而陷于退却之中。中国南方地区所发生的变革，预示着社会崭新发展局面的即将到来。在外国势力的支持下，各军阀政权继续统治着中国的北方地区，它们拒绝进行社会变革，以便于继续在经济上盘剥百姓。但是，南方的革命势力已经展开变革行动。就在这一时期，20世纪中国的两大主要政党——共产党和国民党——得以发展壮大起来，并日渐成长为可与军阀势力相抗衡的政治势力。

1921年1月，中国共产党在上海一所女子学校的会议上宣告成立。② 会议选举新文化运动的主要倡导者陈独秀为中央局书记。受他所研究的马克思

---

① 王晓明：《无法直面的人生——鲁迅传》，第78页，上海：上海文艺出版社，2001年出版。

② 本书原著这一表述有误。根据中国共产党党史，中国共产党于1921年7月23日召开第一次全国代表大会。第一次全国代表大会的会场设在上海法租界望志路106号（现兴业路76号）李汉俊之兄李书城的住宅内。为避开法租界巡捕房的注意，大会在最后一天（31日）转移到浙江省嘉兴市南湖的一条游艇上举行——译注。

主义的影响，陈独秀对西方民主原有的理想彻底破灭了，在陈独秀看来，西方民主不过是资产阶级借以维持其统治的欺骗口实。陈独秀在上海建立了政治基地，上海的外国租界为他提供了些许庇护以躲避军阀政权的镇压。在陈独秀之外，共产党早期的重要领导者还有时任北大图书馆馆长的李大钊。李大钊在北京组织成立了共产主义研究小组。青年毛泽东曾一度在北大图书馆担任他的图书馆助理员。

共产党成立后，组织、发动了一系列群众运动。它发动的第一次大规模群众运动，是鼓动上海等工业城市的工人们组成工会，为改善工作条件而奋起斗争。当时，共产党认为革命的主要政治力量应该是产业工人。

国民党改组后，在 1924 年 1 月末召开了第一次全国代表大会。在那个时期，孙中山开始接受俄国"十月革命"的影响。为了推动中国革命的发展，孙中山竭力倡导联合苏联的政策，并致力于按照苏联共产党的模式改造国民党。孙中山希望苏联政权能够大力支持他的国民革命事业。国民党第一次党代会同意中国共产党党员以个人身份加入国民党，会议通过了一项决策，决定今后要吸收广大的工人和农民加入到革命队伍中来。

与此同时，外国势力对中国经济的控制并未减少。日本掌控着东北三省南部的铁路权，在山东也仍拥有重要的利益关系；西方列强则正逼迫日本退出第一次世界大战时抢占的势力版图。英国依然通过香港控制着中国南部的贸易通道；外国移民区和都市租界区则继续霸占着上海、天津、武汉等重要港口与内陆城市。

帝国强权对中国主权的侵蚀引发了中国民众急剧增长的爱国主义运动，到处可见抵制洋货与反帝、反军阀的示威游行活动。这类活动在 1925 年 5 月 30 日达到高潮，导火索是上海日资纱厂工人为抗议低薪待遇举行的政治大罢工。罢工事件后，上海总商会出面调停，为双方提出解决方案，但遭到日方拒绝。于是，工人们举行了第二次大罢工，并派出一个 8 人代表团与日本纱厂厂主进行交涉。交涉过程中代表团遭到武力攻击，其中 1 人丧命，[①] 其余 7 人受伤。受伤工人向由英国掌管的公共租界工部局请求援助，工部局非但没

---

① 即共产党员顾正红——译注。

有依法控告日本纱厂厂主，反倒以扰乱治安的罪名逮捕了不少中国工人。上海各大学学生和社会其他阶层纷纷加入到追悼死亡工人的活动中来。更多的学生和工人被工部局逮捕，于是一场由3000多民众组成的抗议日、英野蛮暴行的示威游行因之爆发。当游行队伍行进到上海南京路时，英国巡捕开枪射击，当场打死11人，[1] 并造成数十人受伤。这直接引发了一场全国范围的工人罢工、商人罢市、学生罢课的抗议、游行、抵制活动。共产党组织的工会影响日益扩大，成为领导这些抵抗运动的中坚力量。此次运动标志着后来被称作"大革命"的开始。

与此同时，北京诸派军阀首领间的地位也发生了变化。昔日控制北京政府的吴佩孚因"基督将军"冯玉祥司令的倒戈政变而丧失政权。[2] 段祺瑞和东北军阀张作霖再次执政。老军阀段祺瑞重新被拥立为"中华民国临时总执政"。鉴于国民党势力的日益强大，段祺瑞电邀孙中山来京商议成立统一的联合政府。尽管国民党党内激进分子担心孙中山可能向北洋军阀妥协，孙中山还是接受了此次邀请。为数更多的党内保守分子则支持孙中山的北上之行，希望借此能够与北洋政府分享权力。孙中山认为国民革命的目的是推倒军阀，废除近八十年来中国与外国列强签署的一系列不平等条约。孙中山打算在参加此次会议之后召集一次国民会议。

1924 年 12 月 31 日，孙中山扶病入京。他发现段祺瑞已部署好了他根本不可能接受的"善后会议"。来京前，孙中山本已身染重病，现在，他的病势极度恶化，不得不住进了医院。经医生诊断，他罹患晚期肝癌，已余日无多。1925 年 3 月 12 日，孙中山病逝。临终前，孙中山所做的一件事是向苏联政权发出这样的信息："希望不久即将破晓，斯时苏联以良友及盟国而欢迎强盛独立之中国，两国在争世界被压迫民族自由之大战中，携手并进以取得胜利。"[3] 孙中山逝世后，国民党继续在广州建立革命根据地，准备发动北伐运动。

---

① 本书原著这一表述有误，死者实为 13 人——译注。

② 第二次直奉战争爆发时，冯玉祥为吴佩孚任命的第三军总司令——译注。

③ 《孙中山先生遗言》，见《孙中山选集》下卷，第 922 页，北京：人民出版社，1957 年出版。本书原著未引用孙中山遗言原文，译文改引遗言原文——译注。

北京女子师范大学风潮

同一时期，发生在北京女师大内部的风潮在逐步升级。1925 年 1 月，女师大学生会召开会议，商讨驱逐校长杨荫榆女士的对策。在会议上，多数学生支持驱杨决议，其他学生没有表态，但他们并未否决学生会的驱杨行动。会议决定自当日起将这一运动称作"驱羊（杨）运动"①。随后，女师大学生自治会在北京中山公园召开新闻发布会，散布驱杨宣言。

后来，因杨荫榆阻挠女师大学生参加悼念孙中山的祭祀活动，学生们一时群情激奋、怒不可遏。孙中山当时尽管还未成为后来那样的符号性人物，但他已经被公认为中国革命的领袖，在青年一代心中深受爱戴和尊崇。此次活动中，陆续有近 75 万人来到中山公园签名吊唁孙中山。然而，杨荫榆却对学生们说孙中山是主张共产共妻的，你们学了他没有什么好处。

1925 年 1 月，女师大学生代表赴教育部请愿，要求撤换校长。不难理解，杨荫榆对此感到非常难过。据说她曾宣称："窃念好教育为国民之母，本校则是国民之母之母""五月七日是日本帝国主义强迫中国反动政府签订二十一条的十周年纪念日。杨荫榆利用学生必然要举行国耻纪念会的爱国热情，玩弄阴谋，在校内布置一个讲演会，并由她主持，借以维持她的校长的地位。杨荫榆进场后，当即为全场学生的嘘声赶走。下午她便在西安饭店设立饭局，纠集党羽，策划阴谋，以捣乱'国耻纪念日'为罪名，迫害学生。九日杨假借女师大评议会名义，开除学生自治会领导成员刘和珍、许广平、蒲振声、张平江、郑德音、姜伯谛六人。"② 消息一经公布，在学生中引起巨大骚乱。杨荫榆不得已只能数日闭门不出。

1925 年 7 月底，矛盾争端再次升级。女师大校方借口修理校舍，强令全

---

① "驱羊（杨）运动"的导火索，是 1924 年秋季杨荫榆以"整顿校风"的名义，开除了几名暑假后未能按时返校的国文系学生，引发了学生的集体不满，风潮由此酝酿而生——译注。

② 鲁迅博物馆编：《鲁迅年谱》（增订本），第 2 卷，第 200—201 页，北京：人民文学出版社，1980 年出版。本书原著未引用鲁迅年谱，译文改引《鲁迅年谱》——译注。

体学生搬到校外。学生们推断所谓修理校舍只是校方驱除他们的虚假说辞。8月1日，军警占领了校园，杨荫榆亲自出面敦促学生全部离校。①

时隔不久，教育总长本人也插手到女师大的这次纷争之中。此人不是别人正是鲁迅的老对头——白话文运动的反对者、保守分子章士钊。章士钊指令某强硬派人物来控制女师大的局面。很自然地，学生们拒绝离开学校。当局便动用了被学生称作"流氓老妈子"的队伍，强行把这些女孩子拖出校园。而后，章士钊把女师大改组成了一所新学校——国立女子大学。

女师大学生一面预备控告教育总长章士钊，一面多方寻求能够继续课业的新校舍。他们在北京西城的宗帽胡同找到一处场所，由鲁迅等支持学生抗争活动的教员们维持校务、监管授课。

面对舆论日甚一日的反对声，章士钊和杨荫榆被迫作出让步。11月，女师大复校，学生们回到原校舍，捣毁了章士钊亲笔写的"国立女子大学"招牌。主持仲裁并勉力阻止女师大风潮升级的易培基，接替杨荫榆继任新校长②。鲁迅在"迎易就职"的大会上曾经发表讲话。

从鲁迅置身女师大学生风潮的立场明显可见，他认为这是中国为了"自由"而抗争道路上的一件大事。根据他对中国革命的长期接触，过去中国革命取得的胜利成果很大程度上都是被保守反动势力所颠覆。北京的反动势力尤为根深蒂固，诸路军阀掌管着所谓中央政府与地方政权。

教育总长章士钊是一位保守的官僚学者，他强烈反对青年一辈信奉的新潮文化观念。章士钊过去也曾是排满革命英雄，还曾因此在 1905 年被迫流亡日本避难。他任命杨荫榆女士顶替鲁迅老友、改革派教育家许寿裳作女师大校长，此举最初也曾颇受欢迎。然而，杨荫榆从一开始就不理解新一辈女学生为之激动的思想观念。她曾宣称自己对学生就像父母对待子女，她们实际上就是她的家庭成员，因此她们也应当给予她应有的尊重。在杨荫榆成为愤怒学生的攻击目标时，她很明显地感到手足无措，完全不知道怎样控制局面。

---

① "五卅惨案"发生后，为阻止女师大学生罢课游行，她借口暑假整修宿舍，叫来警察强迫学生搬出学校，并解散学生自治会，最终酿成"八一惨变"——译注。

② 1925 年 12 月 31 日，易培基（1880—1937）从教育总长章士钊手中接任教育总长，兼任北京女子师范大学校长——译注。

她本应理性地与学生们商谈，却用接二连三的严苛手段把自己逐步逼向困境，最后终于无法脱身而出。

除去杨荫榆对女师大那些"害群之马"学生们的恶意报复，她其实算得上是一位颇有个性的女人。多年以前，家人逼迫她接受一桩包办婚姻，她拒绝从命，竟在新婚之夜抓破丈夫的脸而勇敢逃跑。后来她一直没有再婚。她曾在日本和美国留学，[①] 从表面上看她应该非常能够胜任她在女师大的职位。1937 年日本侵华战争爆发，当时的杨荫榆寓居苏州，因目睹在苏日军的种种暴行而怒不可遏。她多次只身前去向日军长官抗议。事隔不久，[②] 她被一群日本兵射杀并抛尸河中。杨荫榆就这样以身殉国死去了。

女师大学生的努力让鲁迅倍感振奋。当学生们最后取得胜利时，他一定觉得她们的抗争像"五四"学生运动一样重要。他感到这次成功尤为关键，因为这是女性取得的胜利。要知道女性直到那时还是社会中最受欺压的群体，她们不久前才刚刚获得受教育权。

女师大学生在那些年革命斗争中的重要性在"三·一八惨案"中得到进一步的体现。1926 年 3 月 18 日，段祺瑞命令卫队向在执政府门前请愿的学生和其他民众开枪射击，这次杀戮行动造成 40 多人死亡，其中 2 人是女师大学生。"三·一八惨案"引起民众的强烈不满，加速了段祺瑞军阀统治的崩溃。这一事件让绝大多数中国知识分子都深感震惊，鲁迅更是愤怒至极，因为遇害者之一刘和珍是他的学生。

民众的示威游行是因抗议西方列强为了继续在中国施行政治压迫与经济掠夺而提出的各种无理要求而引起的。示威最初源于民众抗议日本干涉中国的内战，当时日本支持的奉系军阀与冯玉祥领导的所谓国民军交战，日本见奉军失利，就派军舰驶进大沽口，炮击国民军守军。后来，日本获得了英国、美国、法国、意大利、西班牙、比利时等西方列强的支持，向段祺瑞执政府下达"最后通牒"，要求其停止大沽口的军事行动，从港口的防御工事上撤出所有的中国军队。

---

① 杨荫榆（1884—1938）曾在日本东京女子高等师范学校、美国哥伦比亚大学就读，获教育学学士、硕士学位——译注。

② 即 1938 年 1 月 1 日——译注。

231

北京各界人民在天安门广场举行大规模的集会，抗议外国列强对中国主权的侵犯。会后，抗议者们来到段祺瑞执政府前请愿。让人万万没想到的是，迎接抗议者们的竟是子弹！事实上，学生们请愿时曾宣称他们的目的是支持政府，反抗外国侵略者。悲剧发生之后，段祺瑞为开脱罪行，诬蔑说整个事件都是共产党组织的，共产党除此之外还策划实施过多起暴行。毫无疑问，共产党在这次集会游行中发挥了一定作用，但下令枪杀徒手学生的毕竟是段祺瑞。

4月1日，鲁迅写下一篇纪念刘和珍的文章，部分内容是这样的：

在四十余被害的青年之中，刘和珍君是我的学生。学生云者，我向来这样想，这样说，现在却觉得有些踌躇了，我应该对她奉献我的悲哀与尊敬。她不是"苟活到现在的我"的学生，是为了中国而死的中国的青年。

她的姓名第一次为我所见，是在去年夏初杨荫榆女士做女子师范大学校长，开除校中六个学生自治会职员的时候。其中的一个就是她；但是我不认识。直到后来，也许已经是刘百昭率领男女武将，强拖出校之后了，才有人指着一个学生告诉我，说：这就是刘和珍。其时我才能将姓名和实体联合起来，心中却暗自诧异。我平素想，能够不为势利所屈，反抗一广有羽翼的校长的学生，无论如何，总该是有些桀骜锋利的，但她却常常微笑着，态度很温和。待到偏安于宗帽胡同，赁屋授课之后，她才始来听我的讲义，于是见面的回数就较多了，也还是始终微笑着，态度很温和。待到学校恢复旧观，往日的教职员以为责任已尽，准备陆续引退的时候，我才见她虑及母校前途，黯然至于泣下。此后似乎就不相见。总之，在我的记忆上，那一次就是永别了。

我在十八日早晨，才知道上午有群众向执政府请愿的事；下午便得到噩耗，说卫队居然开枪，死伤至数百人，而刘和珍君即在遇害者之列。……

我没有亲见；听说，她，刘和珍君，那时是欣然前往的。自然，请愿而已，稍有人心者，谁也不会料到有这样的罗网。但竟在执政府前中弹了，从背部入，斜穿心肺，已是致命的创伤，只是没有便死。同去的张静淑君想扶起她，中了四弹，其一是手枪，立仆；同去的杨德群君又想去扶起她，也被击，弹从左肩入，穿胸偏右出，也立仆。但她还能坐起来，一个兵在她头部及胸部猛击两棍，于是死掉了。

始终微笑的和蔼的刘和珍君确是死掉了，这是真的，有她自己的尸骸为证；沉勇而友爱的杨德群君也死掉了，有她自己的尸骸为证；只有一样沉勇而友爱的张静淑君还在医院里呻吟。当三个女子从容地转辗于文明人所发明的枪弹的攒射中的时候，这是怎样的一个惊心动魄的伟大呵！中国军人的屠戮妇婴的伟绩，八国联军的惩创学生的武功，不幸全被这几缕血痕抹杀了。

但是中外的杀人者却居然昂起头来，不知道个个脸上有着血污……。

我已经说过：我向来是不惮以最坏的恶意来推测中国人的。但这回却很有几点出于我的意外。一是当局者竟会这样地凶残，一是流言家竟至如此之下劣，一是中国的女性临难竟能如是之从容。

我目睹中国女子的办事，是始于去年的，虽然是少数，但看那干练坚决，百折不回的气概，曾经屡次为之感叹。至于这一回在弹雨中互相救助，虽殒身不恤的事实，则更足为中国女子的勇毅，虽遭阴谋秘计，压抑至数千年，而终于没有消亡的明证了。倘要寻求这一次死伤者对于将来的意义，意义就在此罢。

苟活者在淡红的血色中，会依稀看见微茫的希望；真的猛士，将更奋然而前行。

呜呼，我说不出话，但以此记念刘和珍君！[1]

---

[1]　鲁迅：《华盖集续编·记念刘和珍君》，《鲁迅全集》，第 3 卷，第 290—294 页。

绝不痛打落水狗？

与陈西滢的笔战

重新回到女师大风潮事件：鲁迅在弟弟周作人等同事[1]的支持下集体对抗杨荫榆。这些同事多数都像周氏兄弟一样曾在日本留学。他们在许寿裳做校长时受聘为女师大教员。许寿裳乃杨荫榆的前任，是鲁迅留日时代的老朋友。周作人等总体上拥护学生运动，他们共同签署了由鲁迅起草的信函，[2] 以抗议杨荫榆开除、诽谤6名学生领袖人格的行为。信函发表在1925年5月27日的北京报纸《京报》上。对鲁迅等持反对立场的是来自"现代评论派"的一群学者、作家，他们在1924年11月创办了周刊杂志《现代评论》。[3] 这些成员多数曾在美国或英国留学。

《现代评论》的编印事务由北京大学的新潮社接管承担。[4] 起初，周刊同人很少在论辩中表露出某种特定的政治或哲学立场，他们希望筹办一种能容纳多方观点的杂志。开端是良好的，但随着时间的推移，事实证明，刊物想

---

[1]　这些人主要有：马裕藻、沈尹默、李泰棻、钱玄同、沈兼士等——译注。

[2]　实为宣言，即《对于北京女子师范大学风潮的宣言》——译注。

[3]　本书原著这一表述有误。《现代评论》创刊于1924年12月13日——译注。

[4]　本书原著这一表述不准确。《现代评论》筹备期间，预告由创造社和太平洋社合编。郁达夫曾代表创造社参加部分筹备和编辑工作。创刊后实际负责人为王世杰。先后参加编务的还有燕树棠、周鲠生、钱端升、陈翰笙、彭学沛等。陈西滢为第1、2卷文艺版阅稿人，第3卷后由杨振声继任。王世杰（1891—1981），湖北崇阳人，巴黎大学法学博士，中华民国政府官员，宪法学家，教育家。历任国立北京大学宪法学等科教授、国立中央大学比较宪法学教授、国立武汉大学首任校长、南京国民政府法制局局长、中华民国教育部部长、中华民国外交部部长以及中华民国政府播迁来台后的总统府秘书长、行政院政务委员等要职——译注。

秉持绝对自由观念的雄心是很难长期坚守的。后来，"现代评论派"人员卷入到 1920 年代的宗派论战当中，越来越靠拢国民党政权的右翼势力，而与国民党的左翼势力为敌。《现代评论》的首任编辑是王世杰。该刊的早期投稿人有胡适、诗人徐志摩、北京大学英文教授陈西滢（陈源）等。陈西滢在《现代评论》上主撰"闲话"专栏，就是在撰写"闲话"专栏时期，他在女师大风潮问题上第一次与鲁迅直接展开了"交锋"。

陈西滢 1896 年出生于江苏无锡。他的父亲是一位出版人、教育家。陈幼时家境贫寒，在国民党政客吴稚晖（即鲁迅在东京听友人谈起的那个吴稚晖）的资助下，[①] 才 15 岁[②]小小年纪的陈西滢赴英国留学，先入布莱顿某中学就读，后来到格拉斯哥、伦敦继续求学，获得伦敦政治经济学院的社会科学博士学位。在英国留学期间，陈西滢对英国的知识界及文学的趋向等问题进行了专门研究。他博览群书，常到各大剧院观看戏剧演出。陈西滢对英国生活的诸多方面都颇为赞赏。英国社会秩序稳定，这与中国混乱的状况形成了鲜明对比。第一次世界大战时期，陈西滢在英国度过了那些艰难的日子。此间，他对英国的政治、司法、学术体制等方面的优劣长短进行了更深入的研究。令人惋惜的是，陈西滢旅英期间的日记后来遭到了损毁，不过，在他的写作中，西欧文学、戏剧等方面的知识表现得相当惊人。1922 年，陈西滢回到中国。凭借着渊博学识，他很顺利地成为北京大学英文系教授。1924 年，他与友人共同创办了《现代评论》杂志。

陈西滢是一位亲英派学者，然而，他对英国文化并非毫无批判地全盘接受。他深知英国虽具有民主进步的政治体制和相对现代化的社会制度，但它实质上还是一个帝国主义强权国家。英国在全世界占四分之一的土地上建立了殖民帝国，口头标榜基督慈悲，但在对中国的侵略活动上，它和其他西方列强一样应该遭到强烈谴责。在这一问题上，陈西滢与鲁迅的观念并无根本不同。他也不赞成各路军阀为贪图眼前好处，不顾中国的长远利益而甘受外国列强的操纵。

---

① 吴稚晖是陈西滢的表舅——译注。
② 按照中国人计算年龄的习惯，1912 年的陈西滢应该为 16 周岁——译注。

陈西滢与鲁迅的观念分歧在于，他希望中国采用理性折中而非暴力革命的方式进行改革。他认为发生在女师大的恶性冲突事件，完全无益于问题解决，相反只能事与愿违。在发表于 1925 年 5 月 30 日的一篇"闲话"中，他把女师大比作一个臭"毛厕"，说这里应该彻底清理打扫一番，"在这时候劝学生们不为过甚，或是劝杨校长辞职引退，都无非粉刷毛厕，并不能解决根本的问题。我们以为教育当局切实的调查这次风潮的内容，如果过在校长，自应立即更换，如果过在学生，也少不得加以相当的惩罚"。①

紧接着，陈西滢含沙射影地攻击鲁迅道：

> 闲话正要付印的时候，我们在报纸上看见女师大七教员的宣言。以前我们常常听说女师大的风潮，有在北京教育界占最大势力的某籍某系的人在暗中鼓励，可是我们总不敢相信。这个宣言语气措辞，我们看来，未免过于偏袒一方，不大平允。
>
> ……
>
> 这是很可惜的。我们自然还是不信我们平素所很尊敬的人会暗中挑剔风潮。②

陈西滢文中所谓"某籍"当然是指绍兴，"某系"是指国文系。毫无疑问，陈西滢和鲁迅的论战背后有某种地域宗派因素在起作用。江苏、浙江两省间的政客、学者们的敌对情状前文已提及过。女师大校长和陈西滢均来自江苏无锡，这一点可能并非完全巧合。鲁迅曾在一篇散文中③，对陈西滢称"无锡是中国的模范县"作过辛辣讽刺。④

鲁迅与陈西滢尽管频繁写文章进行"笔战"，他们其实只见过一次面，且

---

① 陈西滢：《粉刷毛厕》，载 1925 年 5 月 30 日《现代评论》第一卷第 25 期。本书原著未引用陈西滢原文，译文改引原文——译注。

② 陈西滢：《粉刷毛厕》，见《西滢闲话》，第 55 页，河北教育出版社，1994 年出版——原注。本文原载 1925 年 5 月 30 日《现代评论》第一卷第 25 期——译注。

③ 即收入《朝花夕拾》的《无常》——译注。

④ 陈西滢在《现代评论》第二卷第三十七期（1925 年 8 月 22 日）的《闲话》中谈论过"无锡是中国的模范县"——译注。

只是握了握手。当被问及此事，陈西滢解释说那些来自浙江的同乡跟他们来自江苏的朋友同事常在不同的场所聚会。还有论者发现他们之间的另一差异是，鲁迅及其留学日本的友人多穿中式传统长袍，陈西滢等留学英美的学者们则多着西装。

在陈西滢攻击自己一事上，鲁迅的回应并不迟缓。他连续写下两篇文章，[①] 抓住陈所谓的"可惜"一词大做文章："可惜的是西滢先生虽说'还是不信'，却已为我辈'可惜'。"[②]

> 三月十八日血案的真相已经很明了的了。
>
> ……
>
> 这主谋的是谁，下令的是谁，行凶的是谁？他们都负有杀人的罪，一个都不能轻轻放过。我们希望特别法庭即日成立，彻底的调查案情，严正的执行各罪犯应得的惩罚。……
>
> 我们要是劝告女同志们，以后少加入群众运动，她们一定要说我们轻视她们，所以我们也不敢多嘴。可是对于未成年的男女孩童，我们不能不希望他们以后不再参加任何运动。……
>
> 在我所已经听见的，要算杨女士最可怜了。杨女士湖南人，家中不甚好。她在师范学校毕业后，教了六七年书，节衣减食，省下了一千多块钱。去年就到北京来升学。平常很勤奋，开会运动种种，总不大参与。三月十八日她的学校出了一张布告，停课一日，叫学生们都去与会。杨女士还是不大愿意去，半路又回转。一个教职员勉强她去，她不得已去了。卫队一放枪，杨女士也跟了大众就跑，忽见友人某女士受伤，不能行动，她回身去救护她，也中弹死。[③]

尽管陈西滢强烈反对鲁迅在女师大事件中的立场，尤其是不赞同鲁迅对

---

① 即收入《华盖集》的《并非闲话》与《我的"籍"和"系"》二文——译注。
② 鲁迅：《华盖集·并非闲话》，《鲁迅全集》，第3卷，第82页。本书原著此处未作注——译注。
③ 陈西滢：《闲话》，原载1926年3月27日《现代评论》第三卷第68期。本书原著未引用陈西滢原文，译文改引原文——译注。

237

学生参与政治抗争运动的支持，但他对鲁迅的文学成就却极为赞赏。在一篇题为《新文学运动以来的十部著作》的文章中，陈写道："阿 Q 不仅是一个 type，而且是一个活泼泼的人。他是与李逵，鲁智深，刘姥姥同样生动，同样有趣的人物，将来大约会同样的不朽。"[①] 不过，陈西滢对鲁迅的其他小说不很欣赏，认为那些小说中的角色都比较流于表面。[②]

陈源发表在《现代评论》上的专栏文章后来以《西滢闲话》为题结集出版。这是他最为世人熟知的著作。《西滢闲话》中的文章多为社会批评。其中，最著名的或许是陈西滢关于中国人利害、是非观念的论断，即："中国人只有利害，没有是非。"[③]

1926 年，疲于"笔战"劳顿的陈西滢最后放下了写作笔杆。在这个意义上，鲁迅是这场论战的胜利者。不过，这样的说法实在把鲁迅、陈西滢论战的格局简单化了。在论战中，鲁迅、陈西滢背后各有一派学者名流暗中支持他们；所谓的论战双方，实则折射了过去共处同一战线的年轻知识分子出现了内部分裂。究其原因，还得从"五四运动"之后的"问题"与"主义"之争谈起。胡适认为试图用某种外国的灵丹妙药——显然他指的是马克思主义——来包治中国的所有问题，这想法是非常错误的；莫不如坐下来去认真研究每个重大社会问题，如妇女解放问题、百姓文盲问题等，以便逐一选用妥当的办法来解决它们。在这次论战中，胡适的主要论敌是中国共产党创始人之一的李大钊。针对胡适的主张，李大钊提出了相反的观点：中国需要总体的理想、主义作准则来进行政治变革！非如此，每一项具体的社会问题就无根本解决之希望。陈独秀主编的《新青年》于 1922 年搬至上海编印一事，亦可见出新文化阵营内部的分裂。

---

① 陈西滢：《新文学运动以来的十部著作》（上），《西滢闲话》，第 262 页，河北教育出版社，1994 年出版。本书原著此处未作注——译注。

② 陈西滢在《新文学运动以来的十部著作》（上）中说："鲁迅先生描写他回忆中的故乡的人民风物，那是很好的作品。可是《孔乙己》，《风波》，《故乡》里面的乡下人，虽然口吻举止，惟妙惟肖，还是一种外表的观察，皮毛的描写。"见《西滢闲话》，第 261 页，河北教育出版社，1994 年出版——译注。

③ 陈西滢：《利害》，《西滢闲话》，第 116 页，河北教育出版社，1994 年出版。本书原著此处未作注——译注。

在与陈西滢的论战过程中，鲁迅多次暗讽陈西滢和徐志摩等是"公正诚实的绅士"，因为他们喜欢把自己伪装成公理正义的裁决者。在中国，人们常把英国人称作"绅士"——一个多用来意指"傲慢"、"无礼"、"顽固"等的代名词。陈西滢自己是"费厄泼赖"的倡导者。"费厄泼赖"是另一个谈到英国人时常被运用的术语，有时带有某种讽刺意味。这种状况直到今天依然如此，保守党领导人迈克尔·霍华德在 2005 年的大选演讲中说"费厄泼赖"是英国人的传统美德。

费厄泼赖

1925 年末，鲁迅写下一篇关于"费厄泼赖"的论战杂文。这篇杂文不是直接针对陈西滢的，而是对林语堂一篇文章①的回应。林语堂是一位学者、作家，他后来因创作《吾国与吾民》而在英美国家声名远播。林氏认为"费厄泼赖"是一个应为中国人接纳的概念，故而在某杂志上发表了一篇文章予以提倡。1925 年 12 月 29 日，②鲁迅写下一篇题为《论"费厄泼赖"应该缓行》的杂文回应林语堂。这篇文章可以用来解释鲁迅据以批判陈西滢的一些原则问题。现摘录鲁迅部分原文如下：

> 《语丝》五七期上语堂先生曾经讲起"费厄泼赖"（fair play），以为此种精神在中国最不易得，我们只好努力鼓励；又谓不"打落水狗"，即足以补充"费厄泼赖"的意义。我不懂英文，因此也不明这字的函义究竟怎样，如果不"打落水狗"也即这种精神之一体，则我却很想有所议论。……
>
> 今之论者，常将"打死老虎"与"打落水狗"相提并论，以为都近于卑怯。我以为"打死老虎"者，装怯作勇，颇含滑稽，虽然不免有卑

---

① 即林语堂的《插论语丝的文体——稳健、骂人及费厄泼赖》，载 1925 年 12 月 14 日《语丝》第 57 期——译注。

② 本书原著原文为 1925 年末，为避免与本段首句重复，译文此处注明具体日期——译注。

怯之嫌，却怯得令人可爱。至于"打落水狗"，则并不如此简单，当看狗之怎样，以及如何落水而定。考落水原因，大概可有三种：（1）狗自己失足落水者，（2）别人打落者，（3）亲自打落者。倘遇前二种，便即附和去打，自然过于无聊，或者竟近于卑怯；但若与狗奋战，亲手打其落水，则虽用竹竿又在水中从而痛打之，似乎也非已甚，不得与前二者同论。

......

现在的官僚和土绅士或洋绅士，只要不合自意的，便说是赤化，是共产；民国元年以前稍不同，先是说康党，后是说革党，甚至于到官里去告密，一面固然在保全自己的尊荣，但也未始没有那时所谓"以人血染红顶子"之意。可是革命终于起来了，一群臭架子的绅士们，便立刻皇皇然若丧家之狗，将小辫子盘在头顶上。革命党也一派新气，——绅士们先前所深恶痛绝的新气，"文明"得可以；说是"咸与维新"了，我们是不打落水狗的，听凭它们爬上来罢。于是它们爬上来了，伏到民国二年下半年，二次革命的时候，就突出来帮着袁世凯咬死了许多革命人，中国又一天一天沉入黑暗里，一直到现在，遗老不必说，连遗少也还是那么多。这就因为先烈的好心，对于鬼蜮的慈悲，使它们繁殖起来，而此后的明白青年，为反抗黑暗计，也就要花费更多更多的气力和生命。

秋瑾女士，就是死于告密的，革命后暂时称为"女侠"，现在是不大听见有人提起了。革命一起，她的故乡就到了一个都督，——等于现在之所谓督军，——也是她的同志：王金发。他捉住了杀害她的谋主，调集了告密的案卷，要为她报仇。然而终于将那谋主释放了，据说是因为已经成了民国，大家不应该再修旧怨罢。但等到二次革命失败后，王金发却被袁世凯的走狗枪决了，与有力的是他所释放的杀过秋瑾的谋主。

这人现在也已"寿终正寝"了，但在那里继续跳扈出没着的也还是这一流人，所以秋瑾的故乡也还是那样的故乡，年复一年，丝毫没有长进。从这一点看起来，生长在可为中国模范的名城里的杨荫榆女士和陈西滢先生，真是洪福齐天。......

仁人们或者要问：那么，我们竟不要"费厄泼赖"么？我可以立刻回答：当然是要的，然而尚早。这就是"请君入瓮"法。虽然仁人们未必肯用，但我还可以言之成理。土绅士或洋绅士们不是常常说，中国自有特别国情，外国的平等自由等等，不能适用么？我以为这"费厄泼赖"也是其一。否则，他对你不"费厄"，你却对他去"费厄"，结果总是自己吃亏，不但要"费厄"而不可得，并且连要不"费厄"而亦不可得。所以要"费厄"，最好是首先看清对手，倘是些不配承受"费厄"的，大可以老实不客气；待到它也"费厄"了，然后再与它讲"费厄"不迟。……

满心"婆理"而满口"公理"的绅士们的名言暂且置之不论不议之列，即使真心人所大叫的公理，在现今的中国，也还不能救助好人，甚至于反而保护坏人。因为当坏人得志，虐待好人的时候，即使有人大叫公理，他决不听从，叫喊仅止于叫喊，好人仍然受苦。然而偶有一时，好人或稍稍蹶起，则坏人本该落水了，可是，真心的公理论者又"勿报复"呀，"仁恕"呀，"勿以恶抗恶"呀……的大嚷起来。这一次却发生实效，并非空嚷了：好人正以为然，而坏人于是得救。但他得救之后，无非以为占了便宜，何尝改悔……

假使此后光明和黑暗还不能作彻底的战斗，老实人误将纵恶当作宽容，一味姑息下去，则现在似的混沌状态，是可以无穷无尽的。[①]

中华人民共和国成立后的早些年间，陈西滢一直被视作一位反动作家，说他是中国革命的敌人。这主要基于他和鲁迅之间的那场论战。尤其是在1980年代之前，鲁迅被毛泽东及其追随者们奉作英雄人物对待。随着"文革"极"左"政治势力的倒台，对陈西滢的批判和谴责之声方才有所改变。大多数批评家应该能认同这样的看法，即陈西滢从来不是一个无爱国之心的人。事实上，他的许多观念直到现在才被人们"接受"，借用鲁迅的话，陈西滢的观念在前一个历史时期被延误"缓行"了！陈西滢的著述今天已在中国大陆

[①]　鲁迅：《坟·论"费厄泼赖"应该缓行》，《鲁迅全集》，第1卷，第286—292页。

重新印刷出版。①

1966—1976 年"文化大革命"期间，由于鲁迅先生的巨大影响力，一群青年红卫兵闯进前教育总长章士钊的居所，殴打他，骂他是"老落水狗"，就像鲁迅四十多年前的文章中所写的那样。他们还称呼他的女儿是"小落水狗"。他们不知道这位"老落水狗"，其实已经八十多岁，现在是毛泽东的好朋友，毛泽东在 1919 年就认识他了！那时，章士钊的女儿章含之仍在心里责备父亲，她加入了共产党。毛泽东对章含之说她对她的父亲太严苛了，他一生中其实很做过一些好事的。后来，毛泽东派他到香港去和国民党进行一些秘密接触，就在这次行程中，章士钊死去了，时年 92 岁。②

女师大风潮和"费厄泼赖"常被用来描述鲁迅和陈西滢之间的矛盾冲突；不过，就像前面谈到的，实际上，许多声名显赫的学者文人都直接或间接卷入了这些论战当中。江、浙两省知识分子的"分裂"和"对立"情况前文已曾提及，但更深层的原因很可能是，他们一派拥有英、美教育背景，一派拥有日、法教育背景。20 世纪 20 年代中期，北京大学人文学科的教员绝大部分都是由英美留洋学者构成的，如胡适、陈西滢等，这些人深受西方现代文化和生活方式的影响。前文谈及的《晨报副刊》编辑部争端一例亦能很好说明江、浙知识分子间的"敌对"情形。鲁迅厌恶资本家，几年后，他曾著文批判他的一位同行为"买办商人"。因为此人出于"妥当"考虑，把鲁迅纪念某青年遭受政治迫害而牺牲的文章，发表在了上海外国租界的一种画报上。③

有好事者散布谣言说女师大一些女学生在背地里当妓女，无疑这是为了败坏女学生们在公众眼里的形象。事情的最初缘由直到今天仍不甚了然，鲁迅的弟弟周作人却把矛头指到陈西滢身上。随后，周、陈之间信函你来我往，上演了一场辩论战，徐志摩也被牵涉其中。周作人的年轻学生凌叔华——她不久之后成为陈西滢的妻子——试图从中调解，但没有什么效果。凌叔华不

---

① 《西滢闲话》建国后首次出版，始于 1970 年江苏文艺出版社版，将之列为"现代文库"之一种。

② 章含之：《我与父亲章士钊》，《文汇月刊》1988 年第 4 期。本书原著未引用章含之原文，引文为译者翻译——译注。

③ 这位同行即施蛰存，鲁迅所写的文章是为纪念柔石等而为"左联"五烈士写的讣告，详细参见本书后文——译注。

仅是周作人的学生，而且她的小说创作才华颇受鲁迅欣赏。凌叔华的小说多聚焦家庭生活，契诃夫对其影响较大。最后，论争终于结束，但周作人过了很长一段时间才算平静下来。

周作人、陈西滢之争的另一位调停人是白话文运动的先驱者胡适。此前几年，胡适从美国回到中国。他写信给鲁迅与其他论敌，提醒他们莫忘几年前的旧时光，那时大家尚且是互相联合开展新文化运动的朋友。地质学家李四光也被卷入此次争端中，李四光曾接受杨荫榆的邀请，参加了在女师大举办的讨论如何解决学生风潮的会议。此事一出，学生们认定他是站在杨荫榆一边的。

这一时期，许多人都在为鲁迅放弃小说创作——就像他的前两部文集所写的短篇小说那样的作品——而感到惋惜。但鲁迅深知他眼下的生活早已与过去相去甚远，那种扎根于小镇和城市生活的境遇已然逝去，再延续以前的艺术风格自然是不相宜的；对他而言，现在当务之急是用更直接有效的方式去战斗，去为一个更加美好、更加人性的社会而战斗。在他的第三部杂文集《华盖集·题记》中，鲁迅这样写道：

> 也有人劝我不要做这样的短评。那好意，我是很感激的，而且也并非不知道创作之可贵。然而要做这样的东西的时候，恐怕也还要做这样的东西，我以为如果艺术之宫里有这么麻烦的禁令，倒不如不进去；还是站在沙漠上，看看飞沙走石，乐则大笑，悲则大叫，愤则大骂，即使被沙砾打得遍身粗糙，头破血流，而时时抚摩自己的凝血，觉得若有花纹，也未必不及跟着中国的文士们去陪莎士比亚吃黄油面包之有趣。①

此文作于 1925 年 12 月，最后一句涉及了徐志摩在 1925 年 10 月 26 日《晨报副刊》上发表的《汉姆雷德与留学生》一文。在这篇文章中，徐志摩特别强调了他在英国研究莎士比亚的学习经历。徐志摩是一位颇具才华的诗人，是现代白话诗的先驱者。他的诗歌受当时英文诗的影响较大，多为西方抒情

---

① 鲁迅：《华盖集·题记》，《鲁迅全集》，第 3 卷，第 4 页。

体格式。其中，他写下的某些爱情诗很不合鲁迅的艺术趣味。鲁迅后来著文称他不喜欢这类诗歌。此外，鲁迅也不欣赏徐志摩自诩为莎士比亚专家，觉得这未免过于自命不凡。徐志摩有一次在文章中说："我们是去过大英国，莎士比亚是英国人，他写英文的，我们懂英文的，在学堂里研究过他的戏，……英国留学生难得高兴时讲他的莎士比亚，多体面多够根儿的事情，你们没到过外国看不完全原文的当然不配插嘴，你们就配扁着耳朵悉心的听。"[①]

徐志摩的这番腔调当然让鲁迅很是不满。鲁迅一向对曾经在英美留学的中国知识分子持保留意见。这些人缺乏对中国人民所受苦难的切实关心，且对当权者流露出某种妥协意态，这两点让鲁迅很是反感。英美归国派不断赞美着西方的政治体制，同时西方政府和商人在殖民地与租界地对中国人民进行着政治和经济上的掠夺，鲁迅看到了英美归国知识分子的伪善性，这也使得鲁迅对他们更加反感。鲁迅可能对这一事实早已了然于心：古雅典的统治阶级是最早推行民主制度的；而同时古雅典也是更充分地奴役民众的国家。

徐志摩是新月派作家群体的领袖。新月派成员编辑出版《新月》杂志，拥护"为艺术而艺术"的文学观念。此后几年间，鲁迅和学者、批评家梁实秋之间也发生过一场论战。梁实秋著文宣称文学与阶级无关，文学只跟人性有关，因为全体人类无论贫富贵贱，都有同样的情感和欲望。鲁、梁之争最终也没什么根本了结。梁实秋是一位有才华的批评家，鲁迅则是一位有创造力的作家，一位以全体中国人民获得政治和文化的解放为根本动力的社会改革家。

《华盖集》

"华盖"（装饰性的盖子）一词在字典中的解释是"马车伞盖"或"棺材

---

① 徐志摩：《汉姆雷德与留学生》，载《晨报副刊》，1925 年 10 月 26 日。本书原著所引徐志摩的文字引自房向东《鲁迅与他骂过的人》一书——译注。

盖子"。这个术语常用于大众的赌博游戏中，人们高声呼喊"华盖"来为自己祈求好的运气。

此外，鲁迅在致朋友的一封信中称，《华盖集》中的杂文虽多批判个人，它们事实上"实为公仇，绝非私怨"①。几年后，鲁迅移居上海。随着政治派别的日益分裂，鲁迅杂文的批判论调变得更为尖锐，笔锋直指那些虚张声势、不切实际的别有用心之徒。鲁迅指出，对那些自称土匪、强盗者毋须太过防备，他们很可能恰恰相反；对那些自诩高尚、诚实者倒尤须格外留心，他们很可能是真正的土匪、强盗。在鲁迅心里，蒋介石可能是他这一论断的最好例证：蒋氏口头宣称自己是孙中山三民主义的忠实信徒，但他的所作所为表明根本不是那么一回事！

1926 年年底，鲁迅整理了这一年所写的杂感，把它们单独编辑为一卷，取名《华盖集续编》。在这部集子的《小引》中鲁迅这样写道：

> 这里面所讲的仍然并没有宇宙的奥义和人生的真谛。不过是，将我所遇到的，所想到的，所要说的，一任它怎样浅薄，怎样偏激，有时便都用笔写了下来。说得自夸一点，就如悲喜时节的歌哭一般，那时无非借此来释愤抒情，现在更不想和谁去抢夺所谓公理或正义。你要那样，我偏要这样是有的；偏不遵命，偏不磕头是有的；偏要在庄严高尚的假面上拨它一拨也是有的，此外却毫无什么大举。名副其实，"杂感"而已。②

---

① 鲁迅这封信是写给杨霁云的，他说："我的杂感集中，《华盖集》及《续编》中文，虽大抵和个人斗争，但实为公仇，决非私怨，而销数独少，足见读者的判断，亦幼稚者居多也。"见鲁迅：《书信·340522 致杨霁云》，《鲁迅全集》，第 13 卷，第 113 页。本书原著此处未作注——译注。

② 鲁迅：《华盖集续编·小引》，《鲁迅全集》，第 3 卷，第 195 页。

鲁迅与许广平女士

两人的早期通信

在鲁迅个人生活最重要的问题上，女师大风潮事件起到了某种"催化"作用：他的婚姻问题得到了解决。正是在参与女师大学生运动期间，鲁迅初次和一位女子相识、相知，此人不久之后就成为他生命中的爱人，这个女子就是许广平。当时，许广平是鲁迅讲授"中国小说史"课程班上的一名二年级学生。她 1898 年生于广州，那一年的鲁迅已离家前往南京求学。许广平 3 岁那年，父亲即为她摆宴订了婚，对方是当地一户有钱人家的儿子。随着年岁的增长，许广平渐渐发现了事情真相，她拒绝接受这桩婚姻安排，但父亲不同意她悔婚。就这样，直到 19 岁她父亲去世那年，许广平才从这场包办婚姻的禁锢中解脱出来。

后来，许广平只身逃往天津的姑母家，就读于天津直隶第一女子师范学校。① 从该校毕业后，许广平考入北京女子高等师范学校（即后来的北京女子师范大学）。在这里，她和北京大学的一名学生②陷入热恋。和这位男朋友在一起，许广平感到非常幸福，他们的未来似乎充满光明。然而不幸的是，她和他先是双双染上了猩红热，后又感染了另一种更危险的传染病。这传染病是许广平在帮忙照料某位同窗的两个患病姐妹时染上的。待她康复后从医院回到家里时，得知她的男朋友已经病死了。

---

① 许广平就读于该校的时间为 1918 年——译注。
② 即李小辉——译注。

那一时期，许广平的心情沮丧而绝望。这样的情绪不仅仅因失去男友而产生，还有来自过往的岁月里父亲带给她的痛苦。对许广平而言，她专横残暴、冷漠无情的父亲代表的就是儒家腐朽势力的死亡之手。她深知鲁迅正全力与这种势力作战斗。在鲁迅的课上，许广平常常坐在前排。她很欣赏他的授课方式，既富于幽默感，又能激发学生的新观念。孤寂无助的许广平非常渴望能找个人谈谈内心的痛苦。找鲁迅师谈谈他会介意吗？一位倾听许广平袒露过心声的同学建议她给鲁迅写封信。1925 年 3 月 11 日，许广平写下了一封求助信。在信里，她恳请鲁迅帮助她从悲苦境遇中摆脱出来。

　　令许广平高兴的是，鲁迅第二天就给她写了回信。显然，她的信扣动了他的心弦。她信中谈及的遭遇鲁迅也曾亲身领受，故颇能理解和感知。鲁迅觉得她是一个能与之谈心的人。以下是鲁迅回信的部分文字：

　　　　走"人生"的长途，最易遇到的有两大难关。其一是"歧路"，倘是墨翟先生，相传是恸哭而返的。但我不哭也不返，先在歧路头坐下，歇一会，或者睡一觉，于是选一条似乎可走的路再走，倘遇见老实人，也许夺他事物来充饥，但是不问路，因为我料定他并不知道的。如果遇见老虎，我就爬上树去，等它饿得走去了再下来，倘它竟不走，我就自己饿死在树上，而且先用带子缚住，连死尸也决不给它吃。但倘若没有树呢？那么，没有法子，只好请它吃了，但也不妨也咬它一口。其二便是"穷途"了，听说阮籍先生也大哭而回，我却也像在歧路上的办法一样，还是跨进去，在荆丛里姑且走走。但我也并未遇到全是荆棘毫无可走的地方过，不知道是否世上本无所谓穷途，还是我幸而没有遇着。[1]

　　谈及社会战斗，鲁迅在信中建议许广平采用欧战的"壕堑战"：把头伏在壕中，待好机会来了再出来反击，"中国多暗箭，挺身而出的勇士容易丧

---

[1]　鲁迅：《两地书·二》，《鲁迅全集》，第 11 卷，第 15—16 页。

命"①。他自己不是那种挺身而出的战士，所以建议别人也不要作无谓的牺牲。

在给许女士的信中，鲁迅还用较多篇幅表达了他对中国社会的看法。在1925年3月31日的回信中，鲁迅又回到他感兴趣的国民性批判的话题上来。他对许广平说，1911年他在南京中华民国临时政府教育部任职时，真的对中国的未来很抱有一些希望；但自1913年"二次革命"失败后，事情即开始渐渐坏下去，坏而又坏，遂成了现在的可悲情形。"最初的革命是排满，容易做到的，其次的改革是要国民改革自己的坏根性，于是就不肯了。所以此后最要紧的是改革国民性，否则，无论是专制，是共和，是什么什么，招牌虽换，货色照旧，全不行的。"②

在起初阶段，他们的往来信函虽然显得比较亲近，但仍局限在师生关系的框架内。随着时间的推移，他们的通信越来越频繁，鲁迅开始在书信中称呼许广平为"小鬼"，许也很快把该昵称用作她信件中的签名。鲁迅很喜欢刺猬（这种动物在北京及周边地区很多），他有时称呼许广平"我的小刺猬"。4月12日，鲁迅邀请许广平与林卓凤来家中喝茶。许广平对鲁迅的生活有了更多了解，这也包括他与朱安的不幸婚姻。此时的许广平已对鲁迅产生了强烈的爱慕之情。这从她对鲁迅居所的描述中已显然可见：她把鲁迅的家称作"秘密窝"，并用了很多温暖的词汇来形容它：

> "尊府"居然探检过了！归来后的印象，是觉得熄灭了通红的灯光，坐在那间一面满镶玻璃的室中时，是时而听雨声的淅沥，时而窥月光的清幽，当枣树发叶结实的时候，则领略它微风振枝，熟果坠地，还有鸡声喔喔，四时不绝。晨夕之间，时或负手在这小天地中徘徊俯仰，盖必大有一种趣味，其味如何，乃一一从缕缕的烟草烟中曲折的传入无穷的空际，升腾，分散……。是消灭!? 是存在!?③

---

① 鲁迅：《两地书·二》，《鲁迅全集》，第11卷，第16页。本书原著未引用鲁迅原文，译文改引原文——译注。

② 鲁迅：《两地书·八》，《鲁迅全集》，第11卷，第31—32页。

③ 鲁迅：《两地书·一三》，《鲁迅全集》，第11卷，第49页。

鲁迅和许广平之间的早期通信常广泛讨论严肃、庄重的哲理问题，或讨论一些发生在学校的事件。然而渐渐的，他们开始喜欢在信函中说一些戏谑亲昵的话语，关系慢慢变得轻松起来。在鲁迅的信中，他戏称许广平为"少爷"，许广平则"威胁"鲁迅说自己将要同太师母（鲁迅的母亲）组成"联合战线"，问鲁迅"怕不怕"？

到了七八月间，鲁迅和许广平很明显地已经进入热恋阶段。他们到底是什么时候相互倾诉爱慕之情的呢？这一点还不太清楚。不过，许广平在1950年代的一句话可为这一问题提供些许线索。当时，许广平到北京鲁迅故居复查，发现那里陈列着一对绣花枕头，她说这是她和鲁迅25年前确定爱情关系的纪念物。

鲁迅和许广平确定爱情关系肯定发生在1925年10月，因为就在这个月，许广平写了一篇题为《同行者》的小说：

《同行者》可以看成是鲁迅和许广平爱情的誓约宣言，是一篇以作者自身爱情生活为素材的写实的微型小说。小说揭示了一对恋人相爱的过程和思想基础——他们"早已互相了解，而且彼此间都有一种久被社会里人世间的冷漠，压迫，驱策；使得佢俩（广东方言，即他俩）不知不觉地由同情的互相怜悯而亲近起来"。文中有意把人物阴差阳错，男女颠倒，把鲁迅说成是"她"，把自己说成是"他"，这当然是为了躲避那些好事之徒的流言蜚语。小说中的"他"是一位自尊而又自强的新女性，"他"摒弃金钱的诱惑，无视伪道学家的嘲笑，似灯蛾扑火似地"一心一意的向着爱的方向奔驰"，小说以较多的描写，是"他"劝说"她"戒酒的情节和在这过程中的思想变化，这和现实生活中许广平不止一次地规劝鲁迅戒酒完全一致，她所以如此关怀鲁迅的健康，和小说中所描绘的"他"，希望"她"有一个健康的身体，保存自己也完全一致，都是为了使"她"（现实中的鲁迅）能以"热烈的爱，伟大的工作，给以人类以光，力，血，使未来的世界璀璨而辉煌"。[1]

① 马蹄疾：《鲁迅生活中的女性》，第143—144页，北京：知识出版社，1996年出版。本书原著引文未引用马蹄疾原文，译文改引原文——译注。

鲁迅的新恋情不能即刻解决他的所有问题。这些问题多数是旧式封建制度留给他的"遗产"。在这一环境下长大成人的鲁迅，他所面临的最棘手的问题就是他的妻子朱安。这个问题放在今天，可在确保女方生活无后顾之忧的前提下通过离婚得到解决。但在1920年代，把朱安那样的女性推向漂泊无依的境地是根本不可能的，她缺乏现代女性自尊自立地生活的能力和品性。另一个与之相关的问题是：鲁迅该如何协调许广平与他母亲住在同一屋檐下的关系呢？与许广平相爱后，鲁迅放弃了先前那种为婚姻作毕生牺牲的打算，但他还没有采取决定性的行动来证明自己的决断。1926年11月15日，在给许广平的信中，鲁迅袒露了他关于自己未来人生的一些想法。他假设了三种可能情形：

（一）死了心，积几文钱，将来什么事都不做，顾自己苦苦过活；（二）再不顾自己，为人们做些事，将来饿肚也不妨，也一任别人唾骂；（三）再做一些事，倘连所谓"同人"也都从背后枪击我了，为生存和报复起见，我便什么事都敢做，但不愿失了我的朋友。第二条我已行过两年了，终于觉得太傻。前一条当先托庇于资本家，恐怕熬不住。末一条则颇险，也无把握（于生活），而且又略有所不忍。所以实在难于下一决心，我也就想写信和我的朋友商议，给我一条光。①

许广平认为鲁迅已被这些问题"拖去"了太多时光。1926年11月22日，在写于广州的一封信中许广平这样向鲁迅坦陈道：

你的苦痛，是在为旧社会而牺牲了自己。旧社会留给你苦痛的遗产，你一面反对这遗产，一面又不敢舍弃这遗产，恐怕一旦摆脱，在旧社会里就难以存身，于是只好甘心做一世农奴，死守这遗产。②

---

① 鲁迅：《两地书·七三》，《鲁迅全集》，第11卷，第204页。

② 鲁迅：《两地书·八二》，《鲁迅全集》，第11卷，第224页。本书原著未引用《两地书》原文，译文改引原文——译注。

在 11 月 28 日鲁迅写于厦门的回信中，他对自己进行了严厉的自我剖析与自我批评：

> 我一生的失计，即在向来不为自己生活打算，一切听人安排，因为那时豫料是活不久的。后来豫料并不确中，仍能生活下去，遂至弊病百出，十分无聊。再后来，思想改变了，但还是多所顾忌，这些顾忌，大部分自然是为生活，几分也为地位，所谓地位者，就是指我历来的一点小小工作而言，怕因我的行为的剧变而失去力量。这些瞻前顾后，其实也是很可笑的，这样下去，更将不能动弹。①

他们共同南下

在上述信函来往期间，鲁迅和许广平决定离京南下，以逃避在教育部的"奴隶"地位（鲁迅的自我称谓）和个人生活的复杂局面。鲁迅宣称此次离京的原因是由于段祺瑞的暗中威胁，但段祺瑞政府在 1926 年 4 月已失去势力。段祺瑞的继任者东北军阀张作霖尽管对几位颇有影响的共产党员之死负有责任，但并无证据表明他要对鲁迅采取什么行动。鲁迅南下的真正原因，今天普遍认为是由于他和学生许广平日益增进的亲密关系。他既不愿意与妻子离婚，也不愿意离开许广平，而与许广平保持恋人关系又会给他的家庭带来许多难题。最好的办法是离开北京，移居别处或许会更有益于他们过上有意义的生活。总之，实际的情形是，此时的北京已不再像"五四运动"时期那样是中国的政治或经济中心，军阀政府统治下令人窒息的环境迫使越来越多的知识分子走向南方。

1926 年 6 月，鲁迅已经表示过他打算离开北京到别处求职的意向，说很有可能是去南方。鲁迅收到过一封林语堂的邀请函，请他去厦门大学教书。

---

① 鲁迅：《两地书·八三》，《鲁迅全集》，第 11 卷，第 225 页。

林语堂时任厦门大学文学院院长。7月28日，鲁迅正式接受厦门大学聘请，任国文系教授兼国学院研究教授。8月26日，他和许广平乘火车南下，从天津经浦口到达上海。在沪逗留几天后，鲁迅乘船前往福建的厦门，许广平则乘船前往广州。当鲁迅乘船朝南航行时，他看见另一艘船紧随其后，很想知道它是否就是许广平所乘的船只。这自然是不可能的，因为她的船要在一个多小时之后才能出发。

抵达厦门后，鲁迅很快前往学校。他暂时被安排在生物学院大楼三层的一个房间居住。这座楼位于面朝大海的小山岗上，石阶高达九十余级。

几天后，一个叫俞念远的学生前来探访鲁迅。关于此次会面俞念远曾有如下记述：

> 九月八日，这是我不会忘记的一天。我终于鼓着勇气走上石阶九十六级的生物学院三楼——鲁迅先生的临时寓所。……因为鲁迅先生来厦门只有五天，所以我去谒见他的时候，他正在那儿整理书籍。我轻轻地叫一声："鲁迅先生！"他走过来，微笑地和我握手。他是一个一点没有架子的朴素的人，一个很容易接近的、和蔼可亲的导师！我告诉他，这几年来，我喜欢读他的作品，我又谈到厦大的现况，谈到对厦大的未来的希望。他听了我说到厦大校长林文庆提倡复古、尊孔，学生还是用文言写作的时候，他感到很惊奇。他幽默地笑了一笑说："这应该改变一下！"他又亲切地看了我一眼，坚决地对我说："你别着急！以后关于阅读和写作方面，我会给你们一些帮助的！"[①]

---

① 俞荻（俞念远）：《回忆鲁迅先生在厦门大学》，见鲁迅博物馆编：《鲁迅年谱》（增订本），第2卷，第320页，人民文学出版社，1980年出版——原注。本文最初发表在一九五六年《文艺月报》十月号——译注。

《彷徨》集里的其他小说

《孤独者》

1926 年 8 月，鲁迅的第二部短篇小说集《彷徨》在北京北新书局出版发行。《彷徨》中有 4 篇小说作于 1924 年（前文已有讨论），另有 7 篇作于 1925 年。关于这部小说集的写作背景鲁迅是这样介绍的：

> 我的作品在《新青年》上，步调是和大家大概一致的，所以我想，这些确可以算作那时的"革命文学"。
>
> 然而我那时对于"文学革命"，其实并没有怎样的热情。见过辛亥革命，见过二次革命，见过袁世凯称帝，张勋复辟，看来看去，就看得怀疑起来，于是失望，颓唐得很了。
>
> ……
>
> 既不是直接对于"文学革命"的热情，又为什么提笔的呢？想起来，大半倒是为了对于热情者们的同感。这些战士，我想，虽在寂寞中，想头是不错的，也来喊几声助助威罢。首先，就是为此。自然，在这中间，也不免夹杂些将旧社会的病根暴露出来，催人留心，设法加以疗治的希望。但为达到这希望计，是必须与前驱者取同一的步调的，我于是删削些黑暗，装点些欢容，使作品比较的显出若干亮色。……
>
> 后来《新青年》的团体散掉了，有的高升，有的退隐，有的前进，我又经验了一回同一战阵中的伙伴还是会这么变化，并且落得一个"作

家"的头衔，依然在沙漠中走来走去，不过已经逃不出在散漫的刊物上做文字，叫作随便谈谈。……得到较整齐的材料，则还是做短篇小说，只因为成了游勇，布不成阵了，所以技术虽然比先前好一些，思路也似乎较无拘束，而战斗的意气却冷得不少。新的战友在那里呢？我想，这是很不好的。于是集印了这时期的十一篇作品，谓之《彷徨》，愿以后不再这模样。[1]

在 1925 年所作的 7 篇小说中，最为重要的两篇是《孤独者》和《伤逝》。《孤独者》还常被翻译为《遁世者》或《隐居者》。

《孤独者》的主人公叫魏连殳，他在许多方面与范爱农和吕纬甫较为相像。青年魏连殳是个革命派，做学生时曾热情传播过他所信奉的新思想。这篇小说的叙事者说只要和魏连殳熟识，是很可以与他谈谈的，他的议论往往颇奇警。但在一般人眼里，他很有点古怪，是一个性格孤僻的人。他家乡的村人都这么看待他。在参加他祖母的丧礼时，族人们担心魏连殳会招惹众怒，拒绝按照传统丧葬礼仪行事，如果这样，将会给整个村庄带来厄运。出人意料的是，他一切都遵照老规矩操办祖母的丧事。唯有一样出人意料之外，他是在大殓结束众人要散去时，才失声长嚎起来的，哭了很长时间。

魏连殳很受女房东家四个孩子的喜爱，孩子们常围着他，渴望得到他的善待。连殳失了教书的工作，因为他在报上发表了些观点激进的文章——这颇不合学校当局的口味。随后，为生计所迫，连殳不得不做些以前不肯做的工作，但生活还是时显窘相。作为他的朋友，小说叙事者"我"的境况并不比他好多少，也没有能力帮他找到新工作。后来有一段时间，"我"失去了连殳的音讯。某天，"我"突然收到一封他的来信。到此为止，小说主人公魏连殳与范爱农的运命很是相像。不过，自此以后，他们却走了完全不同的道路。魏连殳给鲁迅[2]写信不为经济求助，而是告知"我"他目下出任某师长的顾问，每月薪水有现洋 80 元，而今他享受着高朋满座、打牌猜拳的生活。贫困

---

① 鲁迅：《南腔北调集·〈自选集〉自序》，《鲁迅全集》，第 4 卷，第 468—469 页。
② 确切而言应为小说叙事者"我"——译注。

逼得他最终放弃了理想，向那些反对社会变革的恶势力屈膝投降了。不过，"孤独者"的奢华生活未能维持多久。多年的贫困生活严重损坏了他的健康，折磨了他几年的肺病最终夺去了他的生命。

鲁迅在这个故事里再次表明，中国还远不具备这样的社会环境：青年人作为自由个体可独立生存，运用其天赋，服务于社会。魏连殳从小就是一个孤儿，祖母是这个世界上唯一关心他的人，虽然她的情感表达方式相当含蓄。但连殳设法让自己受到了很好的教育，并在一所学校找到了教职。最后毁灭连殳的，是他自己的古怪性格与社会的冷漠。

《伤逝》

《伤逝》叙述了一对年轻男女所有的追求最终都归于失败的悲伤故事。小说的副标题是"涓生的手记"。它讲述了这样一个故事：涓生、子君两位年轻人未经父母同意在北京同居了。他们最初陷入爱河时，涓生笨嘴拙舌，不知怎样将他的爱表示给子君。后来他用了在电影中见过的方法，自己排练了多次才终于表示出来。[①] 后来连续几个星期，"夜阑人静，是相对温习的时候了，我常是被质问，被考验，并且被命复述当时的言语"，[②] 涓生觉得这情形颇为可笑，但子君绝不这样认为。涓生很清楚那是因为子君爱他，爱得那样热烈，那样纯真。

找寻住所期间，涓生和子君遇到不少路人的讥笑、猥亵和轻蔑的眼光。后来，他们设法在一位小官僚和他妻子住着的公寓[③]里找到了两间待租的房子

① 本书原著这一表述有误。实际情形是涓生在表白爱情"以前的十几天，曾经很仔细地研究过表示的态度，排列过措辞的先后，以及倘或遭了拒绝以后的情形。可是临时似乎都无用，在慌张中，身不由己地竟用了在电影上见过的方法了"（鲁迅：《彷徨·伤逝》，《鲁迅全集》，第 2 卷，第 115—116 页）。故并非是学了电影上的方法演练多遍才向子君示爱——译注。

② 鲁迅：《彷徨·伤逝》，《鲁迅全集》，第 2 卷，第 116 页。本书原著未引用鲁迅原文，译文改引原文——译注。

③ 本书原著这一表述有误，据《伤逝》交代，涓生租下的是南屋，房东一家住着正屋和厢房，这显然是北京传统的小四合院——译注。

住下。然而，此处房子对子君而言并非理想居所。她多数时候呆在家里，不久就因饲养的几只油鸡而与房东太太发生了争吵。更沉重的打击还在后头。他们家的一位女邻居是涓生供职单位局长儿子的赌友。这个女邻居因为嫉妒这对小夫妻，决定制造点麻烦给他们瞧瞧。一天晚上，敲门声响起，涓生局里的信差送来了一张解聘通知。

涓生别无选择，只得试着给《自由之友》做点文章。《自由之友》的总编辑是他见过几次面的熟人。他不得不在空间狭仄的家里工作，殊感不便。子君则整日忙于煮饭，洗衣，照料油鸡与他们买来的小狗阿随。油鸡和阿随主要靠他们的剩饭维持生命。阿随贪吃，剩饭很难填饱它的胃。冬日来临后，他们再没有一点食物来供养它，被逼无奈只能将它处理掉。无计可施的涓生最终将阿随带到京城城墙外，推进了一个并不很深的土坑里。然而，《自由之友》还是无稿费寄来。

渐渐地，他们的争吵多了起来，连子君也开始变得面有怨色。涓生觉得他们过去磨炼的思想和豁达无畏的言论，到底也还是一个空虚。他决计不能再这样生活下去。他要向子君说出心底的实话：

> 我和她闲谈，故意地引起我们的往事，提到文艺，于是涉及外国的文人，文人的作品：《诺拉》，《海的女人》。称扬诺拉的果决……。也还是去年在会馆的破屋里讲过的那些话，但现在已经变成空虚，从我的嘴传入自己的耳中，时时疑心有一个隐形的坏孩子，在背后恶意地刻毒地学舌。[1]

涓生感到他们唯一的希望就是分手。子君早已什么书也不看，似乎已经忘记人的生活第一要义是求生。她所做的一切只是紧搂他的衣角，使得他也难于战斗，这样下去只得一同灭亡。为了易于分手，涓生告诉子君他已不爱她了，她可以自由离开：

---

[1] 鲁迅：《彷徨·伤逝》，《鲁迅全集》，第2卷，第126页。

我同时豫期着大的变故的到来，然而只有沉默。她脸色陡然变成灰黄，死了似的；瞬间便又苏生，眼里也发了稚气的闪闪的光泽。这眼光射向四处，正如孩子在饥渴中寻求着慈爱的母亲，但只在空中寻求，恐怖地回避着我的眼。①

　　挨过极难忍受的冬天后，涓生开始访问久已不闻问的熟人，并整天到通俗图书馆度日，因为那里比较暖和。后来有一天，他回家后发现子君不见了。她的幼时待她很是冷酷的父亲将她接回去了。

　　涓生想离开他们租下的房屋，却也无处可去。没过多久，一个熟人告诉他子君已经死了，但没说是怎么死的。

　　一天是阴沉的上午，太阳还不能从云里面挣扎出来，连空气都疲乏着。耳中听到细碎的步声和咻咻的鼻息，使我睁开眼。大致一看，屋子里还是空虚；但偶然看到地面，却盘旋着一匹小小的动物，瘦弱的，半死的，满身灰土的……。

　　我一细看，我的心就一停，接着便直跳起来。

　　那是阿随。它回来了。②

　　妇女解放问题是鲁迅多次涉足的一个写作主题，也是鲁迅个人非常熟悉的话题。他生活中的女性（他的母亲、朱安和许广平）在某些方面影响了他对妇女解放问题的看法。

　　易卜生的戏剧对"五四"时期的中国产生了巨大影响，《新青年》杂志还曾辟专刊介绍他。中国观众很欣赏易卜生的社会态度，尤其是他勇敢无畏地提出的那些社会问题，中国的年轻人也正在努力寻求着解决这些问题的办法。然而，易卜生自己否认他的剧作反映了什么社会问题，他说他不过是在写诗。

　　鲁迅在女师大的一场关于娜拉的讲演中，已对子君的社会境遇③作出了预

---

①　鲁迅：《彷徨·伤逝》，《鲁迅全集》，第2卷，第127页。
②　鲁迅：《彷徨·伤逝》，《鲁迅全集》，第2卷，第131—132页。
③　确切地讲，应为"子君式女性的社会境遇"——译注。

告。他说有梦追逐的人是幸运的："人生最苦痛的是梦醒了无路可以走。做梦的人是幸福的；倘没有看出可走的路，最要紧的是不要去惊醒他。"①

就风格而言，《伤逝》很容易让人联想到鲁迅的小说《明天》。在《明天》中，寡妇单四嫂子的儿子在悲惨环境下死去了。《伤逝》与《明天》一样都没有紧张跌宕的情节线索，这与鲁迅的其他小说很是不同。这两篇小说的客观写实与潜在情感之间不存在明显冲突。在《伤逝》中，情感就呈现于故事表层，作者并未向读者提供更多细节以增强悲剧效果。这篇小说的主题思想清楚明确，尽管是站在涓生角度叙述的故事，然而两位主人公都值得同情。从最后的结局来看，涓生虽然极度悲痛、悔恨，但他仍然活着，对未来也仍然抱有希望；而子君却是死去了。

继《伤逝》之后，鲁迅只创作了两篇以现代中国为背景的小说，即：《弟兄》和《离婚》。

《弟兄》和《离婚》

1917 年，鲁迅的弟弟周作人发热病倒，《弟兄》就是在这件事的基础上创作而成的。当时，鲁迅的同事说新近有多起死于猩红热的病例发生，他很害怕自己的弟弟也将因此死去。于是，鲁迅特延请德国的大夫前来诊治，诊断后说他弟弟不过是生了麻疹。《弟兄》尽管是以此事为原型写成的，但并非这件事的简单实录。周作人在他的日记中曾指出他兄长小说里的描写与他本人对此事的记忆有一定的出入。《弟兄》中的兄弟二人尽管不能与鲁迅、周作人二人绝对画等号，但还是为我们解读这一文本提供了不少线索。

小说里的弟兄二人是首府办公部门公益局的同事。② 哥哥张沛君对待弟弟靖甫向以慈爱、奉献著称，他们一直被视为模范兄弟。办公室的一个同事③抱

---

① 鲁迅：《坟·娜拉走后怎样》，《鲁迅全集》，第 1 卷，第 166 页。
② 本书原著这一表述有误，小说中的弟弟靖甫是一名教师，而且小说并未交代故事发生在首府，只提到主人公生活在小城里——译注。
③ 即秦益堂——译注。

怨他自己的几个儿子不像沛君、靖甫这样"兄弟怡怡",终日争吵不断。

沛君给医院里的德国大夫打电话,没找到人。万般绝望之际,他请来了一位中医,经诊断,说他弟弟确实患了猩红热,能否医好得看他个人的命运(根据周作人的说法,此事并未发生在他本人身上。鲁迅对中医的不满,一定程度上是出于他父亲的经验)。幸运的是,德国医生后来赶到了,经他确诊,靖甫只是普通的发热出疹子。

当天晚上,张沛君终于睡着了。次日醒来后,他想起昨夜的一连串可怕梦境:"床前站着一个满脸流血的孩子,自己正要去打她","他忙着收殓,独自背了一口棺材,从大门外一径背到堂屋里去。地方仿佛是在家里,看见许多熟识的人们在旁边交口赞颂","他命令康儿和两个弟妹进学校去了;却还有两个孩子哭嚷着要跟去。他已经被哭嚷的声音缠得发烦,但同时也觉得自己有了最高的威权和极大的力。他看见自己的手掌比平常大了三四倍,铁铸似的,向荷生的脸上一掌批过去","荷生满脸是血,哭着近来了……那孩子后面还跟着一群相识和不相识的人。他知道他们是都来攻击他的"。[1]

这投向灵魂潜意识的一瞥在鲁迅小说中是前所未有的。[2] 这篇小说作于他和周作人失和刚刚两年后,梦境细节表明兄弟失和事件对鲁迅的创伤有何等之深!他意识到自己的确给予了弟弟种种支持和帮助,但自己其实不应因此而自鸣得意。

《离婚》是鲁迅的最后一篇观察当代生活创作而成的小说,也是他最后一篇以故乡浙江为背景的小说。鲁迅是场景描写的高手,这篇小说也不例外。在《离婚》中,一艘客船缓慢地从码头此岸驶向彼岸。一个倔强易怒的青年妇女爱姑与她的父亲跨进航船,船里面一位熟人乘客问他们是不是要上城去:

> "不上城,"木公公有些颓唐似的,但因为紫糖色脸上原有许多皱纹,所以倒也看不出什么大变化,"就是到庞庄去走一遭。"

---

① 鲁迅:《彷徨·弟兄》,《鲁迅全集》,第2卷,第142—143页。本书原著未引用鲁迅原文,译文改引原文——译注。

② 本书原著这一表述不够准确,鲁迅在小说《肥皂》中也写到了主人公四铭的潜意识——译注。

合船都沉默了，只是看他们。

"也还是为了爱姑的事么？"好一会，八三质问了。

"还是为她。……这真是烦死我了，已经闹了整三年，打过多少回架，说过多少回和，总是不落局……。"

"这回还是到慰老爷家里去？……"

"还是到他家。他给他们说和也不止一两回了，我都不依。这倒没有什么。这回是他家新年会亲，连城里的七大人也在……。"①

碰面会是在爱姑的强力要求下召开的。爱姑嫁了一个当地男人，她称呼他为"小畜生"。"小畜生"抛弃了爱姑，跟一个"小寡妇"好了。"小畜生"跟他的父亲"老畜生"把爱姑赶回了娘家。爱姑对在夫家遭受的屈辱感到极为愤怒，她不满于对方提出的 80 元的赔偿金，她希望能让他们得到应有的惩罚。

这次会议的幕后主使人物是人人望而生畏的城里来的绅士七大人，就连当地的知县都常求助他来解决法庭疑难案件。爱姑也很崇敬他，说他是一个知书识理的人，知书识理的人是什么都知道的。

这正是爱姑失败的原因。她的愤怒给七大人留下了深刻的印象，七大人心里对这桩案子早已有了决断：那就是赞同慰老爷的意思，这次碰面会就是在慰老爷家的大房子里召开的。

"那些事是七大人都知道的。"慰老爷仰起脸来说。"爱姑，你要是不转头，没有什么便宜的。你就总是这模样。你看你的爹多少明白；你和你的弟兄都不像他。打官司打到府里，难道官府就不会问问七大人么？那时候是，'公事公办'，那是，……你简直……。"

"那我就拚出一条命，大家家败人亡。"

"那倒并不是拚命的事，"七大人这才慢慢地说了。"年纪青青。一个

① 鲁迅：《彷徨·离婚》，《鲁迅全集》，第 2 卷，第 148—149 页。本书原著未引用鲁迅原文，译文改引原文——译注。

人总要和气些：'和气生财'。对不对？我一添就是十块，那简直已经是'天外道理'了。要不然，公婆说'走！'就得走。"①

这些只是小说的粗略梗概。此外，小说还有很多其他细节，如七大人对"屁塞"——古人大殓时用来保护尸体不受邪魔侵蚀的一种玉石——喜爱之情的讽刺性描写；再如，七大人让他木棍似的随从给他拿件东西来的那个细节。爱姑很害怕会有什么可怕的事情发生。后来，木棍似的男人拿来了一个扁的漆黑的小乌龟模样的东西。七大人只是拔下小乌龟头，从那身子里倒了点东西在掌心上，就把这扁东西又递给了随从。他用一只手的一个指头蘸着掌心向自己的鼻孔里塞了两塞，鼻孔和人中立刻变得黄焦焦。他皱着鼻子，似乎要打喷嚏。

爱姑被孤立、击败了。她的父亲不说话支持她，6个弟兄也没敢露面，他们前一年为了给姐妹报仇，曾把"老畜生"家的灶台都拆掉了。

爱姑和她爹带着一副恭恭敬敬的模样离开了慰老爷家。慰老爷请他们在家里喝新年喜酒，他们婉言谢绝了。

这是鲁迅最后一篇描写现代生活的小说。他后来出版的另一部小说集名叫《故事新编》，这本书是对古代神话、传说的重写，其中的主要人物不是神话人物就是历史人物，譬如神射手后羿、哲学家墨子等。他们都不再有昔日的超验能力或神圣光环，而是变成了现实中的人物。这些故事通常都进行了现代"改编"。《故事新编》作于1922年至1935年，于1935年年末②出版。

鲁迅写的篇幅最长的小说是《阿Q正传》。他后来再没创作过什么小说，尽管他可能在心里酝酿过不止一篇。1920年代与1930年代的中国诞生了许多优秀小说家，但鲁迅不在其中。很多朋友问他原因，鲁迅作过一个这样的回复：

我一个人不能样样都做到；在文化的意义上，长篇巨制自然重要的，但还有别人在，我是斩荆除棘的人，我还要杂感杂感下去……③

---

① 鲁迅：《彷徨·离婚》，《鲁迅全集》，第2卷，第154页。本书原著未引用鲁迅原文，译文改引原文——译注。
② 本书原著这一表述不准确，《故事新编》1936年1月由上海文化生活出版社出版——译注。
③ 冯雪峰：《鲁迅先生计划而未完成的著作——片断回忆》，原载上海《宇宙锋》十日刊第50期。

在厦门大学任教

朋友和敌人

此前，鲁迅从来没有在像厦门这样遥远的南方生活和工作的经历，故厦门当地人称他为"北方人"时，他感到甚为奇怪。在购买水果、香烟的小店里，鲁迅听到有人这样谈论他，他觉得不很礼貌。在北京时，他理所当然地被称作是"南方人"。

住在生物系大楼没多久，鲁迅即在9月25日搬到了集美楼。他开始让小店一家人给他包做晚餐，因为他不想在晚上与10个同事一起吃饭。他宁愿与孙伏园共享晚餐。孙伏园住在他的隔壁，是他的朋友兼邻居，在北京时曾任前《晨报副刊》编辑。小店主的妻子下厨给鲁迅他们做饭，店主自己把饭送过来。店里的伙计还帮忙给鲁迅洗些衣物。店家有一个7岁的小孙女，店家老主妇想让孩子长大了在店里帮忙。鲁迅见小女孩很是聪明伶俐，就劝老妇人让她到厦门大学附属学校上小学。鲁迅还为她交了学费，小女孩后来升入了中学。长大以后她到缅甸避难，曾在仰光一所学校做老师教中国孩子。据说她从未忘记鲁迅的恩情。

鲁迅住在集美楼的上层，房间颇大，窗外可看见大片风景。不过，鲁迅有一次坦言说他一辈子从未欣赏过什么美丽风光。

鲁迅在写给许广平的信中，详细描述过他在厦门的工作与生活情况。许广平在广州谋到了一份教职。在写于9月20日①的信中，鲁迅说自己每周教课6小时，两小时讲授中国小说史，这个无需作任何准备；另外两小时讲授

---

① 本书原著这一表述有误，应为9月22日——译注。

中国文学史，这个虽已编过讲义，但因为想把工作做好，他打算再编一本新的中国文学史讲义。据鲁迅的学生回忆，他的课总是生动有趣，因此教室的过道常常挤满了人，很多外系学生也前来听课。

鲁迅在厦门也有敌人，其中之一便是江西人黄坚①。黄坚曾任北京女子师范大学职员、干事。他是陈西滢的朋友，现任厦门大学国学研究院陈列部干事兼文科主任办公室襄理。鲁迅曾亲闻他向文学院院长讲了其他同事不少坏话。他还经常伺机刁难鲁迅。鲁迅给许广平写信说他今后要尽可能远离黄坚，他说如果时间都耗费在与此辈周旋上，何必到厦门来？

自从北方时局混乱以来，大批学者因安全问题离开北京，有一部分来到了厦门。新来厦门大学的职员中就包括历史学家顾颉刚——陈西滢的另一位朋友。顾颉刚引荐过至少7位朋友来厦门大学任职。鲁迅在写给许广平的信中这样记述道：

> 我新近想到了一句话，可以形容这学校的，是"硬将一排洋房，摆在荒岛的海边上"。然而虽是这样的地方，人物却各式俱有，正如一滴水，用显微镜看，也是一个大世界。②

10月4日，鲁迅在写给许寿裳信中，诉说了他在厦门大学生活的种种烦恼："此间功课并不多，只六小时，二小时须编讲义，但无人可谈，寂寞极矣。为求生活之费，仆仆奔波，在北京固无费，尚有生活，今乃有费而失了生活，亦殊无聊。或者在此至多不过一年可敷衍欤？"③ 不过，在几天后致许广平的信中，鲁迅对厦门人又表露出夸赞之词：这里的人不似北京人，他们是真诚欢度双十节（"中华民国"诞生于1911年10月10日，此之谓"双十节"）。厦门市面上商民自动地挂旗结彩、放鞭炮，不像北京那样，听警察吩咐之后，才挂出几张污秽的五色旗来。此地人民的思想，并不像其外表那样

---

① 即鲁迅与许广平通信中的"白果"——译注。
② 鲁迅：《两地书·六〇》，《鲁迅全集》，第11卷，第173页。
③ 鲁迅：《书信·261004》，《鲁迅全集》，第12卷，第563页。本书原文未引用鲁迅信件，译文改引信件——译注。

老旧，他们公开地支持国民党。

距离生物楼不远有一段旧城墙，约一英里长，是 17 世纪抗清英雄郑成功演武场遗址的一部分。鲁迅抵达厦门不久即来过这里。他后来说他很久都没能忘记郑成功的遗迹："一想到除了台湾，这厦门乃是满人入关以后我们中国的最后亡的地方，委实觉得可悲可喜。"① 在离此不远的鼓浪屿岛上，据说有郑成功操练水师的阅兵台，其船只多数由荷兰船舰构成。12 月 11 日，鲁迅在罗常培、孙伏园陪同下也曾游览此地。

这时，广州的中山大学已与鲁迅进行了非正式接触，问他是否愿意新年伊始到那里去工作。起初，鲁迅颇为踌躇，他不知道自己是否应一直呆在学校教书，就像他在致许广平的信中说的："但我对于此后的方针，实在很有些徘徊不决，那就是：做文章呢，还是教书？因为这两件事，是势不两立的：作文要热情，教书要冷静。兼做两样的，倘不认真，便两面都油滑浅薄，倘都认真，则一时使热血沸腾，一时使心平气和，精神便不胜困惫，结果也还是两面不讨好。……我自己想，我如写点东西，也许于中国不无小好处，不写也可惜；但如果使我研究一种关于中国文学的事，大概也可以说出一点别人没有见到的话来，所以放下也似乎可惜。但我想，或者还不如做些有益的文章，至于研究，则于余暇时做。"② 在不久后的一封信中，他再次谈及这个问题，说自己或许要与新成立的创造社联合起来。创造社是一个倾向于从事革命文学创作的文学社团，其成员有郭沫若（时任中山大学文学院院长）、郁达夫和成仿吾等。鲁迅在心里对到广州教书很有些犹豫，因为他听说那里很有些表面上装作"同道"而背地里耍弄手段的人，或暗中将他作傀儡或从背后枪击他。

在此期间，鲁迅在厦大遭遇的问题越来越多。学校当局对鲁迅等倡白话而抑文言的做法很是不满，提议要削减国学院的预算。鲁迅在校长谈话会上提出强硬之抗议。校长（林文庆博士）要减少国学院 50％ 的预算，他说学校

---

① 鲁迅：《华盖集续编的续编·厦门通信》，《鲁迅全集》，第 3 卷，第 387 页。本书原著此处未作注——译注。

② 鲁迅：《两地书·六六》，《鲁迅全集》，第 11 卷，第 187—188 页。本书原著此处未作注——译注。

只拿得出这么多钱，关于这事，是有钱的人，才有发言权的。鲁迅很是气愤，从口袋里掏出两枚银角子放在桌上说："我也有钱，我有发言权！"① 从这段插曲，不难见出厦门大学当时的氛围。不久，鲁迅就辞去了国学院的职位，但还保留着国文系教授的职位。

在厦门期间，鲁迅不期然的遭受到山西一位青年作者的极为不公正的攻击，他在北京时本以为此人值得用心栽培。这个人就是高长虹。鲁迅过去一直认为中国的未来在青年身上，因此他有时异乎寻常地信任年轻作者。高长虹曾向《莽原》投稿，他的短篇作品给鲁迅留下了深刻印象。《莽原》是鲁迅于 1920 年代中期主持的短命文学期刊之一。高长虹来自山西，是一位有天赋的诗人与短篇小说家，曾创办社团及文学期刊《狂飙》（受德国歌德的狂飙突进运动的影响）。高长虹鼓吹应取消社会对个体自由的一切约束。他甚至宣称女性要想取得与男性同等的地位，其唯一途径就是实施自由恋爱。鲁迅知道高长虹是一个自命风流而沉溺于女色的人，但还是一直对他勉励有加，甚至曾给予他经济上的帮助。鲁迅万没料到他来到厦门后，高长虹竟著文攻击他是一个"狡诈的老头"，一个"倒卧在青年的脚下的绊脚石"。② 这些攻击在表面上引发于一次误会，即《莽原》编者韦素园没有刊发高长虹和他的一位朋友的稿件。③ 韦素园是鲁迅的朋友，在高长虹看来这显然是鲁迅在从中作梗，尽管这可能不是事实。此次争端严重挫伤了鲁迅，并且给鲁迅心里留下了印记：年轻一辈并未必胜过老一辈。在误解之外，他们的争吵部分可能也是源于性格上的冲突。高长虹出生于山西一个农民家庭，他对所谓的专制行为极其敏感，每一遭遇，就会勃然大怒。鲁迅也绝不会对这样的攻击置之不理，他常用卓越的文学技巧智取对手。

---

① 陈敦仁：《忆鲁迅先生在闽南》，《长江文艺》，1956 年 10 月，第 8 页。

② 高长虹曾在《狂飙》周刊第十期（一九二六年十二月十二日）的《琐记两则》中，暗指鲁迅为"青年作者"的"绊脚石"说："我所唯一希望于已成名之作者，则彼等如无赏鉴青年艺术运动的特识，而亦无帮助青年艺术运动之雅者，至少亦希望彼等勿挟其历史的势力，而倒卧在青年的脚下以行其绊脚石式的开倒车狡计，亦勿一面介绍外国作品，一面则蝎子撩尾以中伤青年作者的豪兴也！"本书原著此处未作注——译注。

③ 本书原著这一表述不准确。韦素园压下的只是向培良的一篇稿子。向培良是狂飙社成员——译注。

《故事新编》

就在与高长虹发生争端的同时，鲁迅写下两篇小说。这两篇小说后来与别的作品一起收入了鲁迅的第三部小说集《故事新编》。第一篇小说名为《眉间尺》，收入《故事新编》时更名为《铸剑》。[1]

这篇小说是由春秋时期（前722—前481）一个古代传说演绎而成的。在这个传说中，故事的同名主人公眉间尺被设定为要去刺杀楚王替父报仇。眉间尺的父亲炼成了两把无与伦比的剑。他如期把其中的一把呈献给楚王。楚王为防他炼就更多的宝剑而将其杀死。那留下的第二把剑被眉间尺的母亲秘密埋在了眉家的花园之中[2]。当他的母亲感觉他基本已是成年人，才把父亲的一切告知了眉间尺。母亲要求眉间尺去杀死暴君楚王替父报仇。于是，眉间尺在后背藏好宝剑，就向楚国的都城进发。起初，因寻不到任何靠近楚王的机会，眉间尺深感绝望。就在此时，眉间尺遇到了一位神秘的黑衣陌生人。这个人清楚他的所有故事，并向眉间尺起誓说只要眉间尺信任他，他可以帮他达成目的。就在眉间尺表示同意的一瞬间，黑衣人即刻砍下了这个孩子的头。[3] 然后，他带着眉间尺的头来到了宫廷。黑衣人说他可以用这孩子的头玩魔术，但必须摆一个金鼎，注满清水，用兽炭煎熬。如果把孩子的头放进去，一到水沸，这头便随波上下，跳舞百端，且发妙音，欢喜歌唱。一旦人们听闻这歌舞，便解愁释闷，天下太平。

楚王命令黑衣人赶紧玩来！黑衣人从包袱中拿出孩子的头，捧着头向楚王和大臣们转了一圈，而后扑通一声把头坠进金鼎中。在短时间内，鼎里毫无动静。后来，黑衣人自己开始边舞边唱。随着歌声，那孩子的头也开始随水上上下下，滴溜溜转着圈子。它升到水的尖端停住，又沉到鼎的底部。围观者都以为表演结束了，但黑衣人对楚王说那头仍在表演，它正在鼎底作最

---

① 根据许寿裳的说法，这篇小说于 1927 年在广州修定。许寿裳当时就在广州——原注。

② 本书原著这一表述不准确，实际埋在了房屋内的床板下——译注。

③ 本书原著这一表述不准确，实为眉间尺自己砍下了自己的头——译注。

神奇的舞蹈。如果你想看，必须临近一点。楚王跨下台阶，探头向鼎里看去。这时，黑衣人取出第二把剑①砍下了楚王的头，国王的头也落进金鼎的沸水中。比这更加离奇的是，黑衣人接着还砍下了自己的头。于是乎，沸水中就有了3个头，3个人头展开了搏斗。先是黑衣人的头直奔王头，一口咬掉了王的鼻子。然后眉间尺的头也加入其中，在他们的通力合作下，王头最后被咬得失了形状，再也无法辨认。待到确认王头已然断气，黑衣人和眉间尺的头才相视一笑，沉到鼎的底部里去了。

鲁迅认为复仇的欲望在伸张正义途中发挥了重要作用，他对人们的复仇情绪常常深表同情。鲁迅强烈反对那些为现状辩护的人，他们总是为人们不能英勇地反抗残暴的统治者和政府而找各种借口。1925年，他创作了一篇散文诗《这样的战士》，写的是一个手掷投枪的战士，不论敌人伪装成什么名目引诱他放弃战斗，他始终没有放下自己的武器。

《这样的战士》首要的是在描写复仇。复仇是鲁迅进行过深入思考，且于一生中多次直面的一个命题，尤其是在酿成一些巨大牺牲的时刻。从辛亥革命起步阶段开始，即有许多无辜的人失去了生命。继之，就在鲁迅写下《铸剑》的6个月前，他自己的几个学生在和平示威游行中流血丧命。1930年代，鲁迅又有多位朋友遭到迫害或杀害。在这些时候，他一直是主张复仇的。关于这一点，鲁迅在1925年6月写下的一篇杂文中进行了总结。这篇杂文的部分字句是这样写的："……有时也觉得宽恕是美德，但立刻也疑心这话是怯汉所发明，因为他没有报复的勇气；或者倒是卑怯的坏人所创造，因为他贻害于人而怕人来报复。"②

1926年，鲁迅重写的第二个古老的故事是《奔月》。故事写的是神射手后羿从天宫被派遣到地球，来帮地球解除一系列灾难，其中最严重的灾难是天空突然出现了10个太阳。最初，这10个太阳听从天神的调遣，每天轮流有一个太阳从天空驶过。后来，太阳们对为期9天的等待感到急不可耐，它们决定造反，于是就全体一齐出动。后羿成功射落了9个叛乱的太阳，他拯救

---

① 本书原著这一表述有误，黑衣人只带了一把剑——译注。
② 鲁迅：《坟·杂忆》，《鲁迅全集》，第1卷，第236页。

了世人，使他们免遭高温炙烤。在这个故事的早期版本中，后羿把他的所有技能都传授给了徒弟逄蒙，逄蒙却恩将仇报，反过来竟要射杀后羿。为了犒赏后羿射落太阳之功，西王母娘娘送给他一颗长生不老仙丹。后羿把仙丹带回家，藏在家里房子的椽子上。

对于妻子嫦娥来说，后羿一向是一个好丈夫。他每天都是一大早就出门，去打猎寻找食物。不过，由于他射箭本领太高超，随着时间的推移，他家附近的绝大多数猎物都被射杀殆尽了，他不得不每天走得很远去寻点别的猎物。对此，嫦娥感到很不满，她变得焦躁不安，最后偷走了丈夫的仙丹，飞上了月球，并独自一人生活在那里。鲁迅对嫦娥的贪婪与不忠进行了含蓄的批评。此外，他很钦佩后羿为讨妻子欢心，不知疲倦地去为她猎食鲜物的行为。今天，后羿的狩猎"战功"无疑会被批评为对自然环境的肆虐掠夺。

鲁迅对后羿的前徒弟逄蒙的描写，很可能是在暗示高长虹的行为。在鲁迅的小说中，逄蒙伏击后羿要用箭射杀他。后羿回射了一箭，他们的箭尖在半空中碰到一起。最后，后羿的箭都用尽了，逄蒙又一箭射向后羿，正中了他的嘴。逄蒙确信羿已死去，但后羿不愧是一个伟大的弓箭手，他用嘴咬住了箭头，并将它吐了出来，并说道："难道连我的'啮镞法'都没有知道么？这怎么行。你闹这些小玩艺儿是不行的，偷去的拳头打不死本人，要自己练练才好。"①

高长虹对鲁迅的攻击并没有阻止鲁迅继续帮助厦门大学那些对文学感兴趣的学生们。他们开始办两种学生文学刊物，且要鲁迅阅读并提供建议。鲁迅对许广平说他们是很不成熟的，但他觉得自己必须鼓励他们，给他们力所能及的帮助，甚或给他们一两篇他自己的文章去发表以示支持。

---

① 鲁迅：《故事新编·奔月》，《鲁迅全集》，第 2 卷，第 376 页。

广州插曲

离开厦门时的所思所想

1926 年 11 月 11 日，鲁迅收到广州中山大学的邀请函，聘请他去担任文学系主任和教授。鲁迅不愿在行政管理上分散过多精力，回函说他只想教教书，做点研究。中山大学表示同意遵从他的意愿。1927 年 1 月 18 日，[①] 鲁迅乘船离开厦门。当天晚上，他在船上给上海北新书局的经理李小峰写了一封信，描述了他离开厦门时的心情：

> 前几天得到来信，因为忙于结束我所担任的事，所以不能即刻奉答。现在总算离开厦门坐在船上了。船正在走，也不知道是在什么海上。总之一面是一望汪洋，一面却看见岛屿。但毫无风涛，就如坐在长江的船上一般。小小的颠簸自然是有的，不过这在海上就算不得颠簸；陆上的风涛要比这险恶得多。
>
> 同舱的一个是台湾人，他能说厦门话，我不懂；我说的蓝青官话，他不懂。他也能说几句日本话，但是，我也不大懂得他。于是乎只好笔谈，才知道他是丝绸商。我于丝绸一无所知，他于丝绸之外似乎也毫无意见。于是乎他只得睡觉，我就独霸了电灯写信了。
>
> 从上月起，我本在搜集材料，想趁寒假的闲空，给《唐宋传奇集》做一篇后记，准备付印，不料现在又只得搁起来。

---

① 本书原著这一表述有误，实际为 1927 年 1 月 16 日——译注。

至于《野草》，此后做不做很难说，大约是不见得再做了，省得人来谬托知己，舐皮论骨，什么是"入于心"的。但要付印，也还须细看一遍，改正错字，颇费一点工夫。因此一时也不能寄上。

　　我直到十五日才上船，因为先是等上月份的薪水，后来是等船。在最后的一星期中，住着实在很为难，但也更懂了一些新的世故，就是，我先前只以为要饭碗不容易，现在才知道不要饭碗也是不容易的。我辞职时，是说自己生病，因为我觉得无论怎样的暴主，还不至于禁止生病；倘使所生的并非气厥病，也不至于牵连了别人。不料一部分的青年不相信，给我开了几次送别会，演说，照相，大抵是逾量的优礼，我知道有些不妥了，连连说明：我是戴着"纸糊的假冠"的，请他们不要惜别，请他们不要忆念。但是，不知怎地终于发生了改良学校运动，首先提出的是要求校长罢免大学秘书刘树杞博士。

　　听说三年前，这里也有一回相类的风潮，结果是学生完全失败，在上海分立了一个大夏大学。那时校长如何自卫，我不得而知；这回是说我的辞职，和刘博士无干，乃是胡适之派和鲁迅派相排挤，所以走掉的。这话就登在鼓浪屿的日报《民钟》上，并且已经加以驳斥。但有几位同事还大大地紧张起来，开会提出质问；而校长却答复得很干脆：没有说这话。有的还不放心，更给我放散别种的谣言，要减轻"排挤说"的势力。真是"天下纷纷，何时定乎？"如果我安心在厦门大学吃饭，或者没有这些事的罢，然而这是我所意料不到的。

　　校长林文庆博士是英国籍的中国人，开口闭口，不离孔子，曾经做过一本讲孔教的书，可惜名目我忘记了。听说还有一本英文的自传，将在商务印书馆出版；现在正做着《人种问题》。他待我实在是很隆重，请我吃过几回饭；单是饯行，就有两回。不过现在"排挤说"倒衰退了；前天所听到的是他在宣传，我到厦门，原是来捣乱，并非豫备在厦门教书的，所以北京的位置都没有辞掉。

　　现在我没有到北京，"位置说"大概又要衰退了罢，新说如何，可惜我已在船上，不得而知。据我的意料，罪孽一定是日见其深重的，因为中国向来就是"当面输心背面笑"，正不必"新的时代"的青年才这样。

对面是"吾师"和"先生"，背后是毒药和暗箭，领教了已经不只两三次了。

新近还听到我的一件罪案，是关于集美学校的。厦门大学和集美学校，都是秘密世界，外人大抵不大知道。现在因为反对校长，闹了风潮了。先前，那校长叶渊定要请国学院里的人们去演说，于是分为六组，每星期一组，凡两人。第一次是我和语堂。那招待法也很隆重，前一夜就有秘书来迎接。此公和我谈起，校长的意思是以为学生应该专门埋头读书的。我就说，那么我却以为也应该留心世事，和校长的尊意正相反，不如不去的好罢。他却道不妨，也可以说说。于是第二天去了，校长实在沉鸷得很，殷勤劝我吃饭。我却一面吃，一面愁。心里想，先给我演说就好了，听得讨厌，就可以不请我吃饭；现在饭已下肚，倘使说话有背谬之处，适足以加重罪孽，如何是好呢。午后讲演，我说的是照例的聪明人不能做事，因为他想来想去，终于什么也做不成等类的话。那时校长坐在我背后，我看不见。直到前几天，才听说这位叶渊校长也说集美学校的闹风潮，都是我不好，对青年人说话，那里可以说人是不必想来想去的呢。当我说到这里的时候，他还在后面摇摇头。

我的处世，自以为退让得尽够了，人家在办报，我决不自行去投稿；人家在开会，我决不自己去演说。硬要我去，自然也可以的，但须任凭我说一点我所要说的话，否则，我宁可一声不响，算是死尸。但这里却必须我开口说话，而话又须合于校长之意。我不是别人，那知道别人的意思呢？"先意承志"的妙法，又未曾学过。其被摇头，实活该也。

但从去年以来，我居然大大地变坏，或者是进步了。虽或受着各方面的斫刺，似乎已经没有创伤，或者不再觉得痛楚；即使加我罪案，也并不觉着一点沉重了。这是我经历了许多旧的和新的世故之后，才获得的。我已经管不得许多，只好从退让到无可退避之地，进而和他们冲突，蔑视他们，并且蔑视他们的蔑视了。

我的信要就此收场。海上的月色是这样皎洁；波面映出一大片银鳞，闪烁摇动；此外是碧玉一般的海水，看去仿佛很温柔。我不信这样的东西是会淹死人的。但是，请你放心，这是笑话，不要疑心我要跳海了，

271

我还毫没有跳海的意思。①

在广州的复杂境遇

鲁迅为什么不想自杀？一个最好的理由是他终于要和许广平相聚了。鲁迅的船只于 1927 年 1 月 18 日抵达广州，当晚，他就匆忙赶到高第街 179 号与许广平会面。他们分开了 4 个月零 18 天。在鲁迅后来的余生中，他们分离的日子加起来也没有这么多。但第二天，鲁迅就搬进了中山大学。他在这里被聘任为教务主任兼文学系主任。除了管理工作，他每周上 9 个小时的课。来访者络绎不绝，鲁迅很少有自己的时间，于是他决定搬到离学校不远的一处房屋居住。而后，鲁迅还邀请自己的老朋友许寿裳前来做讲师，邀请许广平做他的个人助理。② 他们三人住在一处，每人单独一个房间。就这样，鲁迅和许广平终于能正常呆在一起了。

鲁迅早就想参观游览一下"革命发源地"的广州，但当地报纸对他来粤的报道让他深感震惊。的确有些人很欢迎他，但也很有些人不希望他来。有人指责他既不是"革命者"，也不是"反革命者"，非红非蓝，观念是灰色的。

广州的复杂形势主要是国民党内左派与右派之间，以及国民党右派与共产党之间的矛盾升级所致。这种矛盾很快就演化为武装暴力冲突。鲁迅究竟拥护何党何派成了舆论的焦点内容。4 月 15 日，广州国民党当局组织策划了对左派分子的肃清行动，很多人遭到屠杀，其中有不少人是年轻人。关于此事，许广平曾作过这样的记述：

四月十五日清晨，我的老家人"阿斗"跑到白云楼来，惊慌失措地说：不好了，中山大学贴满了标语，也有牵涉到鲁迅的，"叫老周（鲁

① 鲁迅：《华盖集续编的续编·海上通信》，《鲁迅全集》，第 3 卷，第 417—420 页。
② 本书原著这段表述有误，许寿裳当时被中山大学聘为教授，而不是讲师；许广平则是担任鲁迅的助教，而非他的个人助理——译注。

迅）快逃走吧！"我急忙走到楼下，看到下面有许多军队，正在集合听调动，仿佛嗅到火药气味，大约就是有什么举动了吧？看看河对岸的店铺楼上，平时作工会办公处的，这时也有些两样了，似乎在查抄。……我叫醒了鲁迅，告诉他不平常的一切。待到下午中山大学开会营救被捕青年的时候，他精神早已有所准备，明知这又是无耻叛变的勾当。①

令鲁迅憎恶的是，此前对激进学生一直鼓励有加的中山大学当局，竟然宣布校方是听命于国民党的，学校每一位成员都必须反对共产党，服从国民党的决定。为抗议此次屠杀事件，鲁迅辞去了在中山大学的教授职务。此次暴行本身以及周遭发生的变故，对鲁迅乐观秉持的社会进化论观念产生了深远影响。他后来说：

> 我一向是相信进化论的，总以为将来必胜于过去，青年必胜于老人，对于青年，我敬重之不暇，往往给我十刀，我只还他一箭。然而后来我明白我倒是错了。这并非唯物史观的理论或革命文艺的作品蛊惑我的，我在广东，就目睹了同是青年，而分成两大阵营，或则投书告密，或则助官捕人的事实！我的思路因此轰毁。②

就这样，鲁迅卷入了在全国大范围内迅速展开的新的争斗当中。1926 年，北伐革命军在指挥官蒋介石的率领下发动进攻。经过几个月的战争，长江流域的军阀武装被打垮，国民党在武汉成立了陪都，由以汪精卫为主席的国民党中间偏左势力执掌中央政权。关于 1926—1927 两年的历史，很多书籍文章已做过专题描述。得出任何简单的结论，都必然会失之粗疏。但从实质上说，随着时间的推移，斗争变得更为两极化了，中间势力已被无情摧毁。

共产党人取得了长足进步。他们赢得了城市工人与乡村农民的支持。工人们为改善收入待遇努力抗争；农民们则希望得到土地，减租减息。应孙中

---

① 许广平：《鲁迅回忆录·厦门和广州》，见鲁迅博物馆等编《鲁迅回忆录》（下），第 1142 页，北京：北京出版社，1999 年出版。

② 鲁迅：《三闲集·序言》，《鲁迅全集》，第 4 卷，第 5 页。

山早年的邀请，苏联共产党向中国特派顾问以提供帮助，协调斗争；与此同时，他们还试图加强国民党与共产党两党之间的团结。斯大林此时已成为苏联最高领导人，他深信，如果列宁的共产党政策在殖民地、半殖民地国家得以实施，工人和农民之间、小资产阶级与民族资产阶级之间就可以缔结爱国统一战线，那么革命最终必将取得胜利。然而，受国外势力操纵的中国，革命形势瞬息万变。中国资产阶级力量相对薄弱，他们对共产党一统天下的政治前景深感恐惧，准备依靠旧的政治势力把共产主义者拒之门外。

北伐的初步成功，其结果是汪精卫领导的国民党在中国中部城市武汉成立了国民政府，但国民党内、军队内部的最关键位置仍由右翼势力占据，他们是支持蒋介石反对共产党的。1927年3月，蒋介石的军队进入上海。紧接着工人的总罢工，蒋的军队开进上海，他们就像攻无不克的英雄一般受到罢工工人的热烈欢迎。然而，一个月之后的4月12日，蒋介石与其党内右翼分子盟友却在上海黑手党（所谓的"青帮"）帮助下，屠杀了至少5000民众。①幸存者们也被迫转战地下。这其中就有中国的卓越政治家，后来成为中华人民共和国总理的周恩来。

蒋介石上海反共政变3天之后，广州也发生了大屠杀。与此同时，仍在北京当道的北洋军阀政府，在一艘船上缴获了一些有关苏联支持中国革命的文件。因此，共产党领袖李大钊的生命安全陷入危险境地，他来到苏联大使馆寻求避难。但军阀张作霖的军队非法闯进了大使馆，逮捕了李大钊并立即将其处死。1937年日本侵华之前，北京一直处于军阀的统治之下。②

共产党在农村的组织损失相对较轻。蒋介石的屠杀行动是导致共产党实行战略重点转移的重要因素之一，共产党从城市工人斗争转向中国更广大农村地区开展武装斗争，这一战略转移让共产党取得了最终的胜利。1928年，武汉政府作出让步，蒋介石在南京建立起自己的政权。南京成为当时中国的首都，北京被改名为北平。

---

① 本书原著这一表述不准确，死伤者的确切情况是：上海有300多人被杀，500多人被捕，5000多人失踪——译注。

② 本书原著这一表述不准确，1928年6月初，国民革命军攻占北京，张作霖退回关外，北洋军阀统治宣告结束，改名后的北平市纳入国民党政权的版图——译注。

鲁迅虽辞去了中山大学的职务，但他在广州的最后几个月，一直忙于写作、翻译和编辑工作。他给《语丝》周刊、《北新》周刊等撰写了大量文章，有些文章对国民党近期政策的转变持非常尖锐的批评立场。例如，在《语丝》周刊第 154 期上，他对在国民党"清党"运动中扮演着主导角色的吴稚晖进行了抨击，他还指出了国民党实行邮件检查制度，扣留进步书刊，已经发展成为文化专制主义的事实。鲁迅说"世事也还是像螺旋"一样发展的，曾经高喊"革命！革命！"而现在鼓吹"严办！严办！"的国民党右翼政客，也将落得像袁世凯一样的下场。[①]

《野草》

这一时期，鲁迅还写了一篇关于散文诗集《野草》的介绍文章。[②]《野草》中的短篇作品作于 1924 年至 1926 年。它们除了反映鲁迅的生活态度及鲁迅对于中国社会的观察之外，并无什么统一的主题。《野草》中的早期篇什透露了鲁迅在遇到许广平之前，深陷兄弟失和痛苦中的虚无主义悲观情绪。《影的告别》（1924 年 9 月）就是一篇这样的散文诗：

> 人睡到不知道时候的时候，就会有影来告别，说出那些话——
> 有我所不乐意的在天堂里，我不愿去；有我所不乐意的在地狱里，我不愿去；有我所不乐意的在你们将来的黄金世界里，我不愿去。[③]

在散文诗《求乞者》（1924 年 9 月）中，我们也可发现类似的悲观情绪。在这篇作品中，鲁迅梦见他是一个乞丐：

> 我想着我将用什么方法求乞：发声，用怎样声调？装哑，用怎样手

① 详见鲁迅：《而已集·扣丝杂感》，《鲁迅全集》，第 3 卷，第 504—510 页——译注。

② 即《野草·题辞》——译注。

③ 鲁迅：《野草·影的告别》，《鲁迅全集》，第 2 卷，第 169 页。本书原著此处未作注——译注。

势？……

　　另外有几个人各自走路。

　　我将得不到布施，得不到布施心；我将得到自居于布施之上者的烦腻，疑心，憎恶。

　　我将用无所为和沉默求乞……

　　我至少将得到虚无。

　　微风起来，四面都是灰土。另外有几个人各自走路。

　　灰土，灰土，……

　　…………………

　　灰土……①

　　《野草》中的其他许多篇什也采用了梦的形式，例如《失掉的好地狱》（1925 年 6 月）。与这部文集中的多数作品不同，《失掉的好地狱》是对当时中国军阀内部混战现实（尤其是北京）的直接反映。天神、人类和魔鬼为争夺地狱的控制权而战，但地狱仍然是地狱，他们谁也没有占上风：

　　我梦见自己躺在床上，在荒寒的野外，地狱的旁边。一切鬼魂们的叫唤无不低微，然有秩序，与火焰的怒吼，油的沸腾，钢叉的震颤相和鸣，造成醉心的大乐，布告三界：地下太平。

　　有一伟大的男子站在我面前，美丽，慈悲，遍身有大光辉，然而我知道他是魔鬼。

　　"一切都已完结，一切都已完结！可怜的鬼魂们将那好的地狱失掉了！"他悲愤地说，于是坐下，讲给我一个他所知道的故事——

　　"天地作蜂蜜色的时候，就是魔鬼战胜天神，掌握了主宰一切的大威权的时候。他收得天国，收得人间，也收得地狱。他于是亲临地狱，坐在中央，遍身发大光辉，照见一切鬼众。

　　"地狱原已废弛得很久了：剑树消却光芒；沸油的边际早不腾涌；大

---

① 鲁迅：《野草·求乞者》，《鲁迅全集》，第 2 卷，第 171—172 页。

火聚有时不过冒些青烟，远处还萌生曼陀罗花，花极细小，惨白可怜。——那是不足为奇的，因为地上曾经大被焚烧，自然失了他的肥沃。

"鬼魂们在冷油温火里醒来，从魔鬼的光辉中看见地狱小花，惨白可怜，被大蛊惑，倏忽间记起人世，默想至不知几多年，遂同时向着人间，发一声反狱的绝叫。

"人类便应声而起，仗义执言，与魔鬼战斗。战声遍满三界，远过雷霆。终于运大谋略，布大网罗，使魔鬼并且不得不从地狱出走。最后的胜利，是地狱门上也竖了人类的旌旗！

"当鬼魂们一齐欢呼时，人类的整饬地狱使者已临地狱，坐在中央，用了人类的威严，叱咤一切鬼众。

"当鬼魂们又发一声反狱的绝叫时，即已成为人类的叛徒，得到永劫沉沦的罚，迁入剑树林的中央。

"人类于是完全掌握了主宰地狱的大威权，那威棱且在魔鬼以上。人类于是整顿废弛，先给牛首阿旁以最高的俸草；而且，添薪加火，磨砺刀山，使地狱全体改观，一洗先前颓废的气象。

"曼陀罗花立即焦枯了。油一样沸；刀一样铦；火一样热；鬼众一样呻吟，一样宛转，至于都不暇记起失掉的好地狱。

"这是人类的成功，是鬼魂的不幸……。

"朋友，你在猜疑我了。是的，你是人！我且去寻野兽和恶鬼……。"①

从纯粹反映个人情感的《腊叶》到描写斗士的《这样的战士》，《野草》的晚期作品均作于 1925 年 12 月。根据马蹄疾关于鲁迅与许广平关系富于启发性的研究，《腊叶》是鲁迅唯一公开发表的一篇向许广平表达爱意的作品。在他们的通信中，许广平往往比鲁迅显得更活跃。鲁迅后来称《腊叶》是"为爱我者的想要保存我而作的"。② 换句话说，他自己就是那片腊叶：

① 鲁迅：《野草·失掉的好地狱》，《鲁迅全集》，第 2 卷，第 204—205 页。
② 鲁迅：《二心集·〈野草〉英文译本序》，《鲁迅全集》，第 4 卷，第 365 页。

灯下看《雁门集》，忽然翻出一片压干的枫叶来。

这使我记起去年的深秋。繁霜夜降，木叶多半凋零，庭前的一株小小的枫树也变成红色了。我曾绕树徘徊，细看叶片的颜色，当他青葱的时候是从没有这么注意的。他也并非全树通红，最多的是浅绛，有几片则在绯红地上，还带着几团浓绿。一片独有一点蛀孔，镶着乌黑的花边，在红、黄和绿的斑驳中，明眸似的向人凝视。我自念：这是病叶呵！便将他摘了下来，夹在刚才买到的《雁门集》里。大概是愿使这将坠的被蚀而斑斓的颜色，暂得保存，不即与群叶一同飘散罢。

但今夜他却黄蜡似的躺在我的眼前，那眸子也不复似去年一般灼灼。假使再过几年，旧时的颜色在我记忆中消去，怕连我也不知道他何以夹在书里面的原因了。将坠的病叶的斑斓，似乎也只能在极短时中相对，更何况是葱郁的呢。看看窗外，很能耐寒的树木也早经秃尽了；枫树更何消说得。当深秋时，想来也许有和这去年的模样相似的病叶的罢，但可惜我今年竟没有赏玩秋树的余闲。①

《这样的战士》是一篇完全相反的作品。它是鲁迅对"精神界的战士"的呼唤。这样的斗士在 19 世纪欧洲文学、哲学中常能读到，他们不畏传统社会的敌意，勇于挑战那个时代的虚假、伪善，这让鲁迅很是钦佩！这篇散文诗作于 1925 年末，鲁迅当时正与"现代评论派"的诸君子们进行论战。"现代评论派"主张应站在公平、理性的客观立场上写作，鲁迅认为这说法是十分虚伪的。"现代评论派"成员在鲁迅这篇作品中是以"战士"敌手的面目出现的。他们发誓说自己的心脏乃是处于身体的正中央，试图以此来表明自己的客观、公正立场：

要有这样的一种战士——

已不是蒙昧如非洲土人而背着雪亮的毛瑟枪的；也并不疲惫如中国绿营兵而却佩着盒子炮。他毫无乞灵于牛皮和废铁的甲胄；他只有自己，

---

① 鲁迅：《野草·腊叶》，《鲁迅全集》，第 2 卷，第 224 页。

但拿着蛮人所用的，脱手一掷的投枪。

他走进无物之阵，所遇见的都对他一式点头。他知道这点头就是敌人的武器，是杀人不见血的武器，许多战士都在此灭亡，正如炮弹一般，使猛士无所用其力。

那些头上有各种旗帜，绣出各样好名称：慈善家，学者，文士，长者，青年，雅人，君子……。头下有各样外套，绣出各式好花样：学问，道德，国粹，民意，逻辑，公义，东方文明……。

但他举起了投枪。

他们都同声立了誓来讲说，他们的心都在胸膛的中央，和别的偏心的人类两样。他们都在胸前放着护心镜，就为自己也深信在胸膛中央的事作证。

但他举起了投枪。

他微笑，偏侧一掷，却正中了他们的心窝。

一切都颓然倒地；——然而只有一件外套，其中无物。无物之物已经脱走，得了胜利，因为他这时成了戕害慈善家等类的罪人。

但他举起了投枪。

他在无物之阵中大踏步走，再见一式的点头，各种的旗帜，各样的外套……。

但他举起了投枪。

他终于在无物之阵中老衰，寿终。他终于不是战士，但无物之物则是胜者。

在这样的境地里，谁也不闻战叫：太平。

太平……。

但他举起了投枪！①

这篇作品反映了鲁迅写作的一个重要主题：反对任何形式的虚伪，尤其是反对那些貌似公正合理的伪善态度，在鲁迅看来，它们其实是不敢反抗压

---

① 鲁迅：《野草·这样的战士》，《鲁迅全集》，第2卷，第219—220页。

迫的借口罢了。中国革命在以前、现在和将来都被当政的军阀们操控着，中国社会的改革几乎从未开始过。这不是一个适宜倡导中庸、妥协的时代。直到 1936 年去世，鲁迅一直秉持上述这些观点。

鲁迅在香港的讲演

在广州期间，有人①邀请鲁迅到香港青年会作演讲。于是，他在 1927 年 1 月 18 日②由许广平及另二人③陪同来到香港。港英当局害怕现代思想给他们在殖民地香港的统治带来影响，他们让在校的学生们以学习古典文化为主。针对这种情况，鲁迅决定利用此次机会，大力倡导现代白话及中国现代文学。他的第一次演说在 2 月 18 日开讲，题为《无声的中国》，许广平担任翻译，负责将鲁迅的普通话译成广东话。鲁迅在演讲中呼吁人们"用活着的白话，将自己的思想，感情直白地说出来"：

> 文明人和野蛮人的分别，其一，是文明人有文字，能够把他们的思想，感情，藉此传给大众，传给将来。中国虽然有文字，现在却已经和大家不相干，用的是难懂的古文，讲的是陈旧的古意思，所有的声音，都是过去的，都就是只等于零的。所以，大家不能互相了解，正像一大盘散沙。
>
> ……
>
> 我们要说现代的，自己的话；用活着的白话，将自己的思想，感情直白地说出来。但是，这也要受前辈先生非笑的。他们说白话文卑鄙，没有价值；他们说年青人作品幼稚，贻笑大方。我们中国能做文言的有多少呢，其余的都只能说白话，难道这许多中国人，就都是卑鄙，没有价值的么？至于幼稚，尤其没有什么可羞，正如孩子对于老人，毫没有

---

① 即叶少泉，叶时任广州市国民党总部的交通员——译注。
② 本书原著这一表述有误，实际是 1927 年 2 月 18 日——译注。
③ 即叶少泉、苏秋宝——译注。

什么可羞一样。幼稚是会生长，会成熟的，只不要衰老，腐败，就好。倘说待到纯熟了才可以动手，那是虽是村妇也不至于这样蠢。她的孩子学走路，即使跌倒了，她决不至于叫孩子从此躺在床上，待到学会了走法再下地面来的。

青年们先可以将中国变成一个有声的中国。大胆地说话，勇敢地进行，忘掉了一切利害，推开了古人，将自己的真心的话发表出来。——真，自然是不容易的。譬如态度，就不容易真，讲演时候就不是我的真态度，因为我对朋友，孩子说话时候的态度是不这样的。——但总可以说些较真的话，发些较真的声音。只有真的声音，才能感动中国的人和世界的人；必须有了真的声音，才能和世界的人同在世界上生活。

……

我们此后实在只有两条路：一是抱着古文而死掉，一是舍掉古文而生存。[①]

第二天下午，鲁迅在香港青年会发表了第二场演说，还是由许广平负责将演说译为广东方言。在演讲中（后以《老调子已经唱完》发表），鲁迅深刻剖析了封建文化对现代中国人生活的严重危害性。"老调子"，指的是以孔孟之道为核心的封建文化。

中国的文化，都是侍奉主子的文化，是用很多的人的痛苦换来的。无论中国人，外国人，凡是称赞中国文化的，都只是以主子自居的一部份。

以前，外国人所作的书籍，多是嘲骂中国的腐败；到了现在，不大嘲骂了，或者反而称赞中国的文化了。常听到他们说："我在中国住得很舒服啊！"这就是中国人已经渐渐把自己的幸福送给外国人享受的证据。所以他们愈赞美，我们中国将来的苦痛要愈深的！

这就是说：保存旧文化，是要中国人永远做侍奉主子的材料，苦下

---

① 鲁迅：《三闲集·无声的中国》，《鲁迅全集》，第4卷，第12—15页。

去，苦下去。①

这次演说具有强烈的战斗性，很可能不合主事人的胃口，它的文字版未被准予在香港刊登。1936 年鲁迅逝世后，中国甚至还有地方不准发表该文。鲁迅第一次把这篇演说稿发表在广州的《新时代》杂志上。

在中山大学以外，旅居广州的鲁迅还做过多次演讲。一次演讲是在一所中学，②鲁迅劝说中学生不要只抱住课内的书死读，给他们阐述了多看课外书，以拓宽理解世界之视野的重要性。当时，国民党当局开始推行"党化教育"，统一编纂体现其政治纲领的学校教科书，就像 1950 年代后共产党在教育领域所做的那样。鲁迅希望学生们不要被现实的各种局限所桎梏，应该到官方教条外的世界里去寻求更广泛的真理。他甚至建议学生去接触社会，用自己的眼睛去读世间这部活书。

7 月 23 日，鲁迅在广州夏期学术讲演会讲演两小时，题目是《魏晋风度及文章与药及酒之关系》。这个演讲主题对那些不怀好意的"探子"们来说一定大为意外，他们一直跟听鲁迅的演讲，一旦发现问题，随时可能采取行动。鲁迅谈的主题那么遥远，那样深奥，似乎根本不可能与眼前的政治纷争有任何关系。鲁迅非常崇拜"建安七子"、"竹林七贤"，如作家嵇康和阮籍等。他们反抗儒家正统观念，过着放浪形骸的生活：饮酒、写诗、作文。有时，为了激发想象力，他们还吃一种粉末状的矿物质制成的药物。他们吃药之后，非剧烈走路不足以"散发"药的功效。在某种程度上，鲁迅是研究魏晋时代的行家里手，他曾编辑整理过《嵇康集》。此次讲演表面上谈的是公元 4 世纪前后中国的文学和生活，但实质上鲁迅通过谴责曹操、司马氏家族残害那些正统礼教反叛者的史实，间接地抨击了当时中国统治者以儒家伦理教义之名镇压革命的罪行。

在广州期间，鲁迅一如既往地进行文学创作，并与朋友保持通信往来。许寿裳曾描述过鲁迅如何不知疲倦地坐在桌前工作。为了避免分散精力，他

---

① 鲁迅：《集外集拾遗·老调子已经唱完》，《鲁迅全集》，第 7 卷，第 326 页。
② 即私立广州知用中学，成立于 1924 年 9 月 14 日——译注。

把那张桌子摆在靠墙的两窗之间。在与许寿裳同住一套公寓的那段日子里，鲁迅不仅把《铸剑》修订完毕，而且预备好了要出版的译文，完成了几本书的序言、插图等工作，① 还编纂了古代小说选集《唐宋传奇集》。

鲁迅在此期间的一些通信，反映了他对社会前景看法的一些转变。1927年4月的"清党"事件之后，来自蒋介石领导的国民党右翼的新挑战，对中国革命的未来构成了威胁。在写给时有恒的一封信中，鲁迅说跟1920年代初他所面临的情形相比，现在已经完全进入了一个新时期："倘再发那些四平八稳的'救救孩子'似的议论，连我自己听去，也觉得空空洞洞了。"② "我的一种妄想破灭了。我至今为止，时时有一种乐观，以为压迫，杀戮青年的，大概是老人。这种老人渐渐死去，中国总可比较地有生气。现在我知道不然了，杀戮青年的，似乎倒大概是青年。"③

鲁迅也仍未原谅他的"现代评论派"论敌们。他们中越来越多人南下加入到新的国民党正统派的行列。在鲁迅离开广州去上海之前，他给《语丝》周刊写了两篇短文。在文中他抨击国民党右翼势力表面上赞成"公理"，其实只是暂时迫使反对者"沉默"，他们的"公理"实则是"强权即公理"。因此，人们一定要防止被骗："自称盗贼的无须防，得其反倒是好人；自称正人君子的必须防，得其反则是盗贼。"④

鲁迅1927年所作的杂感后来被收入一卷，题名为《而已集》。这部文集的《题辞》，用的是鲁迅编完1926年杂感集后写下的文字。显然，鲁迅觉得这些文字更适宜表达他和许广平在广州那段糟糕时日的所历所感：

> 这半年我又看见了许多血和许多泪，
>
> 然而我只有杂感而已。

---

① 主要是修订和重抄了《小约翰》的译稿，并编订了《朝花夕拾》——译注。

② 鲁迅：《而已集·答有恒先生》，《鲁迅全集》，第3卷，第476—477页。本书原著此处未作注——译注。

③ 鲁迅：《而已集·答有恒先生》，《鲁迅全集》，第3卷，第473页。本书原著未引用鲁迅原文，译文改引原文——译注。

④ 鲁迅：《而已集·小杂感》，《鲁迅全集》，第3卷，第555页。本书原著此处未作注——译注。

泪揩了，血消了；

屠伯们逍遥复逍遥，

用钢刀的，用软刀的。

然而我只有"杂感"而已。①

在杂感之外，鲁迅 1927 年还编定了一部短篇的回忆性散文选集以待出版，这些作品是他过去十余年间陆续写下的。② 有些篇章记录了鲁迅对童年生活的回忆，如阿妈③为他买来一套《山海经》，使他感受到了善良仁慈；但他对于阿妈失足踩死隐鼠的行为相当地不喜欢，他乐于观看隐鼠在屋里疾走穿行。阿妈不是故意踩死隐鼠，是隐鼠爬上了她的腿。此外，这部文集还有鲁迅对百草园、私塾学校三味书屋，以及他父亲疾病的痛苦回忆等内容。最有趣的是他对家乡民间戏剧的记述，他做小孩子时曾亲自参演过这种戏，直到成年后仍非常喜欢。文集中还有两篇写人的追忆文字，写的是范爱农与鲁迅在仙台读书时的老师藤野先生。

香港海关官员的奇怪行为

鲁迅在广州只居留了 8 个月。除了日益恶化的政治环境与学校当局的趋时态度外，鲁迅与新来的同事、历史学家顾颉刚也产生了矛盾。在厦门时，顾颉刚就多次惹恼过鲁迅。鲁迅曾对顾颉刚的老朋友傅斯年（当时已在广州）说："如果顾来，我走！"顾颉刚来广州后，鲁迅即刻递交了辞呈。中山大学校方于 1927 年 6 月 6 日接受了这份辞呈。

1927 年 9 月 27 日下午，鲁迅同许广平乘"山东"轮离开广州前往上海。他们的第一站必经之地是鲁迅视为"畏途"的香港。鲁迅此前曾两度来过香港，他发现这里的文化生活主要由保守派禁锢把持着，他们主张学习中国旧

---

① 鲁迅：《而已集·题辞》，《鲁迅全集》，第 3 卷，第 425 页。本书原著此处未作注——译注。
② 本书原著这一表述有误，鲁迅散文集《朝花夕拾》中的 10 篇作品都是创作于 1926 年——译注。
③ 即保姆长妈妈——译注。

学和"国粹"。鲁迅那两次来香港没带多少行李，但这一次除了衣服等物，他还有 10 只书箱。[①] 海关人员一如既往地让鲁迅打开每一只箱子作例行检查。他们翻遍了每一只箱子，每打开一个箱子还把包装纸都撕掉。他们对鲁迅说给他们 10 美元，可以少查验几只箱子。鲁迅给了他们 2 美元，这是他口袋里所有的钱了。于是海关人员继续检查，连鲁迅的衣箱等物品也没放过。他们打开或用针扎每一个包装袋，不管里面装的是饼干还是药品。他们搜到鲁迅削水果用的一把小刀，指责他携带了危险的武器。鲁迅从公文包里拿出 10 个银角子给了他们。一个海关人员接了钱，但转身立即把钱塞到鲁迅铺位的枕头下。这时，海关人员的英国老板走进船舱，他来检查搜查工作是否已结束。这位老板指责鲁迅向他们的职员行贿。老板走后，他的一个下属又回来从鲁迅枕下拿走了 10 元小洋！一个茶房向鲁迅解释说：你之所以遭到如此恶劣的待遇，是因为你生得太瘦了，海关人员怀疑你是贩鸦片的。

通过对比香港与广州官员的行为后鲁迅发现，广州的检查员"脸上是有血色的，也懂得我的话"，他们的确检查了每一包纸或书，但抽出来看后，便放在原地方，所以毫不凌乱。

鲁迅在去上海的船上记述了在香港的这些经历。文章的最后一段似乎是他对同胞的警告。鲁迅告诫中国人，改革一旦失败，中国必将面临险境，因此一定要站出来反抗外国侵略者。文章的具体内容是这样的：

> 香港虽只一岛，却活画着中国许多地方现在和将来的小照：中央几位洋主子，手下是若干颂德的"高等华人"和一伙作伥的奴气同胞。此外即全是默默吃苦的"土人"，能耐的死在洋场上，耐不住的逃入深山中，苗瑶是我们的前辈。[②]

---

① 本书原著这一表述不准确，应该是有 16 只书箱，鲁迅在《再谈香港》中说他有 10 只书箱在统舱里，6 只书箱和衣箱在房舱里——译注。

② 鲁迅：《而已集·再谈香港》，《鲁迅全集》，第 3 卷，第 565 页。

饱受攻击的上海生活

(1927—1931)

鲁迅与许广平定居上海

1927 年 10 月 3 日，鲁迅和许广平抵达上海，暂时寓居在今延安东路上的一家小旅馆里。当天下午，他们前往北新书局去看望了李小峰及其妻子，并邀鲁迅三弟周建人（当时在商务印书馆工作）同至陶乐春饭店吃饭。饭后回旅馆途经北新书局时，他们取了数种书刊。后来，林语堂、孙伏园、孙福熙前来拜访，他们相谈甚欢，直至深夜。

10 月 8 日，他们在景云里周建人居所不远处租下一套小公寓。许多著名作家都云集景云里附近，如小说家沈雁冰（茅盾）、叶绍钧等。

10 月 10 日，鲁迅由周建人陪同去拜访了茅盾。茅盾两个月前刚从江西牯岭回沪。他在武汉为行将失败的国民党政府工作了一段时间，后来躲在牯岭山上静心从事写作。茅盾还记得鲁迅前来拜访的情形：

十月八日，鲁迅搬到景云里来了，住在二十三号，他家前门正对着我家的后门。过了两天，周建人陪鲁迅来看我。这是我第二次见到鲁迅，第一次见面是一年前他去厦门大学路过上海的时候，郑振铎在"消闲别墅"请鲁迅吃饭，我是陪客之一，当时只寒暄了几句。这一次见面，我们谈得就多些。我向他表示歉意，因为通缉令在身，虽知他已来上海，而且同居住在景云里，却未能去拜会。鲁迅笑道，所以我和三弟到府上来，免得走漏风声。我谈到了我在武汉的经历以及大革命的失败，鲁迅则谈了半年来在广州的见闻，大家感慨颇多。他说革命看来是处于低潮了，并且对于当时流行的革命仍在不断高涨的论调表示不理解。他说他要在上海定居下来，不打算再教书了。他已看到了登在《小说月报》上的《幻灭》，就问我今后作何打算？我说正考虑写第二篇小说，是正面反映大革命的。至于今后怎么办，也许要长期蛰居地下，靠卖文维持生活了。[①]

1928 年，鲁迅应邀到多所大学做演讲，参与讨论了许多文学论题。他还完成了译自日本作家坂垣鹰穗的译著《近代美术史潮论》。

内山完造与内山书店

抵达上海不久，鲁迅与内山完造也成了熟人。他经常来内山书店购买日本书籍与日译其他外文著作。在接下来的 8 年中，他们的友谊越来越密切。内山完造让鲁迅使用内山书店作为他的一些通信地址。在国民党肃清左翼作家与政治人物的非常时期，这样做自然是比较安全的举措。当鲁迅的名字出现在政府的黑名单上时，内山完造还常设法帮助他躲避当局的"关注"。不过，就鲁迅与内山完造的交往而言，最为重要的还是他们在书店里愉快畅谈的轻松时光。1930 年代，中国的反日情绪高涨，鲁迅的一些敌人散布流言说内山完造是个日本间谍。鲁迅的朋友胡风曾对他提及此事，鲁迅回答说："那不会。不过，他是日本人，日本政府问到他，他不能不照实说他所知道的，

[①] 茅盾：《创作生涯的开始——回忆录（十）》，引自鲁迅博物馆编：《鲁迅年谱》（增订本），第3卷，第7页，人民文学出版社，1980 年出版。茅盾是一位现实主义小说家。他的作品多以大革命（1925—1927）前后历史为创作背景，其中最著名就是《子夜》。他也写作了许多短篇小说以及文学评论。鲁迅来访后没多久，茅盾写下一篇评论《鲁迅论》，发表在当时最重要的文学期刊《小说月报》上。这篇文章在当时所有的鲁迅批评中最富同情之理解，其中的一些定评得到了鲁迅本人的认同，如说鲁迅的著作"反抗一切的压迫，剥露一切的虚伪"！引自唐小兵：《现代木刻运动：中国先锋艺术的缘起》，第 76 页，伯克利、纽约：加利福尼亚大学出版社，2008 年出版。

但绝不会告密出卖人。何况，我们和他的交往也没有秘密可告。"①

鲁迅逝世后，内山完造写了一篇纪念文章，其中谈到他们首次相见的情形：

> 此后不久，就有一个常常和二三个朋友同道，穿蓝长衫的，身材小而走着一种非常有特长的脚步，鼻下蓄着浓黑的口髭，有清澄得水晶似的眼睛的，有威严的，那怕个子小却有一种浩大志气的人，映上了我们的眼帘。
>
> 有一天，那位先生一个人跑来，挑好了几种书，而后在沙发上坐下来，一边喝着我女人送过去的茶，一边点上烟，指着挑好了的几本书，用漂亮的日本话说：
>
> "老板，请你把这些书送到窦乐安路景云里××号去。"
>
> 现在，那屋子的门牌我已经忘掉了；当时，我立刻就问：
>
> "尊姓？"
>
> 一问，那位先生就说：
>
> "叫周树人。"
>
> "啊……你就是鲁迅先生么？久仰大名了，而且也听说是从广东到这边来了，可是因为不认识，失礼了。"
>
> 从那时候起，先生和我的关系就开始了。
>
> 从此，在执笔得疲乏了，或是看书看倦了的时候，就荡过来。把许夫人介绍给我们，是稍后的事。先生真是一位豪爽坦白的人。他一天天地和我们亲密起来，几天之间，我们心里便已没有了所谓客人的意识。那时，先生也常常被一些不清楚的客人错认做掌柜的而大笑起来。
>
> 可是他随便什么时候，总以漂亮的日本话说：
>
> "老板，他把我当作掌柜的了。"这么告诉我们，决不是不高兴什么的。
>
> 有时，一些认识先生面孔的学生什么的来了，他们不客气地望着他

---

① 胡风：《鲁迅先生》，《新文学史料》，1993年第1期，第35页。

细声说："鲁迅！""鲁迅！"于是他就——

"喔，又来研究我了。哦，回去吧。"说着，就拿起帽子，匆匆地出去了。

内山完造与鲁迅一样对文学与政治都有浓厚兴趣。鲁迅关注的问题之一是，为什么日本能迅速走上现代化之路而中国却不能。内山完造很热爱中国，他在日本媒体上发表文章曾表达过这一点。多年后，他想起自己与鲁迅有过这样的谈话：

我一写漫谈，他便说：

"老板，你的漫谈太偏于写中国的优点了，那是不行的。那么样，不但会滋长中国人的自负的根性，还要使革命后退，所以是不行的。老板哪，我反对。"

……

"中国四万万的民众，害着一种毛病，病源就是那个马马虎虎。

"就是那随它怎么都行的不认真的态度。

"然而，弄到现在这样的不认真，其中当然是有该同情和该愤慨的距离的；

"不过，要肯定现在的不认真的生活态度确是不可能的。

"于是我又想到日本的 8000 万人民。

"日本人的长处，是不拘何事，对付一件事，真是照字面直解的'拼命'来干的那一种认真的态度。

"虽然我看得很清楚，最近的倾向有点相反，然而纵令现在有这样相反的倾向也罢，而其成就到今日的事实，却是不能否定的。

"那认真是应该承认的……中国把日本全部排斥都行，可是只有那认真却断乎排斥不得。无论有什么事，那一点是非学习不可的。"①

---

① ［日］内山完造：《鲁迅先生》，《收获》2000 年第 4 期，第 101—105 页。

鲁迅与内山完造的亲密友情一直维持到他 1936 年去世。内山书店曾是鲁迅与左翼朋友的通信地址，内山完造为鲁迅提供过数不胜数的书籍、刊物，他们还曾联合在中国倡导新兴木刻运动。1934 年，内山完造回日本探望母亲，鲁迅送给他一些肉松、火腿、咸鱼和茶叶。鲁迅临终前的信件就是写便条向内山完造致歉，说自己因为健康状况不佳，不能履行承诺去看望他了。

郭沫若与创作社

内山书店的另一位常客是作家郁达夫。郁达夫是鲁迅的同乡，也曾留学日本，并在 1919 年前后在那里开始了他的文学生涯。郁达夫和鲁迅时常在内山书店见面，他们还常在书店里用日语与内山完造聊上几句。鲁迅和郁达夫在"广州事变"后成了朋友，郁达夫与鲁迅一样对这一事件表示强烈谴责。创造社的两位主将郭沫若、成仿吾还曾就此批评郁达夫，说他不该诋毁发动"北伐"以推翻北洋军阀政权的国民党政府。从表面上看，如果我们结合他们不久之后的极左姿态来分析，他们竟然不允许人们批评国民党政权，郭沫若和成仿吾的立场就颇为出人意料。鲁迅在一篇文章中声援郁达夫说，他所写下的文字都是事实，广州确实发生了对左翼学生的肃清运动，死伤甚众。"广州事变"之后，郁达夫离开广州来到上海，从事创造社刊物的编辑工作，而郭沫若则跟随北伐军继续北上。①

1927 年 11 月 9 日，鲁迅与创造社的 3 位成员②会晤，商议组织革命文学统一战线。创造社是 1919 年"五四运动"之后最初成立的两大文学社团之一，另一社团是茅盾所属的文学研究会，它倡导现实主义文学。创造社的杰出代表是诗人、剧作家、古文字学家郭沫若。郭沫若的经历在某些方面与鲁迅颇为相似，尽管他们也有很多方面非常不同。郭沫若比鲁迅小 10 岁，③ 他

---

① 关于郁达夫与鲁迅之间的友谊可参见郁风：《故人，故乡，故事》，第 48 页。郁风是郁达夫的女儿——原注（此说法有误，郁风是郁达夫的侄女，不是女儿——译注）。

② 即郑伯奇、蒋光慈、段可情——译注。

③ 本书原著这一表述有误，郭沫若（1892—1978）应该比鲁迅小 11 岁——译注。

和鲁迅一样先是在日本学医，而后弃医从文（部分原因是因为他耳聋）。他后来还成为一名造诣高深的古文字学家。

"五四运动"后，创造社主要成员从日本回到中国。起初，他们在理论上倾向于认同"为艺术而艺术"，但很快又转向革命浪漫主义。郭沫若的早期诗歌带有强烈的泛神论思想，其中包含着对世间万物的强力崇拜：

> 我是个偶像崇拜者哟！
>
> 我崇拜太阳，崇拜山岳，崇拜海洋；
>
> 我崇拜水，崇拜火，崇拜火山，崇拜伟大的江河；
>
> 我崇拜生，崇拜死，崇拜光明，崇拜黑夜；
>
> 我崇拜乃苏彝士、巴拿马、万里长城、金字塔，
>
> 我崇拜创造的精神，崇拜力，崇拜血，崇拜心脏；
>
> 我崇拜炸弹，崇拜悲哀，崇拜破坏；
>
> 我崇拜偶像破坏者，崇拜我！
>
> 我又是个偶像破坏者哟！[1]

郭沫若崇尚爆炸、革命，因为它们是与停滞、淤塞相悖的东西。他认为后者是中国最大的敌人。他欣赏各种形式的反叛，还曾写诗赞颂那些融诸多迥异品性为一体的人物：克伦威尔、华盛顿、马克思、列宁、释迦牟尼、马丁·路德、哥白尼、尼采、罗丹、惠特曼、托尔斯泰、卢梭、裴斯泰洛齐、泰戈尔。[2] 郭沫若也曾写下为数不少的沉思诗篇。刚从日本回国时，面对贫困的生活和近乎无望的祖国大地，郭沫若有过一段感到理想幻灭的时光。但这种情绪很快就被反抗的决心所取代，他要起来抗击那些束缚中国进步的贫困与压迫。1923 年，郭沫若写下过这样的诗句：

---

① 郭沫若：《女神·我是个偶像崇拜者》，《郭沫若全集》，第 1 卷，第 99 页，北京：人民文学出版社，1982 年出版。本书原著此处未作注——译注。

② 详见郭沫若《匪徒颂》一诗，诗中将瑞士教育家裴斯泰洛齐译为丕时大罗启，本文遵用现在的通译写法——译注。

别了，否定的精神！

别了，纤巧的花针！

我要左手拿着《可兰经》，

右手拿着剑刀一柄！①

郭沫若开始研究马克思主义理论，他后来加入了中国共产党。1925 年，郭沫若来到广州，②并在那里参加了北伐军。在他的影响之下，创造社整体向着"左"转，信奉所谓的无产阶级文学。就这样，抵沪后的鲁迅很自然就想到郭沫若与创造社，且把他们视作天然的同盟军。郭沫若后来这样写道：

我是爱护创造社的，尤其爱护创造社在青年中所发生的影响，因此我想一面加强它，一面也要为它做些掩护的工作。怎样去加强它呢？我在人事上发动李一氓和阳翰笙来参加，同时又通过郑伯奇和蒋光慈的活动，请求鲁迅过来合作。鲁迅那时也由广州回到上海来了，对于我的合作邀请，他是慨然允诺了的。③

郑伯奇著文介绍说："大革命失败以后，……我们觉得这么多进步作家聚集上海，大家联合起来，共同办一个刊物，提倡新的文学运动，一定会发生相当大的影响。政治革命暂时受了挫折，先从文艺战线上重整旗鼓，为迎接将来的革命高潮准备条件，岂不很好吗？……鲁迅先生立即欣然同意，他并且主张不必另办刊物，可以恢复《创造周报》。"④

1928 年 1 月 1 日，鲁迅与郭沫若、成仿吾等联名发表《创造周报复活了》的

---

① 郭沫若：《前茅·力的追求者》，《郭沫若全集》，第 1 卷，第 322 页，北京：人民文学出版社，1982 年出版。本书原著此处未作注——译注。

② 本书原著这一表述有误，郭沫若是 1926 年 3 月离开上海前往广州的——译注。

③ 郭沫若：《跨着东海》，见《沫若文集》，第 8 卷，北京：人民文学出版社，1958 年出版。本书原著此处未作注——译注。

④ 郑伯奇：《创造社后期的革命文学活动》，见鲁迅博物馆编：《鲁迅年谱》（增订本），第 3 卷，第 15 页，北京：人民文学出版社，1980 年出版。本书原著未引用郑伯奇原文，译文改引原文。本书原著此处未作注——译注。

预告，刊登在《创造月刊》的第一卷第八期。预告指出，"时代滚滚地流去，转瞬之间，在我们的文艺界瞌睡着的当中，时代又已经前进得离我们很远了。……我们不甘于任凭我们的文艺界长此消沉，……文学革命已经告了一个段落，我们今天要根据新的理论，发扬新的精神，努力新的创作，建设新的批评。"①

不幸的是，鲁迅所寄望的新的革命文学统一战线，它的基础依然不存在。就在复活预告发布的当日，另有一批未来革命作家组织成立了"太阳社"，并创办了刊物《太阳周报》。太阳社包括创造社的一些成员，如蒋光慈，但他们对创造社谨小慎微的处事方法持批判态度。他们不认同鲁迅说革命正处于低谷的看法，相反他们宣称"革命的潮流正处于一个高峰期"。后来，就在同一个月份，太阳社与创造社部分成员联合提出"革命文学"、"无产阶级文学运动"的口号。他们撰写马克思主义文学理论文章，并着手翻译马克思、恩格斯、列宁、普列汉诺夫的著作。这一方向性转变是由一批"革命"作家引发的，主要包括冯乃超、李初梨等。他们均为留日的文学专业学生，于 1927 年 12 月学成归国。

在日本，革命文学是当时崭露头角的年轻作家中的最新时尚，影响尤甚的是马克思主义理论家福本和夫（1894—1983）。福本和夫坚持纯理论研究，他促成了左翼文学与艺术运动内部的分裂。东渡日本之前，冯乃超与李初梨是创造社的年轻成员，都曾在杂志上发表过一些非革命文学小说。但归国后，他们所谓的马克思主义观点给创造社主将留下了深刻印象。也因此，创造社内部的方针发生了一个方向性转变。他们与鲁迅的更广泛与人性化的处事方法分离开来。现在，他们把鲁迅视作革命文学的敌人，认为其态度妨害了统一战线的形成。1928 年，最早攻击鲁迅的是从日本回国不久的青年作家冯乃超。随后的更多攻击来自创造社的其他成员。他们天真地认为中国革命远未到达低谷，而是越来越强大了。鲁迅提醒他们：你们是作家而不是革命家，最重要的是要写出有艺术价值的作品。

需要指出的是，并非所有的创造社成员都倾心于这种猛烈地向着"左"

---

① 《创造周报复活了·复活预告》，见鲁迅博物馆编：《鲁迅年谱》（增订本），第 3 卷，第 33—34 页，北京：人民文学出版社，1980 年出版。本书原著未引用预告原文，译文改引原文——译注。

转。有些人对此毫无兴趣，譬如鲁迅的朋友、中国现代短篇小说最早的创作人之一的郁达夫。郁达夫也曾留学日本，于 1922 年回到中国。他因用短篇小说描写青年的性苦闷而蜚声文坛。郁达夫最著名的小说《沉沦》中的主人公，与他一样也是一位留日中国学生。他在一家日本旅馆过着孤独的生活，没有朋友，控制不住自己日渐强烈的性欲冲动。后来，他找了妓女，罪恶感又随之而来。他最后因苦闷而自杀了。这篇小说的写作方式在中国是颇富革命性的，但郁达夫拒绝加入郭沫若、成仿吾等创造社成员从事的政治革命。他一度曾与鲁迅合作编辑《奔流》杂志，这份杂志是鲁迅参与筹办的诸多短命文学期刊之一。令人悲哀的是，1945 年日本投降后不久，郁达夫在印度尼西亚苏门答腊被日本宪兵绑架暗杀而死。

1928 年 2 月，后来成为重要文学史家的钱杏邨（又名阿英），写下一篇长文名为《死去了的阿 Q 时代》。在这里，我们没有必要逐一交代钱杏邨的论点，他的观点在文章最后一段做了很好的总结：

不但阿 Q 时代是已经死去了，《阿 Q 正传》的技巧也已死去了！《阿 Q 正传》的技巧，我们若以小资产阶级的文艺的规律去看，它当然有不少的相当的好处，有不少的值得我们称赞的地方，然而也已死去了，也已死去了！现在的时代不是阴险刻毒的文艺表现者所能抓住的时代，现在的时代不是纤巧俏皮的作家的笔所能表现出的时代，现在的时代不是没有政治思想的作家所能表现出的时代！旧的皮囊不能盛新的酒浆，老了的妇人永不能恢复她青春的美丽，《阿 Q 正传》的技巧随着阿 Q 一同死去了，这个狂风暴雨的时代，只有具着狂风暴雨的革命精神的作家才能表现出来，只有忠实诚恳情绪在全身燃烧，对于政治有亲切的认识，自己站在革命的前线的作家才能表现出来！《阿 Q 正传》的技巧是力不能及了！阿 Q 时代是早已死去了！我们不必再专事骸骨的迷恋，我们把阿 Q 的形骸与精神一同埋葬了罢，我们把阿 Q 的形骸与精神一同埋葬了

罢！……①

茅盾后来在他的回忆录中这样写道："创造社就开始了对鲁迅的围攻，说鲁迅'常从幽暗的酒家的楼头，醉眼陶然地眺望窗外的人生'，说'阿Q时代是已经死去了'，'鲁迅他自己已走到了尽头'，甚至骂鲁迅是'绍兴师爷'，'封建余孽'，资产阶级'最良的代言人'……"②

鲁迅所遭受的最尖刻的批评与公开谴责来自一位署名杜荃的作家。他写了一篇文章《文艺战线上的封建余孽》，以回应鲁迅2月20日③写下的一篇短文。但所谓"回应"其实只是一个幌子，这不过是创造社某成员的匿名攻击。杜荃的文章发表在1928年8月10日的《创造月刊》上。关于杜荃的身份问题，在中国学术界长期存在争议，这种情况至少持续到1970年代。通过比较这篇文章的风格、内容及措辞，可以推断它的作者很可能不是别人而是郭沫若本人。郭沫若是一位出色的作家、古文字学家，但在政治上他是一条变色龙。他曾一度支持过蒋介石；1970年代"文化大革命"期间，他率先著文称颂江青（毛泽东的妻子）；后来"四人帮"倒台，他又写文章谴责批判江青。

鲁迅显然知道杜荃就是郭沫若。这篇文章的主旨与创造社、太阳社其他成员对鲁迅的批评有某种相像之处：认为鲁迅属于过去的时代，不能称作是革命作家。但在遣词用语的极端性上，这篇文章又远甚于任何一篇先前发表的批评文章。在这里，依然没必要像梦游仙境的爱丽丝一样去逐一介绍该文主体部分的每个论点。作者在最后一段进行了总结：

鲁迅先生的时代性和阶级性，就此完全决定了。

他是资本主义以前的一个封建余孽。

资本主义对于社会主义是反革命，封建余孽对于社会主义是二重的

---

① 钱杏邨：《死去了的阿Q时代》，见陈漱渝编：《鲁迅论争集》，下卷，第1036页，中国社会科学出版社，1998年9月出版。

② 鲁迅博物馆编：《鲁迅年谱》（增订本），第3卷，第65页，人民文学出版社，1980年出版。

③ 本书原著这一表述有误，它所指的这篇短文是鲁迅的《我的态度气量和年纪》，该文作于4月20日——译注。

反革命。

　　鲁迅是二重的反革命的人物。

　　以前说鲁迅是新旧过渡期的游移分子，说他是人道主义者，这是完全错了。

　　他是一位不得志的 Fascist（法西斯谛）！①

　　郭沫若逝世前夕，有人问及这篇文章的作者问题，他回答说不记得自己用过杜荃这一笔名。鉴于毛泽东等政治领袖——他们在中国真正领导革命走向了成功——对鲁迅的推崇，也难怪郭沫若不愿承认这篇文章是他做的。1949 年后，郭沫若成为共产党领导下的学术界与政治界的一名显赫人物。

　　此次论争对政治运动中的宗派主义的危险性预先提出了警告。在中国共产党内部，无论是 1949 年之前还是之后，宗派主义都严重阻碍了政治进步。需要指出的是，平心而论，李初梨可能是个例外。1931 年日本占领东北三省后，民族危机迫使革命作家形成统一战线，李初梨等创作社成员停止了对鲁迅的敌意攻击。

　　对于这些恶性辱骂，鲁迅自然作出了坚决回应，尽管他对这种极端论调并未完全当回事。鲁迅在给一位朋友的信中写道："革命文学家的言论行动，我近来觉得不足道了。一切伎俩，都已用出，不过是政客和商人的杂种法术，将'口号''标语'之类，贴上了杂志而已。但近半年来，大家都讲鲁迅，无论怎样骂，足见中国倘无鲁迅，就有些不大热闹了。"②

鲁迅与马克思主义文艺理论

　　尽管如此，在随后的一两年中，鲁迅开始阅读一些马克思主义文艺著作。关于此事他曾这样解释说："以史底惟物论批评文艺的书，我也曾看了一点，

　　① 杜荃：《文艺战线上的封建余孽——批判鲁迅的〈我的态度气量和年纪〉》，见陈漱渝编：《鲁迅论争集》，下卷，第 1074 页，中国社会科学出版社，1998 年 9 月出版。

　　② 鲁迅：《书信·280530 致章廷谦》，《鲁迅全集》，第 12 卷，第 118 页。

以为那是极直捷爽快的，有许多暧昧难解的问题，都可说明。但近来创造社一派，却主张一切都非依这史观来著作不可，自己又不懂，弄得一榻胡涂。"①尽管创造社对鲁迅进行了围攻，但他很感激他们逼他读了一些科学的文艺理论书籍，使他明白了过去文学史家提出的许多问题都是不容易回答的。1928年6月，鲁迅和郁达夫应邀编辑新文学期刊《奔流》。他在这一刊物上翻译发表了一系列关于苏联文艺政策的著述。接下来的一年，他又从日语翻译出版了苏联卢那察尔斯基、普列汉诺夫的评论文章。尽管鲁迅终其一生不信任什么政党组织，也没有加入共产党，但他的政治与哲学观念还是受到了新近阅读书籍的影响。他不再将个人凌驾于群众之上，对过去欣赏的人物如叶赛宁等的消极态度也提出了批评。鲁迅以前视群众为负面或邪恶力量，现在他逐渐认识到了他们的潜在力量。

创造社某些成员的宗派主义倾向，反映了年轻的共产党在面对复杂而瞬息万变的政治局势时的欠成熟之处。在意识形态观念上，共产党仍然坚持革命的主要动力来自产业工人的观点，这种看法似乎不无道理。1920年中期，共产党领导的工会运动迅速发展。青年革命作家的写作通常被称作无产阶级文学，虽然他们很清楚自己根本不是无产者。共产党在领导能力上也有欠成熟之处。在思想观念上，他们多依赖苏联共产党、共产国际与日本左翼理论家等域外进口理论。王明、李立三等由莫斯科方面培养的领导人仍在掌权，他们到后来才被出局。

1930年5月的某天，李立三安排了一次与鲁迅的会面。他建议鲁迅以个人名义直接发表一份抨击蒋介石及其反共政策的声明。鲁迅回答说这样做将会有生命危险，李立三说上海黄浦江上停靠着许多苏联船只，他可以安排鲁迅搭乘任意一艘逃往苏联！② 李立三能想出这样一个方案，也是1920年代晚期共产党在领导人上的"短视"症状的表现之一：仅仅为了一份政治声明，他们竟然愿意牺牲鲁迅这样一位已在全国具有卓著声誉的作家，愿意牺牲鲁迅这样一位已成为中国人民抵抗帝国主义和法西斯主义的符号性人物。这件

---

① 鲁迅：《书信·280722 致韦素园》，《鲁迅全集》，第 12 卷，第 125 页。
② 参见周建人《回忆大哥鲁迅》，第 119 页，上海教育出版社，2001 年出版。

事还表明，共产党的领导者们对知识分子在他们的政治运动中之重要作用缺乏足够的认识。当然，李立三的提议被鲁迅拒绝了。鲁迅害怕加入各种政治组织，早在多年前留学日本时期，他就拒绝参与暗杀某清朝官僚的政治行动。即便是在国民党右翼组织发动政变之前，鲁迅也拒绝接受国民党的讨好与拉拢。鲁迅虽然曾与多名共产党人有过各式各样的合作，但直至生命结束，他始终没有加入共产党。

由共产党派系之争引发的对鲁迅的极"左"攻击持续时间相对较短，两年之后这种攻击就偃旗息鼓了。共产党人觉得为了捍卫革命目标，应尝试让左翼知识分子之间建立某种统一战线。之所以这么做，很大程度上是蒋介石1927年发动政变，并在南京成立国民政府，迫使共产党处于防御地位。国民党屠杀了成千上万的共产党党员以及共产党的支持者，活跃在城市里的共产党组织被迫转入地下。相对而言，共产党在农村开展的运动正在积蓄着革命力量。不过，即便在农村，那些由苏联培养的党的领导人也犯了不少严重错误，他们多次草率下令进攻城市，其结果是要么失败，要么也只是暂时获胜。中共早期革命运动的这些挫败终于导致党内领导权的更迭：原来旧的共产党领导者被那些更灵活多变的领导人所替代。共产党新的领导者认识到，农民渴望摆脱地主剥削获得解放，这种潜在力量将引发一场革命运动。毛泽东成为共产党的新任领袖，尽管他在未来的好几年未正式当选党的主席。若干年后，毛泽东对当时的革命局势进行了如下总结：

一九二七年革命失败后，在党内曾经发生了"左"、右倾的偏向。

以陈独秀为代表的一小部分第一次大革命时期的投降主义者，这时对于革命前途悲观失望，……他们反对党所进行的各种革命斗争，并诬蔑当时的红军运动为所谓"流寇运动"。……

另一方面，由于对国民党屠杀政策的仇恨和对陈独秀投降主义的愤怒而加强起来的小资产阶级革命急性病，也反映到党内，使党内的"左"倾情绪也很快地发展起来了。这种"左"倾情绪在一九二七年八月七日党中央的紧急会议（八七会议）上已经开端。……这种"左"倾情绪在八七会议后继续生长，到了一九二七年十一月党中央的扩大会议，就形成为"左"倾的盲动主义（即冒险主义）路线，……盲动主义者……命令少数党员和少数群众在全国组织毫无胜利希望的地方起义。和这种政治上的冒险主义同时，组织上的宗派主义的打击政策也发展了起来。但是由于这个错误路线一开始就引起了毛泽东同志和在白色区域工作的许多同志的正确的批评和非难，并在实际工作中招致了许多损失，到了一九二八年初，这个"左"倾路线的执行在许多地方已经停止，而到同年四月（距"左"倾路线的开始不到半年时间），就在全国范围的实际工作中基本上结束了。①

在此期间，毛泽东在共产党内的影响力逐步提升。此后，他成为广泛的反帝、反封建联盟的领导者，并带领共产党在 1949 年取得最终的胜利。

国民党屠杀共产党人时，鲁迅当时还在广州。他来到上海后的头几年，这种屠杀还在继续，中共地下组织常遭到国民党秘密警察的破坏。尽管鲁迅不是共产党员，但他的左翼思想很容易让他成为政治清洗运动的牺牲品，所以他很少就这些敏感事件直接发表评论。1928 年，当时很有影响的报纸《申报》报道了一个特殊事件，这件事让鲁迅难以自控地提起笔，写下了一篇题为《铲共大观》的短文：

仍是四月六日的《申报》上，又有一段《长沙通信》，叙湘省破获共产党省委会，"处死刑者三十余人，黄花节斩决八名"。其中有几处文笔做得极好，抄一点在下面：

"……是日执行之后，因马（淑纯，十六岁；志纯，十四岁）傅（凤君，二十四岁）三犯，系属女性，全城男女往观者，终日人山人海，拥挤不通。加以共魁郭亮之首级，又悬之司门口示众，往观者更众。司门口八角亭一带，交通为之断绝。计南门一带民众，则看郭亮首级后，又赴教育会看女尸。北门一带民众，则在教育会看女尸后，又往司门口看郭首级。

---

① 毛泽东：《学习和时局·附录·关于若干历史问题的决议》，见《毛泽东选集》，第 3 卷，第 958 页，北京：人民出版社，1991 年 6 月第 2 版第 2 次印刷。本书原著此处注释不详，只注明出自"毛选"第 3 卷，第 180—182 页——译注。

全城扰攘，铲共空气，为之骤张；直至晚间，观者始不似日间之拥挤。”

　　抄完之后，觉得颇不妥。因为我就想发一点议论，然而立刻又想到恐怕一面有人疑心我在冷嘲（有人说，我是只喜欢冷嘲的），一面又有人责罚我传播黑暗，因此咒我灭亡，自己带着一切黑暗到地底里去。但我熬不住，——别的议论就少发一点罢，单从“为艺术的艺术”说起来，你看这不过一百五六十字的文章，就多么有力。我一读，便仿佛看见司门口挂着一颗头，教育会前列着三具不连头的女尸。而且至少是赤膊的，——但这也许我猜得不对，是我自己太黑暗之故。而许多“民众”，一批是由北往南，一批是由南往北，挤着，嚷着……再添一点蛇足，是脸上都表现着或者正在神往，或者已经满足的神情。在我所见的“革命文学”或“写实文学”中，还没有遇到过这么强有力的文学。批评家罗喀绥夫斯奇说的罢：“安特列夫竭力要我们恐怖，我们却并不怕；契诃夫不这样，我们倒恐怖了。”这百余字实在抵得上小说一大堆，何况又是事实。

　　且住。再说下去，恐怕有些英雄们又要责我散布黑暗，阻碍革命了。一理是也有一理的，现在易犯嫌疑，忠实同志被误解为共党，或关或释的，报上向来常见。万一不幸，沉冤莫白，那真是……。倘使常常提起这些来，也许未免会短壮士之气。但是，革命被头挂退的事是很少有的，革命的完结，大概只由于投机者的潜入。也就是内里蛀空。这并非指赤化，任何主义的革命都如此。但不是正因为黑暗，正因为没有出路，所以要革命的么？倘必须前面贴着“光明”和“出路”的包票，这才雄赳赳地去革命，那就不但不是革命者，简直连投机家都不如了。虽是投机，成败之数也不能预卜的。

　　我临末还要揭出一点黑暗，是我们中国现在（现在！不是超时代的）的民众，其实还不很管什么党，只要看“头”和“女尸”。只要有，无论谁的都有人看。拳匪之乱，清末党狱，民二，去年和今年，在这短短的二十年中，我已经目睹或耳闻了好几次了。①

① 鲁迅：《三闲集·铲共大观》，《鲁迅全集》，第 4 卷，第 106—107 页。“民二”，民国二年
(1913) 发生的事件指的是袁世凯在所谓“二次革命”中杀害革命者宋教仁等的行为。

鲁迅与黄源的合作

在此期间，鲁迅也结交了不少可以开展亲密合作的朋友。在鲁迅最后 9 年的生命旅程中，作家、编辑家黄源是与他交往时间最多朋友中的一位。

"黄源 1927 年在上海劳动大学编译馆任编译员。鲁迅 1927 年 10 月 25 日应邀到劳大演讲，黄源为鲁迅记录，整理后经鲁迅审阅，改一句，由黄源加上题目《知识阶级》，在黄源编的校刊上发表。10 月 28 日应邀为鲁迅在立达学园演讲'伟人的化石'记录，并参加校方招待鲁迅的茶话会，从此结识鲁迅。黄源 1929 年从日本留学回国，在沪从事翻译写作工作，拜读鲁迅著作。1933 年黄源兼任新生命书店编辑，……在内山书店四次与鲁迅见面、交谈。1933 年黄源任左翼文坛阵地《文学》编辑，多次发表鲁迅作品，和鲁迅时有联系。1934 年又兼任鲁迅主持的《译文》月刊主编，更是频繁出入鲁迅家，时常在鲁迅家吃晚餐，……1936 年 10 月 19 日鲁迅去世，许广平第一个通知黄源，由黄源再接萧军并告知巴金，到鲁迅家参加治丧、守灵、抬棺。……办完鲁迅丧事，许广平请黄源、萧军、胡风三人编辑《鲁迅纪念集》。"①

在杭州的短期休假（1928）

鲁迅很少度假游玩，哪怕只是几天的休息也不常有。1928 年 7 月 2 日，②鲁迅在许钦文、章川岛的陪同下，到他的故乡浙江省省会杭州游览了几天。许钦文是一位青年作者，5 年前在北京读书时，他曾受到鲁迅的帮助和鼓励。鲁迅年轻时多次来过杭州，此次来杭途中，毫无来由的，有两个兵士一次又一次地盘问他，并且每问一次之后，就检查他随带的一只手提皮箱一次。鲁

---

① 巴一榕：《鲁迅致黄源的 38 封信》，《传记文学》2008 年第 9 期，第 120 页。本书原著未引用巴一榕原文，译文改引原文。巴一榕系黄源之妻——译注。

② 本书原著这一表述有误，应为 1928 年 7 月 12 日——译注。

迅揣测他们定是怀疑他的小皮箧中藏有毒品。

早在鲁迅抵达杭州之前，就已有流言传布开来，说他人已到杭州，有人都已经看见他了。甚至还有人提供细节，说鲁迅在杭州拜谒了作家苏曼殊之墓，在墓前写了首诗。鲁迅本人还收到一封来自杭州某位马小姐的信件，她向他抱怨说他们自 1 月份分别以来，他便杳无音讯。许钦文对此事进行了调查，他发现离西湖不远的某所学校里，还真有一个叫鲁迅的在那里教书，许钦文和章川岛前去见了他，他长得一点也不像鲁迅，虽然也留着一撇小胡子，但穿着西装，着装方面的风格与鲁迅颇为不同。他声称自己对时世不满，故而来到一个乡村小型学校教书。他自称是鲁迅，说自己写过一部小说《彷徨》，卖了 8000 本，但他对这部小说不满意，准备另写一部。他完全说不出真正的鲁迅所写作品的其他情况，对鲁迅的思想与生活也一无所知。他一直说个不停，许钦文和章川岛只好离开。他还说如果需要什么更多指导，欢迎他们再来拜访！许钦文等也捉摸不透他耍这种小花招的原因，很可能他自己也不是百分之百清楚。

鲁迅觉得自己必须写一篇短文说明苏曼殊墓前那首诗不是他写的。他还让一位朋友①接触杭州教育局的人，让他们转告那个人，今后不要再继续假装鲁迅了。

许钦文是杭州人，②他和章川岛在那里教书。他们陪鲁迅游览了西湖，并在著名的西湖楼外楼吃饭。所点饭菜中，特别合鲁迅胃口的是竹笋煎大虾。饭后他们又同至西泠印社品茶。之后，他们"一直谈到傍晚，主要是谈萧伯纳和高尔基的作品，也谈了一些中国的绘画雕刻和别的"，"还在西泠印社买了一些拓本，内中有一种是三国贯休画的罗汉象石刻影印本"。③晚上，他们到另一家饭店吃饭，④鲁迅很喜欢这里的菜肴风味，这家饭店是一个素菜馆。鲁迅很少光顾素菜馆，因为他觉得吃"素鸭"、"素鸡"等显得很虚伪，他认

①　这位朋友就是许钦文——译注。

②　本书原著这一表述有误，许钦文祖籍绍兴，也出生在绍兴——译注。

③　川岛：《回忆鲁迅先生一九二八年杭州之游》，见鲁迅博物馆编：《鲁迅年谱》（增订本），第 3 卷，第 77 页，北京：人民文学出版社，1980 年出版。本书原著未引用川岛原文，译文改引原文——译注。

④　即功德林素菜馆，是应章川岛之邀——译注。

为如果你真的不吃肉食，那就不应假装作吃什么"素食"动物。幸运的是，杭州这家素菜馆的每道菜都很合乎鲁迅的口味；但不幸之处是，鲁迅第二天患了肠胃病，未能出游，只得在客栈中休息。这次生病很可能（至少部分）是因为天气过热所致。

次日，鲁迅病愈。他们继续观光，游览了一处著名的温泉。[1] "我们到了那里，喝茶、聊天、舀泉水洗头濯足，这时节看不出鲁迅先生的年龄比我们大来，说笑，嬉闹，到院中泉眼和一个小方池前去丢铜元，他都来参加，尽情地玩。"[2] 后来，他们又欣赏了晚霞中宝俶山的景色，整个宝俶塔沐浴在一片奇异的光辉中，只露出一个尖顶。

最后一天，他们参观了杭州古城的许多地方，逛了新旧书店，鲁迅买了些东西，他还买了些本地出产的龙井茶。

自上学读书时代以来，鲁迅很少从学习和工作中抽出时间，享受一段这样完全放松的休闲假期。他的朋友们从来没有听到鲁迅有过如此幸福快乐的笑声，"许钦文当时曾戏言，鲁迅先生与景宋夫人这次来杭，象是度了蜜月"。鲁迅后来与来自杭州的友人见面时，他说自己永远不会忘记此行。虽是难得的高兴，但仍坚持一贯的看法："西湖风景，虽然宜人，有吃的地方，也有玩的地方，如果流连忘返，湖光山色，也会消磨人的志气的。"[3] 鲁迅尽管很享受此次旅行，但还是觉得此地不是居住的好处所。并不仅仅因为风景消磨人的意志，而是因为这里由一群国民党右翼分子控制着，谁敢稍稍表达异见，他们即可与你为难。鲁迅曾强烈建议郁达夫不要定居杭州，可惜郁达夫没有听从鲁迅的建议，这导致他后来不断遭受磨难。鲁迅对杭州的看法在 1930 年得到确证：许钦文因"同情共产党"而被捕入狱，鲁迅向他学生时代的老朋

---

[1] 即虎跑泉——译注。

[2] 川岛：《回忆鲁迅先生一九二八年杭州之游》，见鲁迅博物馆编：《鲁迅年谱》（增订本），第 3 卷，第 77 页，北京：人民文学出版社，1980 年出版。本书原著未引用川岛原文，译文改引原文——译注。

[3] 川岛：《回忆鲁迅先生一九二八年杭州之游》，见鲁迅博物馆编：《鲁迅年谱》（增订本），第 3 卷，第 78—79 页，北京：人民文学出版社，1980 年出版。本书原著未引用川岛原文，译文改引原文——译注。

友陈仪将军求助，才把许钦文救了出来。[①]

鲁迅当爸爸了（1929）

鲁迅对许广平作出了毫无保留的承诺，但是他仍然担心外人攻击他们，这些人不希望他俩幸福地生活在一起。当初离京南下时，流言即已开始散布。曾有一度，鲁迅向外人声称许广平只是他的助理，帮他做些秘书工作。直到1929年春，许广平才把他们的真实关系告诉了她的一位家人。虽然他们事实上已经是夫妻了，但此前预备上海寓所的寝居时，他们还特意把"许广平的房间"与鲁迅安排在不同楼层。甚至鲁迅与许广平在杭州度假时，为了避免不当传言，鲁迅坚持让许钦文与他们住在一个屋子里过夜。1928年2月，鲁迅收到一封年轻人的来信。此人自称是鲁迅的"崇拜者"，在信中，他批评鲁迅抛弃自己的妻子，竟然跟女学生私奔。[②] 鲁迅是反对包办婚姻的，但他默认了母亲为他娶来的妻子。现在，他必须直面这桩维持了近20年的无爱婚姻了。[③] 冥冥之中，鲁迅期待着爱情的到来，但他对爱情的到来又深怀恐惧。

从杭州回到上海后，鲁迅恢复了忙碌的写作和翻译生活。他和许广平1927年10月在上海第一次过上了同居的生活，他们信奉现代夫妻高度理想化的生活理念：一起享受生活的美好，但需要的话，彼此都可以自由地从事自己喜欢的职业。在广州时，许广平做过教员。她现在并不特别想重回这一工

---

① 本书原著这一表述有误。许钦文第一次入狱在1932年而不是1930年。1932年年初，杭州艺专学生陶思瑾（陶元庆之妹）和同学刘梦莹借住于许钦文家，因陶与刘发生冲突，刘被陶杀死。许钦文报警后被牵连，2月11日被拘，鲁迅通过司法界友人陶书臣营救，许于3月19日获保释。后来，警方在刘梦莹遗物中发现她的共青团证件，遂于1933年8月以"组织共党"、"窝藏叛徒"罪对许钦文提起公诉，许钦文再次入狱。鲁迅转托蔡元培、陈仪等进行营救，许钦文于1934年7月获释——译注。

② 本书原著这一表述有误。这封写给鲁迅的信署名周伯超，从信的内容来看，不是他本人批评鲁迅抛弃妻子与女学生私奔，他转述的是在聚会饭桌上成仿吾和冯乃超两位作家对鲁迅私生活的负面评价。此信原件藏于北京鲁迅博物馆，王得后的《〈两地书〉研究》引用了这封信，见该书270页，天津人民出版社，1995年6月出版——译注。

③ 本书原著这一表述不够准确，鲁迅于1906年同母亲包办的妻子朱安结婚，到他和许广平在上海同居的1927年，他承受无爱婚姻的痛苦已经21年，而不是近20年——译注。

作岗位，但她希望自己能对社会有所贡献。来到上海不久，许广平和北京女师大时期的几位校友为提倡女性解放，创办了一个名叫《革命妇女》的杂志。她还写了许多评论时事的文章。后来，鲁迅的老友许寿裳运用他在教育界的影响力，帮许广平找到一份稳定工作。鲁迅对此没有直接表示反对，只说如果她出去工作，他又要回到以前那种自己照料自己的生活方式中去。显然，鲁迅很满意他们当时共同分享忧欢的生活状态，不希望现状遭到破坏。经过深思熟虑，许广平打消了外出工作的念头，决定奉献毕生来做鲁迅的助手。鲁迅已成为中国一个非常重要的人物，许广平深知鲁迅对国家的贡献有多么宝贵。如能帮他减轻些现实生活中的重担，也算是支持了他的事业。从那时起，许广平不仅打理家务，还负责为鲁迅处理与外界的通信及其他工作事宜。

1929 年，鲁迅和许广平的生活发生了另一次重大转变。那年 5 月，鲁迅接到母亲来信说她病重了，于是他匆忙赶赴北京①探望。正常情况下，鲁迅和许广平本应一同前往，但因为广平怀孕了，为安全起见她就留在了上海。幸运的是，鲁迅的母亲很快康复了，于是他也没多逗留，只在北京呆了 3 个星期左右。② 鲁迅很爱他的母亲，但此次探望让他意识到，母亲和前妻③跟他生活在一个完全不同的世界里。

在此期间，鲁迅和许广平继续保持通信。在鲁迅抵达广州与许广平相聚之前，通信就已经对他们变得异常重要。从 1929 年鲁迅与许广平北京通信的口吻看，这一时期他们的关系变得更加密切，彼此表达爱意时他们的拘谨少了。许广平称呼鲁迅是她的小白象（林语堂曾经很崇拜鲁迅，把他称作中国的白象），白象通常被人们看做是一种珍稀动物，许广平在这个词前加上一个"小"，这就增添了对鲁迅的亲昵感。

从鲁迅致许广平的一些信来看，前一段时间创造社和太阳社"左派"分子对他的攻击现在依然让他深感伤痛。在写自北京的最后一封信中，鲁迅脑海里浮出了这样的想法——放弃斗争，回到北京过学者生活；但他同时承认，

---

① 应该是北平——译注。
② 鲁迅于 1929 年 5 月 15 日到达北平，6 月 3 日离开返回上海，总共在北平呆了 19 天——译注。
③ 本书原著称朱安为鲁迅的前妻值得商榷。鲁迅和朱安一直没有离婚，他与许广平只是同居生活，因此朱安至死还是鲁迅名义上的妻子——译注。

这一想法不是严肃认真的：

> 我也对于自己的坏脾气，时时痛心，想竭力的改正一下。我想，应该一声不响，来编《中国字体变迁史》或《中国文学史》了。然而那里去呢？在上海，创造社中人一面宣传我怎样有钱，喝酒，一面又用《东京通信》诬栽我有杀戮青年的主张，这简直是要谋害我的生命，住不得了。北京本来还可住，图书馆里的旧书也还多，但因历史关系，有些人必有奉送饭碗之举，而在别一些人即怀来抢饭碗之疑，在瓜田中，可以不纳履，而要使人信为永不纳履是难的，除非你赶紧走远。D.H.，你看，我们到那里去呢？我们还是隐姓埋名，到什么小村里去，一声也不响，大家玩玩罢。①

鲁迅原本不打算在北京做任何演讲，但他很快意识到这着实难以完全推得掉演讲邀请，他只好在燕京大学和北京大学给众多的听众做了两场言说。鲁迅演讲的主题是《现今的新文学的概观》。由于自身近来卷入到革命文学论争之中，鲁迅在革命与文学的关系问题上还真有一些事可以说说："各种文学，都是应环境而产生的"，"政治先行，文艺后变。倘以为文艺可以改变环境，那是'唯心'之谈"。中国"文学并不变化和兴旺，所反映的便是并无革命和进步"。"旧社会将近崩坏之际，是常常会有近似带革命性的文学作品出现的，然而其实并非真的革命文学"，因为这些文学家或者并无理想，或者只有脱离实际的空想，所以"革命一到，反而沉默下去"。还指出，对提倡"革命文学"的作家来说，是存在着"从这一阶级走到那一阶级去"的转变过程，"但最好是意识如何，便——直说，使大众看去，为仇为友，了了分明，不要脑子里存着许多旧的残滓，却故意瞒了起来，演戏似的指着自己的鼻子道，'惟我是无产阶级！'"②

---

① 鲁迅：《两地书·一三五》，《鲁迅全集》，第 11 卷，第 323 页。本书原注为鲁迅致许广平信 (290601)，不准确，这段文字出自鲁迅整理后的《两地书》——译注。

② 鲁迅博物馆编：《鲁迅年谱》（增订本），第 3 卷，第 140—141 页，北京：人民文学出版社，1980 年出版。

返回上海前一天，鲁迅应邀到第二师范学院演讲，第二师范学院的前身即鲁迅5年前曾执教的北京女子师范大学。此次演讲，鲁迅没有谈论具体的文学问题，而是警告学生们不要过分囿于一个狭小天地："现在青年们一般的错误是观察不广，往往只在一个很小的圈子里打转。喜欢文学的往往不看科学一类的书"，"现在的青年们还有一个弱点，就是理想太高"，"往往把社会看得太干净"，"这种理想一到实社会上就碰钉子，而且是特别大的钉子。于是就到处都感觉失望，灰心，最后的结果是自杀的风尚，一天比一天蔓延"，"最要紧的是要把眼光放大些放远些，更要放平些放低些"，"总之，中国人的眼光太近视……文艺界是如此，别的界也无不如此"。①

那天晚上，鲁迅又应邀前往第一师范学院②演讲。他直言不讳地谈论了很多时下的文学纷争问题。他揭露原来投靠北洋军阀的"'正人君子'已和党国英雄（按指国民党新军阀）'咸与维新'了，到处已由五颜六色的国旗换上了青天白日旗，而且为了清一色计，他们正在防止赤化和排除异端，甚至从红皮书到红嘴唇都被禁止了。自然这也是洋大人所希望的"。新月社、创造社等对左翼作家的围攻"也是官大人所希望的"。③

鲁迅在北京的讲演听讲者甚多，人们挤满了整个大厅，鲁迅受到了学生听众的热烈欢迎。鲁迅于6月3日离开北平返回上海。

1929年9月26日，④许广平生下一个男孩，取名为海婴，意思是在上海出生的婴儿。近来，周海婴描述他出生时的情况——这些应该是从他母亲那儿得知的：

---

① 于一：《追记鲁迅先生女师大讲演》，原载1929年12月18日《世界日报》周刊之三《骆驼》第117期，见鲁迅博物馆编：《鲁迅年谱》（增订本），第3卷，第147页，北京：人民文学出版社，1980年出版。本书原著未引用鲁迅讲演原文，译文改引原文——译注。

② 第一师范学院即原来的北京师范大学——译注。

③ 陈楚桥：《记鲁迅先生的一次讲演》，原载1961年10月22日《西安日报》，见鲁迅博物馆编：《鲁迅年谱》（增订本），第3卷，第148页，北京：人民文学出版社，1980年出版。本书原著未引用鲁迅演讲原文，译文改引原文。本书原著此处的引文有一些问题，创造社作家本身就是左翼作家，他们怎么会攻击左翼作家呢？查阅陈楚桥的文章，他是这样写两个社团的作家对鲁迅的攻击："新月派的对左翼文学的诽谤，固然是为的取媚于当局；太阳社、创造社等对他的错误的围攻，'这也是官大人所希望的'"可见，本书原著在引文上有误——译注。

④ 本书原著这一表述有误，应为1927年9月27日——译注。

我是意外降临于人世的。原因是母亲和父亲避孕失败。父亲和母亲商量要不要保留这个孩子，最后还是保留下来了。由于我母亲是高龄产妇，生产的时候很困难，拖了很长时间生不下来。医生问我父亲是保留大人还是要孩子，父亲的答复是留大人。这个回答的结果是大人孩子都留了下来。由于属于难产，医生是用大夹子产钳把我夹出来的。[①]

次日，鲁迅买来一盆小巧玲珑的松树，放在许广平的床边。鲁迅觉得松树的翠绿、苍劲，比起那些很快就凋零褪色的有香有色的牡丹或玫瑰来，能更好地表达他们关系的本质。同日，许广平出院回到家里，鲁迅邀请弟弟建人及其妻子前来庆祝。鲁迅清扫、收拾了房间，挪来一个小桌子放在许广平床边，并把松树放在桌子上。不久以后，鲁迅雇佣了一个名叫王阿花的年轻妇女住在家里帮忙照看孩子。阿花是浙江上虞人，丈夫对她很坏，要把她卖掉，她从家里逃了出来，只得找工作谋生。她干活肯出力，给鲁迅和许广平帮了很大的忙。不过，阿花一直害怕丈夫会跟踪她。果然，鲁迅家外面经常有几个形迹可疑的男子出没。看来情形似乎是这样的：阿花如果胆敢走到门外，他们即刻就会抓住她。鲁迅本预备将此事诉至法庭，但到了翌年 1 月，他同意了阿花丈夫的要求，支付给他 150 块钱，好让阿花留下来。后来，这笔赎身的钱陆续从阿花的工资中扣除。

对海婴来说，鲁迅是一位好父亲。在记忆中，父亲留给他的印象多是愉快的，尽管父亲去世时他只有 7 岁。家里添了个孩子肯定会影响工作，但鲁迅对此并无多少抱怨。他常常宣称要控制住自己的坏脾气。这种努力的结果是，每隔一段时间，鲁迅就变得闷闷不乐、沉默寡言。许广平能够理解鲁迅为何产生这样的情绪，也能够给予他充分的体谅。于是乎，鲁迅又可继续写作、翻译、帮助青年作者编校书稿了。

1929 年至 1930 年间，鲁迅翻译了大量外国作品，多是从日语转译的俄文著作。他不仅对俄国作家普列汉诺夫、卢那察尔斯基等的理论著述感兴趣，也喜欢苏联的长篇、短篇小说。这一时期，鲁迅的许多小说也被翻译成了日

---

① 周海婴：《鲁迅与我七十年》，第 1 页，海口：南海出版公司，2001 年 9 月出版。

文、俄文。

鲁迅从未遭遇过什么严重的财务问题，虽然他偶尔也会有金钱危机。1928 年至 1931 年间，鲁迅获得了一份特殊的资助，他当时意外地收到了国民党政府一家学术机构的特约著述员聘书，无须他做特定的工作，每个月会给他一笔津贴。[①] 这是他的老上司蔡元培安排的，蔡元培当时在南京担任中华国民大学院[②]院长。

左翼作家联盟

既然与创造社的冲突已经偃旗息鼓，而且共产党对它的某些支持者的宗派主义立场进行了劝阻，鲁迅就再次很专心地开始新的尝试，他要把建立左翼作家团体的想法现实化。1930 年 3 月 2 日，经过多方努力，这一活动终于结出了硕果：一个新的组织——"左翼作家联盟"举行了成立大会。在会上，鲁迅当选为"左联"领导人之一，并发表了主题演说。

左翼作家联盟是共产党在幕后经过多方协商而促成建立的。此前一两年间，朝着这一主导方向已成立了不少组织机构。其中的第一个机构是 1928 年 12 月成立的中国著作者协会。有近百人参加了该协会的成立大会，其中包括著名文学史家郑振铎、鲁迅北京时期的老朋友孙伏园等。孙伏园是《语丝》杂志的创办者和重要组织者。1927 年《语丝》杂志搬至上海后，主要由鲁迅负责编辑。中国著作者协会在成立大会上通过了一项决议：将 1929 年 1 月设为宣传月，以声援思想自由、言论自由、出版自由的要求。几乎可以肯定的是，鲁迅一定受到了中国著作者协会的邀请，其主要成员孙伏园也一定会劝说他予以考虑，并且该协会把人权问题纳入主要政策目标，这也一定会对鲁迅产生吸引力。而鲁迅之所以没参加中国著作者协会，原因很可能在于该协会的大部分成员是来自创造社与太阳社的，这两个社团的成员不久前刚刚对

---

① 鲁迅 1927 年 12 月接受"中华民国大学院特约著述员"聘书，1931 年 12 月被裁撤，每月薪金 300 元——译注。

② 该机构后来改为教育部——译注。

他实施了激烈的围攻。

不应该忽视的是，左翼人士的大部分活动是在国民党政府和党派当局的监视、镇压下进行的，他们的期刊和其他出版物常常遭到无故禁止、取缔。只有一个领域是相对自由的，那就是戏剧。这几年间，现代剧场戏剧蓬勃发展。上海、杭州等地活跃着许多天资卓越的戏剧家，如创办复旦剧社的洪深、领导南国社的田汉等。他们上演了不少西洋风格的现代戏，既有自己创作的剧作，也有译自易卜生、莎士比亚等的作品。内容并不尽然都偏向左派，但是总体上都遵从当时知识分子的普遍需求。1929 年 12 月，一个新的戏剧家组织"艺术剧社"成立了。① 艺术剧社既吸纳了太阳社、创造社的部分成员，也有先前无党派倾向的部分剧作家和演员。1930 年 1 月，这个新的艺术剧社开始公演戏剧，旨在呼吁群众（而非仅仅知识分子）投身革命。然而，群众更爱看的仍是中国传统戏剧，剧作家们因此把中西戏剧进行了最好的融合。

1930 年 2 月 14 日，② 另一个在左翼作家联盟建立前夕成立，并对左联的成立扮演了前奏角色的组织——中国自由运动大同盟成立了。该同盟的宣言是："自由是人类的第二生命，不自由，毋宁死！我们处在现在统治之下，竟无丝毫自由之可言！查禁书报，思想不能自由。检查新闻，言论不能自由。封闭学校，教育读书不能自由。一切群众组织，未经委派整理便遭封闭，集会结社不能自由。至于一切政治运动与劳苦群众求改进自己生活的罢工抗租行动，更遭绝对禁止，甚至任意拘捕。偶语弃市，身体性命，全无保障。不自由之痛苦，真达于极点。我们组织自由运动大同盟，坚决为自由而斗争。感受不自由痛苦的人们团结起来，团结到自由运动大同盟旗帜之下来共同奋斗！"③

在自由运动大同盟的签署名单中，鲁迅名列突出位置。郁达夫、田汉等到那个时候还未加入共产党所发起建立的团体的不少作家也签了名。有趣的

---

① 本书原著对这个团体的名称和成立时间的表述有误，该团体全称叫"上海艺术剧社"，它成立于 1929 年 8 月，是中国共产党领导的第一个戏剧团体——译注。

② 关于"中国自由运动大同盟"举行成立的大会时间说法各异，1930 年 4 月 15 日《新思潮》第 5 期和 1930 年 7 月 10 日《自由运动》第一期刊登的该盟所署日期是 1930 年 2 月 15 日——译注。

③ 《拓荒者》1930 年 2 月第 1 卷第 2 号，第 843—844 页。

是，自由运动大同盟与左翼作家联盟的最初成员均为51人，其中有近三分之一的人同属这两个组织的成员。

鲁迅在左翼作家联盟成立大会上的讲演非常重要，它为后人了解这个存在了6年的联盟提供了许多线索。同时，此次讲话亦显示出了鲁迅的工作态度，以及他对过去6年间自己与政治运动之关系的看法。以下是这次讲演的删节版：

　　有许多事情，有人在先已经讲得很详细了，我不必再说。我以为在现在，"左翼"作家是很容易成为"右翼"作家的。为什么呢？第一，倘若不和实际的社会斗争接触，单关在玻璃窗内做文章，研究问题，那是无论怎样的激烈，"左"，都是容易办到的；然而一碰到实际，便即刻要撞碎了。关在房子里，最容易高谈彻底的主义，然而也最容易"右倾"。西洋的叫做"Salon的社会主义者"，便是指这而言。"Salon"是客厅的意思，坐在客厅里谈谈社会主义，高雅得很，漂亮得很，然而并不想到实行的。这种社会主义者，毫不足靠。……

　　第二，倘不明白革命的实际情形，也容易变成"右翼"。革命是痛苦，其中也必然混有污秽和血，决不是如诗人所想像的那般有趣，那般完美；革命尤其是现实的事，需要各种卑贱的，麻烦的工作，决不如诗人所想像的那般浪漫；革命当然有破坏，然而更需要建设，破坏是痛快的，但建设却是麻烦的事。所以对于革命抱着浪漫谛克的幻想的人，一和革命接近，一到革命进行，便容易失望。听说俄国的诗人叶遂宁，当初也非常欢迎十月革命，当时他叫道，"万岁，天上和地上的革命！"又说"我是一个布尔塞维克了！"然而一到革命后，实际上的情形，完全不是他所想像的那么一回事，终于失望，颓废。叶遂宁后来是自杀了的，听说这失望是他的自杀的原因之一。

　　还有，以为诗人或文学家高于一切人，他底工作比一切工作都高贵，也是不正确的观念。举例说，从前海涅以为诗人最高贵，而上帝最公平，诗人在死后，便到上帝那里去，围着上帝坐着，上帝请他吃糖果。在现在，上帝请吃糖果的事，是当然无人相信的了，但以为诗人或文学家，

311

现在为劳动大众革命，将来革命成功，劳动阶级一定从丰报酬，特别优待，请他坐特等车，吃特等饭，或者劳动者捧着牛油面包来献他，说："我们的诗人，请用吧！"这也是不正确的；因为实际上决不会有这种事，恐怕那时比现在还要苦。

现在，我说一说我们今后应注意的几点。

第一，对于旧社会和旧势力的斗争，必须坚决，持久不断，而且注重实力。旧社会的根柢原是非常坚固的，新运动非有更大的力不能动摇它什么。并且旧社会还有它使新势力妥协的好办法，但它自己是决不妥协的。在中国也有过许多新的运动了，却每次都是新的敌不过旧的，那原因大抵是在新的一面没有坚决的广大的目的，要求很小，容易满足。……

第二，我以为战线应该扩大。在前年和去年，文学上的战争是有的，但那范围实在太小，一切旧文学旧思想都不为新派的人所注意，反而弄成了在一角里新文学者和新文学者的斗争，旧派的人倒能够闲舒地在旁边观战。

第三，我们应当造出大群的新的战士。因为现在人手实在太少了，譬如我们有好几种杂志，单行本的书也出版得不少，但做文章的总同是这几个人，所以内容就不能不单薄。一个人做事不专，这样弄一点，那样弄一点，既要翻译，又要做小说，还要做批评，并且也要做诗，这怎么弄得好呢？这都因为人太少的缘故，如果人多了，则翻译的可以专翻译，创作的可以专创作，批评的专批评；对敌人应战，也军势雄厚，容易克服。……

我们急于要造出大群的新的战士，但同时，在文学战线上的人还要"韧"。所谓韧，就是不要像前清做八股文的"敲门砖"似的办法。前清的八股文，原是"进学"做官的工具，只要能做"起承转合"，借以进了"秀才举人"，便可丢掉八股文，一生中再也用不到它了，所以叫做"敲门砖"，犹之用一块砖敲门，门一敲进，砖就可抛弃了，不必再将它带在身边。这种办法，直到现在，也还有许多人在使用，我们常常看见有些人出了一二本诗集或小说集以后，他们便永远不见了，到那里去了呢？

是因为出了一本或二本书，有了一点小名或大名，得到了教授或别的什么位置……

最后，我以为联合战线是以有共同目的为必要条件的。……我们战线不能统一，就证明我们的目的不能一致，或者只为了小团体，或者还其实只为了个人，如果目的都在工农大众，那当然战线也就统一了。①

鲁迅希望"左联"成员结成联合战线的呼吁并非完全无人理睬，在此后的几年里，这一联合战线在敌人新的进攻面前反而增强了自己的实力。当时，由蒋介石领导的国民党惊恐于中国知识界——尤其是文学和戏剧领域反抗势力的迅速发展，他们对左翼运动实施了不断的打击。国民党把左翼知识分子视作主要敌人——共产党的农村地区红军的二条战线。然而，在20世纪30年代，共产党的领导权再度落入极"左"分子手中，李立三成为党的领导人。

1930年5月，蒋介石开始着手军事行动，他希望能够一举击垮那些挑战他的权力的军阀。李立三觉得时机到了，他认为如果此时集结所有反蒋势力发动进攻，革命必将取得彻底胜利。共产党中央委员会通过一项决议，认为革命新高潮就要到来，共产党人可以在一省或者几省取得革命的胜利。李立三主张采取"大的行动"，以占领重要城市。他反对那种谨小慎微的做法，把毛泽东那种更符合实际的斗争方法（后来事实证明了这一点）描述为"小农意识的保守主义特征"。毛泽东认识到，农村的革命仍然非常零碎，革命势力仍然几乎没有绵延到面积广大的许多农村地区。因此，应首先巩固农村革命根据地，然后再从农村来包围城市。

李立三的政策短时间内取得了初步胜利。1930年6月，他下令进攻长沙，红军最终占领了湖南省会长沙。然而在8月5日，被红军占领还不到一周的长沙就重新回到了蒋介石军队的手中。蒋介石不久前推迟了武装剿灭军阀的计划，一变而为集中兵力对付共产党。李立三在南昌发动的进攻更加不成功。

受李立三对政治局势过于乐观估计的影响，左翼作家联盟通过他们控制的机关刊物，签署了多项政治声明，号召群众示威游行，以纪念"五一"国

---

① 鲁迅：《二心集·对于左翼作家联盟的意见》，《鲁迅全集》，第4卷，第238—243页。

际劳动节，同时纪念那些在 1927 年 4 月 12 日大屠杀中遇难的共产党员与工会会员。"左联"发言人宣布：这个"五一"节既是劳动奋斗的纪念日，也是浴血战斗的纪念日！

这份声明措辞激烈，与不久前"左联"全体人员在会议上通过的声明相去甚远。那份声明措辞温和，只是号召盟员有组织的参与到"五一"节发动群众的活动中来。第二份声明一定给鲁迅等更加切近现实的联盟成员带来了极大不安。从这个角度来看，他们的反应也就变得容易理解了。

"五一"那天，国民党当局取缔了所有的政治活动，还动用了军队、警察甚至商人志愿者。他们用铁丝网包围法租界，并对中国人的居住区实行了昼夜戒严。4 月 27 日，他们逮捕了 110 名为"五一"集会游行作准备的代表——（原著中并没明确说是"左联"代表）。4 月 29 日，国民党当局甚至还突击检查了艺术剧社。艺术剧社近期正上演《西线无战事》，检查人员因在剧场搜查到军服和枪支、弹药等道具，便指控剧社成员在密谋武装起义！

此后几年，国民党对左派组织的压制不断强化，采用的手段有：禁止出版、查封书店、关闭学校、取消会议等。几乎所有的"左联"刊物都一度被迫停刊，"左联"成员的创作和批评受到严重限制。但这并不表明左翼观点在这一时期失去了主导地位。1931 年，陶希圣曾这样写道：

青年思想之左倾，是无可讳言的。青年思想之左倾反映为出版界之左倾。出版界近来的书册最大多数是社会主义的书册，也是无可讳言的。……青年思想左倾，则社会主义书籍涌出，并不是社会主义书籍涌出而青年才左倾的。[①]

当时，"左联"的对手们宣称，"左联"成员首先是革命家，其次才是文学家。1949 年以来的批评家（尤其是在美国）指责左派束缚了对文学的讨论，没有给"纯文学"的倡导提供自由空间。我们这里不便详细探讨这些问题，但显而易见，正如以上引文所言，青年知识分子普遍认为革命文学运动（而非其他文学运动）是社会进步的动力。关于左派对文学论争的钳制问题，事

---

① 陶希圣：《中国社会现象拾零》，第 285—286 页，上海：新生命书局，1931 年出版。本书原著注释说这段话出自第 285 页，不准确——译注。

314

实上，当时唯一有能力钳制文艺的是国民党政府。国民党对所有来自左派的反对意见都施行了最大程度的压制。从长远来看，这种做法无疑是国民党的文化自戕。很快，国民党就迎来了它的另一敌人——日本帝国主义。对国民党的统治地位而言，相比于军阀或共产党，日本眼下成了一个更为强大的威胁力量。

没有共产党员的参与，"左联"可能不会成立。但鲁迅不是共产党员。6年前，当许广平问鲁迅能否加入国民党时，鲁迅的回答是：你如若想要保持思想自由、行动独立，那这不是一个好主意；但你如果愿意牺牲己见，那就去吧！鲁迅终生坚守着这一立场；不过，这并未妨碍他后来置健康、名声于不顾而投身左翼事业，尤其在他生命的最后几年。从以上讲演明显可见，鲁迅已经放弃了过去对群众历史地位问题的一些负面看法。他仍认为革命有其残酷性与破坏性，但倾向于把造成革命的根源最终指向剥削阶级。关于知识分子，他在态度上比较矛盾（毕竟他自己也是一个知识分子）。他深知知识分子在政治上是柔弱的，他们无力改变现状。于是，他只能支持某种政治势力，通过它来发动群众以改变社会现状。鲁迅在写作中隐约把知识分子分为两类：赞成发动群众的知识分子与反对发动群众的知识分子。①

---

① 关于鲁迅在这些问题上的观念转变细节，王晓明有过深入讨论。

年届五旬的鲁迅

许广平的奉献

就文学成果的"产量"而言，生活在上海的 9 年是鲁迅一生中创造力最为旺盛的时期。在此期间，他出版的杂感作品是过去 9 年的两倍。在很大程度上，这要归功于许广平的帮助和鼓励。自决定放弃自己的事业追求后，许广平承担了日常生活的一切琐事，如做饭、洗衣、清洁等，以便爱人可以全心全意投入工作。这一点对鲁迅而言特别重要。他的健康数年不见好转，甚至还有恶化的迹象。1930 年代曾有几个时期，他的身体简直要彻底衰败。

在鲁迅的手写文稿发表之前，许广平经常帮鲁迅校读这些文稿。此外，她还负责打理他的通信事宜，并常跑书店为他买书。鲁迅喜欢在下午或晚上接待访客，许广平这时多要在一旁端茶倒水、奉送甜点零食。如果来客留下吃饭，她常要为他们下厨做饭。入秋时还有额外的家务，如整理棉衣、棉被等；入冬了，因为没有集中供暖设施，还时常要准备火炉及个人取暖的手炉等。

鲁迅和许广平的生活总体是幸福的，和多数夫妻一样，他们也会用一些特定的词语来表达亲密关系。但在海婴能够满屋奔跑、大声喊叫之后，不可避免要打乱父亲的工作注意力，这偶尔也让鲁迅感到烦恼。朋友或同事的坏消息也常扰乱鲁迅的心绪，这时，他会用自己独特的方式来缓解心理危机。许广平曾这样描述她记忆中发生的一件事：

那是因为我不加检点地不知什么时候说了话，使他听到不以为然了，或者恰巧他自己有什么不痛快，在白天，人事纠繁，和友朋来往，是毫不觉得，但到夜里，两人相对的时候，他就沉默，沉默到要死。最厉害的时候，会茶烟也不吃，像大病一样，一切不闻不应，那时候我真痛苦万状。为了我的过失吗？打我骂我都可以，为什么弄到无言！如果真是轻蔑之极了，那我们可以走开，不是谁都没有勉强过谁吗？我不是伤痛我自己的遭遇，而是焦急他的自弃。他不高兴时，会半夜里喝许多酒，在我看不到的时候……或走到没有人的地方蹲着或睡倒。这些情形，我见过不止一次……向他发怒吗？那不是我所能够。向他讨饶吗？有时实在莫名其妙，而且自尊心是每个人都有的，我不知道要饶什么。抑郁，怅惘，彷徨，真想痛哭一场，然而这是弱者的行径，不愿意。就这样，沉默对沉默，至多不过一天半天，慢慢雨散云消，阳光出来了。①

发生这样的小插曲后，鲁迅最后通常会自责说："我这个人脾气真不好。"许广平微笑回答他："因为你是先生，我多少让你些，如果是年龄相仿的对手，我不会这样的。"② 通过此类故事可以推断，他们的关系虽不完全对等，却是一对非常理想的情侣。许广平始终把鲁迅当先生对待，虽然从严格意义上，他们之间的师生关系并不长久，这种关系早就应该被爱人关系所取代了。不得已的自我牺牲是令人钦佩的，但它也有不好的一面，有时它也会导致过度依赖，进而伤及双方。就许广平来说，她还要考虑海婴，对海婴的养育可能也会受到他们夫妻关系模式的不利影响。尤其是在鲁迅去世以后，许广平把全副精力都放在了这个伟人的儿子身上。

鲁迅自觉地尝试着要摆脱的另一个"鬼"是他性情中的过度敏感、多疑。1928 年，鲁迅在写给朋友的信中说："我总觉得我也许有病，神经过敏，所以凡看一件事，虽然对方说是全部打开了，而我往往还以为必有什么东西在手巾或袖子里藏着。"③ 由此可见，鲁迅已经意识到自己的缺点，但他后来还是

---

① 许广平：《欣慰的纪念·鲁迅的日常生活》，见鲁迅博物馆编：《鲁迅回忆录》（上卷），第382—383 页，北京：北京出版社，1999 年 1 月出版。

② 许广平：《欣慰的纪念·鲁迅的日常生活》，见鲁迅博物馆编：《鲁迅回忆录》（上卷），第 383 页，北京：北京出版社，1999 年 1 月出版。本书原著此处未作注——译注。

③ 鲁迅：《书信·280815 致章廷谦》，《鲁迅全集》，第 12 卷，第 128 页——译注。

因坏脾气与几位老朋友闹翻了。关系破裂的原因各不相同，但裂痕多是永久存在的。这些老朋友包括：最早迎候鲁迅来沪朋友之一的林语堂，探访并激励鲁迅创作了他的第一篇现代小说的钱玄同，以及与鲁迅经常合作的以前的学生施蛰存①等。

鲁迅与林语堂的关系的破裂是因林语堂办杂志引起的："语堂是我的老朋友，我应以朋友待之，当《人间世》还未出世，《论语》已很无聊时，曾经竭了我的诚意，写一封信，劝他放弃这玩意儿，我并不主张他去革命，拚死，只劝他译些英国文学名作，以他的英文程度，不但译本于今有用，在将来恐怕也有用的。他回我的信是说，这些事等他老了再说。这时我才悟到我的意见，在语堂看来是暮气，但我至今还自信是良言，要他于中国有益，要他在中国存留，并非要他消灭。"②

鲁迅的日常生活

鲁迅每天的日常生活开始得比较晚，他有时要到 11 点才起床。海婴年龄大一点后，会趁着父亲还在睡觉，蹑手蹑脚进入他的卧室，在烟嘴里为他准备好香烟。然后，再蹑手蹑脚溜出去，觉得自己今天做了件好事。鲁迅经常不吃早餐。不管怎么说，他吃得不多，有时还会省掉早饭和午饭。鲁迅多在下午开始工作，但下午常有友人来访。鲁迅有很多访客，他会依据来客而定接待时间，他有时会陪来客谈天休息一个下午，可能还会邀请他们吃饭：要么到附近的粤菜馆吃点好的，要么由许广平简单做点，有时候是先在家里吃点再到外面吃。

客人离去后，鲁迅才正式开始他的重要工作。他经常工作到很晚，直到次日凌晨才休息。

鲁迅和许广平偶尔也会在晚上去观戏或看电影，他们常看外国电影或翻

---

① 本书原著这一表述有误，施蛰存 1922—1926 年间在杭州、上海的大学读书，那时鲁迅在北京、厦门生活、工作；1927 年鲁迅到上海时，施蛰存已经开始在中学任教。因此，施蛰存并未当过鲁迅的学生——译注。

② 鲁迅：《书信·340813 致曹聚仁》，《鲁迅全集》，第 13 卷，第 198 页。本书原著未引用鲁迅书信原文，译文改引原文——译注。

译剧。他们观看的内容多以娱乐放松为主，如经常上映的时事讽刺剧或者木偶剧，有时也看稍微严肃点的戏剧，如《安东尼与克莉奥佩特拉》。① 1931 年前，他们有时还邀请柔石等朋友同去看电影。1935 年后，他们便常带着他们的儿子海婴了。

在饮食方面，鲁迅喜欢吃肉和鱼。但他不吃刺多的鱼，因为像他这类迷恋工作的人，觉得剔鱼刺是不必要的麻烦，太浪费时间。他喜欢吃火腿，经常一次买很多。从鲁迅到南京求学时起（当时他还是个男孩子），他开始喜欢吃辣，常用辣椒佐饭。这是因为那时他没钱买棉服过冬，吃辛辣食物是他的一种御寒方式。这个习惯导致他后来患了胃病。鲁迅还喜欢吃糕点，在北京时，他有时去一家法国面包店买油酥点心。家里有客人来，鲁迅会选择性的用这种点心待客。只有好朋友来了，才能享用到鲁迅提供的这种法式糕点，因为他不想给敌人抓住把柄，说他生活奢侈。

鲁迅没把挣钱看做生命中一件特别重要的事。实际上，他把自己的相当一部分收入，要么给了他那些更需要钱的亲属，譬如妻子、母亲以及兄弟失和前的周作人一家；要么用来帮助青年作者摆脱困境，或偶尔做点慈善。他后来意识到这样做并不明智。1927 年，在写给来自绍兴的年轻朋友章廷谦的信中，鲁迅建议他要保证自己填饱肚皮后，再对别人慷慨解囊。有一次，鲁迅的一位欧洲崇拜者问他是否愿意被提名当诺贝尔文学奖候选者，他回答说："我眼前所见的依然黑暗，有些疲倦，有些颓唐，此后能否创作，尚在不可知之数。倘这事成功而从此不再动笔，对不起人；……还是照旧的没有名誉而穷之为好罢。"②

鲁迅一生经常遭遇被雇主拖欠工资或被人欠债的情况，这些债款有的最

---

① 莎士比亚第五大悲剧，作于 1607 年，写的是古罗马大将安东尼与古埃及女王克莉奥佩特拉的悲哀爱情故事——译注。

② 本书原著未引用鲁迅书信原文，译文改引书信原文。关于鲁迅与诺贝尔奖提名一事的来龙去脉是这样的：1927 年，瑞典考古探险家斯文·赫定到中国考察研究时，曾与刘半农联系，传递提名鲁迅为诺贝尔文学奖候选人的消息，由刘半农托台静农写信探询鲁迅意见。9 月 25 日，鲁迅致台静农信中明确拒绝："请你转致半农先生，我感谢他的好意，为我，为中国。但我很抱歉，我不愿意如此。诺贝尔赏金，梁启超自然不配，我也不配，要拿这钱，还欠努力。世界上比我好的作家何限，他们得不到。……我觉得中国实在还没有可得诺贝尔赏金的人，瑞典最好是不要理我们，谁也不给。倘因为黄色脸皮人，格外优待从宽，反足以长中国人的虚荣心，以为真可与别国大作家比肩了，结果将很坏。"见鲁迅：《书信·270925 致台静农》，《鲁迅全集》，第 12 卷，第 73—74 页——译注。

后还了，有的只还了一部分。只有一次，北新书局拖欠版税时，鲁迅逼欠债者还款，威胁他们说，如果不还欠款的话他要到法庭去起诉。后来，鲁迅让他们用分期付款的方式偿还了债务。

鲁迅喜欢喝酒，尤其是被邀请外出赴宴或与朋友聚会时。有时候，他也会稍微喝高点。1958 年，新西兰人路易·艾黎为我讲述了下面这一则故事。艾黎曾长期定居中国，当时偶尔与鲁迅会面。1981 年，他发表了一篇关于鲁迅的回忆文章：

> 我见到鲁迅情绪较为轻松的一次，是我和一位朋友参加 11 月 7 日一次宴会后出来的时候。那是一次盛大的聚会，人们热烈地相互祝酒。鲁迅从来不是个一本正经的人，那天的情绪倒颇像个孩子。他那顶旧毡帽掉到大厅衣架的后面，他因为不知道帽子跑到哪里去了而到处寻找，到后来我们给他找了出来，他一提脚把帽子踢下楼梯，大笑着说："一顶老黄包车夫的帽子，我就是个拉黄包车的！"他边笑边跟着大伙走下楼去。①

上面这则故事发生在 1930 年代某一日子。还有关于鲁迅早几年的类似记述。1927 年 12 月鲁迅抵沪不久，他的朋友吴曙天曾来拜望，并在日记中写下了他们当时的会面情形：

> ［十二月三十一日］
> 傍晚时，他说：今晚有人请我们呢，但是请单还不到，大约又改期了。我们自己请自己罢，我觉得自己请自己很有意思，于是穿上衣服预备去赴自己的筵席。
> 哪知道右一批，左一批的客来的不断。终于要请我们的峰君亦到了。
> 席上闹得很厉害，大约又四五个人都灌醉了，鲁迅先生也醉了，眼睛挣得多大，举着拳头喊着说："还有谁要决斗！"②

---

① ［新西兰］路易·艾黎：《鲁迅回忆片断》，《中国日报》，1981 年 9 月 25 日，第 5 页。
② 吴曙天：《曙天日记三种》，引自马蹄疾：《鲁迅生活中的女性》，第 172 页，北京：知识出版社，1996 年出版。

吴曙天后来出版的日记作品集是一份非常有趣的社交记录，内容主要关乎她的文学教授丈夫章衣萍。这些日记的价值在于，它们直接而不失含蓄地描述了吴、章二人关系的各个方面，包括他们的恋爱故事，以及吴的几个女性朋友对他们关系细小的嫉妒。在 20 世纪二三十年代的中国文学中，这样的记载很是罕见。吴曙天和鲁迅第一次相遇时的情形，记述在她 1927 年 10 月 12 日的日记中。当时鲁迅刚来上海一周，吴曙天是一个月前来的：

［十二月十二日］

小峰和漱六来，等衣好久，也不见回来，我们便去看鲁迅先生。

我们在四川路上，看见鲁迅先生很快地走着，我们只看见他的背影，他们用很大的喉咙叫他，但他没有听见，不知他在那里想什么？

我们一直跟了他走，走到他家门口才看见我们，我说："我叫你好几声，你都听不见。"于是他便"噢！噢！……"连着嚷了几声，他说这便是补足以前没有答应的。

我们在路上买了良乡栗子，打开了大家吃，建人先生说：栗子是越小的越好吃。

"是的，衣萍也是这样捡小的吃呢！"鲁迅先生在装伴似的，讪笑着说。

我是一个笨人，没有听懂他的意思。许女士说："不要理他，你理他，你一定吃亏的。"

这时候我才明白，他在拿栗子象征我了。

我看看他的脚，他忙向着我说："看什么，没有小姐漂亮。"

我说："陈嘉庚公司，快兴隆了！"

"并不会吧，因为这种鞋子，我已经穿了一年了。"鲁迅先生说完，哈哈大笑。

他虽然是老人，然而顽皮得可以呢。

后来衣的请帖来了，邀我们大家到中有天去吃饭。我不知道中有天就在横浜桥，所以走出弄口，便想叫车给大家坐，但是一路上洋车很少，我怕他们走累了，提议坐电车。

谁知道中有天就在横浜桥呢，鲁迅先生走到中有天的门口，他对我说："在这里乘电车吧！"

我快停下来说："乘电车吧。"忙着向小钱店去兑铜板。哪里知道又上了他的当了。①

鲁迅是那种一支接一支烟抽的"烟鬼"，每天至少要抽上 50 支。他从不在意这一习惯的危害性。20 世纪 30 年代，鲁迅的健康出现了危险信号，他最终戒了酒，但仍继续抽烟，因为他断定抽烟不是他得肺病的原因。有迹象表明，他早在 1924 年就患上肺病了。鲁迅是留学日本时开始抽烟的。那时为了省钱，他只买最廉价品牌的香烟。他最喜欢黑猫品牌（CRAVEN A）的香烟，但因为太昂贵，他后来还是继续购买便宜品牌的香烟。鲁迅抽烟时要用烟嘴，这样可以把烟一直燃到蒂部。

鲁迅对书很是讲究，时常整理他的书架，想查哪本书时唾手可得。他常说这对保持高效工作非常重要。这是不是跟药剂师一样呢？药剂师必须确切知道每项物品的储存处。一旦忘记，可能就会发错药，从而导致严重的后果。鲁迅还用蜡纸包书以防它们被弄脏，他也用这种方式来保存他的手稿。鲁迅还把自己想要保存的信件认真归档。定居上海后，因担心警察突然来搜查而引起麻烦，牵连到他人，鲁迅的大部分往来信件阅读后均销毁了。鲁迅寄信时，常把包裹纸或旧信封改制成新的信封来用，他不惜为此耗费大量时间。鲁迅终生一直维持着这样的生活习惯，尽管从省钱的角度说他后来完全没有必要这样做。

虽然鲁迅的脾气不能算好（尤其是对他的论敌），但自从绍兴做教员起，他一直对年轻人非常关爱。他平易近人，热情友好，对于那些求教者，他总是及时给予帮助和指点。尤其是对青年作者寄来的稿子，他耐心读过后，还常给他们提出改进建议。因此，鲁迅结交了很多年轻朋友，其中不少人是他以前在北京、厦门、广州教书时的学生。

于是，写信占去了鲁迅的大量时间。这些信件多与鲁迅的文学工作相关，但也有些是写给朋友的。在离开母亲的日子里，他还常给在京的母亲写信。

---

① 吴曙天：《曙天日记三种》，引自马蹄疾：《鲁迅生活中的女性》，第 171—172 页，北京：知识出版社，1996 年出版。

给母亲写信时，鲁迅很少谈论他的工作或政治，写给母亲的家书多谈家庭琐事。自从儿子出生后，他在信中时常向母亲汇报孩子的成长变化：最初是褴褛婴儿，后来成了活泼鲁莽的顽皮鬼，再后来已是聪明好学的小学生。鲁迅也给三弟周建人写信，邀请他全家每周六来家里吃饭。他每隔几周给母亲写一封信，母亲也经常给他回信（让别人代笔）。下面是一封鲁迅 1934 年 8 月 12 日写给母亲的家书：①

母亲大人膝下敬禀者，十五日来信，前日收到。张恨水们的小说，已托人去买去了，大约不出一礼拜之内，当可由书局直接寄上。

海婴的痢疾，长久不发，看来是断根了；不过容易伤风，但也是小毛病，数日即愈。今年大热，孩子大抵生病或生疮，他却只伤风了一回，此外都很好，所以，他是没有什么病的。

但他大约总不会胖起来。他每天约七点钟起身，不肯睡午觉，直至夜八点钟，就没有静一静的时候。要吃东西，要买玩具，闹个不休。客来他要陪（其实是来吃东西的），小事也要管，怎么还会胖呢。他只怕男一个人，不过在楼下闹，也仍使男不能安心看书，真是没有法子想。

上海近来又热起来，每天总在九十度以上，夜间较凉，可以安睡。男及广平均好，三弟亦好，大约每礼拜可以见一回，并希勿念为要。

专此布复，敬请

金安

男树　叩上　广平海婴同叩②

两年后，1936 年 1 月 21 日（鲁迅逝世前 9 个月），鲁迅给母亲写了下面这封信，说海婴已经上了托儿所，言行颇有进步：

母亲大人膝下，敬禀者，一月十三日信，早收到。海婴已放假，在家里玩，这一两天，还不算大闹。但他考了一个第一，好像小孩子也要

---

① 本书原著这一表述有误，这封信写于 1934 年 8 月 21 日——译注。
② 鲁迅：《书信·340821 致母亲》，《鲁迅全集》，第 13 卷，第 201 页。

摆阔，竟说来说去，附上一笺，上半是他自己写的，也说着这件事，今附上。他大约已认识了二百字，曾对男说，你如果字写不出来了，只要问我就是。……①

鲁迅的五十岁生日聚会

1930 年 9 月 17 日，鲁迅与许广平、海婴应邀前往某荷兰饭店，参加为他的 50 岁举办的祝寿会（中国人用"岁"测算年龄，一个人刚生下来就算作 1 岁。当时，鲁迅实际上只有 49 周岁）。根据鲁迅日记记载，参加聚会的有 22 人。柔石（不久后即被国民党政府处死）致了祝寿辞，还有不少宾客代表也发了言。这些代表有"左联"作家和左翼文化团体的社会科学家、艺术家、戏剧工作者等。美国记者史沫特莱是唯一出席庆祝会的外国人，她也做了演讲。根据史沫特莱的记述，当时实际参加祝寿聚餐会的人数远超过了 22 人，他们挤满了饭店后面的那个花园。

在答谢辞中，鲁迅提到某青年女作家呼吁他做无产阶级文学运动的领袖，以及有人希望他成为一名普罗作家的事，鲁迅说："他若真装做一个普罗作家的话，那将是非常幼稚可笑的事……他也不相信中国的青年知识分子，没有经验过工人和农民的生活、希望和痛苦，便能产生普罗文学。创作只能从经验中跃出来，并不是从理论中产生出来的。"②

---

① 鲁迅：《书信·360121 致母亲》，《鲁迅全集》，第 14 卷，第 12 页。
② ［美］史沫特莱：《记鲁迅》，见鲁迅博物馆编：《鲁迅年谱》（增订本），第 3 卷，第 230—231 页，北京：人民文学出版社，1980 年出版。本书原著此处未作注——译注。

白色恐怖

二十三位烈士

对于鲁迅和他所拥护的整个左翼文学运动而言，1931 年是不祥的一年。1 月 17 日，柔石和其他 4 位"左联"成员，在参加地下共产党的会议时在上海东方旅社被英国警察逮捕。柔石等被捕可能是因为叛徒告密。反动派前后共拘捕了 36 名共产党员，这些人全部迅速被移交给了国民党当局。就在被捕的前一天也即 1 月 16 日，鲁迅还见过柔石，并交给他一张字条，希望他转交给某出版社。① 考虑到自身安危，鲁迅很快烧毁了左翼朋友发给他的信函和其余材料，并在内山完造的帮助下，携许广平、海婴移居日本人开设的一家小旅馆避难。他们住在楼梯底下的一间小屋里，一共住了 39 天。

过了许多天，除去小报上的一些流言蜚语，仍然没有关于柔石等人的确切消息。甚至有传言说，鲁迅也已遭拘捕并被杀害了。国民党当局对此保持沉默，他们或许想让这 5 位作家的命运成为一个永远的谜。后来，有人通过某渠道联系到一个监狱看守，说这 5 个人与其他 18 人一起已于 2 月 7 日被枪杀或活埋了。

3 个月之后的 4 月 25 日，左翼作家联盟为遇难的烈士们创办了刊物专号（他们的正常刊物均已遭查禁），通过该专号发布了 5 人遇难的消息。② 这一刊物名为《前哨》，是"左联"的机关杂志。《前哨》不仅让中国人获悉国民党

---

① 实为鲁迅和北新书局所订的合同，柔石当日是受委托来问鲁迅版税的事——译注。

② 即创刊号"纪念战死者专号"——译注。

的暴行，还把消息传布到了海外。7月8日，《新共和》刊登了一篇题为《二十四个青年》的文章（1949年遇难者的尸体被挖出后，死亡人数被确定为23名）。文章把5名遇害作家描述成了"他们那一代人的花朵"。

除了揭露国民党的暴行，《前哨》还发表了一份6位烈士的小传（包括前一年被杀害的宗晖）。这份刊物上登载的纪念文章主要是由鲁迅等3位"左联"重要成员撰写的。鲁迅在文章中曾这样写道：

> 中国的无产阶级革命文学在今天和明天之交发生，在诬蔑和压迫之中滋长，终于在最黑暗里，用我们的同志的鲜血写了第一篇文章。
>
> 我们的劳苦大众历来只被最剧烈的压迫和榨取，连识字教育的布施也得不到，惟有默默地身受着宰割和灭亡。繁难的象形字，又使他们不能有自修的机会。智识的青年们意识到自己的前驱的使命，便首先发出战叫。这战叫和劳苦大众自己的反叛的叫声一样地使统治者恐怖，走狗的文人即群起进攻，或者制造谣言，或者亲作侦探，然而都是暗做，都是匿名，不过证明了他们自己是黑暗的动物。①

鲁迅说柔石是他在上海那段时日唯一敢与之自由谈笑的一个青年作者。应该补充一句，鲁迅为柔石写作技艺的改进提供了很大的帮助。柔石英年早逝前，已出版了短篇小说集两部、长篇小说3部，另有卢那察尔斯基、高尔基译作若干。柔石的第一部短篇小说集讨论的主要是青年知识分子问题，第二部小说集关注的则是社会底层的小人物，如贫苦农民、工人、乞丐、小商贩等。柔石最著名的小说是《人鬼与他底妻的故事》，也被译作《为奴隶的母亲》。② 这篇小说的主人公是一个寡妇，她嫁了个极为丑陋的男人。男人精神不很正常，只能找到最肮脏卑劣的工作，如给死去的农民掩埋尸体。女人后来为男人诞下一子。每个人都说这孩子生得那么好看，肯定是个私生子。女人的傻子丈夫信以为真，残忍地拍打孩子，孩子很快死去了。

---

① 鲁迅：《二心集·中国无产阶级革命文学和前驱的血》，《鲁迅全集》，第4卷，第289页。

② 本书原著这一表述有误，《人鬼与他底妻的故事》和《为奴隶的母亲》是柔石两部不同的中篇小说——译注。

胡也频牺牲时大约 26 岁，[①] 他是著名女作家丁玲的丈夫。丁玲后来被投入监狱，但随后获释。胡也频创作了不下 10 部短篇小说集，另有两部戏剧集、两部长篇小说、一部诗集。他早年的小说多取材婚姻家庭，故事常发生在年轻作家之间，具有强烈的自传色彩。胡也频后期最好的小说之一题为《傻子》，写的是一个靠做零活为生的人，通过努力改善了命运，活得比他做乞丐的母亲强。他为人谦逊而真诚。然而有一天晚上，他亲眼目睹了一桩谋杀案，凶手是村里的村长。没多久，他被发现无故身亡。

"左联"五烈士的第三位是殷夫，又名白莽。他是一个颇有成绩的诗人，常与鲁迅一起谈论工作。第四位烈士冯铿是"左联"五烈士中唯一的女性作家。她积极投身政治与写作，终日不知疲倦，曾参加 1925 年 5 月 30 日的"五卅"运动。她创作了两部长篇小说，另有短篇小说、诗歌、戏剧若干。第五位烈士李伟森比其他几个人年长几岁。他在武汉参加过"五四运动"，还曾在苏联留学。他除了编辑文学刊物，还翻译过大量俄国著作，内容并不都是文学方面的。

1933 年 2 月，鲁迅为"左联"五烈士写下一篇相当于讣告的文章，他把手稿委托给了作家施蛰存。施蛰存是《现代》杂志主编，也是"左联"成员之一。"左联"五烈士牺牲之后，政治形势极为危急，鲁迅不得不一再拖延写讣告的时间。在这种情况下，过去与鲁迅有过多次合作的施蛰存，觉得把这篇文章发表在上海公共租界的一份画报上更为安全，因为国民党政府更不容易插手租界的事务。施蛰存为了丰富文章内容，还向鲁迅索要了柔石的照片、手稿样本，以及鲁迅自己的近照与珂勒惠支的木刻画。鲁迅的这篇文章发表在了《艺术画报》上。后来，鲁迅对这种发表方式颇感不满，不公平地指责施蛰存做事像个西洋商人。这一指责对施蛰存的自尊心造成了相当大的伤害。这也是鲁迅心理过于敏感多疑的另一例证。

鲁迅的这篇文章题为《为了忘却的记念》：

我早已想写一点文字，来记念几个青年的作家。这并非为了别的，

---

① 本书原著这一表述不够准确，胡也频生于 1903 年，故于 1931 年，死时为 28 岁——译注。

只因为两年以来，悲愤总时时来袭击我的心，至今没有停止，我很想借此算是竦身一摇，将悲哀摆脱，给自己轻松一下，照直说，就是我倒要将他们忘却了。

两年前的此时，即一九三一年的二月七日夜或八日晨，是我们的五个青年作家同时遇害的时候。当时上海的报章都不敢载这件事，或者也许是不愿，或不屑载这件事，只在《文艺新闻》上有一点隐约其辞的文章……

明日书店要出一种期刊，请柔石去做编辑，他答应了；书店还想印我的译著，托他来问版税的办法，我便将我和北新书局所订的合同，抄了一份交给他，他向衣袋里一塞，匆匆的走了。其时是一九三一年一月十六日的夜间，而不料这一去，竟就是我和他相见的末一回，竟就是我们的永诀。

第二天，他就在一个会场上被捕了，衣袋里还藏着我那印书的合同，听说官厅因此正在找寻我。印书的合同，是明明白白的，但我不愿意到那些不明不白的地方去辩解。记得《说岳全传》里讲过一个高僧，当追捕的差役刚到寺门之前，他就"坐化"了，还留下什么"何立从东来，我向西方走"的偈子。这是奴隶所幻想的脱离苦海的惟一的好方法，"剑侠"盼不到，最自在的惟此而已。我不是高僧，没有涅槃的自由，却还有生之留恋，我于是就逃走。

这一夜，我烧掉了朋友们的旧信札，就和女人抱着孩子走在一个客栈里。不几天，即听得外面纷纷传我被捕，或是被杀了，柔石的消息却很少……

他在囚系中，我见过两次他写给同乡的信，第一回是这样的——

"我与三十五位同犯（七个女的）于昨日到龙华。并于昨夜上了镣，开政治犯从未上镣之纪录。此案累及太大，我一时恐难出狱，书店事望兄为我代办之。现亦好，且跟殷夫兄学德文，此事可告周先生；望周先生勿念，我等未受刑。捕房和公安局，几次问周先生地址，但我那里知道。诸望勿念。祝好！

赵少雄　一月二十四日。"

……第二封信就很不同，措词非常惨苦，且说冯女士的面目都浮肿了，可惜我没有抄下这封信。其时传说也更加纷繁，说他可以赎出的也有，说他已经解往南京的也有，毫无确信；而用函电来探问我的消息的也多起来，连母亲在北京也急得生病了，我只得一一发信去更正，这样的大约有二十天。

天气愈冷了，我不知道柔石在那里有被褥不？……但忽然得到一个可靠的消息，说柔石和其他二十三人，已于二月七日夜或八日晨，在龙华警备司令部被枪毙了，他的身上中了十弹。

原来如此！……

在一个深夜里，我站在客栈的院子中，周围是堆着的破烂的什物；人们都睡觉了，连我的女人和孩子。我沉重的感到我失掉了很好的朋友，中国失掉了很好的青年，我在悲愤中沉静下去了，然而积习却从沉静中抬起头来，凑成了这样的几句：

惯于长夜过春时，挈妇将雏鬓有丝。

梦里依稀慈母泪，城头变幻大王旗。

忍看朋辈成新鬼，怒向刀丛觅小诗。

吟罢低眉无写处，月光如水照缁衣。[①]

除了柔石，鲁迅与其他几人也很熟悉，尤其是不久前他与白莽（殷夫）有过多次相会。当时，白莽刚从德文翻译了匈牙利诗人、爱国主义者裴多菲的生平文章。鲁迅预备将这篇文章作为裴多菲诗集的"前言"发表。他们就此事进行过两次面谈。他们的第三次会面是在几个月前，当时白莽在大热天穿着厚厚的棉袍叩响了鲁迅家的门，这无疑让鲁迅深感惊讶。白莽说他刚从监狱被释放出来，单衣全被没收了去。棉袍是朋友借给他的，这是他的朋友仅有的一件能借给他的衣服了！

1931 年，鲁迅携妻带子到客栈避难。这并非他第一次外出躲避政府当局的通缉。在 1930 年时，鲁迅加入中国民权保障同盟以后，国民党浙江当局就

---

① 鲁迅：《南腔北调集·为了忘却的记念》，《鲁迅全集》，第 4 卷，第 493—501 页。

曾向中央政府请求下令逮捕"堕落文人鲁迅"，鲁迅为此不得不离家出逃。临走前，他烧毁了朋友写给他的所有信函。鲁迅说这并不是为了消除所谓的"叛国"罪证，而是没必要把朋友牵涉进来，让他们因为与他通信而获罪。在别的时候，一些左翼朋友得知自己就要成为警察的追捕对象时，鲁迅与许广平也为他们提供了避难的场所。

鲁迅常用的另一种自我保护手段是用笔名发表文章，他一生用过的笔名达到了数打之多。[①]

日本占领东三省

1931 年 9 月 18 日，日本突然发动袭击占领了中国的东北三省。在这之前，日、俄两国也曾多次侵蚀中国东北地区的领土，而软弱无能的中国政府根本无力阻止外来势力的侵略。军阀张作霖掌控着东北三省的权柄，南京国民党政府的军队一直没能占领这个区域。在当时，南满铁路系统的控制权早已落入日本人之手，后来日本人又逐渐控制了与南满铁路相毗邻的，包括沈阳、长春在内的广阔区域。1928 年，一名日军上校[②]下令炸毁了军阀张作霖乘坐的火车车厢，因为日本军队开始担心张作霖投靠欧洲列强而不疏远日本。张作霖虽然被谋杀身亡，他还是成功地把东北的权力交到了儿子张学良手上。正是这位张学良，他于 1936 年在西安发动兵变绑架了蒋介石。

东北三省尽管局面混乱，但在法律上它仍属于中国的领土。南京国民政府反对日本进一步侵蚀中国主权，当时日本在所占领的中国地区甚至部署了铁路警卫武装与领事警察。后来，日本关东军炸毁了一段铁路，他们指控中国军人实施了爆炸，并借此展开了其吞并整个东北地区的精密计划。中国政

---

① 本书原著这一表述不够准确。英国计量单位一打为 12 个，按照本书原著作者的说法，鲁迅笔名有几十个。据李允经《鲁迅笔名索解》（福建教育出版社 2006 年版）的说法，鲁迅一生所用过的笔名有 140 多个——译注。

② 本书原著中的 colonel 为英国军队中的上校，相当于日本军队中的大佐。当时指挥皇姑屯爆炸张作霖火车的日本军官是河本大作，他的军衔是大佐——译注。

府没有采取任何抵抗日军的军事行动，他们想把此事提交给国际联盟来解决。然而，国际联盟是受西方列强操控的机构，而西方列强正在千方百计耍手段蚕食中国主权。经过一段时间的考虑，国际联盟最后宣布日本发动的战争属于非法侵略。不过，国际联盟对日本未采取任何制裁行动。

1931年12月，中国各地学生聚集在南京等地举行请愿活动，要求国民党政府出兵抗日。12月14日，教育部颁布了一项命令，禁止学生参加各种形式的请愿活动。3天以后国民党当局又下令，军警可以逮捕或射杀任何参与抗日活动的学生。

鲁迅对于这些事件的反应是，写下了题为《"友邦惊诧"论》的杂文：

> 只要略有知觉的人就都知道：这回学生的请愿，是因为日本占据了辽吉，南京政府束手无策，单会去哀求国联，而国联却正和日本是一伙。读书呀，读书呀，不错，学生是应该读书的，但一面也要大人老爷们不至于葬送土地，这才能够安心读书。报上不是说过，东北大学逃散，冯庸大学逃散，日本兵看见学生模样的就枪毙吗？放下书包来请愿，真是已经可怜之至。不道国民党政府却在十二月十八日通电各地军政当局文里，又加上他们"捣毁机关，阻断交通，殴伤中委，拦劫汽车，攒击路人及公务人员，私逮刑讯，社会秩序，悉被破坏"的罪名，而且指出结果，说是"友邦人士，莫名惊诧，长此以往，国将不国"了！
>
> 好个"友邦人士"！日本帝国主义的兵队强占了辽吉，炮轰机关，他们不惊诧；阻断铁路，追炸客车，捕禁官吏，枪毙人民，他们不惊诧。中国国民党治下的连年内战，空前水灾，卖儿救穷，砍头示众，秘密杀戮，电刑逼供，他们也不惊诧。在学生的请愿中有一点纷扰，他们就惊诧了！……
>
> 可见学生并未如国府通电所说，将"社会秩序，破坏无余"，而国府则不但依然能够镇压，而且依然能够诬陷，杀戮。"友邦人士"，从此可以不必"惊诧莫名"，只请放心来瓜分就是了。[①]

---

① 鲁迅：《二心集·"友邦惊诧"论》，《鲁迅全集》，第4卷，第369—371页。

在鲁迅后来的杂文与诗歌写作中，对国民党"攘外必先安内"政策的抨击是他贯穿始终的一个重要主题。可惜的是，鲁迅在有生之年未能有机会看到 1936 年"西安事变"后蒋介石对日政策的转变。

1936 年 12 月，蒋介石在西安被前东北军阀张学良率领的士兵扣留。张学良收复东北三省心切，但他知道除非国民党放弃内战，选择与共产党合作抗日，否则这一愿望是很难达成的。张学良劫持蒋介石，目的就是要逼他改变消极抗日政策。

"西安事变"之后，蒋介石与共产党的谈判代表周恩来达成协议：共产党的军队并入到国民党军队中去一起抗击日本侵略者。张学良与蒋介石在"西安事变"之后达成的谅解不久以后就被抛在一边，他被蒋介石从西安带走，一直被软禁在家中，起初是在大陆，后来转移到台湾，他就这样度过了余生。蒋介石始终未能全心全意地与共产党联合抗日，日本战败以后，蒋介石立即展开了内战，共产党最终取得了胜利。

日军进攻上海

1932 年 2 月 18 日，日本以满足满洲人自觉的愿望这样虚假的借口，在东北建立了傀儡政权——伪满洲国。日本关东军诱拐了被废黜的清廷末代皇帝溥仪——他原本在天津外国租界退位隐居，扶持溥仪担任伪满洲国元首。"满洲国"这个所谓"独立的"新政权简直就是一件政治赝品，因为在伪满洲国存在期间，日军一直操控着所有的重要政治决定。

中国政府无力阻止东三省事态的恶化，国际联盟也未采取严肃的干预行动。在伪满洲国长春地区，中国农民和朝鲜人发生纠纷，[1] 日本军警乘机干涉，这在中国媒体上引发了一场抗日舆论风暴，直接导致上海民众上演了一场抵制日货的爱国运动。抵制日货损害了日本贸易，日本政府说这种抵制活

---

① 1932 年 4 月，在长春地区，中国人郝永德未经县政府批准将万宝山一带的大批土地转租给流落到中国的朝鲜人，引发中国农民和朝鲜人发生纠纷，日本军警乘机干涉。在平壤，日本官吏纵容一些朝鲜人冲入平壤的华人街区，对中国侨民烧、杀、抢，造成数百中国侨民死伤——译注。

动是一种侵略行为。因此，他们决定在 1932 年 1 月调集部队和军舰进攻上海。

　　鲁迅的寓所位于上海的"小东京"地盘上，距离日本侵华部队所选择的进攻区域很近。战争爆发后，鲁迅在他栖身的二楼书桌旁边，还发现了一个弹孔。为此，鲁迅和家人不得不再次离家避难。1 月 30 日，鲁迅举家搬至内山书店。2 月 6 日，又从内山书店搬到英租界内山书店支店。直到 3 月 19 日，他们才返回了自己的寓所。更严重的是，日军炸毁了雄伟的上海火车北站，以及商务印书馆、东方图书馆等处所。

　　3 月 20 日，鲁迅在给母亲的信函中，描述了日军此次轰炸给他们造成的损失：

　　　　现男等已于十九日回寓，见寓中窗户，亦被炸弹碎片穿破四处，震碎之玻璃，有十一块之多。当时虽有友人代为照管，但究不能日夜驻守，故衣服什物，已有被窃去者，计害马衣服三件，海婴衣裤袜子手套等十件，皆系害马用毛线自编，厨房用具五六件，被一条，被单五六张……①

　　日本此次入侵导致上海约 8000 平民丧命。关于此事，鲁迅后来曾写过一首诗歌，他在诗中描写道：

　　　　在上海的闸北区，枪炮和炸弹轰击、焚烧过后，留下的到处是残垣断壁，唯一的活物是一只受伤且即将饿死的鸽子。这只鸽子被一位有善心的日本人营救后带回了日本，鸽子死后，这位日本人还隆重地将其掩埋。要是这只鸽子能够起死回生的话，真希望它能化身传说中的神鸟精卫，用嘴衔来树枝和石块填满东海，修复中日两国人民之间的裂痕关系。②

---

　　①　鲁迅：《书信·320320 致母亲》，《鲁迅全集》，第 12 卷，第 291 页。
　　②　鲁迅所写的这首诗名为《题三义塔》，内容是这样的："奔霆飞熛歼人子，败井颓垣剩饿鸠。偶值大心离火宅，终遗高塔念瀛洲。精禽梦觉仍衔石，斗士诚坚共抗流。度尽劫波兄弟在，相逢一笑泯恩仇。"见《集外集·题三义塔》，《鲁迅全集》，第 7 卷，第 157 页——译注。

这是一段让很多中国人蒙受痛苦的历史时期，鲁迅的人身安全也受到了巨大威胁。这种威胁一方面来自进攻上海的日本军队，他们让鲁迅饱受战乱与惊吓。好在日军遭到了中国爱国军事力量的激烈抵抗，他们很快即同意撤兵。另一方面，鲁迅所遭受的威胁还来自上海的秘密警察，他们把鲁迅列上了通缉"黑名单"。

1932 年，鲁迅写下一首题为《自嘲》的自况诗，这首诗作于一次晚宴之后：作家郁达夫邀请几位作家和包括他们的孩子在内的家庭成员吃饭，鲁迅作为郁达夫的朋友也在此次应邀之列。赴宴几天后，鲁迅写下了这首《自嘲》诗：①

> 运交华盖欲何求，未敢翻身已碰头。
> 破帽遮颜过闹市，漏船载酒泛中流。
> 横眉冷对千夫指，俯首甘为孺子牛。
> 躲进小楼成一统，管他冬夏与春秋！

这首作于 1932 年 10 月 12 日的诗歌也就是毛泽东在 1942 年延安文艺座谈会上称赞鲁迅精神时提到的那首诗。毛泽东特别引用了这首诗的第五行与第六行，说这两句诗可用来作为共产党员的座右铭。这首诗的第二行中，鲁迅置身其中的"危险"指的就是来自秘密警察的迫害。"千夫指"，指的是右翼敌人对鲁迅的语言攻击。在第六行中，"People"一词的字面意思应翻译为"孺子"，"孺子牛"这一说法出自《左传》（古代史书）。鲁迅并不是第一次把自己比作"牛"。

---

① 郁达夫此次宴请时间在 1932 年 10 月 5 日，鲁迅日记当天有这样的记载："晚达夫、映霞招饮于聚丰园，同席为柳亚子夫妇、达夫之兄嫂、林微音。"《自嘲》一诗作于 10 月 12 日，是为柳亚子写的条幅。见《鲁迅全集》，第 16 卷，第 329—330 页——译注。

中国民权保障同盟

中国民权保障同盟是鲁迅在左翼作家联盟之外，积极投身参与的少数几个组织之一。中国民权保障同盟是由宋庆龄（孙中山夫人）、进步教育家蔡元培（鲁迅在教育部时的第一位上司）、杨杏佛等人共同创立的。1933 年 1 月 11 日，鲁迅和弟弟建人共同出席了民权保障同盟成立大会。在随后的民权保障同盟上海分会成立会议上，鲁迅当选为上海分会执行委员。

中国民权保障同盟是迫于蒋介石的镇压政策而成立的。蒋介石运用一切合法、非法手段，对所有反对者实施残酷打击；此外，他还通过制造"白色恐怖"来对抗左翼敌人特别是共产党。

根据中国民权保障同盟宣言，其目的主要有三：

一、为国内政治犯之释放与一切酷刑及蹂躏民权之拘禁杀戮之废除而奋斗。本同盟愿首先致力于大多数无名与不为社会注意之狱囚；

二、予国内政治犯以法律及其他之援助，并调查监狱状况，刊布关于国内压迫民权之事实，以唤起社会之公意；

三、协助为结社集会自由、言论自由，出版自由诸民权努力之一切奋斗。

鉴于中国当时政治、军事势力的两极分化现状，要实现上述三个目标的机会比较渺茫。虽然现在民众的生存环境得到了很大的改善，这样的一个民权机构是否仍然能够发挥实际的作用，还是有待商榷的问题。

中国民权保障同盟正式成立之前，宋庆龄就已开始留心政治监禁或政治犯庭外处决的诸多案例，并提出过强烈抗议，无论那些人是否是共产党员。宋庆龄参与的第一桩此类事件是关于邓演达的。邓演达是位革命家，但他不是共产党员，曾热心支持过国民党领导的北伐战争。他在 1927 年武汉国民政府中占有重要军事地位。邓演达与毛泽东一样，认为革命要想成功必须调动农村的农民群众，反抗地主阶级的剥削和统治。他还曾与毛泽东一道组织农民来支持国民革命。蒋介石发动政变反对共产党并放弃社会变革时，邓演达选择的是投靠武汉国民政府中所谓的"左派"势力。后来，当"左派"过于屈从蒋氏时，他离开了中国，先是去了莫斯科，而后又到欧洲、亚洲多个国家考察旅行。最初的两年中，他花了大量时间学习政治、经济和历史，蜕变成为一个非常有行动力的人。邓演达甚至加入了北极科考队，他很有可能是第一位踏上北极土地的中国人。

1930 年 5 月，邓演达回到中国。他决定着手组织一个新的政治团体——国民党临时行动委员会。这一组织后来发展成了中国农工民主党。邓演达虽曾读过马克思主义理论，但他并不完全拥护，还写过一些批评共产党的相关文章。他后来表示愿与共产党合作，但在他的"左派"领导那儿碰了一鼻子灰。邓演达试图说服进步政治人物如孙夫人等加入"第三党"，① 但他们中的多数人（包括孙夫人）对他的所作所为都不感兴趣。

尽管如此，孙夫人还是钦佩邓演达的。她可能把邓演达看做是自己已故丈夫的真正弟子，因为孙中山也强调土地改革的重要性。因此当孙夫人听到邓演达被逮捕时，她不顾政治分歧立即通过中间人设法营救他。营救未获成功时，她又亲自到南京面见蒋介石。蒋介石被迫承认邓演达已经被处死了。与其他事情相比，正是邓演达被处死这件事，让孙夫人决定成立中国民权保障同盟。从那时起，中国民权保障同盟在短暂的历史中，对很多起庭外监禁、暗杀的重要案件举行过抗议活动。受害人员不只包括政治人物，还包括学者、记者、作家等。孙夫人国民党中央执行委员会名誉会员的身份对他们的工作很有帮助，中国民权保障同盟的盟员或朋友常利用这层关系，请政府中人帮忙释放被囚禁的人。"四·一二"反革命政变前，这些接触多通过他们的"同志"来完成。在执政党内部，并非人人都赞成蒋介石发动政变。有时，他们取得了部分的成功，如作家丁玲曾经被扣留了一段时间，后来被有条件释放了。丁玲被释放前夕，鲁迅曾写了一首纪念丁玲的诗歌，他以为丁玲真的被处决了。但是，也有很多像邓演达那样的牺牲者，中国民权保障同盟也没能把他们营救出来。

与鲁迅一样，孙夫人和蔡元培也不是共产党员，而是民主人士和民族主义者。他们强烈反对国民党政府的政策：只要是他们认为危险的"对手"，就

---

① 第三党即中国国民党临时行动委员会——译注。

要对其实施囚禁或暗杀。

除了国内的工作，中国民权保障同盟与世界各国不断增长的反法西斯运动也取得了联系。他们邀请了爱尔兰作家萧伯纳来中国访问，萧伯纳是一位活跃的反法西斯主义者。1933 年 2 月，他到中国进行了一次短暂旅行。1933 年 5 月 13 日，孙夫人在蔡元培、杨杏佛、鲁迅与美国记者史沫特莱的陪同下，赴上海的德国领事馆递交抗议书，① 抗议德国希特勒法西斯政权的残酷暴行，并要求面见德国副领事，并通过他向德国政府提出抗议。抗议书中说：法西斯残酷和灭绝人性的暴行不仅践踏了民权，压制了众多无辜学者和作家，更是对德国文化的严重摧残。②

此次抗议之后，孙夫人还写下一篇题为《谴责对德国进步人士与犹太人的迫害》的文章，继续表达抗议。不久后，类似的文章也出现在《申报》等报刊上，有些文章还谈到了中国民权保障同盟的抗议活动。

杨杏佛遇刺身亡

1933 年 6 月 18 日，鲁迅获悉社会科学家杨杏佛遭暗杀。杨杏佛是国民党的老党员，从未加入过任何左翼组织。他对国民党践踏人权的攻击是正中要害的。杨杏佛被刺客盯上时，正驱车带孩子途经上海法租界。刺客们朝着他的车连发十多弹，杨俯下去用身体掩护着两个孩子。他和司机当场被打死，孩子们幸免于难。鲁迅后来对杨杏佛临难能从容保护后代的行为深表赞叹。他说："有后代，就是有将来！"③

鲁迅先生说道："像他（指杨先生），本来是国民党方面的人，至于要同

---

① 即《为德国法西斯压迫民权摧残文化向德国领事馆抗议书》，这份抗议书发表在 5 月 14 日的《申报》上——译注。

② 宋庆龄在《谴责对德国进步人士与犹太人的迫害》中还说："德国政府和法西斯党有计划地组织并鼓动起来的对犹太人的迫害以及反犹暴行，是人类与文化倒退到中世纪和帝俄的最黑暗日子的象征。"（宋庆龄：《为新中国奋斗》，第 49—50 页，北京：人民出版社，1952 年出版）——译注。

③ 冯雪峰：《回忆鲁迅·左联时期》，见鲁迅博物馆编：《鲁迅年谱》（增订本），第 3 卷，第 424 页，北京：人民文学出版社，1980 年出版。本书原著此处未作注——译注。

情共产党，我看也不过为了民族而已。"有一次，他更明白地说过："为民族，在现在还是首先的事情。反动者只想保留政权甚至可以出卖民族，我们却要革命又要民族，革命就是为了民族。"①

鲁迅还写过一首诗来悼念他的朋友杨杏佛之死：

> 岂有豪情似旧时，花开花落两由之。
>
> 何期泪洒江南雨，又为斯民哭健儿。②

这一时期，国民党除了用暗杀杨杏佛这样的手段来恐吓反对派，另外还常发布谣言，说这个人或那个人上了暗杀黑名单。有时，谣言会在实际暗杀行动前放出，譬如在杨杏佛的事件中；有时，国民党虽畏于国内外舆论影响而不敢下手搞暗杀，但也会放出谣言给对手施加压力。鲁迅过去的多次逃难，遇到的就是第二种情况。

然而这一次，鲁迅决定不再躲避。并且，他还去参加了杨杏佛的葬礼，虽然他的名字与蔡元培、孙夫人一起都上了国民党特务蓝衣社的暗杀黑名单。③ 鲁迅和他的好友许寿裳经过商议，决定同去为杨杏佛送殓。

暗杀杨杏佛是国民党给反对派再度施加压力逼其就范的信号，这种恐怖气氛愈演愈烈。1933 年和 1934 年是中国人权遭受践踏特别严重的两年。可惜的是，中国民权保障同盟在杨杏佛被害后未能维持多久就解散了。

创造社的早期成员、鲁迅的朋友郁达夫感觉在上海压力实在太大，决定返回老家杭州居住。鲁迅对家乡省份的形势很了解，劝他不要回去，因为浙江国民党当局对反对派的镇压比上海更为严峻。就这个问题，鲁迅甚至还写

---

① 冯雪峰：《回忆鲁迅》，见鲁迅博物馆编：《鲁迅回忆录》（中卷），第 624 页，北京：北京出版社，1999 年 1 月出版。

② 鲁迅：《集外集拾遗·悼杨铨》，《鲁迅全集》，第 7 卷，第 467 页。

③ 根据林贤治的说法："在杨杏佛入殓的当天，鲁迅不顾朋友的劝阻，同许寿裳一起前往万国殡仪馆。他走时不带钥匙，实际上已经做好了随时遭遇不测的准备。接着，谣言四起，报纸上还披露了一份'钩命单'，每个名字下面都注有代号，而他和杨杏佛的代号正好相同。鲁迅致信朋友说：'据闻在"白名单"中，我也荣获入选'，'继杨杏佛而该死之榜，的确有之，'但他推断，此种恫吓，其中至少有一半乃'文氓'所为，所以决定不搬家，不避居，继续他的没有团体的战斗。"林贤治：《鲁迅的最后十年》，第 75—76 页，上海：复旦大学出版社，2011 年 3 月出版——译注。

了一首诗①送给郁达夫。在诗中，他把杭州描写成了一个荒凉的地方，东周时期暴君的鬼魂们常出没于此，著名政治家伍子胥被处死并被抛尸河中，尸体再也没有找到。当然，鲁迅没能劝住郁达夫迁居杭州，但郁达夫在杭州也没呆多长时间。

20 世纪 30 年代，中国右翼团体多认为希特勒、墨索里尼政府的专制统治与民主制度相比毫不逊色。1933 年，知识分子间还就该问题发生了一场论争，起因是由蒋廷黻引发的，他写了许多文章谈论建立中央集权政府的重要性。他认为，如果成立这样一个政府，即便其政策不能得到普遍认可，大家也应全力支持。1933 年 11 月，中国东南沿海福建发生了事变，成立了短命的"中华共和国人民革命政府"。针对此事，蒋廷黻再度发文，重申建立中央集权政府的论调。依他之见，正是中央集权政府促成了欧洲的创作繁荣与国家强盛。中国并不需要革命，需要的是由全国统一政府建立一个新的专制政权。对此，胡适并不认同，他仍然相信议会民主政治是更为有效的。蒋、胡之间的论争持续了数月之久。后来，越来越多的作家加入到支持独裁政治的行列，最典型的就是作家吴景超②和政治学家钱端升。钱端升以前曾称赞德国魏玛共和国，现在他的观点有了彻底转变，他著文影射德国、意大利的法西斯主义以及苏联的共产主义是对民主政治的致命打击。

那么下一个问题是，应该由谁来做中国的独裁者呢？答案自然是蒋介石。20 世纪 30 年代，蒋介石无论在国民党内部还是整个国家机器中，都已强化稳固了自己的地位。最重要的是，蒋介石一直掌控着国民党的军队，这是一个非常重要的因素，因为国民党曾一度闹内讧而趋于分裂，国民党当局在长江流域以外的统治基础相当脆弱。在当时，中国大部分地区实际上仍然由各地军阀统治着。

事实上，以德国或意大利为榜样而在中国建立法西斯专制政权的构想，只能是一个白日梦，但还是有一部分人希望能将梦想付诸现实。1934 年，周毓英积极推广法西斯主义的本土化理论，他说："社会需要国家主义，法西斯

---

① 即《阻郁达夫移家杭州》，后收入《集外集》，见《鲁迅全集》，第 7 卷，第 162 页——译注。
② 吴景超（1901—1968），社会学家。本书原著把他称作作家，不够恰当——译注。

蒂便是最活泼的国家主义。社会需要社会主义，法西斯蒂便是最前进的社会主义。"国民党的元老政客张继更为激进，赤裸裸地称蒋介石为"中国的希特勒"。[1]

反蒋人士也批评蒋介石的一党统治理论很容易导致独裁。不过，多数中国人长久以来均认为中国需要一个强大的中央政府。

1933—1934 年间，日本还在继续侵蚀中国北部的领土。中国人民（特别是学生）要求国民党政府放弃绥靖政策，动员民众起来抗日，这种声浪愈演愈烈。国民党为了不激怒日本，对学生的示威游行仍采取残酷的镇压、打击政策。与此同时，国民党还下令把北京故宫博物院等文物结构收藏的最珍贵宝物迁移至中国的南部与西南部。1933 年 1 月 31 日，鲁迅用笔名在《申报》上发表了一首诗歌，把两个方面的时局变化联系在一起来评述：

> 阔人已骑文化去，此地空余文化城。
>
> 文化一去不复返，古城千载冷清清。
>
> 专车队队前门站，晦气重重大学生。
>
> 日薄榆关何处抗，烟花场上没人惊。[2]

在此期间，鲁迅写了许多强烈批判国民党政策的诗歌。鲁迅批判国民党把兵力集中投入到反共斗争（尤其是在南方）的内战中去，而不是用于抵抗日本在中国北部的入侵。事实上，鲁迅 1931—1934 年间所作的一些诗歌在对国民党的批判上，几乎比他已出版的所有杂文集中的任何一篇文章都更为直言不讳。原因在于，这些诗歌很多都是鲁迅写给他的中国或日本友人的，并非是为了发表。这些诗歌 1934 年被收进了一个单独的集子《集外集》（未收录在鲁迅其他文集中的文章），它们在公开出版后才为读者所知。下面是鲁迅 1931 所作的其他诗歌：

---

① 林贤治：《鲁迅的最后十年》，第 126 页，上海：复旦大学出版社，2011 年 3 月出版。本书原著此处未作注——译注。

② 鲁迅：《伪自由书·崇实》，《鲁迅全集》，第 5 卷，第 14—15 页。本书原著此处未作注——译注。

大野多钩棘，长天列战云。

几家春袅袅，万籁静愔愔。

下土惟秦醉，中流辍越吟。

风波一浩荡，花树已萧森。①

（1931.3.5）

湘灵歌

昔闻湘水碧如染，今闻湘水胭脂痕。

湘灵妆成照湘水，皎如皓月窥彤云。

高丘寂寞竦中夜，芳荃零落无馀春。

鼓完瑶瑟人不闻，太平成象盈秋门。②

（1931.3.5）

1933 年，中国内战依然在南方肆虐。此时的日本已侵占了中国北方的热河省，正对河北省北部的几个城镇实施轰炸。1 月 26 日，鲁迅用相似的口吻写下一首诗歌，送给了朋友台静农：

风生白下千林暗，雾塞苍天百卉殚。

愿乞画家新意匠，只研朱墨作春山。③

（1933.1.26）

鲁迅作于 1930 年代早期的诗歌并非都充满了政治意味。在鲁迅的一生中，他经常在某些特殊场合与朋友以诗相赠。鲁迅结交了许多日本朋友，有些人在翻译他的作品时还寻求他的帮助。如 1931 年年底，将鲁迅的《中国小

---

① 鲁迅：《集外集·无题》，《鲁迅全集》，第 7 卷，第 148 页。本书原著此处未作注——译注。

② 鲁迅：《集外集·湘灵歌》，《鲁迅全集》，第 7 卷，第 150 页。本书原著此处未作注——译注。

③ 鲁迅：《集外集拾遗·赠画师》，《鲁迅全集》，第 7 卷，第 465 页。本书原著此处未作注——译注。

说史略》翻译成日文的增田涉专程来到上海向他寻求帮助。^① 鲁迅好几个月每天下午花费 3 小时来为他解答问题。增田涉返日后，又与鲁迅保持联系长达两年，直到翻译项目结束。^② 1931 年 12 月的某天，增田涉离开中国前，鲁迅赠给他这样一首怀旧诗：

扶桑正是秋光好，枫叶如丹照嫩寒。

却折垂杨送归客，心随东棹忆华年。^③

新生活运动

鉴于社会主义思想在中国青年中的影响力逐日增强，蒋介石特于 1934 年 2 月发动了所谓的新生活运动，希望重新确立国民党对整个国家的"道德领导"地位。最初，运动确实取得了些许成效，尤其是在学校的孩子们中间。但后来它做得太过火，订立了各式各样荒谬可笑的规矩，这些规矩非但不"新"，反倒像是复归到了"封建主义"时代。在广东，禁止男女同场游泳，禁止男女在酒楼茶肆同食，禁止男女旅客同车。20 世纪三四十年代，中国的小学里既不允许女生和男生交谈，也不允许男生与女生交谈。1934 年 6 月，江西省政府颁布了一条法令《取缔妇女奇装异服办法》，其中一项条款规定："裤长最短须过膝四寸，不得露腿赤足。"

1934 年 8 月，鲁迅写下一篇题为《奇怪》的文章：

世界上有许多事实，不看记载，是天才也想不到的。非洲有一种土

---

① 本书原著这一表述有误，增田涉不是 1931 年年底来到上海的。增田涉是 1931 年 3 月来到上海的，经内山完造介绍成为鲁迅的入室弟子，在近 10 个月中几乎每天去鲁迅家听讲，12 月份他离开中国返回日本——译注。

② 本书原著这一表述不够准确，其实增田涉跟他的老师鲁迅一直保持通信联系，直到 1936 年 10 月 14 日鲁迅去世前夕他们还有书信往来——译注。

③ 鲁迅：《集外集拾遗·送增田涉君归国》，《鲁迅全集》，第 7 卷，第 454 页。

人，男女的避忌严得很，连女婿遇见丈母娘，也得伏在地上，而且还不够，必须将脸埋进土里去。这真是虽是我们礼义之邦的"男女七岁不同席"的古人，也万万比不上的。

这样看来，我们的古人对于分隔男女的设计，也还不免是低能儿；现在总跳不出古人的圈子，更是低能之至。不同泳，不同行，不同食，不同做电影，都只是"不同席"的演义。低能透顶的是还没有想到男女同吸着相通的空气，从这个男人的鼻孔里呼出来，又被那个女人从鼻孔里吸进去，淆乱乾坤，实在比海水只触着皮肤更为严重。对于这一个严重问题倘没有办法，男女的界限就永远分不清。

我想，这只好用"西法"了。西法虽非国粹，有时却能够帮助国粹的。例如无线电播音，是摩登的东西，但早晨有和尚念经，却不坏；汽车固然是洋货，坐着去打麻将，却总比坐绿呢大轿，好半天才到的打得多几圈。以此类推，防止男女同吸空气就可以用防毒面具，各背一个箱，将养气由管子通到自己的鼻孔里，既免抛头露面，又兼防空演习，也就是"中学为体，西学为用"。凯末尔将军治国以前的土耳其女人的面幕，这回可也万万比不上了。

假使现在有一个英国的斯惠夫德似的人，做一部《格利佛游记》那样的讽刺的小说，说在二十世纪中，到了一个文明的国度，看见一群人在烧香拜龙，作法求雨，赏鉴"胖女"，禁杀乌龟；又一群人在正正经经的研究古代舞法，主张男女分途，以及女人的腿应该不许其露出。那么，远处，或是将来的人，恐怕大抵要以为这是作者贫嘴薄舌，随意捏造，以挖苦他所不满的人们的罢。

然而这的确是事实。倘没有这样的事实，大约无论怎样刻薄的天才作家也想不到的。幻想总不能怎样的出奇，所以人们看见了有些事，就有叫作"奇怪"这一句话。[①]

鲁迅怎么也想不到他竟要重新回到20世纪初年的反对儒家的立场。他指

---

①　鲁迅：《花边文学·奇怪》，《鲁迅全集》，第5卷，第571—572页。

出，尽管新生活运动有其有趣的一面，但倘若恢复古代迷信的做法，如 1934 年中国遭遇严重饥荒时政府向龙王祈祷，那可不是开玩笑的事。

这一时期，蒋介石在南方围剿共产党根据地的军事战役的失败中汲取了教训。蒋介石在德国专家的帮助下，计划发动第五次更全面的围剿。他们以军事施压和经济封锁相结合，用碉堡包围了共产党苏区，在共产党苏区外面环绕的圆形地带清理出一个无人区域。1934 年 10 月，红军失败在即，他们只剩下两条路可走：要么撤出自己的根据地，要么等待全军覆灭。共产党选择的是军事转移，他们进行了长达 7000 英里的伟大长征，[①] 最后从南方转移到了中国的西北地区。在长征中，毛泽东凭着他的军事战略才能及其对中国整体政治局势的把握，被推举为中国共产党的领袖。红军在艰苦卓绝的行程中，虽然因敌人围追堵截、疾病、劳顿等因素而损失了约 90% 的兵力，但最终在陕西北部找到了一处避风港。这里不仅是理想的革命根据地，适宜他们指挥政治上和军事上的战斗，也特别适于抵抗日本侵略者。

无论是对于反抗日本帝国主义的民族战争，还是对于革命运动，上述这些重大事件都具有非常关键的重要价值。在鲁迅看来，这些重大事件是更广泛的斗争不可或缺的组成部分。鲁迅虽然身在上海，与真正的军事战斗远隔数千里，但他非常关心远方的事态发展，并因之而深受鼓舞。

鲁迅与共产党的接触主要是通过他的朋友——如青年作家冯雪峰、瞿秋白等——来完成的。鲁迅和冯雪峰结识于 1928 年，和瞿秋白的第一次会面则在 1931 年。1933 年，瞿秋白因病在上海休养，这一时期，他与鲁迅有过多次文学方面的合作。1927 年，陈独秀被停职后，瞿秋白曾暂时担任中国共产党的领袖，不过他后来坦承文学才是他毕生的挚爱。鲁迅从未想过加入某一政党，中共上海文化界那些领导人的幼稚行为，有时让鲁迅甚至不愿意无条件地帮助他们。但是鲁迅终其一生都没有停止成为一位革命者的追求，红军完成长征，并在陕西建立起新革命根据地的消息，让鲁迅看到了中国革命将继续取得新胜利的希望。

---

① 本书原著这一表述不准确。1 英里相当于 1.609 公里、3.218 里，7000 英里约等于 22526 里，少于一般史书所说的红军长征 25000 里——译注。

344

鲁迅 30 年代的其他活动
（1930—1935）

他对中国新兴木刻运动的倡导

自童年起，鲁迅就非常喜爱艺术。在中国传统绘画与雕塑之外，鲁迅喜欢几乎所有形式的艺术，如碑帖、木版画、书籍插图等。民间艺术也是鲁迅的兴趣之一，尤其是那些与宗教祭仪相关的艺术形制，对于鄙视其为封建迷信的人们，鲁迅曾多次著文进行辩护。鲁迅还研究、翻译过西方艺术史方面的书籍，包括法国现代派艺术与俄国学派的艺术。

鲁迅对他称之为"连环图画"的艺术传统颇为欣赏。他指出，西方"凡有伟大的壁画，几乎都是《旧约》，《耶稣传》，《圣者传》的连环图画，艺术史家截取其中的一段，印在书上，……然而那原画，却明明是宣传的连环图画"。① 书籍插图是西方发展极好的另一艺术分支。最显著的例子是法国的陀莱，他是插图版画的名家。鲁迅曾这样写道：

> 我并不劝青年的艺术学徒蔑弃大幅的油画或水彩画，但是希望一样看重并且努力于连环图画和书报的插图；自然应该研究欧洲名家的作品，但也更注意于中国旧书上的绣像和画本，以及新的单张的花纸。这些研究和由此而来的创作，自然没有现在的所谓大作家的受着有些人们的照

---

① 鲁迅：《南腔北调集·"连环图画"辩护》，《鲁迅全集》，第 4 卷，第 458 页。本书原著未引用鲁迅原文，译文改引原文——译注。

例的叹赏，然而我敢相信：对于这，大众是要看的，大众是感激的！①

20 世纪 30 年代，鲁迅通过引进、推广现代版画，以及再度复兴中国木刻画艺术等活动，把个人艺术趣味与他所置身的革命、民主运动结合了起来。中国是最早形成具有自己独特风格的木刻画的国家，后来这种艺术逐渐衰落下去，反而在别处蓬勃发展起来。关于倡导现代木刻的重要性，鲁迅给出过多个原因：其一，中国老百姓多数不识字，因为中国文字太难掌握；而图画因其强烈的视觉性，它可以迅速地被欣赏和理解，可以济文字之穷。其二，与其他绘画形式相比，木刻翻印起来更为便宜。像中国这样的贫穷国家，任何拿来为大众服务的艺术，首先要满足的条件就是制作起来要成本低廉。考虑到这两点，鲁迅认为木刻是中国进行民众教育、革命宣传的一个理想媒介。

19 世纪后半叶以来，现代木刻在西欧多个国家得以复兴，涌现了不少技艺精湛的艺术家。他们的作品大大鼓舞了中国年轻一代的艺术学徒。在这个领域的西方艺术家中，鲁迅最欣赏的是德国版画家珂勒惠支。珂勒惠支的作品属社会现实主义类型，多描写战争与死亡之恐惧。鲁迅收藏有许多欧洲、日本的木刻作品。他还曾安排日本的木刻画专家内山嘉吉为中国学生讲授木刻课程。内山嘉吉是鲁迅的书商朋友内山完造的弟弟，当时，内山嘉吉正在中国探望兄长。有一天，鲁迅来到书店，碰巧看见内山嘉吉在给嫂子讲解木刻技巧。

鲁迅被他的操作示范深深吸引了，问他是否介意给上海学美术的年轻学生讲一讲课，就像教小学生那样从头开始，内山嘉吉当即表示同意，于是，鲁迅就回去询问一八艺社有哪些人愿来听课。木刻讲习会从 8 月 17 日起连续上了 6 天，内容包括刻刀的种类与它们的不同用法，以及如何在板木上提前勾勒画稿、木刻画成品的印制方法等。鲁迅为他们准备了教室并亲自担任翻译。讲习会结束后，鲁迅赠给内山嘉吉珂勒惠支 6 幅一套的版画藏品以示感谢。

在鲁迅生命的最后几年，举办木刻讲习会是他倡导新兴木刻运动的方式

---

① 鲁迅：《南腔北调集·"连环图画"辩护》，《鲁迅全集》，第 4 卷，第 460—461 页。

之一。鲁迅还曾资助青年艺术家举办展览、出版作品，并亲自撰写过日本、欧洲等现当代木刻家的作品介绍。1934 年 7 月，鲁迅还为一部版画集中苏联青年木刻家所刻的高尔基的"母亲"写了说明文字。[①]

在此期间，现代木刻运动在中国取得了长足进步。1933 年，在鲁迅的影响之下，中国新兴木刻艺术家的作品首次在巴黎进行了一次特殊展出。[②] 鲁迅曾经与来上海访问的法国共产主义知识分子保罗·瓦兰特·寇图列尔相遇，[③] 后者非常热心倡导革命艺术。鲁迅收集了近 200 幅中国木刻版画，谨慎地在内山书店交给他带去法国展览，寇图列尔从中选择了 58 幅，其余的直接交还给了鲁迅。[④] 1934 年 3 月，这些作品以"革命的中国之新艺术展览会"为题，在 Billiet-Pierre Vorms 画廊[⑤]得以展出。

1935 年 10 月 10 日，[⑥] 第一次全国木刻联合展览会在上海举行，展出情况比较冷落。当时正值国民党的国庆日，上海正在举行的全国运动会也吸引了一部分民众的注意力。不过，此次展览受到了批评家唐弢的热烈赞赏，唐弢在《申报》发表文章，特别表扬了一些艺术家，说木刻是真正的大众先锋艺术。《上海年鉴》还把此次展览列为本市 1935 年最引人注目的 7 大事件之一。国民党审查官也只是不许其中的 10 幅作品展出，其中有一幅画是由曹白所刻的鲁迅像，曹白是杭州木铃木刻社的一位青年木刻家。鲁迅没有参加此次展

---

① 这部木刻作品集即《引玉集》。高尔基的"母亲"由木刻家亚力克舍夫所刻，共 14 幅，鲁迅还为之作了序——译注。

② 本书原著这一表述有误，应该是在 1934 年——译注。

③ 本书原著这一表述有两个错误。第一个错误：这位来上海旅行的记者不是本书原著提到的保罗·瓦兰特·寇图列尔（Paul Vaillant Couturier），而是琦达·谭丽德（I. Treat），她是美国人，法国"Vu"（《观察》）杂志记者，30 年代国际反战调查团派来中国的代表，鲁迅曾经应她之请收集中国青年版画家的作品，并让她带往法国和苏联展出。本书原著第二个错误是说鲁迅与这位西方人士在上海相遇，其实鲁迅为这件事在自己的日记和书信中曾经 7 次提到谭丽德，但是他们并没有直接见面。保罗·瓦兰特·寇图列尔（1892—1937），法国共产党创始人之一，法国著名的《人道报》记者，男性，他并没有来过中国——译注。

④ 本书原著这一表述有误。首先是把琦达·谭丽德误作保罗·瓦兰特·寇图列尔；其次，鲁迅与琦达·谭丽德并未在内山完造书店见面——译注。

⑤ 位于巴黎拉波埃蒂街 30 号的一个著名画廊——译注。

⑥ 本书原著这一表述有误。据王观泉《鲁迅美术系年》（北京：人民美术出版社，1979 年出版，第 210 页），全国木刻联展巡回至上海时应为 1935 年 10 月 3 日——译注。

览会，此前，他与一位属于"北方艺术家"团体的画家①发生了不愉快，这位画家写信给鲁迅，或多或少地以命令的口吻要求他务必出席此次展览会，这让鲁迅感到受了冒犯。

1934 年 12 月，鲁迅给广州一位颇富才华的青年木刻家李桦写信，对他此前寄来征求自己意见的木刻作品表示赞许。当时正值上海木刻运动遭受镇压，李桦把这些作品寄给鲁迅，是想借此宽慰鲁迅，让他知道革命的种子已远播广州。李桦是广州现代版画会的组织者之一，他曾在日本学习木刻，鲁迅认为他的作品尤其是《春郊小景》颇有日本版画的韵味，还有些取法德国版画的作品也非常成功。在随后的抗日战争时期，李桦的木刻主要描写执行日常任务的士兵，还有战时乡村风景，以及农民和士兵的肖像等，为中国的反法西斯战争事业作出了重要的艺术贡献。1944 年，附有赛珍珠评论的当代中国木刻画集在美国出版，② 其中收录了李桦一批令人难忘的作品。在中国，木刻画向来是一种富于革新、兴旺发达的艺术形式。中国现代最好的木刻家中，不少人都是李桦以及他那位同样造诣精深的同事古元以前培养出来的学生。

鲁迅不遗余力地帮助、鼓励木刻工作者，就像他以前对待年轻作家们那样。他鉴赏作品极有眼力，非常善于发现那些值得培养的人才。同样重要的是，他待人友好诚恳，与木刻青年们相处颇为融洽。以下是鲁迅 1936 年 3 月 26 日（他逝世前 7 个月）致木刻家曹白信函的部分文字。曹白 1933 年毕业于国立杭州艺术专科学校，曾因刻画苏联作家卢那察尔斯基的头像而被投入监狱，1935 年他才获得释放。

---

① 即唐诃（田际华）。根据王观泉《鲁迅美术系年》一书，"全国木刻联展巡回至上海展出，唐诃写信给鲁迅，据复信看唐诃对鲁迅作了无理的指责，所以复信中说：'我大约没有先生们所预想的悠游自在，所以复信的迟延，是往往难免的，因此竟使先生们"老大的失望"真是抱歉得很。'在信末还说'这也是"最终一次"了。'"见《鲁迅美术系年》，第 210—211 页，北京：人民美术出版社，1979 年出版——译注。

② 本书原著这一表述有误，该书出版时间应为 1945 年。1945 年美国记者白修德、贾安娜访问中国，把一些木刻作品带回美国交给了赛珍珠。赛珍珠将这些作品编辑成书出版，书名叫《从木刻中看中国》，由美国纽约约翰出版公司出版，共 92 幅版画作品，其中包括 7 幅李桦的木刻画。此书画页配有赛珍珠所写的解说——译注。

曹白先生：

二十三日的信并木刻一幅都收到。中国的木刻展览会开过了，但此后即寂然无闻，好像为开会而木刻似的。其实是应该由此产生一个团体，每月或每季征集作品，精选之后，出一期刊，这才可以使大家互相观摩，得到进步。

我的生活其实决不算苦。脸色不好，是因为二十岁时生了胃病，那时没有钱医治，拖成慢性，后来就无法可想了。

苏联的版画确是大观，但其中还未完全，有几个有名作家，都没有作品。新近听说有书店承印出品，倘使印刷不坏，是于中国有益的。

您所要的两种书，听说书店已将纸板送给官老爷，烧掉了，所以已没得买……我这里还有，可以奉送……

人生现在实在苦痛，但我们总要战取光明，即使自己遇不到，也可以留给后来的。我们这样的活下去罢。

但是您似乎感情太胜。所以我应该特地声明，我目前经济并不困难，送几本书，是毫无影响的，万不要以为我有了什么损失了。

专此布复，即颂

时绥。

迅上①

鲁迅对现代木刻运动贡献良多，他于 1936 年 10 月 8 日参加在沪举办的木刻流动展览会。② 在展览会上，鲁迅与木刻青年们热情交谈，劳顿不堪了才坐下休息。这是鲁迅最后一次公开露面，11 天后他就去世了。

《北平笺谱》

除了对木刻版画表现出浓厚的兴趣外，1933 年间，鲁迅还与作家郑振铎

---

① 本书原著此处未作注，引文见鲁迅：《书信·360326》，《鲁迅全集》，第 14 卷，第 56—57 页——译注。

② 即中华全国第二回流动展览会——译注。

共同收集整理了大量笺谱——另一种中国传统艺术品，这些作品后来结集为《北平笺谱》出版。在笺纸内容的收集上，鲁迅曾提醒郑振铎注意三种不同的来源：一种是从旧笺谱复制而来的印品，一种是老艺人绘制的小幅画作，还有一种是邀请当代艺术家设计的作品。鲁迅还建议郑振铎去搜集齐白石所作笺谱的最好的复制品，以及一些其他艺术家的画作。此外，他也曾在诸多技术问题上为郑振铎提供建议，譬如印制图书的纸张选择问题。鲁迅认为纸张宜选用纯白色的而不是染色的，每页纸的边缘空白处不用加边框。[①] 此外，鲁迅还筹备了 400 元寄给了郑振铎，作为出版该笺谱的捐款。他们之间关于该话题的通信编进了前引书籍《鲁迅书简》[②] 的第 520 页之后。人们通过这些通信，可以看出鲁迅所具有的精准审美感知力，和他对出版业所拥有的非常详细的知识。

与萧伯纳在上海会面

萧伯纳在周游世界时，于 1933 年 2 月 16 日抵达上海时做了短暂停留。当时，萧是世界反帝大同盟名誉主席。孙夫人宋庆龄获悉萧伯纳的行程安排后，特携杨杏佛等乘上海海关小艇上船迎接客人。2 月 17 日，鲁迅收到蔡元培的通知，说萧伯纳在宋庆龄府上吃午餐，请他最好即刻赶过去。于是，鲁迅匆忙赶赴孙夫人家。2 月 23 日，鲁迅写了一篇关于萧伯纳印象的短文，几天后公开发表：

---

① 关于这些问题，在鲁迅写给郑振铎的信中具体曾有这样的描述："譬如陈师曾齐白石所作诸笺，其刻印法已在日本木刻专家之上"（《书信·330205 致郑振铎》，《鲁迅全集》，第 12 卷，第 366 页）；"前信曾主张用宣纸，现在又有些动摇了，似乎远不及夹贡之好看"（《书信·331002 致郑振铎》，《鲁迅全集》，第 12 卷，第 453 页）；"印色纸之漂亮与否，与纸质也大有关系，索性都用白地，不要染色罢"（《书信·331011 致郑振铎》，《鲁迅全集》，第 12 卷，第 458 页）；"蝴蝶装虽美观，但不牢，翻阅几回，即면凹进，化为不美观，况且价贵，我以为全部作此装，是不值得的"（《书信·331019 致郑振铎》，《鲁迅全集》，第 12 卷，第 460 页）——译注。

② 关于该书的具体信息，详见本书原著后面的参考文献——译注。

我就跑到孙夫人的家里去。一走进客厅隔壁的一间小小的屋子里，萧就坐在圆桌的上首，和别的五个人在吃饭。因为早就在什么地方见过照相，听说是世界的名人的，所以便电光一般觉得是文豪，而其实是什么标记也没有。但是，雪白的须发，健康的血色，和气的面貌，我想，倘若作为肖像画的模范，倒是很出色的……

萧吃得并不多，但也许开始的时候，已经很吃了一通了也难说。到中途，他用起筷子来了，很不顺手，总是夹不住。然而令人佩服的是他竟逐渐巧妙，终于紧紧的夹住了一块什么东西，于是得意的遍看着大家的脸，可是谁也没有看见这成功……

午餐一完，照了三张相。并排一站，我就觉得自己的矮小了。虽然心里想，假如再年青三十年，我得来做伸长身体的体操……。

两点光景，笔会（Pen Club）有欢迎。也趁了摩托车一同去看时，原来是在叫作"世界学院"的大洋房里。走到楼上，早有为文艺的文艺家，民族主义文学家，交际明星，伶界大王等等，大约五十个人在那里了。合起围来，向他质问各色各样的事，好像翻检《大英百科全书》似的。

萧也演说了几句：诸君也是文士，所以这玩艺儿时全都知道的。至于扮演者，则因为是实行的，所以比起自己似的只是写写的人来，还要更明白。此外还有什么可说的呢。总之，今天就如看看动物园里的动物一样，现在已经看见了，这就可以了罢。云云。

大家都哄笑了，大约又以为这是讽刺……

还有面会新闻记者的约束，三点光景便又回到孙夫人的家里来。早有四五十个人在等候了，但放进的却只有一半。首先是木村毅君和四五个文士，新闻记者是中国的六人，英国的一人，白俄一人，此外还有照相师三四个。

在后园的草地上，以萧为中心，记者们排成半圆阵，替代着世界的周游，开了记者的嘴脸展览会。萧又遇到了各色各样的质问，好像翻检《大英百科全书》似的。

萧似乎并不想多话。但不说，记者们是决不干休的，于是终于说起来了，说得一多，这回是记者那面的笔记的分量，就渐渐的减少了下去。

我想，萧并不是真的讽刺家，因为他就会说得那么多。

试验是大约四点半中完结的。萧好像已经很疲倦，我就和木村君都回到内山书店里去了。

第二天的新闻，却比萧的话还要出色得远远。在同一的时候，同一的地方，听着同一的话，写了出来的记事，却是各不相同的。似乎英文的解释，也会由于听者的耳朵，而变换花样。例如，关于中国的政府罢，英字新闻的萧，说的是中国人应该挑选自己们所佩服的人，作为统治者；日本字新闻的萧，说的是中国政府有好几个；汉字新闻的萧，说的是凡是好政府，总不会得人民的欢心的。

从这一点看起来，萧就并不是讽刺家，而是一面镜。

但是，在新闻上的对于萧的评论，大体是坏的。人们是各各去听自己所喜欢的，有益的讽刺去的，而同时也给听了自己所讨厌的，有损的讽刺。于是就各各用了讽刺来讽刺道，萧不过是一个讽刺家而已。

在讽刺竞赛这一点上，我以为还是萧这一面伟大。①

萧伯纳访沪后，许广平尽其所能搜集了上海所有报纸对萧此行的报道，后由鲁迅的朋友瞿秋白编辑成书，以《萧伯纳在上海》为题印刷出版。这本书的编印目的是为呈现一个真实的萧伯纳，并从中窥见其他人的"相貌"。鲁迅为此书撰写了序文，其中包含以下文字：

现在的所谓"人"，身体外面总得包上一点东西，绸缎，毡布，纱葛都可以。就是穷到做乞丐，至少也得有一条破裤子；就是被称为野蛮人的，小肚前后也多有了一排草叶子。要是在大庭广众之前自己脱去了，或是被人撕去了，这就叫作不成人样子。

虽然不像样，可是还有人要看，站着看的也有，跟着看的也有，绅士淑女们一齐掩住了眼睛，然而从手指缝里偷瞥几眼的也有，总之是要看看别人的赤条条，却小心着自己的整齐的衣裤。

① 鲁迅：《南腔北调集·看萧和"看萧的人们"记》，《鲁迅全集》，第4卷，第508—511页。

人们的讲话，也大抵包着绸缎以至草叶子的，假如将这撕去了，人们就也爱听，也怕听。因为爱，所以围拢来，因为怕，就特地给它起了一个对于自己们可以减少力量的名目，称说这类的话的人曰"讽刺家"。

伯纳·萧一到上海，热闹得比泰戈尔还利害，不必说毕力涅克（Boris Pilniak）和穆杭（Paul Morand）了，我以为原因就在此。

还有一层，是"专制使人们变成冷嘲"，但这是英国的事情，古来只能"道路以目"的人们是不敢的。不过时候也到底不同了，就要听洋讽刺家来"幽默"一回，大家哈哈一下子。

还有一层，我在这里不想提。

但先要提防自己的衣裤。于是各人的希望就不同起来了。蹩脚愿意他主张拿拐杖，癞子希望他赞成戴帽子，涂了脂粉的想他讽刺黄脸婆，民族主义文学者要靠他来压服了日本的军队。但结果如何呢？结果只要看唠叨的多，就知道不见得十分圆满了。

萧的伟大可又在这地方。英系报，日系报，白俄系报，虽然造了一些谣言，而终于全都攻击起来，就知道他决不为帝国主义所利用。至于有些中国报，那是无须多说的，因为原是洋大人的跟丁。这跟也跟得长久了，只在"不抵抗"或"战略关系"上，这才走在他们军队的前面。

萧在上海不到一整天，而故事竟有这么多，倘是别的文人，恐怕不见得会这样的。这不是一件小事情，所以这一本书，也确是重要的文献。在前三个部门之中，就将文人，政客，军阀，流氓，叭儿的各式各样的相貌，都在一个平面镜里映出来了。说萧是凹凸镜，我也不以为确凿。

余波流到北平，还给大英国的记者一个教训：他不高兴中国人欢迎他。二十日路透电说北平报章多登关于萧的文章，是"足证华人传统的不感觉苦痛性"。[①] 胡适博士尤其超脱，说是不加招待，倒是最高尚的欢迎……[②]

---

① 英国路透社发出电讯说："政府机关报今晨载有大规模之战事正在发展中之消息，而仍以广大之篇幅，载萧伯纳抵北事，闻此足证华人传统的不感觉苦痛性。"

② 鲁迅：《南腔北调集·〈萧伯纳在上海〉序》，《鲁迅全集》，第4卷，第514—515页。

1933 年 2 月 19 日，关于萧伯纳来沪访问一事，鲁迅以《谁的矛盾》为题写下一篇讽刺短文：

萧（George Bernard Shaw）并不在周游世界，是在历览世界上新闻记者们的嘴脸，应世界上新闻记者们的口试，——然而落了第。

他不愿意受欢迎，见新闻记者，却偏要欢迎他，访问他，访问之后，却又都多少讲些俏皮话。

他躲来躲去，却偏要寻来寻去，寻到之后，大做一通文章，却偏要说他自己善于登广告。

他不高兴说话，偏要同他去说话，他不多谈，偏要拉他来多谈，谈得多了，报上又不敢照样登载了，却又怪他多说话。

他说的是真话，偏要说他是在说笑话，对他哈哈的笑，还要怪他自己倒不笑。

他说的是直话，偏要说他是讽刺，对他哈哈的笑，还要怪他自以为聪明。

他本不是讽刺家，偏要说他是讽刺家，而又看不起讽刺家，而又用了无聊的讽刺想来讽刺他一下。

他本不是百科全书，偏要当他百科全书，问长问短，问天问地，听了回答，又鸣不平，好像自己原来比他还明白。

他本是来玩玩的，偏要逼他讲道理，讲了几句，听的又不高兴了，说他是来"宣传赤化"了。

有的看不起他，因为他不是一个马克思主义文学者，然而倘是马克思主义文学者，看不起他的人可就不要看他了。

有的看不起他，因为他不去做工人，然而倘若做工人，就不会到上海，看不起他的人可就看不见他了。

有的又看不起他，因为他不是实行的革命者，然而倘是实行者，就会和牛兰一同关在牢监里，看不起他的人可就不愿提他了。

他有钱，他偏讲社会主义，他偏不去做工，他偏来游历，他偏到上海，他偏讲革命，他偏谈苏联，他偏不给人们舒服……

于是乎可恶。

身子长也可恶，年纪大也可恶，须发白也可恶，不爱欢迎也可恶，逃避访问也可恶，连和夫人的感情好也可恶。

然而他走了，这一位被人们公认为"矛盾"的萧。

然而我想，还是熬一下子，姑且将这样的萧，当作现在的世界的文豪罢，唠唠叨叨，鬼鬼祟祟，是打不倒文豪的。而且为给大家可以唠叨起见，也还是有他在着的好。

因为矛盾的萧没落时，或萧的矛盾解决时，也便是社会的矛盾解决的时候，那可不是玩意儿也。[1]

萧伯纳是 20 世纪初年的卓越戏剧家之一，鲁迅深知他的重要性所在。尽管萧伯纳不像易卜生那样在中国广受欢迎，但其剧作在"五四运动"以来也多次上演。在中国，萧伯纳是以著名的社会主义知识分子而著称的。鲁迅和萧伯纳的相遇很短暂，属于不期而遇，但他最终却能做到把这次相遇的所见所思与他毕生不懈追求的社会和知识目标结合起来：

在中国，虽然有成千成万的留学过日本的文化人；其中有成百的是在日本发迹了的学者和作家，但在日本人民和进步文化阶层里面引起了对中国人民的巨大同情的，鲁迅是唯一的一个。鲁迅的作品被翻译介绍到日本大概在三十年代前后……用日文为日本人民写文章，开始于 1933 年的《看萧和"看萧的人们"记》。这是日本两个大杂志之一的改造社特地邀请他写的。英国以讽刺闻名于世界的大剧作家萧伯纳到上海来，是世界文化生活的一件大事，改造社不但派了特约的名作家木村毅当记者来采访，还专电约请鲁迅写特别通讯。鲁迅接受邀请，写了。他没有发任何大议论，只记了一些看似琐碎的小事。[2]

---

① 鲁迅：《南腔北调集·谁的矛盾》，《鲁迅全集》，第 4 卷，第 505—506 页。

② 胡风：《鲁迅先生》，《新文学史料》，1993 年第 1 期：第 31 页。本书原著未引用胡风原文，译文改引原文——译注。

与瞿秋白的合作

编辑《萧伯纳在上海》一书的瞿秋白，是江苏常州一个贫苦教师的儿子。瞿秋白年轻时修习过俄语，他 20 岁那年，以特约通讯员身份到苏联采访，接受马克思主义教育并加入了中国共产党。三年后，他回到中国，在上海某大学教授社会学，并开始向《新青年》等中国杂志投稿。此外，他还翻译过一些马克西莫维奇·高尔基的著作。在上海，瞿秋白全心投入到中国共产党的事业之中，并于 1927 年 7 月至 1928 年 8 月担任中国共产党最高领导人职务——尽管他后来忏悔说文学而非政治才是他的毕生挚爱。

1931 年，在青年共产党员、"左联"作家冯雪峰的提议下，瞿秋白和鲁迅第一次会面。瞿秋白当时是声名狼藉的"左派"分子李立三的追随者，已被逐出共产党最高领导层。[1] 从那以后的几年里，冯雪峰充任了鲁迅和瞿秋白的中间人。在冯雪峰的帮助下，瞿秋白在上海南城租下一处寓所，他身体不好，他的同志们建议他休养一阵。鉴于瞿秋白在中共党内的领导地位，他不得不设法躲避当局的注意。他的房东或邻居都不知道他的真实身份。

瞿秋白读过几期冯雪峰带来的"左联"机关刊物《前哨》后，深受感染，亲身投入到左翼作家联盟的工作之中。同时，他还在继续翻译马克思主义著作和苏联文艺理论。瞿秋白高质量的译著，以及他那些精短的杂文给鲁迅留下了深刻印象，他很高兴看到中国现在终于有了俄语知识如此渊博的翻译家。从此以后，瞿秋白和鲁迅开始在冯雪峰的帮助下，互相传递一些便条、译作等著述。他们彼此均向对方咨询过很多问题，譬如卢那察尔斯基的戏剧《解放了的堂吉诃德》[2]。这部戏的第一幕鲁迅曾从日语翻译过，他敦促瞿秋白直接从俄语原文再翻译一遍。

20 世纪 30 年代，外国文学译作在中国的匮乏状态已基本结束。这一时

---

① 瞿秋白是在 1931 年中共六届四中全会上被逐出领导层的——译注。
② 当时译作《解放了的董·吉诃德》——译注。

期，受过良好教育的中国人越来越熟悉欧美文学，俄国文学也逐渐广为人知并获得欣赏。正如鲁迅 1932 年所写下的：

> 包探，冒险家，英国姑娘，菲洲野蛮的故事，是只能当醉饱之后，在发胀的身体上搔搔痒的，然而我们的一部分的青年却已经觉得压迫，只有痛楚，他要挣扎，用不着痒痒的抚摩，只在寻切实的指示了。
>
> 那时就看见了俄国文学。
>
> 那时就知道了俄国文学是我们的导师和朋友。因为从那里面，看见了被压迫者的善良的灵魂，的酸辛，的挣扎。①

鲁迅和瞿秋白也把关注的目光投向了苏联文学。当时，苏联文学还未达到斯大林专制统治的最糟糕时期，不少诗歌、散文很受鲁迅和瞿秋白的欣赏，有一些作品已被翻译成中文，如革拉特科夫的《水泥》、法捷耶夫的《毁灭》等。法捷耶夫的作品是由鲁迅翻译的。

鲁迅和瞿秋白在 1932 年前一直未曾谋面。有一天，鲁迅携许广平、幼子海婴来到瞿秋白与妻子杨之华的家，这是他们的第一次会面。后来，鲁迅还曾二次登门拜访，瞿秋白与妻子也进行了回访。

1933 年 3 月，瞿秋白被迫搬离南市区寓所，来到鲁迅这里居住了一段时日。当时，他们合作完成了《萧伯纳在上海》一书的编纂工作。考虑到瞿秋白的安全，鲁迅为他在一个日本熟人那儿找了一处屋子。这里距离鲁迅的寓所不远，因此，他们在接下来的几个月里，一起工作的时间就更多了。在此期间，瞿秋白创作了不少"鲁迅风"的杂文，有些还用鲁迅的笔名发表。鲁迅非常高兴，还把这些文章收录到他的杂文集中。②

这一时期，瞿秋白和鲁迅之间有过多次讨论，瞿秋白还编选了一部《鲁迅杂感选集》，在这部选集的序言中，瞿秋白特别强调了鲁迅杂感作为一种武器，在作家所从事的思想斗争领域具有重要的作用。该评价对一直被无力感、

---

① 鲁迅：《南腔北调集·祝中俄文字之交》，《鲁迅全集》，第 4 卷，第 473 页。

② 瞿秋白共有 12 篇杂文被编入鲁迅的杂文集《南腔北调集》、《伪自由书》、《准风月谈》中——译注。

挫败感缠身的鲁迅来说，是一种极大的鼓舞。鲁迅很欣赏瞿秋白的文学天分，也很珍视他们之间的合作关系。就瞿秋白对他早年作品及世界观的批评，鲁迅予以极大的关注。和几年前创造社、太阳社对鲁迅的攻击相比，瞿秋白的批评在立论上要远为有依据得多。

出于安全考虑，在随后的几个月里，瞿秋白曾经短期寄宿在鲁迅家里，这样，他们时不时地能够继续开展合作。他们两人共同感兴趣的另一主题是语言改革问题，更准确点说，是文字改革问题。当然，瞿秋白在这个问题上可能比鲁迅更感兴趣。"五四运动"时期，钱玄同宣称汉字不合时宜，应予以废除。在当时的语境下，这一言论激怒了保守分子，引发了新旧两派间的战火。但在客观效果上，这种论调却也让白话文运动不再那么令人反感。鲁迅和瞿秋白都是赞成文字改革的，认为汉字对中国扫除文盲是一个严重障碍。瞿秋白曾花费大量时间与心力，制订中国拉丁化新文字方案。这套文字方案是当前中国拼音系统的前身。1934—1935 年，中国文坛提倡语言的大众化运动，目的是推行比 1920 年代新文学运动的"白话"更为老百姓接受的"大众语"。鲁迅对语言大众化运动的兴趣是由瞿秋白的热情引发的。1934 年 7 月，某期刊就大众语问题发起征文，鲁迅也写文章参与到了论战中。鲁迅的基本立场是：赞成"大众语"运动，因为其目的是为了让大众能读能写；他也赞成使用罗马字，但罗马字须经过反复试验方可推广。鲁迅强烈反对借"大众语"打击"白话"（即 1917—1921 年新文化运动时期倡导的"白话文"），他认为打击"白话"只会使得"文言"起死回生。时任《社会月刊》编者的曹聚仁，当时曾发出一封征求大众语意见的信。1934 年 7 月 29 日，鲁迅给曹聚仁写了一封信，就他信中提出的问题做了如下答复：

最要紧的是大众至少能够看。倘不然，即使造出一种"大众语文"来，也还是特殊阶级的独占工具。……我看这事情复杂，艰难得很。一面要研究，推行罗马字拼音；一面要教育大众，先使他们能够看；一面是这班提倡者先来写作一下。逐渐使大众自能写作，这大众语才真的成了大众语。①

在 20 世纪 30 年代的复杂社会环境中，语言大众化运动根本不可能成功，
更不用说文艺大众化运动了。语言大众化争论中的竞争者提出应引进罗马拼
音字母方案，并进行了小规模的试验。然而，1949 年后的经验表明，中国推
行语言大众化运动的主要障碍不在汉字本身，而在于缺乏让城镇和乡村贫困
老百姓学习阅读的经济动力。同时，它也是这个国家普及教育难以成功的原
因之一。

1935 年 3 月，瞿秋白再度承担共产党内的主要政治工作。他先是到达中
央革命根据地的中心——江西瑞金，后又来到中国东南的福建省一个游击区，
并在这里被国民党逮捕。6 月 18 日，瞿秋白被处决。

为了纪念瞿秋白，当时的鲁迅拖着病体，搜集、编辑、出版了一部瞿秋
白译文集。②

---

① 鲁迅：《书信·340729》，《鲁迅全集》，第 13 卷，第 188 页。本书原著此处未作注——译注。
② 即《海上述林》，分上下两卷，上卷《辨林》收马克思、恩格斯、列宁、普列汉诺夫、拉法格
等人的文学论文，以及高尔基论文选集和拾补等。下卷《藻林》，专收诗和小说的译文，包括高尔基、
卢那察尔斯基的作品等——译注。

后期杂文

《三闲集》

鲁迅的多数散文都相对较短，他称之曰"杂感"或"杂文"。从 20 世纪 20 年代初到 1936 年鲁迅去世，他一共出版了 14 部杂文集，其中有 11 部是 30 年代出版的。这些文集中也有长点的篇什，譬如前文引过的《为了忘却的记念》。鲁迅的杂文标题各异，有些实际上很难进行翻译，有些则需要进一步解释。

1932 年 4 月 24 日，鲁迅编完《三闲集》并作了序言，该书收入的是他 1927 年至 1929 年的杂文。在序言中，鲁迅除了解释为何给这部杂文集起这么一个奇特的标题之外，他还深入阐释了他寓居上海头几年的精神状态。当时，白色恐怖臻至高峰，1932 年日本陆军、空军进攻上海时，鲁迅还被迫离家避难：

> 我的第四本杂感《而已集》的出版，算起来已在四年之前了。去年春天，就有朋友催促我编集此后的杂感。看看近几年的出版界，创作和翻译，或大题目的长论文，是还不能说它寥落的，但短短的批评，纵意而谈，就是所谓"杂感"者，却确乎很少见。我一时也说不出这所以然的原因。……
>
> "杂感"之于我，有些人固然看作"死症"，我自己确也因此很吃过一点苦，但编集是还想编集的。只因为翻阅刊物，剪帖成书，也是一件

颇觉麻烦的事，因此拖延了大半年，终于没有动过手。一月二十八日之夜，上海打起仗来了，越打越凶，终于使我们只好单身出走，书报留在火线下，一任它烧得精光，我也可以靠这"火的洗礼"之灵，洗掉了"不满于现状"的"杂感家"这一个恶谥。殊不料三月底重回旧寓，书报却丝毫也没有损，于是就东翻西觅，开手编辑起来了，好像大病新愈的人，偏比平时更要照照自己的瘦削的脸，摩摩枯皱的皮肤似的。

我先编集一九二八至二九年的文字，篇数少得很，但除了五六回在北平上海的讲演，原就没有记录外，别的也仿佛并无散失。我记得起来了，这两年正是我极少写稿，没处投稿的时期。我是在二七年被血吓得目瞪口呆，离开广东的，那些吞吞吐吐，没有胆子直说的话，都载在《而已集》里。但我到了上海，却遇见文豪们的笔尖的围剿了，创造社，太阳社，"正人君子"们的新月社中人，都说我不好，连并不标榜文派的现在多升为作家或教授的先生们，那时的文字里，也得时常暗暗地奚落我几句，以表示他们的高明。我当初还不过是"有闲即是有钱"，"封建余孽"或"没落者"，后来竟被判为主张杀青年的棒喝主义者了。这时候，有一个从广东自云避祸逃来，而寄住在我的寓里的廖君，也终于悠悠的对我说道："我的朋友都看不起我，不和我来往了，说我和这样的人住在一处。"

那时候，我是成了"这样的人"的。自己编着的《语丝》，实乃无权，不单是有所顾忌（详见卷末《我和〈语丝〉的始终》），至于别处，则我的文章一向是被"挤"才有的，而目下正在"剿"，我投进去干什么呢。所以只写了很少的一点东西。……

其实呢，我自己省察，无论在小说中，在短评中，并无主张将青年来"杀，杀，杀"的痕迹，也没有怀着这样的心思。我一向是相信进化论的，总以为将来必胜于过去，青年必胜于老人，对于青年，我敬重之不暇，往往给我十刀，我只还他一箭。然而后来我明白我倒是错了。这并非唯物史观的理论或革命文艺的作品蛊惑我的，我在广东，就目睹了同是青年，而分成两大阵营，或则投书告密，或则助官捕人的事实！我的思路因此轰毁，后来便时常用了怀疑的眼光去看青年，不再无条件的敬畏了。然而此后也还为初初上阵的青年们呐喊几声，不过也没有什么大帮助。……

我有一件事要感谢创造社的，是他们"挤"我看了几种科学底文艺论，明白了先前的文学史家们说了一大堆，还是纠缠不清的疑问。并且因此译了一本蒲力汗诺夫的《艺术论》，以救正我——还因我而及于别人——的只信进化论的偏颇。但是，我将编《中国小说史略》时所集的材料，印为《小说旧闻钞》，以省青年的检查之力，而成仿吾以无产阶级之名，指为"有闲"，而且"有闲"还至于有三个，却是至今还不能完全忘却的。我以为无产阶级是不会有这样锻炼周纳法的，他们没有学过"刀笔"。编成而名之曰《三闲集》，尚以射仿吾也。[①]

《二心集》

鲁迅的下一部文集收入的是他写于 1930—1931 年的杂文。这本杂文集的"序言"作于 1932 年 4 月 30 日，距离他写作《三闲集》的"序言"仅隔 6 天。在这篇序言中，鲁迅提到了自己这一时期所受到的来自敌人的迫害，这些迫害主要来自右翼的敌人。敌人攻击左翼作家的常用手段是说他们拿了苏联的卢布，"不料不久就有一位勇敢的青年在政府机关的上海《民国日报》上给我批评，说我的那些话使他非常看不起，因为我没有敢讲共产党话的勇气。谨案在'清党'以后的党国里，讲共产主义是算犯大罪的"，"有一种报则载起《文坛贰臣传》来，第一个就是我，——但后来好像并不再做下去了"，"去年偶然看见了几篇梅林格的论文，大意说，在坏了下去的旧社会里，……攻击陷害得最凶的，则是这人的同阶级的人物。……我才知道中外古今，无不如此，真是读书可以养气，竟没有先前那样'不满于现状'了，并且仿《三闲集》之例而变其意，拾来做了这一本书的名目。然而这并非在证明我是无产

---

① 鲁迅：《三闲集·序言》，《鲁迅全集》，第 4 卷，第 3—6 页。

者。一阶级里，临末也常常会自己互相闹起来的"。①

鲁迅的杂文很难分类，很多文章要么是针对时事发言，要么是与别的作家、批评家著述的"对话"。有些杂文有较强的中国或中国文学语境，包括会涉及当时的散文创作情况。有些则纯粹是描述性散文，如《秋夜纪游》或《夜颂》。但鲁迅的大部分杂文是含有强烈讽刺意味的论战檄文。为了迷惑国民党检察官，鲁迅这一时期换用了大量的笔名。

1933年1月伊始，鲁迅受著名作家郁达夫之邀，为新改革的《申报·自由谈》供稿。《申报》是1874年创刊的一份老报纸，当时一位新编辑给《申报》的《自由谈》副刊确定了一种崭新的风格。从1月至5月，鲁迅为这份杂志投稿合计34篇，其中7篇经审查未能发表，9篇是瞿秋白原创由鲁迅修改后发表的。1933年10月，这些作品多被收入杂文集《伪自由书》。

在《伪自由书》的"前记"中，鲁迅交代说他给《申报》投稿的原因有三：其一，是为了老朋友郁达夫的交情；其二，是给年轻的寂寞者以呐喊；其三，是出于他的战斗精神。

鲁迅攻击的主要目标一直是以儒家思想为主导的传统士绅社会，这是他许多杂文的主题。但进入20世纪30年代后，鲁迅也开始关注国民党政权及其辩士们在文化界的行动，如：新近被国民党政权所害的5位年轻作家，不计其数无故被杀死或莫名"失踪"的人们，频繁遭禁的期刊与其他出版物，无处不在的新闻审查，以及国民党政府妄图通过讨好日本让其延缓侵犯中国领土的绥靖政策等，这些均是激发鲁迅战斗决心和勇气的重要事件。大多情况下为家人安全考虑计，鲁迅不会正面抨击政府，但他能抓住很多机会借机提出许多问题。虽然这些问题可能已不像事发时那么重要，但它们仍然直接或间接地与政府的政策有一定瓜葛。

鲁迅也抨击那些指责左翼文学运动"独裁"、"专政"的作家文人们，称他们为"第三种人"。"第三种人"既不亲近国民党也不亲近左派，因害怕遭受攻击，从不轻易执笔为文。鲁迅指出，左翼作家或组织从未勒令任何无派

---

① 鲁迅：《二心集·序言》，《鲁迅全集》，第4卷，第193—195页。本书原著未引用鲁迅原文，译文改引原文——译注。

系的作家保持沉默，相反，他们自己还在不断遭受诸般威胁。

有些知识分子为逃避当前民族危机，埋头沉浸于文学艺术、前朝历史，不问世事，对这一新趋向鲁迅也是反对的。他这样写道："想别人一心看着《六朝文絜》，而忘记了自己是抱在黄河决口之后，淹得仅仅露出水面的树梢头。但这时却只用得着挣扎和战斗。"①

1935 年 5 月，鲁迅写下几篇与"讽刺"相关的杂文，表露了他自己过去几年的写作技巧：

> 我们常不免有一种先入之见，看见讽刺作品，就觉得这不是文学上的正路，因为我们先就以为讽刺并不是美德。但我们走到交际场中去，就往往可以看见这样的事实，是两位胖胖的先生，彼此弯腰拱手，满面油晃晃的正在开始他们的扳谈——
>
> "贵姓？……"
>
> "敝姓钱。"
>
> "哦，久仰久仰！还没有请教台甫……"
>
> "草字阔亭。"
>
> "高雅高雅。贵处是……？"
>
> "就是上海……"
>
> "哦哦，那好极了，这真是……"

谁觉得奇怪呢？但若写在小说里，人们可就会另眼相看了，恐怕大概要被算作讽刺。有好些直写事实的作者，就这样的被蒙上了"讽刺家"——很难说是好是坏——的头衔。例如在中国，则《金瓶梅》写蔡御史的自谦和恭维西门庆道："恐我不如安石之才，而君有王右军之高致矣！"还有《儒林外史》写范举人因为守孝，连象牙筷也不肯用，但吃饭时，他却"在燕窝碗里拣了一个大虾圆子送在嘴里"。②

---

① 鲁迅：《南腔北调集·小品文的危机》，《鲁迅全集》，第 4 卷，第 591 页。本书原著此处未作注——译注。

② 鲁迅：《且介亭杂文二集·论讽刺》，《鲁迅全集》，第 6 卷，第 286 页。

在另一篇题为《什么是讽刺?》的文章中，鲁迅写道：

　　我想：一个作者，用了精炼的，或者简直有些夸张的笔墨——但自然也必须是艺术的地——写出或一群人的或一面的真实来，这被写的一群人，就称这作品为"讽刺"。

　　"讽刺"的生命是真实；不必是曾有的实事，但必须是会有的实情。所以它不是"捏造"，也不是"诬蔑"；既不是"揭发阴私"，又不是专记骇人听闻的所谓"奇闻"或"怪现状"。它所写的事情是公然的，也是常见的，平时是谁都不以为奇的，而且自然是谁都毫不注意的。不过这事情在那时却已经是不合理，可笑，可鄙，甚而至于可恶。但这么行下来了，习惯了，虽在大庭广众之间，谁也不觉得奇怪；现在给它特别一提，就动人。譬如罢，洋服青年拜佛，现在是平常事，道学先生发怒，更是平常事，只消几分钟，这事迹就过去，消灭了。但"讽刺"却是正在这时候照下来的一张相，一个撅着屁股，一个皱着眉心，不但自己和别人看起来有些不很雅观，连自己看见也觉得不很雅观；而且流传开去，对于后日的大讲科学和高谈养性，也不免有些妨害。倘说，所照的并非真实，是不行的，因为这时有目共睹，谁也会觉得确有这等事；但又不好意思承认这是真实，失了自己的尊严。于是挖空心思，给起了一个名目，叫作"讽刺"。其意若曰：它偏要提出这等事，可见也不是好货。①

　　1935 年，鲁迅在一篇谈论漫画的短文中阐述过相似的美学原则。他指出，"漫画的第一件紧要事是诚实，要确切的显示了事件或人物的姿态，也就是精神"，"漫画要使人一目了然，所以那最普通的方法是'夸张'，但又不是胡闹。……漫画虽然有夸张，却还是要诚实"。②

　　在 20 世纪二三十年代的动荡环境下，随着现代经济的增长，中国社会发生了一定程度的变化。当然，只有在上海这样的大城市，一些年轻女性才可

---

①　鲁迅：《且介亭杂文二集·什么是"讽刺"?》，《鲁迅全集》，第 6 卷，第 340—341 页。

②　鲁迅：《且介亭杂文二集·漫谈"漫画"》，《鲁迅全集》，第 6 卷，第 241—242 页。本书原著未引用鲁迅原文，译文改引原文——译注。

以到商业、政府、教育、新闻等部门去工作。1920 年代初年，鲁迅曾著文呼吁尊重女性权利，如今妇女地位有了一定改善。不过，社会地位获得改善的妇女在中国总体人口中只是占了很小的比例；在中国大部分地区尤其是农村地区，妇女地位的改善极为缓慢甚至根本不存在。在中国一些地区，当地自给自足的经济正遭受着外国廉价进口商品的侵蚀。在中国大部分地区，地主阶级仍然掌控着社会生活，汽车等现代化工具的出现还遥遥无期。

不过，正如鲁迅在 1935 年的一篇杂文中所写的那样，上海的中学生十分之九是用钢笔和洋墨水的，他们放弃了中国传统的毛笔和墨汁，他们因此很受了当时一些评论家的训斥。鲁迅反驳这些评论家说："假如我们能够悠悠然，洋洋焉，拂砚伸纸，磨墨挥毫的话，那么，羊毫和松烟当然也很不坏。不过事情要做得快，字要写得多，可就不成功了，这就是说，它敌不过钢笔和墨水。"[1]

《南腔北调集》

鲁迅 1932 年年底至 1933 年年初所作的杂文被收入杂文集《南腔北调集》。上海文坛有人写了一系列人物"素描"文章，鲁迅也名列其中。这位作者说鲁迅极喜欢演说，但讲话的时候是口吃的，至于用语，则是南腔北调。有人说鲁迅迷恋演说且结结巴巴，这让他非常惊讶，但是他承认自己既不会说绵软的苏白，也不会打响亮的京腔，实在是南腔北调。《南腔北调集》中的杂文多在刊物上用笔名登载过，发表鲁迅文章的刊物除了《自由谈》外，还有许多别的报纸和期刊。

鲁迅的后一部杂文集题为《伪自由书》，收入的是鲁迅在 1933 年上半年寄给《申报》上的《自由谈》的杂感。发表时尽管换用了许多不同笔名，但鲁迅的身份还是很快被敌人发现了。论敌们谈论鲁迅根本不谈他的写作内容，单单只是对作者进行人身攻击。有时，论战对手们的文章还被附印在鲁迅的

---

[1] 鲁迅：《且介亭杂文二集·论毛笔之类》，《鲁迅全集》，第 6 卷，第 406 页。

杂文之后一起出版。而且，收入《伪自由书》中的一些文章从未能够在报刊发表，很可能它们触碰到了国民党当局不希望被讨论的敏感话题。但人们搞不清楚禁止这些文章刊登的是官方检察员，还是报馆总编辑，不过限制作家的创作自由却是一目了然的。虽然如此，鲁迅在编辑《伪自由书》集子时，他还是把论敌的文章也收录了进去。

鲁迅 1933 年下半年所作的杂文，后来被收进了一部单独的文集，这个文集的标题很难从字面翻译成英文，它叫《准风月谈》。这一标题的来历是：《自由谈》的编者刊出"吁请海内文豪，从兹多谈风月"的启事，希望投稿者写作多谈风月，少谈敏感的政治和社会事件。鲁迅只得格外谨慎，后来投稿不但频繁换笔名，甚至还请朋友为他抄写文稿，以免自己的笔迹被辨认出来。当时还没有中文打印机，所以一切都要靠手写。

《花边文学》

鲁迅 1934 年所作杂文单独收进了一部杂文集，这部文集奇怪地题名作《花边文学》。《申报·自由谈》的编辑①被排挤走人之后，换成了一位比前任更缺乏开明精神的新编辑，鲁迅后来便不再给《申报》投稿。但就在此时，前武汉临时政府领导人汪精卫正在寻找扩大自身影响的机会。在 30 年代，汪精卫从未与夺取国民党政权的蒋介石言归于好。他此时筹办了一份名叫《中华日报》的报纸，这份报纸设有副刊《动向》。该副刊发表鲁迅的文章，为了吸引眼球，编者特用一圈"花边"把文章围绕起来以示重要。《动向》也刊登青年作家攻击鲁迅的文章，发表时署的自然是笔名。鲁迅投给《动向》的文章仍然还是非常容易引起检察官的注意，但好在他的作品只有 3 篇被查处。

在鲁迅发表于《动向》副刊的文章中，有一篇写的是《申报》馆女职员

---

① 即黎烈文——译注。

秦理斋夫人和她的两个孩子自杀一事。① 秦夫人本来在上海生活得很幸福，子女在这里读书，她也有工作，② 但住在无锡的公公严厉催促她带着孩子回去，无奈之下她和孩子一同服毒自杀了。此事在报纸上引起广泛评论，不少文章虽对秦夫人多有同情，但同时也对她表示谴责。鲁迅的评论是：

> 人间有犯罪学者，一派说，由于环境；一派说，由于个人。现在盛行的是后一说，因为倘信前一派，则消灭罪犯，便得改造环境，事情就麻烦，可怕了。而秦夫人自杀的批判者，则是大抵属于后一派。

> 诚然，既然自杀了，这就证明了她是一个弱者。但是，怎么会弱的呢？要紧的是我们须看看她的尊翁的信札，为了要她回去，既耸之以两家的名声，又动之以亡人的乩语。我们还得看看她的令弟的挽联："妻殉夫，子殉母……"不是大有视为千古美谈之意吗？以生长及陶冶在这样的家庭中的人，又怎么能不成为弱者？我们固然未始不可责以奋斗，但黑暗的吞噬之力，往往胜于孤军，况且自杀的批判者未必就是战斗的应援者，当他人奋斗时，挣扎时，败绩时，也许倒是鸦雀无声了。穷乡僻壤或都会中，孤儿寡妇，贫女劳人之顺命而死，或虽然抗命，而终于不得不死者何限，但曾经上谁的口，动谁的心呢？真是"自经于沟渎而莫之知也"③！

这篇杂文的末尾被检察官删去了，收入《花边文学》时鲁迅又加了上去：

> 倘使对于黑暗的主力，不置一辞，不发一矢，而但向"弱者"唠叨不已，则纵使他如何义形于色，我也不能不说——我真也忍不住了——

---

① 本书原著这一表述有两处错误。一是秦理斋夫人龚尹霞不是《申报》馆的职员，在《申报》馆工作的是秦理斋本人，他的职务是报馆英文译员，他于1934年2月25日在上海病逝。二是自杀者为秦理斋之妻和她的一个女儿、两个儿子，共4人——译注。

② 本书原著这一表述不准确。查鲁迅的《论秦理斋夫人事》及其注释，没有任何秦理斋夫人龚尹霞在上海有工作并生活得很幸福的记载，事实上，在丈夫病死后，龚尹霞不可能过着幸福的生活——译注。

③ 语出《论语·宪问》。鲁迅：《花边文学·论秦理斋夫人事》，《鲁迅全集》，第5卷，第509页。

他其实乃是杀人者的帮凶而已。①

且介亭杂文

这部杂文集的奇特标题源自鲁迅在北四川路的居所。北四川路并不完全在外国租界内，但这里通向租界，常能看到外国人在这条路上出没。鲁迅在1934—1936年所作杂感被收入以"且介亭杂文"为题的三部杂文集，其中1934年下半年所作的36篇收进了第一部集子，1935年所作的48篇收进了第二部集子，1936年所作的35篇收进了第三部集子。前两部集子是鲁迅亲自编定的，第三部由许广平编定。三部文集均出版于鲁迅逝世后的1937年。

这几年，鲁迅的健康每况愈下，但他仍未停止写作和斗争。中国的政治形势变得日益紧迫。1934年4月，日本向全世界宣告中国已经纳进日本的势力范围。1935年，国民党政府与日本签署了丧权辱国的政治协定，承诺放弃在河北、平津及邻省察哈尔的主权。

为了抗议这一协定，"全国各界救国联合会"于1936年5月成立。全国掀起了由学生及其他各界爱国人士组织的游行示威活动。

鲁迅的性格特点与他的政治、社会信念，决定了他自然会反对两类作家：那些远离政治事件的所谓"第三种人"；以及那些本着黄种人的利益，希望中国和日本进行同台竞争的"民族主义作家"。

"第三种人"认为文学艺术是永恒的，政治现象只是暂时的。鲁迅指出，国民党政府禁止出版和杀戮作家时，"第三种人"不置一词，在他们眼里，这是政治问题。艺华影片公司被一众暴徒侵袭，满室狼藉，"第三种人"也不予反抗，因为这里据说是被共产党所用的。后来，出版界也遭到了同样的袭击。与此同时，国民党当局发布了一份禁书作者名单，其中不仅包括苏联作家，还有梅特林克、厄普顿·辛克莱和斯特林堡。1934年7月，上海还成立了一

① 鲁迅：《花边文学·论秦理斋夫人事》，《鲁迅全集》，第5卷，第509页。

个书报检查委员会。

有些民族主义作家视成吉思汗为英雄偶像，称赞他的孙子拔都率领蒙古黄旗军征服了俄国，摧毁其文明，并奴役其人民。当然，过去的俄国现在变成了苏联，另一黄色人种日本人占领了满洲。难道这是在为中、日联合进攻俄国造势吗？

正如鲁迅所写的："成吉思汗'入主中夏'，……那时咱们中俄两国的境遇正一样，就是都被蒙古人征服的。为什么中国人现在竟来硬霸'元人'为自己的先人，仿佛满脸光彩似的。"①

《八月的乡村》

1936 年 4 月，鲁迅写了一篇文章为田军辩护。② 田军是《八月的乡村》的作者，鲁迅曾为这部小说作过序言。《八月的乡村》是一部史诗作品，后来被翻译成了英文，写的是日本占领东北三省后，东北人民开展反抗日本的政治斗争，尤其是一支抗日游击队的战斗历程。上海一位年轻的批评家在报上指责《八月的乡村》"有些还不真实"，因为作者离开东北太早，小说在技巧和内容上"都有许多问题在"。

鲁迅指出："假如'有人'说，高尔基不该早早不做码头脚夫，否则，他的作品当更好；吉须不该早早逃亡外国，如果坐在希忒拉的集中营里，他将来的报告文学当更有希望。"③ 田军至少还在东北生活过，不像他的批评者并未在东北呆过，但却知道田军的作品够不够真实。

这位批评家的笔名叫狄克，他的文章的题目是《我们要执行自我批评》。

---

① 鲁迅：《三闲集·〈吾国征俄战史之一页〉》，《鲁迅全集》，第 4 卷，第 148 页。本书原著未引用鲁迅原文，译文改引原文。原著此处未作注——译注。

② 鲁迅的文章即《三月的租界》，原载 1936 年 5 月 10 日《夜莺》月刊第 1 卷第 3 期，后收入《且介亭杂文末编》。田军即萧军——译注。

③ 鲁迅：《且介亭杂文末编·三月的租界》，《鲁迅全集》，第 6 卷，第 533 页。本书原著未引用鲁迅原文，译文改引原文。原著写的是高尔基放弃做"医生"，有误。前面引用某青年批评家的引文也见本文，第 532—533 页——译注。

鲁迅说："我以为同时可也万万忘记不得'我们'之外的'他们'，也不可专对'我们'之中的'他们'。要批判，就得彼此都给批判，美恶一并指出。如果在还有'我们'和'他们'的文坛上，一味自责以显其'正确'或公平，那其实是在向'他们'献媚或替'他们'缴械。"①

狄克的真实姓名叫张春桥，后来成为臭名昭著的"四人帮"一员。在20世纪六七十年代毛泽东发动的"文化大革命"时期，张春桥要为许多犯罪事件负责。在那个惨痛的历史时代，"四人帮"用来恫吓受害者的主要手段之一，就是逼其进行自我批评。

对"左派"教条分子傲慢地垄断"正确性"，鲁迅表示强烈反对，他的短篇杂感即是最好的例证。鲁迅生前的最后一次抗争行为，是在所谓的"两个口号论争"中他坚决捍卫自己的战斗立场。

---

① 鲁迅：《且介亭杂文末编·三月的租界》，《鲁迅全集》，第6卷，第534页。

"两个口号论争"

(1935—1936)

"左联"的活动

在鲁迅生命的最后几个月，他的身体变得非常衰弱，换成一位不那么执著的作家恐怕早已停止工作，但疾病并不能阻止他参加各项社会活动，他继续从事翻译、文艺批评，并参与了共产党和"左联"作家内部围绕核心策略和前进方向而展开的论争。自从1931年日本占领东北后，各界爱国仁人志士一直在寻求抗击侵略者的路径。有些青年爱国者居然跑到东北对日本发动游击战，还有些人用抵制日货等方式进行抗日。大家认识到为了抗击日本，必须建立最广泛的抗日民族统一战线，逼迫国民党放弃妥协投敌政策。

自"左联"成立以来，左翼作家即参加到反帝爱国运动中来，他们多在文学作品中描绘全国抗敌斗争。鲁迅虽在中国和日本结交了许多日本朋友，但他认为日本军国主义是现代中华民族的最大威胁。他积极鼓励东北的青年作家们表达家国沦亡之恨，田军即是其中之一。田军的小说《八月的乡村》受到了国内外的广泛赞誉。

1928年日本占领东北后，共产党曾呼吁建立统一战线来反对日本帝国主义，该政策一直持续到1930年代早期。共产党尽管经常遭受国民党的武装袭击，但它从未把国民党排除到抗日阵线以外。1933年，毛泽东与朱德甚至发表宣言，提出愿意与任何支持这项政策的国民党派系订立共同对日作战协定。1934年，共产党签署"抗日救国六大纲领"。"六大纲领"集中强调应动员全国人民起来共同抗日，不应把任何党派和社会组织排斥于抗日统一战线以外。

"左联"的解散

1935 年 7 月，共产国际第七次代表大会召开，号召全世界工人阶级组织建立反法西斯统一战线。共产党为响应号召发表了"八一宣言"，宣布大家应有"兄弟阅墙外御其侮"的觉悟，停止内战，抵抗外侮。此外，"八一宣言"还号召组织国防政府与抗日联军。

如果真有中国人以为日本会仅仅满足于他们在中国东北获得的利益，那他们的幻想真的应该破灭了。继 1931 年"九·一八"事变日本占领东北后，他们首先在 1932 年把侵占目标伸向了上海，随后又占领了毗邻东北的热河省。① 1933 年，中国政府代表与日本军方签署《塘沽协定》，允许日本在河北省驻军，把控制中国北方重要省份的钥匙拱手送给了日本。在随后 1935 年签署的《何梅协定》中，日本进一步加强了对河北的控制权。国民党政府和日本军方签署的所有协定主要是为了讨好日本，以便他们自己能够获得足够的时间，开展军事行动对付共产党，从而统一全国。为达此目的，国民党还警告中国媒体不许发布反日言论，以免惹恼日本。

1935 年，中国人民组织全国救亡运动，反日情绪达到了新的高峰。1935 年 12 月 9 日，北平学生爆发了声势浩大的示威游行，要求政府停止与共产党的内战，团结全国人民一致抗日。爱国运动从北平迅速蔓延到其他城市，国民党政府逮捕了数名救国运动领袖。当时，毛泽东正领导红军进行著名的长征，预备将共产党总部从南方革命根据地转移至中国西北地区的陕西、甘肃与宁夏的边区。1936 年春，蒋介石挥师西北，打算一举消灭共产党。

---

① 本书原著这段文字是根据 1935 年 8 月 1 日的《为抗日救国告全体同胞书》而写的："关东贼军司令部正在积极实行成立所谓'蒙古国'和'华北国'的计划。自民国二十年'九·一八'事变以来，由东三省而热河，由热河而长城要塞，由长城而'滦东非战区'，由非战区而实际占领河北、察、绥和北方各省，不到四年，差不多半壁山河，已经被日寇占领和侵袭了。"——译注。

"一二·九"运动后，中国共产党发表宣言，主张继续坚持基本的统一战线政策，但同时以比先前强烈数倍的语气，称蒋介石是中国人民的敌人：

> 在亡国灭种的前面，中国人民决不能束手待毙。只有全国海陆空军与全国人民总动员，开展神圣的反日的民族革命战争，以打倒日本帝国主义，以消灭中国有史以来最大的汉奸卖国贼蒋介石，中国民族才能得到最后的彻底的解放。[①]

共产党痛斥蒋介石为卖国贼，但与此同时，上海的左翼作家和戏剧家为建立文艺界抗日民族统一战线，自行解散了左翼组织，"左联"自此不再存在。左翼文化人正在努力，准备成立一个新的抗日救亡组织。

要想理解"左联"为何解散，必须从当时的发展形势来看。随着世界法西斯主义与日本帝国主义野心的增长，共产主义运动蓬勃发展。1935 年 8 月，共产国际第七次代表大会在莫斯科召开，为了研究反法西斯应急对策，多国共产党派代表前往参加。在会上，共产国际发言人保加利亚领导人季米特洛夫，提出了在各劳动阶级中建立最广泛的反法西斯统一战线的基本策略。中共首席代表王明在会上作了中国革命运动正进入高潮的报告。[②] 由新一届领袖毛泽东领导的中国共产党为获得此次参会权付出了艰苦卓绝的努力，他们派出的代表团直到会议结束前的最后一天才抵达莫斯科。与此同时，王明让"左联"驻莫斯科的共产党代表、诗人萧三给上海"左联"写信，指示他们解散左翼作家联盟，说它"太左"，太宗派化。[③] "左联"对所谓的"第三种人"开展的斗争，就是它的过于"左"倾和宗派主义的明证。

20 世纪 80 年代，共产党重要知识分子胡乔木指出，那个时候绝大多数中

---

① 即 1935 年 11 月 28 日的《抗日救国宣言》——译注。

② 季米特洛夫在这次大会上所作的发言报告为《法西斯的进攻与共产国际的任务》。中国驻共产国际代表团还以共产党的名义发表了著名的《八一宣言》，要求停止内战，一致抗日，号召中国人民不分阶级和党派都联合起来，组织国防政府和国防联军，挽救民族危亡——译注。

③ 萧三尽管起初不同意解散"左联"，但后来在咨询另一位中共驻共产国际代表康生后，最终还是把信寄至日本人开设的内山书店，请其转交鲁迅——原注。事实上，这封信是秘密交通员交给史沫特莱，然后由史沫特莱在内山书店交给鲁迅的——译注。

国人其实都是"无派别的人"。

萧三在信中肯定了"左联"自成立以来的巨大贡献，但同时指出，形势要求"左联"必须作出大的政策调整。首先，应取消"左联"，发宣言解散它；然后，以"保家卫国"、"挽救中华民族"、"坚守五四精神"等为口号，号召"所有不愿做卖国贼的作家、文化工作者、知识分子"团结起来，发起、组织一个广大的文化团体。鲁迅接信后，把它转交给茅盾，再由茅盾转交给了周扬。

鲁迅很不高兴

鲁迅是"左联"创始人之一，也是"左联"最重要的成员。在未经任何人事先通知的情况下就解散"左联"，鲁迅对此很不高兴。在鲁迅看来，倘成立新的文学团体，唱主角的肯定是他已不信任的周扬、田汉诸人。因此，当新的"中国文艺家协会"成立时，他率先站出来规劝一众作家不要加入该协会。鲁迅坚信革命运动是民族解放斗争的重要组成部分。他认为"国防文学"这一口号过于宽泛，忽略了"左联"近些年致力于大众文学而创作出来的所有成功作品，他认为这些大众文学作品可能会产生深远的影响。鲁迅提出的口号是"民族革命战争的大众文学"。这一口号受到自延安归来的冯雪峰，以及诗人、批评家胡风的赞同。随后，关于"两个口号"孰优孰劣的论争闹得沸沸扬扬。周扬——后来成为前期中华人民共和国的重要文化官员，以及徐懋庸等作家支持"国防文学"，鲁迅、胡风等作家支持"民族革命战争的大众文学"。论争一度变得相当激烈，一方指责另一方是叛徒、汉奸，另一方指责对方是"机会主义者"。后来，鲁迅眼见这样的争吵毫无意义，让步说他不反对"国防文学"口号，希望尽可能多的作家用文学作品来表达爱国主义情感。他不赞成取消"左联"，也不赞成放弃左翼文学运动的独特性。

论争的哪一方代表左翼文学运动的"正确路线"？探究这样的问题超出了本书的讨论范围，但比起那些遵循共产国际影响下的政策，得到共产党领导人王明、周扬支持的那些人的观点，鲁迅的说法更接近毛泽东的思想。王明、周扬等人主张取消左翼组织，建立杂乱的统一战线组织。鲁迅逝世 20 年后，毛泽东在一次记者招待会上说：鲁迅是书香门第出身，人家说他是"封建余孽"，我的同乡成仿吾和创造社成员说鲁迅不行，国民党给鲁迅施加压力，我们党的上海同志也批评他，他受到两面夹击，但鲁迅还是写。①

尽管毛泽东是在 1957 年讲这番话的，但他谈到了 20 世纪 20 年代后期创造社、太阳社成员对鲁迅的宗派主义攻击，并借以鼓励人们不要被困难吓倒，而应持之以恒。可悲的是，毛泽东自己在随后的岁月里也未能把这种态度坚持下去。

1937 年 7 月，随着日本侵华战争的全面爆发，此次论争很快就被人遗忘了，此时距鲁迅去世 7 个月左右。"两个口号论争"反映了共产主义运动在这一时期的两难困境：一方面，中国共产党领导人（尤其是毛泽东）坚持认为无论谁执掌中央政府，共产党必须坚守自己的位置。共产党已发展成为民族解放运动的重要政治力量，这意味着它必须拥有独立的组织权、领土权。另一方面，斯大林领导的苏联共产党认为，国民党仍是中国民族革命的主导力量，共产党应听从蒋介石的，因为他已经广泛地被社会各界拥戴为中国的领袖了。抗日战争时期，中国共产党作出了让步，把自己的军队并入了国民党军队，但它决不允许国民党侵占解放区。苏联政府未给予中国共产党任何帮助，甚至在抗战胜利后，眼看共产党很有可能推翻蒋介石政权，斯大林直到最后的时刻仍继续谨慎行事。

中国作家们，或者说那些认为政治立场极端重要的左翼文化活动家们激烈地论争了好几个月。1936 年 9 月，鲁迅在去世几个星期前，写了一篇关于

---

① 这段话是根据《毛泽东文集》意思写出来的，毛泽东的原话是这样的："鲁迅是真正的马克思主义者，是彻底的唯物论者。真正的马克思主义者，彻底的唯物论者，是无所畏惧的，所以他会写。现在有些作家不敢写，有两种情况：一种情况，是我们没有为他们创造敢写的环境，他们怕挨整；还有一种情况，就是他们本身唯物论没有学通。是彻底的唯物论者就敢写。鲁迅的时代，挨整就是坐班房和杀头，但是鲁迅也不怕。现在的杂文怎样写，还没有经验，我看把鲁迅搬出来，大家向他学习，好好研究一下。他的杂文写的方面很多，政治、文学、艺术等等都讲，特别是后期，政治讲得最多，只是缺少讲经济的。鲁迅的东西，都是逼出来的。他的马克思主义也是逼着学的。他是书香门第出身，人家说他是'封建余孽'，说他不行，但鲁迅还是写。现在经济方面的杂文也可以写。文章的好坏，要看效果，自古以来都是看效果作结论的。"毛泽东：《同新闻出版界代表的谈话》，《毛泽东文集》，第 7 卷，第 263 页。本书原著此处注释不详——译注。

376

"两个口号之争"的"调解"性文章。①

鲁迅与共产党发言人周扬等人就左翼文学运动未来政策方针问题而展开的这场论争，后来通常被称作"两个口号之争"。

穿着洋服的"四条汉子"

对不少人而言，"两个口号之争"似乎非常艰深难懂，为便于理清思路，我们提供徐懋庸 1936 年 8 月写给鲁迅的信，以及鲁迅长篇复信的部分内容。此次信函来往仅仅发生在鲁迅逝世前几个星期：

鲁迅先生：

贵恙已痊愈否？念念。自先生一病，加以文艺界的纠纷，我就无缘再亲聆教诲，思之常觉怆然！

我现因生活困难，身体衰弱，不得不离开上海，拟往乡间编译一点卖现钱的书后，再来沪上。趁此机会，暂作上海"文坛"的局外人，仔细想想一切问题，也许会更明白些的罢。

在目前，我总觉得先生最近半年来的言行，是无意地助长着恶劣的倾向的。以胡风的性情之诈，以黄源的行为之谄，先生都没有细察，永远被他们据为私有，眩惑群众，若偶像然，于是从他们的野心出发的分离运动，遂一发而不可收拾矣。胡风他们的行动，显然是出于私心的，极端的宗派运动，他们的理论，前后矛盾，错误百出。即如"民族革命战争的大众文学"这口号，起初原是胡风提出来用以和"国防文学"对立的，后来说一个是总的，一个是附属的，后来又说一个是左翼文学发展到现阶段的口号，如此摇摇荡荡，即先生亦不能替他们圆其说。对于他们的言行，打击本极易，但徒以有先生作着他们的盾牌，人谁不爱先

---

① 本书原著这一表述不够准确，作者所提到的文章是《答徐懋庸并关于抗日统一战线问题》，它是鲁迅 1936 年 8 月 3—6 日抱病写出的——译注。

生，所以在实际解决和文字斗争上都感到绝大的困难。

我很知道先生的本意。先生是唯恐参加统一战线的左翼战友，放弃原来的立场，而看到胡风们在样子上尚左得可爱；所以赞同了他们的。但我要告诉先生，这是先生对于现在的基本的政策没有了解之故……

我觉得不看事而只看人，是最近半年来先生的错误的根由……

我今天就要离沪，行色匆匆，不能多写了，也许已经写得太多。以上所说，并非存心攻击先生，实在很希望先生仔细想一想各种事情。

拙译《斯太林传》快要出版，出版后当寄奉一册，此书甚望先生细看一下，对原意和译文，均望批评。敬颂

痊安。

懋庸　上

以上，是徐懋庸给我的一封信，我没有得他同意就在这里发表了，因为其中全是教训我和攻击别人的话，发表出来，并不损他的威严，而且也许正是他准备我将它发表的作品。但自然，人们也不免因此看得出：这发信者倒是有些"恶劣"的青年！

但我有一个要求：希望巴金，黄源，胡风诸先生不要学徐懋庸的样。因为这信中有攻击他们的话，就也报答以牙眼，那恰正中了他的诡计。在国难当头的现在，白天里讲些冠冕堂皇的话，暗夜里进行一些离间，挑拨，分裂的勾当的，不就正是这些人么？这封信是有计划的，是他们向没有加入"文艺家协会"的人们的新的挑战，想这些人们去应战，那时他们就加你们以"破坏联合战线"的罪名，"汉奸"的罪名。然而我们不，我们决不要把笔锋去专对几个个人，"先安内而后攘外"，不是我们的办法。

但我在这里，有些话要说一说。首先是我对于抗日的统一战线的态度。其实，我已经在好几个地方说过了，然而徐懋庸等似乎不肯去看一看，却一味的咬住我，硬要诬陷我"破坏统一战线"，硬要教训我说我"对于现在基本的政策没有了解"。我不知道徐懋庸们有什么"基本的政策"。（他们的基本政策不就是要咬我几口么？）然而中国目前的革命的政党向全国人民所提出的抗日统一战线的政策，我是看见的，我

是拥护的，我无条件地加入这战线，那理由就因为我不但是一个作家，而且是一个中国人，所以这政策在我是认为非常正确的，我加入这统一战线，自然，我所使用的仍是一枝笔，所做的事仍是写文章，译书，等到这枝笔没有用了，我可自己相信，用起别的武器来，决不会在徐懋庸等辈之下！

其次，我对于文艺界统一战线的态度。我赞成一切文学家，任何派别的文学家在抗日的口号之下统一起来的主张。我也曾经提出过我对于组织这种统一的团体的意见过，那些意见，自然是被一些所谓"指导家"格杀了，反而即刻从天外飞来似地加我以"破坏统一战线"的罪名。这首先就使我暂不加入"文艺家协会"了，因为我要等一等，看一看，他们究竟干的什么勾当；我那时实在有点怀疑那些自称"指导家"以及徐懋庸式的青年，因为据我的经验，那种表面上扮着"革命"的面孔，而轻易诬陷别人为"内奸"，为"反革命"，为"托派"，以至为"汉奸"者，大半不是正路人；……

最后，我要说到我个人的几件事。徐懋庸说我最近半年的言行，助长着恶劣的倾向。我就检查我这半年的言行。所谓言者，是发表过四五篇文章，此外，至多对访问者谈过一些闲天，对医生报告我的病状之类；所谓行者，比较的多一点，印过两本版画，一本杂感，译过几章《死魂灵》，生过三个月的病，签过一个名，此外，也并未到过咸肉庄或赌场，并未出席过什么会议。我真不懂我怎样助长着，以及助长什么恶劣倾向。难道因为我生病么？除了怪我生病而竟不死以外，我想就只有一个说法：怪我生病，不能和徐懋庸这类恶劣的倾向来搏斗。

其次，是我和胡风，巴金，黄源诸人的关系。我和他们，是新近才认识的，都由于文学工作上的关系，虽然还不能称为至交，但已可以说是朋友。不能提出真凭实据，而任意诬我的朋友为"内奸"，为"卑劣"者，我是要加以辩正的，这不仅是我的交友的道义，也是看人看事的结果。徐懋庸说我只看人，不看事，是诬枉的，我就先看了一些事，然后看见了徐懋庸之类的人。胡风我先前并不熟识，去年的有一天，一位名人约我谈话了，到得那里，却见驶来了一辆汽车，从中跳出四条汉子：

田汉，周起应，还有另两个，① 一律洋服，态度轩昂，说是特来通知我：胡风乃是内奸，官方派来的。我问凭据，则说是得自转向以后的穆木天口中。转向者的言谈，到左联就奉为圣旨，这真使我口呆目瞪。再经几度问答之后，我的回答是：证据薄弱之极，我不相信！当时自然不欢而散，但后来也不再听人说胡风是"内奸"了。②

穿洋服的"四条汉子"所体现的宗派主义倾向，在欧洲共产主义政党中很是常见，在苏联甚至存在了几十年。其最大危害是经常在毫无证据的情况下，指控同党分子为叛徒或反革命。出现宗派主义的倾向，可能是由于地下工作的极端危险性质所致。

鲁迅极其反对派系纷争，并设法置身纷争之外，这种做法是完全正确的。

"口号之争"的问题并未真正得到解决，日本侵华战争爆发后，此事才最终黯淡下来。周扬这一派人成立的"中国文艺家协会"也没能持续多长时间。1935 年 10 月，③ 鲁迅在《文学界同人为团结御侮与言论自由宣言》上签字，这充分表明了他的爱国之心。这份宣言不仅仅"抗日"，他们还反对国民党的镇压政策。在这份宣言上签字的还有郭沫若、林语堂，以及茅盾、巴金等著名作家，值得注意的是，郭沫若在"两个口号论争"中与鲁迅意见相左，而林语堂和鲁迅也早已"闹翻"。

可以毫不夸张地说，在鲁迅和徐懋庸因"两个口号论争"吵得不可开交时，周扬及其追随者给鲁迅的生活造成了极大困扰，他们甚至指责鲁迅"懒"。要知道，此时距鲁迅生命的终点只有几个月时间了。冯雪峰自 1928 年起与鲁迅成为朋友，根据冯雪峰的说法，鲁迅认为周扬等人只是空谈，唱高调，发命令，不仅不对敌人认真作战，并且还耗尽了不同派别之人的革命力量。鲁迅曾经对冯雪峰说，他有时确实感到"独战"之苦。他还对冯雪峰说："有时甚至使我多疑的毛病又起来了"，"他们个个是工头，我有时简直觉得像

---

① 周起应即周扬，"另两位"是夏衍和阳翰笙。

② 鲁迅：《且介亭杂文末编·答徐懋庸并关于抗日统一战线问题》，《鲁迅全集》，第 6 卷，第 546—555 页。本书原著此处未作注——译注。

③ 本书原著这一表述有误，应为 1936 年 10 月——译注。

一个戴了脚镣的苦工，不管做得怎样起劲，总觉得背后有鞭子在抽来。"① 鲁迅在 1935 年、1936 年曾给一位朋友写信抱怨周扬等人不断地攻击他，他多么想休息一下啊！

除了冯雪峰，鲁迅在那些年间的另一个重要朋友是胡风，当胡风受到身穿西服的"四条汉子"的诽谤中伤时，鲁迅站出来为他辩护。事实上，鲁迅虽然和胡风认识时间不长，但跟他在一起或许比跟冯雪峰在一起感觉更亲近。可能因为胡风最感兴趣的是文学创作，而冯雪峰则对政治更感兴趣。冯雪峰、胡风两人都是鲁迅的亲密朋友，他们经常去看望他，谈论一些与工作相关的实际问题。

胡风是 1925 年进入北京大学学习的，② 当时鲁迅还在北大做教员。但胡风很快③就转去日本留学，他在日本参与左翼政治活动并加入了日本共产党。1933 年，他还因为这些活动与其他思想"左倾"的中国同胞一道被日本警方驱逐出境。④ 归国不久，胡风即转入中国共产党，并很快全身心地投入到"左联"的工作之中，一度曾担任"左联"行政书记。在那个圈子里，大家普遍认为胡风是对马克思主义文艺理论把握得最好的一位学者。胡风还是一位敏锐的文学批评家，曾作过关于张天翼、林语堂等作家的研究。胡风在"两个口号论争"中的立场，清晰地表达在他的一篇题为《人民大众向文学要求什么?》的文章中。在该文中，他说在新的历史时期，中国需要新的文学，新的文学需要新的口号，他认为"民族革命战争的大众文学"这个口号的好处在于，它强调了中国劳苦大众的幸福安宁与国家的繁荣昌盛的一致性。

胡风的《人民大众向文学要求什么?》行文洒脱，他眼中仿佛根本就没有对立面"国防文学"存在一样。从这篇文章开始，胡风逐渐被视为共产党文学机构中一个"我行我素"的异类，这种定位使得胡风在以后的数十

---

① 《冯雪峰文集》，第 4 卷，引自万同林：《殉道者——胡风及其同仁们》，第 23 页，济南：山东画报出版社，1998 年出版——原注。译文中的引文实际见《殉道者》一书第 24 页——译注。

② 胡风 1925 年进京大学习读的是预科——译注。

③ 本书原著这一表述有误，实际为 1929 年——译注。

④ 胡风被日本驱逐出境是由于在留日学生中组织抗日文化团体所致——译注。

年里不断遭受政治迫害。在文学观上，胡风一生信仰现实主义，他认为作者的观点虽然重要，但起码不应歪曲对现实的描写。那种仅仅把文学视作政治宣传工具的观点，胡风向来是不认同的。《人民大众向文学要求什么？》这篇文章尽管是以胡风的名义发表的，但新的口号并不是他独自创造出来的。鲁迅承认这篇文章是他让胡风写的，他本人对新的口号的提出也负有责任。

鲁迅很少参加社交活动，但1935年9月，他和许广平接受了胡风及妻子的晚宴邀请，并给他们的孩子带了一只赛璐珞玩具鸭子、一个木制小鸟以及一盒日本制的果酱夹心饼干。胡风的妻子后来曾用以下文字描述过此次聚会：

> 鲁迅先生穿一身深灰色的长衫，还是戴着他那帽沿下垂的礼貌，许先生穿得也很朴素，记得是浅灰色有浅花的旗袍。海婴穿一身浅色的童装，可能是日本服装店定做的，非常合体，显得十分活泼可爱。这一家来到我们的陋室，不能不用一句俗话说"蓬荜生辉"，感到这屋子一下子豁亮了，充满了和蔼欢欣的气氛。
>
> ……
>
> 在书房里，更是谈笑风生，有时拿一本书翻翻看看说几句，或是从一本杂志的文章中指指点点说了开去。他们的谈话，有时还夹杂着日本话，可能是谈到日本哪个作家，我没有一个完整的印象，也不知道他们谈的是什么，只好像是昨天或前天谈话的继续，没有头，也好像没有尾，一点没有客套话，也没有沉思不悦哑场的时候。这是一次愉快的真正朋友的谈话。[①]

---

① 梅志：《在"皇宫"里招待鲁迅先生》，引自万同林：《殉道者——胡风及其同仁们》，第31—32页，济南：山东画报出版社，1998年出版。

鲁迅的最后时日

这也是生活

　　多年来，肺结核病严重影响了鲁迅的健康和生活，但因为他体质强健，一次又一次地挺了过去。到了 1935—1936 年这最后两年，鲁迅在进行着一场即将失败的战斗，死神的到来只是时间问题。医生多次叮嘱他放下工作静心休养，他都没有当回事。鲁迅很少抱怨他的病，他说他不想因此让敌人高兴，或让家人朋友担心。即便是许广平，她也不很清楚鲁迅其实已经病得很严重了。

　　母亲听到鲁迅的病情后非常担心。9 月 3 日，鲁迅特给母亲写了一封信予以宽慰，也可以把它看做是在宽慰自己：

　　　　男确是吐了几十口血，但不过是痰中带血，不到一天，就由医生用药止住了。男所生的病，报上虽说是神经衰弱，其实不是，而是肺病，且已经生了二三十年，被八道湾赶出后的一回，和章士钊闹后的一回，躺倒过的，就都是这病，但那时年富力强，不久医好了。男自己也不喜欢多讲，令人担心，所以很少人知道。初到上海后，也发过一回，今年是第四回，大约因为年纪大了之故罢，一直医了三个月，还没有能够停药，因此也未能离开医生，所以今年不能到别处去休养了。

　　　　肺病是不会断根的病，全愈是不能的，但四十以上人，却无性命危险，况且一发即医，不要紧的，请放心为要……[1]

---

　　① 　鲁迅：《书信·360903》，《鲁迅全集》，第 14 卷，第 140—141 页。本书原著此处未作注——译注。

有时，鲁迅会感到浑身剧烈疼痛。1936年1月3日，他的肩膀及肋部均感大痛，后稍缓解。3月份，因为到一个冷房子里去找书，鲁迅又一不小心中寒，引发严重支气管病。到了5月，他的病情再次急转直下，使朋友们极为担忧。史沫特莱多次去看望鲁迅，最后终于说服他去请美国医生诊治。这位医生是当时上海唯一的一名外国肺病专家。[①]鲁迅说史沫特莱太容易情绪激动，"情绪化"对病人而言不是件好事。西方人把生命价值看得比中国人高，他是不会受她影响的。

　　美国医生诊断后说中国人的体质比欧洲人强健，鲁迅的病症如果是欧洲人，则早在5年前就已死掉了！鲁迅拒绝接受进一步治疗，因为他不相信一个"已死5年的人"还能医好。拍摄过X光胸部照片后，鲁迅承认美国医生的诊断是极准确的。

　　许多人用心良苦，劝鲁迅到国外医治。这样的劝告大多数是出于好意，但是鲁迅收到以前一个学生的来信，这个人一度与鲁迅关系相当亲近，最近跑到国民党某机关工作。这位所谓的朋友在信中说，鲁迅可去日本治疗，一切都已为他安排妥当。鲁迅怀疑这是一个陷阱，未予回复。

　　还有好些人劝鲁迅到苏联去。第十九路军司令陈铭枢将军向鲁迅致函，邀请他立即乘船到香港，从那里安排他前往俄国。这封信是香港地下共产主义组织由专人送至内山书店后转交给鲁迅的。鲁迅此前还收到过来自莫斯科的其他邀请，但他都拒绝了，他觉得自己在中国有更紧要的工作需要去做。

　　鲁迅现在很清楚自己所患疾病的性质，知道自己已余日无多。但除非他感到非常不适，他从未放下手中的工作。甚至在1936年秋天，鲁迅仍在努力地翻译、写作。且不说回复徐懋庸的那封长信，他还写了一篇关于章太炎的论评文章。[②]章太炎是一位学者、革命家，是鲁迅留日时期的老师。这篇文章肯定了章太炎在晚清共和运动中的地位，驳斥了吴稚晖对他的奚落攻击，维护了章的声誉。吴稚晖是蒋介石1927年4月"白色恐怖"时最亲密的同僚之

----

　　① 这位美国医生即肺病科专家托马斯·邓恩（Thomas Dunn），他是当时上海最好的两个治肺病的医生之一，但并非唯一的一个，作者所述不准确——译注。

　　② 即《关于太炎先生二三事》，原载1937年3月10日《二三事》（《工作与学习丛刊之一》），后收入《且介亭杂文末编》——译注。

一。这篇文章是鲁迅写下的最后一篇文章，到 9 月 19 日他去世①时还未能完成。

在他生命的最后一段时日，鲁迅还写了一篇赞扬"女吊死鬼"的文章。女吊是绍兴地方戏《目连救母》中的人物。幼时，鲁迅还曾在这出戏中扮演过一个小角色，演的是到墓地召唤鬼魂的一名信使。② 根据传说，女吊是一个年轻的童养媳，因备受婆婆虐待，被逼无奈投缳自尽。鲁迅很佩服女吊，因为她从未停止向压迫者复仇。她的强烈、坚定的复仇意志与那些鼓吹宽恕的人们形成了鲜明对比，那些人在标榜宽恕的同时却无视受害者蒙受的冤屈。在这篇文章的开头，鲁迅引用了某明朝作家的话语："会稽乃报仇雪耻之乡，非藏垢纳污之地！"③ 鲁迅评述道："这对于我们绍兴人很有光彩，我也很喜欢听到，或引用这两句话。"④ 在这篇文章的结尾，鲁迅写下了这样的文字：

> 只有明明暗暗，吸血吃肉的凶手或其帮闲们，这才赠人以"犯而勿校"或"勿念旧恶"的格言，——我到今年，也愈加看透了这些人面东西的秘密。⑤

鲁迅明白中华民族要想获得进步，就必须坚决反抗帝国主义和国内反动势力。作为一个中国人，他觉得自己有责任直接投入这场战斗。在鲁迅一生的工作中，他一直都在这么做，即便是疾病也未能让他停下脚步。鲁迅一直战斗到了生命的最后一刻，他拒绝了为了多活一段时间而放弃战斗。对鲁迅来说，战斗就是他的生命，放弃战斗比死亡还要糟糕。

虽有战斗的决心，但有时疲惫感也会让鲁迅力不从心。去世两个月前，

---

① 本书原著这一表述有误，鲁迅是 1936 年 10 月 19 日去世——译注。

② 参见前文第一部分。

③ 这位作家即明末的王思任（1574—1646），浙江山阴（今绍兴）人。弘光元年（1645）清兵破南京，明朝宰相马士英逃往浙江，王思任在骂他的信中说："叛兵至则束手无措，强敌来则缩颈先逃……且欲求奔吾越；夫越乃报仇雪耻之国，非藏垢纳污之地也。"——译注。

④ 鲁迅：《且介亭杂文末编·附集·女吊》，《鲁迅全集》，第 6 卷，第 637 页。

⑤ 鲁迅：《且介亭杂文末编·附集·女吊》，《鲁迅全集》，第 6 卷，第 642 页。本书原著此处未作注——译注。

鲁迅写下一篇文章《"这也是生活"……》，描述了他某次旧病复发后的切身感受。这篇文章显示了鲁迅的精神耐力之强。他说自己一生很少感到疲劳，因为他从未做过体力劳动：

> 有一些事，健康者或病人是不觉得的，也许遇不到，也许太微细。到得大病初愈，就会经验到；在我，则疲劳之可怕和休息之舒适，就是两个好例子。我先前往往自负，从来不知道所谓疲劳。书桌面前有一把圆椅，坐着写字或用心的看书，是工作；旁边有一把藤躺椅，靠着谈天或随意的看报，便是休息；觉得两者并无很大的不同，而且往往以此自负。现在才知道是不对的，所以并无大不同者，乃是因为并未疲劳，也就是并未出力工作的缘故。

> 我有一个亲戚的孩子，高中毕了业，却只好到袜厂里去做学徒，心情已经很不快活的了，而工作又很繁重，几乎一年到头，并无休息。他是好高的，不肯偷懒，支持了一年多。有一天，忽然坐倒了，对他的哥哥道："我一点力气也没有了。"

> 他从此就站不起来，送回家里，躺着，不想饮食，不想动弹，不想言语，请了耶稣教堂的医生来看，说是全体什么病也没有，然而全体都疲乏了。也没有什么法子治。自然，连接而来的是静静的死。我也曾经有过两天这样的情形，但原因不同，他是做乏，我是病乏的。我的确什么欲望也没有，似乎一切都和我不相干，所有举动都是多事，我没有想到死，但也没有觉得生；这就是所谓"无欲望状态"，是死亡的第一步。曾有爱我者因此暗中下泪；然而我有转机了，我要喝一点汤水，我有时也看看四近的东西，如墙壁，苍蝇之类，此后才能觉得疲劳，才需要休息。

> 象心纵意的躺倒，四肢一伸，大声打一个呵欠，又将全体放在适宜的位置上，然后弛懒了一切用力之点，这真是一种大享乐。在我是从来未曾享受过的。我想，强壮的，或者有福的人，恐怕也未曾享受过。

> 记得前年，也在病后，做了一篇《病后杂谈》，共五节，投给《文学》，但后四节无法发表，印出来只剩了头一节了。虽然文章前面明明有

一个"一"字，此后突然而止，并无"二""三"，仔细一想是就会觉得古怪的，但这不能要求于每一位读者，甚而至于不能希望于批评家。于是有人据这一节，下我断语道："鲁迅是赞成生病的。"现在也许暂免这种灾难了，但我还不如先在这里声明一下："我的话到这里还没有完。"

有了转机之后四五天的夜里，我醒来了，喊醒了广平。

"给我喝一点水。并且去开开电灯，给我看来看去的看一下。"

"为什么？……"她的声音有些惊慌，大约是以为我在讲昏话。

"因为我要过活。你懂得么？这也是生活呀。我要看来看去的看一下。"

"哦……"她走起来，给我喝了几口茶，徘徊了一下，又轻轻的躺下了，不去开电灯。

我知道她没有懂得我的话。

街灯的光穿窗而入，屋子里显出微明，我大略一看，熟识的墙壁，壁端的棱线，熟识的书堆，堆边的未订的画集，外面的进行着的夜，无穷的远方，无数的人们，都和我有关。我存在着，我在生活，我将生活下去，我开始觉得自己更切实了，我有动作的欲望——但不久我又坠入了睡眠。①

鲁迅仍然在信守诺言：决不放弃战斗！在离世的前一天，病痛折磨得他几乎无法呼吸时，他还让许广平准备了一些纸，他想看看自己能否继续写下去，但他实在太虚弱了，无法继续写下去。去世前一夜的凌晨3点，鲁迅的病情急剧恶化，他觉得躺着痛苦，就设法坐着，但是仍然浑身充满痛苦。这时，许广平请来了日本医生为他注射止痛针。当天晚些时候，日报送到了，鲁迅问许广平报上写了什么。许广平说报上有《译文》杂志的广告，《译文》上有他翻译的果戈理《死魂灵》的连载章节。晚上，鲁迅给内山完造写了个便条。这个便条便是他毕生数百万文字的最后绝笔："老板几下：没有到半夜

---

① 鲁迅：《且介亭杂文末编·"这也是生活"……》，《鲁迅全集》，第6卷，第622—624页。

又气喘起来。因此，十点钟的约会去不成了，很抱歉。托你给须藤先生挂个电话，请他速来看一下。"①

民族魂

10月19日晨5时30分，鲁迅逝世。② 6时许，鲁迅的生前好友冯雪峰、黄源、内山完造、鹿地亘夫妇等闻讯赶来向死者告别。宋庆龄得讯后也立即赶到鲁迅寓所。

鲁迅的葬礼仪式于1936年10月22日下午举行。送葬行列以鲁迅生前好友、同事为前导，紧随其后的是浩浩荡荡的送殡队伍，然后是吹奏哀乐的挽歌队和大批上海民众。在灵柩轻轻地垂落到墓穴之前，一面写着"民族魂"文字的旗帜覆盖在了他的灵柩上。

当时，赞颂鲁迅的悼文为数极多，很难在这里特别挑出哪一篇。下面这段文字，摘自政论家邹韬奋发表在刊物上的一篇文章，它用简短的几行文字，写出了当时上海乃至全中国人民得知鲁迅逝世后的悲痛之情：

> 鲁迅先生逝世和殡葬的情形，还历历如在眼前。我们回想到整千整万的群众瞻仰遗容时候的静默沉痛，回想到整千整万群众伴送安葬时候的激昂悲怆，再看到全国各报和刊物上对于他的逝世的哀悼，无疑地可以看出鲁迅先生是民众从心坎里所公认的一个伟大的领袖。我要特别指出："从心坎里的"公认的领袖不是藉权势威胁可以得到的，不是藉强制造作可以得到的，是由于永远刚毅不屈不挠的为大众斗争的事实所感应的。③

---

① 许广平：《最后的一天》，原载1936年11月15日《作家》第二卷第二期。本书原著未引用鲁迅原文，译文改引原文——译注。

② 本书原著这一表述有误，鲁迅逝世于当天早晨5时25分——译注。

③ 邹韬奋：《从心坎里》，《韬奋文集》，第1卷，第202页，北京：三联书店，1957年出版。

鲁迅逝世两个星期前，曾写下一篇谈论死亡主题的文章。毫无疑问，撰写此文是鲁迅可能意识到自己恐怕已余日无多。这篇文章与鲁迅平时文章的风格一样，充满了讽刺与战斗意味。文章篇幅比较长，讨论的是中国当前社会各种类别的人面对死亡的不同态度，以及人们的鬼神观念。在文章的最后，鲁迅也谈了谈他自己对于这一主题的看法：

直到今年的大病，这才分明的引起关于死的豫想来。原先是仍如每次的生病一样，一任着日本的S医师的诊治的。他虽不是肺病专家，然而年纪大，经验多，从习医的时期说，是我的前辈，又极熟识，肯说话。自然，医师对于病人，纵使怎样熟识，说话是还是有限度的，但是他至少已经给了我两三回警告，不过我仍然不以为意，也没有转告别人。大约实在是日子太久，病象太险了的缘故罢，几个朋友暗自协商定局，请了美国的D医师来诊察了。他是在上海的唯一的欧洲的肺病专家，经过打诊，听诊之后，虽然誉我为最能抵抗疾病的典型的中国人，然而也宣告了我的就要灭亡；并且说，倘是欧洲人，则在五年前已经死掉。这判决使善感的朋友们下泪。我也没有请他开方，因为我想，他的医学从欧洲学来，一定没有学过给死了五年的病人开方的法子。然而D医师的诊断却实在是极准确的，后来我照了一张用X光透视的胸像，所见的景象，竟大抵和他的诊断相同。

我并不怎么介意于他的宣告，但也受了些影响，日夜躺着，无力谈话，无力看书。连报纸也拿不动，又未曾炼到"心如古井"，就只好想，而从此竟有时要想到"死"了。不过所想的也并非"二十年后又是一条好汉"，或者怎样久住在楠木棺材里之类，而是临终之前的琐事。在这时候，我才确信，我是到底相信人死无鬼的。我只想到过写遗嘱，以为我倘曾贵为宫保，富有千万，儿子和女婿及其他一定早已逼我写好遗嘱了，现在却谁也不提起。但是，我也留下一张罢。当时好像很想定了一些，都是写给亲属的，其中有的是：

一，不得因为丧事，收受任何人的一文钱。——但老朋友的，不在此例。

389

二，赶快收敛，埋掉，拉倒。

三，不要做任何关于纪念的事情。

四，忘记我，管自己生活。——倘不，那就真是胡涂虫。

五，孩子长大，倘无才能，可寻点小事情过活，万不可去做空头文学家或美术家。

六，别人应许给你的事物，不可当真。

七，损着别人的牙眼，却反对报复，主张宽容的人，万勿和他接近。

此外自然还有，现在忘记了。只还记得在发热时，又曾想到欧洲人临死时，往往有一种仪式，是请别人宽恕，自己也宽恕了别人。我的怨敌可谓多矣，倘有新式的人问起我来，怎么回答呢？我想了一想，决定的是：让他们怨恨去，我也一个都不宽恕。

但这仪式并未举行，遗嘱也没有写，不过默默的躺着，有时还发生更切迫的思想：原来这样就算是在死下去，倒也并不苦痛；但是，临终的一刹那，也许并不这样的罢；然而，一世只有一次，无论怎样，总是受得了的……后来，却有了转机，好起来了。到现在，我想，这些大约并不是真的要死之前的情形，真的要死，是连这些想头也未必有的，但究竟如何，我也不知道。①

---

① 鲁迅：《且介亭杂文末编·死》，《鲁迅全集》，第6卷，第634—635页。

尾 声

鲁迅逝世 10 个月后，日本政府发动全面侵华战争，给中国人民造成了深重的苦难。鲁迅有很多日本朋友，这一事态发展肯定也令他们非常痛心。如果鲁迅健在的话，他应当会继续召集作家同仁们投入到反帝斗争中，或者再度与他那位生活在重庆的老朋友胡风一起，投入到反法西斯事业中去。不过，在这种情况下，鲁迅该如何跟日本老朋友相处，恐怕会变成一件难办的事。但中国人是极为珍视友谊的，朋友关系是中国的五大人伦关系之一。① 假使鲁迅还健在，他与一些日本老朋友有所接触应该不会有大问题，尤其是如果这些人在日本帝国主义侵华问题上与鲁迅意见相似的话，他们的友谊将继续延续下去。

鲁迅的弟弟周作人选择了同他的日籍妻子和孩子们一起，继续呆在北平。② 周作人选择在北平生活的决定，使周作人承受了日本占领军施加给他的难以抗拒的巨大压力，他终于接受了以北平为核心的华北傀儡政府教育督办的伪职。滞留北平的决定是由多重因素造成的：其一，他舍不得离开自己的书斋，这里是他获得写作灵感的不竭源泉；其二，北大校长在南下前，请他和另一位同事照看学校，设法避免学校的图书设备等受损害；其三，可能是因为他的日籍妻子。抗日战争结束后，周作人为他的留京决定遭受了一些惩罚，包括受了一段时间的监禁等。共产党执政之后，当局为周作人安排了工作，让他撰写两部关于他兄长的书：《鲁迅的故家》和《鲁

---

① 三纲五常中的"五常"（仁、义、礼、智、信）是用以调整、规范君臣、父子、兄弟、夫妇、朋友等五种人伦关系的行为准则——译注。

② 1940 年 11 月 8 日，汪精卫政权华北政务委员会教育总署督办汤尔和因肺癌病逝。1940 年 12 月 19 日，汪精卫政权中央政治委员会 31 次会议通过"特派周作人为华北政务委员会委员，并指定为常务委员兼教育总署督办"，1941 年元旦正式上任——译注。

迅小说里的人物》。这两本书为后来的学者和其他人从事鲁迅研究，提供了相当宝贵的材料。

陈源的妻子凌叔华与日本人有着更为密切的接触。[①] 1923 年结婚前，凌叔华结识了时任日本驻东北满铁总裁的松冈洋右。[②] 他们当时是什么关系，迄今不得而知。但在凌叔华逝世后，我们在她床边找到一束用红丝带捆绑着的信件。我本人亲眼目睹了凌叔华女儿及另一位朋友发现这些信件的过程。信是松冈洋右写来的，有几封表达了他对凌叔华的爱慕之情，称她是一个东方美人。1939 年日本侵华战争期间，凌叔华以参加母亲葬礼的名义，带着女儿来到日本占领的北平，她再一次见到了松冈洋右。松冈洋右当时任日本政府的外务大臣，[③] 他送给凌叔华一些钱，甚至还答应要赠予她一座小岛。他建议凌叔华不要带着女儿去日本，因为这可能会伤害到她留在国民党统治区的丈夫陈西滢。松冈洋右与凌叔华的这些通信是用英文写的，松冈洋右在美国读书时就掌握了英文。[④] 日本战败后，松冈洋右被指控为甲级战犯，然而判决未下他就病死了。凌叔华的文学天赋是毋庸置疑的，但她的政治或道德识见相形之下却有些不相匹配。

1959 年，作为国庆节献礼之一，鲁迅的爱人许广平完成了《鲁迅回忆录》初稿。正如许广平在《前言》中所述，此书是在"社会主义风格的工作方法"指导下完成的。换句话说，它是经过集体讨论、上级拍板后才在 1961 年出版

---

① 陈源绝不可能察觉他的妻子与松冈洋右之间的交往。

② 本书原著这一表述有误。查满铁历史，1922 年 10 月至 1924 年 6 月担任满铁总裁的是川村竹治，松冈洋右（1880—1946）当时担任着满铁的理事。1935 年 8 月至 1939 年 3 月，松冈洋右担任满铁总裁。松冈洋右于 1940 年 7 月起担任日本军国主义政府的外务大臣。日本投降后，松冈洋右被定为甲级战犯，因病去世的他躲过了死刑判决。满铁的全称为南满洲铁道株式会社，是 1906 年至 1945 年间日本帝国主义设在中国东北的殖民机构，在帮助日本法西斯掠夺、奴役中国人民方面犯下了滔天罪行——译注。

③ 本书原著这一表述有误，松冈洋右是在 1940 年 7 月至 1941 年 7 月期间担任近卫文麿内阁的外务省大臣，凌叔华 1939 年与他在北平见面时，松冈洋右还不是日本外务大臣——译注。

④ 1893 年，13 岁的松冈洋右和亲戚一起前往美国俄勒冈州波特兰求学。1900 年，他毕业于俄勒冈大学法学部。1902 年，他结束了 9 年的美国生活回到日本，他的英语程度应该不错——译注。

的。2010 年 3 月 30 日，南方文艺出版社①将此书再版。新版本恢复了许广平的原始手稿，其中包括第一版中删除的段落，特别是第十四章那些原先被删掉的文字值得关注。新版本还删掉了编委会有悖于作者许广平原意的增添文字。

---

① 本书原著这一表述有误，南方文艺出版社实际应是长江文艺出版社，后文直接改为长江文艺出版社，不再注释——译注。

征引与参考文献

A 中文图书、论文

陈静：《鲁迅的彷徨与呐喊》，北京：东方出版社，2006.

陈漱渝：《鲁迅史实新探》，长沙：湖南人民出版社，1980.

陈西滢：《西滢闲话》，北京：人民文学出版社，2000.

陈烟桥：《鲁迅与木刻》，上海：开明书店，1949.

董大中：《鲁迅与高长虹》，石家庄：河北人民出版社，1999.

房向东：《鲁迅与他骂过的人》，上海：上海书店出版社，1996.

冯雪峰：《回忆鲁迅》，北京：人民文学出版社，1957.

李长之：《鲁迅批判》，上海：北新书局，1936.（北京出版社，2003）

李何林等：《鲁迅年谱》（4卷本），北京：人民文学出版社，1984.

林贤治：《鲁迅的最后十年》，北京：中国社会科学出版社，2003.

鲁迅：《鲁迅全集》（10卷本），北京：人民文学出版社，1957.（后来更可靠的版本出版于1981年）

鲁迅：《鲁迅日记》（2卷本），北京：人民文学出版社，1959.（1976年修订本）

许广平等：《鲁迅书简》，上海：鲁迅全集出版社，1946.

鲁迅大辞典编纂组：《鲁迅著作索引》（5卷本），成都：四川人民出版社，1980.

鲁迅：《鲁迅轶文全集》（2卷本），北京：群言出版社，2001.

马蹄疾：《鲁迅生活中的女性》，北京：知识出版社，1996.

马蹄疾：《鲁迅新传》，台北：新潮社，1996.①

欧阳凡海：《鲁迅的书》，广州：华美图书公司，1949.

王晓明：《无法直面的人生——鲁迅传》，上海：上海文艺出版社，2001.

萧红（张乃莹）等：《回忆鲁迅先生》，上海：生活书店，1948.

许广平：《鲁迅回忆录》，武汉：长江文艺出版社，2010.（初稿写于 1959 年，是许广平被左派"创作组"1961 年改动前的"手稿本"）

许广平：《欣慰的纪念》，北京：人民文学出版社，1951.

马蹄疾编：《许广平忆鲁迅》，广州：广东人民出版社，1979.

许钦文：《鲁迅先生的幼年时代》，杭州：浙江人民出版社，1956.

许钦文：《呐喊分析》，北京：中国青年出版社，1953.

许钦文：《彷徨分析》，北京：中国青年出版社，1953.

倪墨炎、陈九英编：《许寿裳文集》（2 卷本），上海：百家出版社，2003.

周遐寿（周作人）：《鲁迅的故家》，北京：人民文学出版社，1957.

周遐寿（周作人）：《鲁迅小说里的人物》，北京：人民文学出版社，1957.

朱正：《周氏三兄弟》，北京：东方出版社，2003.

中国社会科学院文学研究所：《左联回忆录》（2 卷本），北京：中国社会科学出版社，1982.

B 其他语种图书、论文

别尔塔·克莱布索娃：《鲁迅——生平及其著作》，布拉格：东方学文献（副刊），1953.

别尔塔·克莱布索娃：《鲁迅及其〈故事新编〉》，布拉格：东方学文献，1960（28）.

鲁迅：《中国小说史略》，北京：外文出版社，1976.

杨宪益、戴乃迭译：《鲁迅选集》（4 卷本），北京：外文出版社，1958—

---

① 本书原著关于马蹄疾二书的注释不全，只标注两本书的出版时间为 1976 年。译注根据国内马蹄疾同书出版信息标注——译注。

1961.（简称：选集）

威廉·莱尔：《鲁迅的现实观》，伯克利：加利福尼亚大学出版社，1976.

杜博妮、雷金庆：《20世纪中国文学》，伦敦：赫斯特，1997.

大卫·卜立德：《鲁迅正传》，香港：中文大学出版社，1993.

浦嘉珉：《鲁迅与进化论》，纽约州立大学出版社，1998.

薛立敦：《分裂的中国：中华民国史（1912—1949)》，纽约：自由出版社，1975.

史景迁：《天安门》，企鹅出版社，1982.

唐小兵：《现代木刻运动：中国先锋艺术的缘起》，伯克利、纽约：加利福尼亚大学出版社，2008.

王际真译：《阿Q及其他——鲁迅小说选》，纽约：哥伦比亚大学出版社，1941.

周建人、周晔：《鲁迅故家的败落》，郑平、黄龙译，北京：新世界出版社，1988.

译后记

去年圣诞节前夕，王老师在一个阳光灿烂的早晨给我打电话，问我能否参与一部鲁迅研究书稿的翻译工作。书稿的作者是英国著名汉学家 John D. Chinnery，他有一个非常地道的中文名字叫秦乃瑞，据说这个名字是作家萧乾旅英期间教他中文时给他起的。秦乃瑞是陈西滢和凌叔华之女陈小滢的爱人，生前系爱丁堡大学中文系主任、苏格兰—中国友协会长。这部英文书稿是秦先生撰写的一部关于鲁迅的传记。秦先生去世后，陈小滢女士希望爱人的这部遗著能译成中文在中国出版，一方面可告慰逝者的在天之灵，另一方面也能与国内的鲁迅研究者和阅读者做些交流。于是，就有了这部书稿的翻译计划。

后来，出版社找到王老师，希望他能把这部书的翻译工作承担下来。王老师考虑到我的英文能力尚可，跟他攻读硕士、博士学位所做的也是鲁迅研究，就想让我跟他来共同完成译稿，说这也算是我们 6 年师生生活的一份特殊纪念礼物。我当时还在休产假，导师的一席话让我既欣喜又忐忑，当然，忐忑更多一点。我此前虽也做过一些翻译，但没做过大部头的学术翻译，不知道自己能否胜任。这时，王老师以他特有的方式热忱地鼓励了我，我一激动就不知深浅地答应下来。

分配好各自的翻译任务后，我们在 2012 年年底开始阅读英文书稿，并相约分别试着译出书稿的一节互相审读，力求用相对统一的风格来翻译书稿。王老师动手快、效率高，很快即遵照约定给我寄来了翻译样稿。我认真学习几天后，自认为心领神会了才开始动笔。

我的翻译进度非常缓慢，起初每天只能译出 500 字，后来略增至 1000 字左右。困难是多方面的：首先是时间不够，女儿景轩才半岁多，照顾她已耗费我大部分精力；其二，文稿所涉背景知识复杂，在鲁迅之外，本书原著还广泛论及20世纪政治、经济、军事、历史等方面的内容，以我有限的学养储备，翻译时出现捉襟见肘的情形是难免的，这常需要我花费大力气去查阅资料；其三，这部文稿是作者生前手稿的初稿本，未经细致润色校订，错讹较多，翻译过程中除了要补充完善原稿的文气欠通之处，还需订正稿件中不算少的文献、史实、论述错误。此外，还有因原著的注释不规范而带来的文献校对问题。有时，为了某一句简短的引文，就要花费好几天时间去核查；其四，在翻译过程中，语言表达上的"文不逮意"之苦也一直困扰着我。自然，这是因我功力不够造成的。

初稿的完成我用了差不多8个月时间，最难忘的是最后两个月。当时正值暑假，一直在家帮我带孩子的婆婆因故回东北老家，剩下我一个人照顾刚满1岁的女儿。于是乎，我每天只能在她睡觉时"见缝插针"，抓紧时间翻译上几段。好在没多久她形成了相对固定的作息习惯，晚上9点以前准时入睡，我晚上可以静心工作3个小时。就这样，每天翻译5—6小时，持续两个月，终于完成了剩余的书稿内容。而今回想起来，那段时光虽辛苦，但还是非常快乐的。我的心中每天盘旋的除了孩子的稚嫩笑语，就是关于鲁迅的译稿内容。傍晚时分，淡淡的花阴下喧嚣敛尽，向日葵落落大方地怒放着，我们带女儿散步休憩，整个世界像诗一般单纯宁静。

初稿完成后，我仔细校读了两遍，把稿件寄给王老师。王老师也把他早早完成的译稿寄给我，我们对照英文进行互校。这个过程历时一个月。在这一过程中，王老师再次以当初指导我修改博士论文时的一丝不苟的严谨态度，为我指出了细到标点的每一处错误或仍需推敲的句段。接到老师校订后布满彩色标记的文稿，我愧疚不已，更深受感动。吾本愚钝懒散，幸有导师时刻督促鼓励在侧，才未至于懈怠，也不敢一遇困难即怯敲"退堂鼓"。后来，我对王老师指出的所有问题进行了逐字逐句的修改，在这一打磨过程中，我对鲁迅及翻译本身的认知也增进了许多。

关于秦乃瑞的汉学研究和这部鲁迅传记的具体写作情况，王老师已在译者前言部分作了详细的介绍和说明，我在此就不多赘言了，只简单谈谈我在翻译过程中对秦乃瑞的鲁迅研究特征的一点粗浅认识：

首先，这部书稿对鲁迅的解读背后隐藏着作者较为强烈的"主体意识"，根据我的直觉感受，秦先生写作这部著作的目的似乎并不只是为了还原鲁迅生活和工作的样貌，而且还希望通过鲁迅这一个案，对中国后来发生的一些重要问题作出梳理与新的阐释。

再者，秦乃瑞在对陈西滢、章士钊、杨荫榆等历史人物进行评判时，并未把眼光仅仅局限在他们与鲁迅"交锋"的历史现场，而是对他们后来的命运遭际也作出了交代。秦先生认为中国大陆对陈西滢的批判和谴责直到"文革"结束才有所改变，因此，陈西滢的许多重要观念是被延误"缓行"了。

秦乃瑞先生著述甚丰，曾有《英汉俚谚合璧》等著作见诸国内。本书是作者在生前最后一段时日完成的，异常珍贵，它一方面能让我们窥见英国汉学研究的一个侧面，另一方面它本身也是中英两国友谊与当今文坛佳话的见证和说明。

必须特别说明的是，《鲁迅的生命和创作》英文稿是秦乃瑞一部未出版过的遗稿，不像已正式出版的书籍那样经过著者和编辑反复审校的过程，因此书中存在着比较多的讹误，许多引文注释也不规范。如果是翻译已经正式出版过的外文书籍，译者所要做的基本工作就是把外文译成准确、规范、流畅的中文，但是我们这回承接的书稿翻译任务相当特殊，除了要做称职的译者之外，我们还要充当另外三重角色。

首先，在翻译过程中我们要充当考辨书稿错误并纠正这些错误的研究者。由于秦乃瑞这部英文书稿研究的是中国现代作家中知识最丰富、思想最复杂、作品最难理解的鲁迅，它广泛涉及了古今中外的文学、艺术、历史、哲学、宗教、文化和自然科学等知识体系，著者在写作中难免会出一些错误；而译者如果对鲁迅丰富博大的思想和创作未达到足够的熟悉程度，对本书所涉及的丰富复杂知识体系缺乏一定的熟悉程度，那就不可能发现并纠正书稿的讹误。据统计，译稿全书三十余万汉字，我们考证和纠正过的讹误有165处，我们在译稿的注释中对这些讹误作了说明和校正。纠正这部遗稿的诸多讹误，对于确保本译稿的质量来说是至关重要的，我们认为这也是一种向著者秦乃瑞先生致敬的特殊方式。以我们有限的学力，真的不敢说自己的考辨就完全正确，但是我们真的下工夫了！有时为了考订本书稿的一处讹误，或者查找一处书稿未注明的引文，可能会花上一天时间去求索。不为别的，为的是确保秦乃瑞这样一位如此热爱中国和中国文化的汉学家的遗著译稿之讹误能够少之又少。我们认为只有这样才对得起秦乃瑞老先生的在天之灵！

其次，我们还要充当保证本书稿引文准确性的史料专家角色。由于本书稿大量引文没有注明具体的出处，我们只好凭着自己的专业研究经验，去寻找鲁迅作品集和其他大量相关文献，尽量从最好的版本中找到确切的引文出处。据统计，我们为这部译稿未注明出处的173处引文作了详细的注释。值得欣慰的是，北京众多大型图书馆丰富的藏书为我们的工作提供了相当充足的检索、阅读文献的条件。

再次，我们还要充当本书一些术语和典故的解释者角色。由于本书英文稿原本是写给英语世界的读者阅读的，书中有不少术语、典故对于中国读者来说会有理解上的难度，书中的一些中国传统知识典故对普通读者来说也比较难懂，我们因此给译稿中这些比较难以理解的术语和典故作了115个注释。

可以不夸张地说，我们花在上述三项特殊工作任务上的时间和精力，绝不比花在翻译书稿文字本身的时间少。现在书稿的翻译工作已经完成，终于可以喘一口气了。我们已经尽力了，但是因能力所限，本书错漏之处在所难免。恳请专家、读者批评指正。

感谢陈小滢女士与中国国际广播出版社的信任，感谢我的导师王家平教授的热忱鼓励和悉心指教。

全书翻译的具体分工如下：王家平负责书稿的引言和第一至十二部分的翻译工作，并撰写译者前言；张素丽负责翻译书稿的第十三部分至二十八部分，以及尾声和参考文献，并撰写译者后记。两人互相校阅了对方的译稿，最后由王家平对整部译稿进行修饰和润色。

张素丽

2013 年 9 月 27 日

于北京丽园路 30 号院

图书在版编目（CIP）数据

鲁迅的生命和创作 /（英）秦乃瑞（John Derry Chinnery）著；王家平，
张素丽译. —北京：中国国际广播出版社，2014.6
ISBN 978-7-5078-3715-5

Ⅰ.①鲁…　Ⅱ.①秦…②王…③张…　Ⅲ.①鲁迅研究②鲁迅著作研究
Ⅳ.①K825.6②I210.97

中国版本图书馆CIP数据核字（2014）第079521号

鲁迅的生命和创作

著　　者	［英］秦乃瑞（John Derry Chinnery）
译　　者	王家平　张素丽
责任编辑	张娟平　孙兴冉
版式设计	国广设计室
责任校对	徐秀英
出版发行	中国国际广播出版社（83139469　83139489[传真]）
社　　址	北京复兴门外大街2号（国家广电总局内）
	邮编：100866
网　　址	www.chirp.com.cn
经　　销	新华书店
印　　刷	北京艺堂印刷有限公司
开　　本	710×1000　1/16
字　　数	300千字
印　　张	26
版　　次	2014年6月 北京第一版
印　　次	2014年6月 第一次印刷
书　　号	ISBN 978-7-5078-3715-5 / G·1430
定　　价	78.00元

CRI
中国国际广播出版社　　欢迎关注本社新浪官方微博
官方网站 www.chirp.cn